企业管理创新案例丛书

# 新媒体广告营销案例集

(第三辑)

郭 斌　王成慧 ◎ 主编

中国经济出版社
CHINA ECONOMIC PUBLISHING HOUSE
北京

## 图书在版编目（CIP）数据

新媒体广告营销案例集.第三辑/郭斌，王成慧主编.—北京：中国经济出版社，2021.5
ISBN 978-7-5136-3045-0

Ⅰ.①新… Ⅱ.①郭… ②王… Ⅲ.①传播媒介-广告-市场营销-案例 Ⅳ.① F713.8

中国版本图书馆 CIP 数据核字（2021）第 075561 号

策划编辑　汪　京　雷　生
责任编辑　叶亲忠
责任印制　马小宾
封面设计　久品轩

| | |
|---|---|
| 出版发行 | 中国经济出版社 |
| 印 刷 者 | 北京柏力行彩印有限公司 |
| 经 销 者 | 各地新华书店 |
| 开　　本 | 710mm×1000mm　1/16 |
| 印　　张 | 28.25 |
| 字　　数 | 410 千字 |
| 版　　次 | 2021 年 5 月第 1 版 |
| 印　　次 | 2021 年 5 月第 1 次 |
| 定　　价 | 98.00 元 |

广告经营许可证　京西工商广字第 8179 号

中国经济出版社 网址 www.economyph.com 社址 北京市东城区安定门外大街 58 号 邮编 100011
本版图书如存在印装质量问题，请与本社销售中心联系调换（联系电话：010-57512564）

版权所有　盗版必究（举报电话：010-57512600）
国家版权局反盗版举报中心（举报电话：12390）　服务热线：010-57512564

# 《企业管理创新案例丛书系列》

**编委会**

- **总 主 编** 王成慧

- **编委会成员** 李 凡　陈 倩　骆欣庆
　　　　　　　 郭 斌　喻崇武　张 帅
　　　　　　　 李 博　高璆崚

基金项目：

北京市自然科学基金面上项目"京津冀科技园区环链布局与演化机制研究：基于跨区模块化协同创新视角"（9192007）、市教委科研计划重点项目"非首都功能疏解下中关村科技跨区环链模块化创新布局与演化研究"（17GLB079）、市属高校青年拔尖人才支持计划项目，以及北京第二外国语学院2018年校内实践教学基地建设项目"'互联网+'国际化双创实践基地"、本科教学团队建设项目"市场营销专业思政化教学团队"、北京国际交往中心智库建设促进项目、研究生"课程思政"改革课程项目"产业经济学"（2018GS13001）。

# 序 言

进入 21 世纪以来，企业经营环境发生了重大变化。顾客需求日益多元化、个性化、参与化与体验化；技术创新和技术更新速度不断加快、产品生命周期逐渐缩短；经济全球化已成常态，企业无须走出国门就已经面临着全球竞争的挑战，新竞争对手不断涌现。特别是移动互联网时代的到来，企业竞争环境更加多变不定。移动互联网改变着每一个客户获取企业信息的方式和渠道，也改变着人们的消费模式和消费行为，越来越多的人通过网络进入紧密连接的全球市场，从而进行消费或者交换，享用更加便利、舒适、快捷和实惠的商品与服务。而随着消费的变革和顾客价值需求重点的转移，企业所追求以及所能利用的核心资源、企业价值创造与传递的模式、企业竞争的范围和制高点也必须发生变化。

## （一）

近年来，以微博、微信、微电影、微电台、微型小说等为基础的"新媒体"异军突起，使得信息传媒技术进一步升级换代，传统家居电脑与平板电脑、智能手机间的联系也得到了加强。微媒介的联姻使人际沟通呈现出方便快捷、互为文本的织网式绑定关系，每个"蛛网"节点都相互关涉。新媒体构筑了当今传播的"微时代"，不仅冲击着大众感官，还引领着个性化的消费形式，也造就了互动媒体浪潮。据有关统计，截至 2013 年 3 月底，新浪微博注册用户数就已达 5.36 亿，且依然在持续攀升。微信也已成为现阶段的第二大新媒体形式，自 2011 年 1 月推出以来，截至

2013年1月，仅2年时间注册用户数就已经突破3亿。新媒体正在逐年扩张领地，其传播速度之快、传播范围之广都是传统媒体无法匹敌的。与此同时，新媒体日渐成为令人瞩目的营销平台。以往广告形式已被网络传媒完全颠覆，许多传统广告公司无法在现有的互联网营销环境中生存。

同时，随着中国网民数量的快速增长、新网络传媒技术的不断涌现、创新创业意识的增强，使以顾客体验为主体的互联网营销理念深入人心。截至2015年3月，中国互联网宽带用户2.04亿，而移动互联网用户规模接近9亿。2015年十二届全国人大三次会议上，李克强总理在政府工作报告中首次提出"互联网+"行动计划，进一步加快互联网改造传统产业的步伐。哈佛大学经济学格莱泽教授指出，互联网一方面降低商务面谈的现实必要性，另一方面却在增加顾客与企业面谈的欲望。这对现今企业的市场营销非常适用——互联网一方面降低了广告的实际功效，另一方面却增加了广告的革新要求。在现代社会中，广告充斥于社会生活中的各个角落，寻找发布广告的新领地已经成为企业营销的当务之急。互联网媒体的涌进，正好迎合了这一趋势，为广告开辟了一片新天地。花样翻新的营销传播手段层出不穷，"病毒式转载""大V"商务平台等，作为"第五媒体"的新媒体凭借着得天独厚的网络技术优势发挥着强大的传播力，这就给当下的广告主创造了新的广告机会。

## （二）

更重要的是，新媒体的出现，带来的不仅仅是广告制作技术的改进，更是广告学理论和思想的突变。但是，如果仅对过时的教育体系加以完善，未能与互联网营销完全接轨，便无法适应广告产业的新变革。因此，《广告学》课程教与学不宜微调以应对互联网营销，势必要从教学内容至方法，进行系统性的改革及调整。那么，新媒体对传统广告教学带来的挑战主要体现在以下四个方面：

（1）广告媒体传播的再突破——由"封闭"到"互动"。以往教师对广告传播性质的认识大都停留在信息发送者（广告主）向信息接收者（消费大众）进行的"单向式"信息传播。尽管在现代广告教学中，教师频频强调市场调研、广告目标定位及广告整合传播的重要性，但在教学实践操作中却总因教学条件、课时要求的限制，往往也是点到为止，教学双方缺少互动交流，难以就事论事，讲得清晰透彻。然而，随着新媒体平台的建设与发展，学生通过网络就可以搜索到感兴趣的学习内容，不需依赖教师指定参考教材。此外，网络公开课、微课共享平台也为学生提供优秀的广告学案例及广告专家、名师的指导，课堂教师在《广告学》课程教学中将与网络名师展开激烈的竞争。

（2）广告设计理念的再思考——由"感受"到"认知"。新媒体广告的创意与设计改变了当今广告艺术的流行趋势。点击新媒体广告的用户一般都是对某些商品有着特殊偏爱或关注已久的消费者，他们对该商品的兴趣并不受所谓"煽情广告"的影响，往往更看重广告内容的真实性和实在性。但由于目前教学内容的限制，特别是缺少有关教材，教师讲授的知识还未更新换代，难以利于学生未来的职业发展。在新媒体时代个性化教育的背景下，教师必须根据学生不同的个性特点、学习类型和学习进度"因材施教"。要帮助网上学习的学生甄别各种烦冗复杂的广告信息，在提高其自主学习广告学的能力之余，带动学生寻找适应其个性发展的成才途径，使其自由配置学习时间。

（3）广告教学内容的再学习——由"创意"到"务实"。教师在讲授广告运作原理时总会强调：无营销策划便无广告创意，更无广告设计。但是，新媒体广告打破了传统广告的教学内容，重视群聚效应，而不是将广告概念附加上苛刻烦琐的标示。若一味强调广告既是一种信息传达活动，又是一种营销策略，还要是一件唯美的艺术作品，那么学生在今后从事广告行业时就难免顾此失彼。传统广告教学虽倡导学生延伸拓宽广告相关领域的知识，但因缺乏交流学习载体，其效果总是不尽如人意。如今借助新媒体平台，师生实时互动已成为可能。教师可以定时向学生发布与教学相关的专业广告网站，如网络广告先锋（www.wisecast.com）、中国广告（www.ad-cn.net）、广告导报（www.adpp.com.cn）等。在师生微博、微信互动中，多渠道、全方位地满足学生对广告学习的现实需要。

（4）广告教学领域的再拓展——由"平行"到"交叉"。以往广告教学多集中于印刷平面广告、影视广告、网络视频广告，忽视了新媒体广告的教学内容。然而，后者才是当今广告在现实生活中的主要载体，其内容的信息含量、形式的变化数量远远超过前几者，并将成为未来广告的必然发展趋势。同时，互联网数字化传输的特征决定了新媒体广告需要依靠电脑设计制作完成，因而现代广告学教师必须具备丰富的计算机技术知识。在广告教学的同时适当引入计算机技术教学，应主要包含：Internet技术教学、网站设计与管理、ASP数据库，以及Dreamweaver、Flash、Fireworks等软件的操作与使用知识。然而，这些又决非广告学专业教师能够全部掌握的，因此，跨专业、跨学科的联合培养及多学科交叉的多样教学将会发挥巨大效用，但怎样设计这种广告教学方式仍是亟待解决的研究课题。

## （三）

从广告与营销学科的百年发展历程来看，广告营销理论是在总结大量企业失败教训和成功经验的基础上汇总而成的。每一次失败，都会使企业经营思路发生新转变；每一次成功，只有被市场反复检验后才最终被认可与接受。也就是说，广告营销理论是在对企业实践和经营思想进行广泛考察、深入分析、认真提炼的基础上，借鉴经济学、管理学、心理学、社会学、传播学、行为科学等多学科研究成果，形成的具有普遍指导意义的企业管理理论。因此，广告营销思想、广告经营理论和广告传播方法的魅力恰恰是通过企业现实中一个个鲜活的、精彩纷呈的广告营销案例展现出来。毫不夸张地说，学习与研究广告营销，从未离开对实际案例的分析与探讨。正值当下，以微博、微信等新媒体传播为特色的新兴网络广告挑战着传统广告的内涵样式、传播规律和制作模式。所以，本书选取《广告学原理》课程教学中的新媒体广告营销案例，归纳其广告设计创意、营销方法创新、模式改革成果等。由此，反思现今广告营销中的不足，以期对适应新媒体发展要求的广告营销教学与实践起到借鉴作用。因此，在编写时，也力图体现以下三个方面的特点：

（1）整体性。相关案例不仅描述其广告营销的全过程，而且集中论述了新媒体推广的战略制定、传播路径及手段选择，并评价其实施效果，力求全面阐述其新媒体广告营销策略。

（2）新颖性。涉及案例经精心筛选而编辑，既包括经典的伊利牛奶、OPPO、百事可乐、奥利奥等，也收集了最新涌现的案例，如微鲸科技、M&M's巧克力豆、新西兰旅游局等。

（3）可读性。案例编写通俗易懂，情节描写翔实且具吸引力，可使读者浸入其中，并引发思考，对广告营销实践有一定的参考价值。

郭　斌

2020年9月于北二外

# 目　录

## 第一章　伊利：冠军牛奶

一、企业产品 …………… 001

二、广告介绍 …………… 003

三、传播营销 …………… 010

四、缺点问题 …………… 016

五、广告启示 …………… 017

## 第二章　M&M's 巧克力豆：快到碗里来

一、市场分析 …………… 020

二、广告赏析 …………… 024

三、营销传播 …………… 037

四、效果分析 …………… 040

五、经验启示 …………… 046

## 第三章　新西兰之行：旅游新体验

一、旅游广告 …………… 052

二、广告简析 …………… 055

三、广告策略 …………… 060

四、市场分析 …………… 065

五、媒体评测 …………… 069

## 第四章　妙卡巧克力：Lost & Found

一、企业产品 …………… 078

二、广告介绍 …………… 079

三、产品营销 …………… 086

四、广告效果 …………… 089

五、前景启示 …………… 093

## 第五章　微鲸科技：打破常规

一、企业产品 …………… 097

二、广告理念 …………… 098

三、设计技巧 …………… 105

四、营销传播 …………… 108

五、经验启示 …………… 112

## 第六章　Michael Kors：白日魅力

一、品牌介绍 ……………… 115

二、产品系列 ……………… 117

三、设计技巧 ……………… 121

四、营销传播 ……………… 128

五、经验启示 ……………… 133

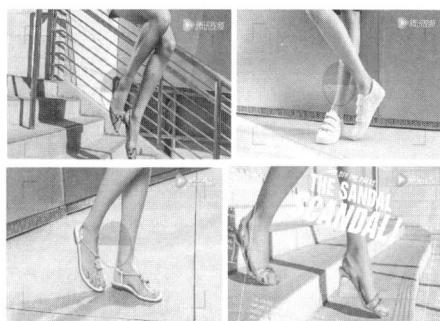

## 第七章　OPPO R9：充电五分钟，通话两小时

一、企业历程 ……………… 135

二、广告分析 ……………… 136

三、广告策略 ……………… 142

四、广告效果 ……………… 144

五、经验总结 ……………… 148

## 第八章　路易斯百货：She is Always a Woman

一、企业介绍 ……………… 150

二、广告理念 ……………… 153

三、设计技巧 ……………… 158

四、营销传播 ……………… 163

五、经验启示 ……………… 168

## 第九章　杜蕾斯：科技+性福

一、企业产品 …………… 170
二、创意广告 …………… 171
三、微博宣传 …………… 177
四、微信宣传 …………… 187

## 第十章　百事可乐：2017家有儿女

一、品牌产品 …………… 190
二、广告介绍 …………… 193
三、营销传播 …………… 199
四、微电影营销 ………… 204
五、营销启示 …………… 206

## 第十一章　卡地亚：穿越165年的浪漫美学

一、品牌故事 …………… 210
二、广告介绍 …………… 213
三、传播营销 …………… 225
四、经验启示 …………… 229

## 第十二章　Jeep：追逐梦想不停歇

一、品牌介绍 …………… 234

二、汽车广告 …………… 236

三、广告内容 …………… 240

四、媒体组合 …………… 243

五、创意启示 …………… 247

## 第十三章　361度：多一度的热爱

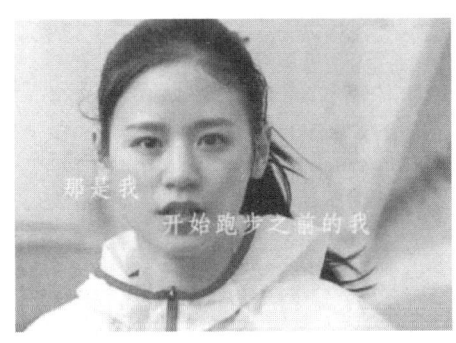

一、企业介绍 …………… 251

二、广告展示 …………… 253

三、特点分析 …………… 260

四、传播效果 …………… 264

五、营销启示 …………… 268

## 第十四章　资生堂：女高中生的化妆秘密

一、企业分析 …………… 274

二、广告推广 …………… 276

三、案例广告 …………… 280

四、拍摄手法 …………… 289

五、内容分析 …………… 294

六、广告价值 …………… 299

## 第十五章　Contrex：让女人尖叫

一、表现形式 ………… 305

二、传播营销 ………… 312

三、启示建议 ………… 316

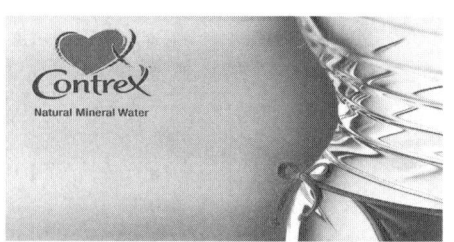

## 第十六章　戴尔 XPS13：无边忌

一、XPS 简介 ………… 320

二、"无边忌" ………… 323

三、传播效果 ………… 331

四、广告启示 ………… 335

## 第十七章　奥利奥：大薛礼盒连续剧

一、企业介绍 ………… 338

二、广告介绍 ………… 340

三、营销传播 ………… 345

四、启发经验 ………… 352

## 第十八章 伟嘉猫粮：给猫看的广告

一、公司简介 …………… 356
二、广告介绍 …………… 359
三、营销传播 …………… 366
四、经验启示 …………… 375

## 第十九章 剑侠情缘：天策正太，少年无缰

一、游戏背景 …………… 376
二、广告内容 …………… 378
三、广告营销 …………… 389
四、传播效果 …………… 391
五、环境分析 …………… 393
六、经验启示 …………… 398

## 第二十章 Tiffany：真爱永久

一、公司介绍 …………… 401
二、广告技巧 …………… 403
三、营销传播 …………… 420
四、经验启示 …………… 425

后　记 …………………………………………………………… 432

# 第一章

# 伊利：冠军牛奶

2005年，伊利正式签约北京奥组委，成为中国唯一一家符合奥运标准，并为奥运会提供乳制品的企业。2008年北京奥运会期间，伊利为来自全球200多个国家和地区的16000名运动员、教练员和随队官员提供营养保障。2012年，伊利携手中国奥运军团出征伦敦，并在全球范围内发起"平凡人的奥林匹克"活动。其中，"花甲背包客""727车队"等感人故事，登陆伦敦标志性的双层巴士，引发全球媒体关注。2013年，伊利续约中国奥委会，并累计为全国32个训练基地的640个训练场馆、数万名运动员提供不间断的奶质营养。2014年是伊利携手奥运的第10年，其与中国冬奥军团亮相索契冬奥会，并将一个个奥运选手的追梦故事带上电视荧屏，为梦想背后的默默坚持与付出喝彩。2015年，伊利与国家体育总局冬季运动管理中心达成七年的战略合作协议，支持冬季项目，为备战2022年冬奥会及加强运动员梯队建设提供帮助，助力实现"三亿人上冰雪"的号召。因此，本章基于伊利携手中国奥委会，以其开展赛事营销活动为例，剖析如何将中国传统运动与新媒体广告相融合，为消费者带来新的情感体验，并为如何快速提升品牌价值总结其成功的经验。

## 一、企业产品

### （一）伊利集团简介

伊利集团全称为内蒙古伊利实业集团股份有限公司，是唯一一家进入全球乳业8强的亚洲乳企。2015年，营业收入突破了600亿元。这不仅是中国乳制品企业有史以来的最好成绩，也是亚洲乳制品企业迄今最高的排名，同时被认为是中国正式迈入全球乳业强国和改写全球乳业格局的重要标志。伊利的发展是中国乳业从小到大、从弱到强的历史缩影。在其发展历程中，伊利始终坚持"国际化"和"创新"双轮驱动，固守"质量"和"责任"两个根本，以高品质、高科技含量、高附加值的多元化产品，赢得消费者的高度信赖。根据凯度消费者指数发布的《2016全球品牌足迹报告》，2015年，88.5%的城市家庭平均购买伊利品牌7.8次，有超过11亿人次的消费者购买。

### （二）伊利品牌理念

伊利品牌价值为"所有的生命都需要被滋养，才能向这个世界展示多姿多彩的活力"。所以，伊利怀着关爱亿万生命的初心，以品质作为至高无上的信条，采用天然纯正的奶源，汇集世界创新实力，为每个人提供丰富的营养支持，让每个人都能享受轻松、简单、健康的生活方式。由此，使人们绽放出由内而外的活力，一起来发现、享受和庆祝美好生活。

### （三）营销产品介绍

组成人体蛋白质的氨基酸有20种，其中有8种是人体自身不能合成的，需要从各种有营养的食物中摄取，牛奶是非常好的选择。伊利牛奶含有丰富的矿物质，是人体钙的最佳来源。此外，大自然中的钙是以化合态存在的，只有被动植物吸收后形成具有生物活性的钙，才能更好地被人体所吸收利用。而伊利牛奶钙磷比例适当，有利于钙的吸收。同时，运动员运动量相比普通人更大，体力消耗大，身体耗损多，更需要大量营养支持，为其补充活力。伊利牛奶中的乳糖能促进人体肠壁对钙的吸收（吸收率高达98%）。从而，调节体内钙的代谢，维持血清钙浓度，增进骨骼的钙化。所以，伊利邀请冠军运动员为其代言，非常符合牛奶的产品特征。

第一章 伊利：冠军牛奶

## 二、广告介绍

### (一)广告内容设计

1. 伊利牛奶马龙版

如图1-1所示，广告全程选取了欢快的音乐。开始画面是马龙与外国选手比赛的场景，在一个侧身拧拉赢球后，以握拳来庆祝得分。此时，画面转到马龙的近镜头，配文"7次包揽全部5项世界冠军（为2013年的数据，马龙2016年里约奥运会之后则为全满贯）——马龙，世界排名第一"的醒目字样，旁白配音"把外国人发明的乒乓球打成国球，谁比中国更牛"。

图1-1 伊利马龙版广告之一

资料来源：http://v.youku.com/v_show/id_XMzY2NzQxNzQ0.html.

如图1-2所示，画面转到马龙在健身房进行体能训练，以及在操场上、公园里跑步，旁白配音"比赛与训练、速度与营养，我们必须步步为营"。接着是马龙结束训练，一脸轻松愉悦地拿起一盒伊利纯牛奶倒入杯中，并拍摄了牛奶溅起的慢放特效画面，旁白音调提高"伊利，符合中国体育代表团严格营养标准"。然后，马龙拿起牛奶一饮而尽，喝得嘴边一圈奶渍，并与队友愉快交谈，开心大笑的画面令人食欲大增。"连续八年提供专业营养支持"，配文"专供640个训练场馆10000名运动员"。

 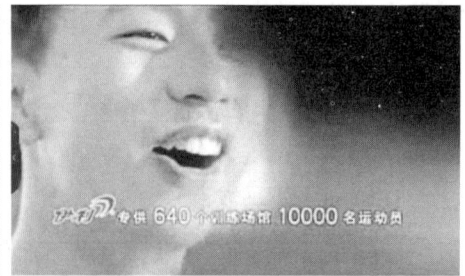

图 1-2 伊利马龙版广告之二

资料来源：http://v.youku.com/v_show/id_XMzY2NzQxNzQ0.html.

如图 1-3 所示，画面又转到马龙与队友在球台前训练对打场景，"为中国骄傲贡献力量"。对打结束后，马龙与队友击掌庆祝并拥抱，一起走向镜头。"让世界看看中国的力量"，马龙对着镜头竖起大拇指。运动员们都将手落在一盒伊利纯牛奶上，像是比赛前的加油鼓劲。最后，展示出伊利的 LOGO 和"中国体育代表团唯一专用乳制品"的字样。

 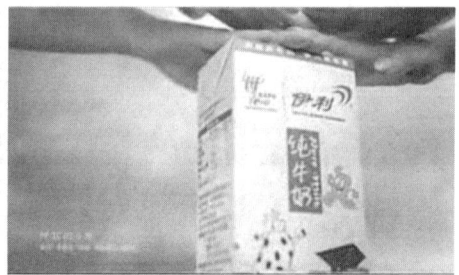

图 1-3 伊利马龙版广告之三

资料来源：http://v.youku.com/v_show/id_XMzY2NzQxNzQ0.html.

### 2. 伊利牛奶宁泽涛版

如图 1-4 所示，广告开始的配乐低沉压抑，宁泽涛站在泳池边沉思。此时，配文"宁泽涛，游泳世锦赛冠军"。突然，画面转为他在努力地做引体向上、跑跑步机、跳绳等一系列高强度的体能训练，旁白配音"我从不在乎任何压力，那些压力，根本比不上我在水下克服的阻力"，并伴有跑步时的喘息声、跳绳划过空气的声音、模拟水下练习的水流声，使人身临其境。此时，画面为宁泽涛在水下克服阻力，做扎马步练习。

第一章 伊利：冠军牛奶

图1-4 伊利宁泽涛版广告之一

资料来源：http://v.youku.com/v_show/id_XMTY4MzUwODEyNA==.html.

如图1-5所示，配乐音量突然升高且节奏感增强，画面中清晨太阳破晓，宁泽涛迅速拿出一盒伊利纯牛奶，插上吸管一饮而尽，动作一气呵成。此时，配乐静止，只有吞咽时的咕咚声和牛奶喝完后的吸管声。然后，配乐恢复，脸部特写。他戴上泳镜，非常利落地纵身跃入池中，旁白语气增强，即"每天，用品质升级的牛奶为身体注入活力"。

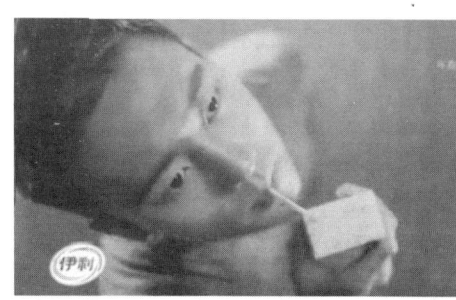 

图1-5 伊利宁泽涛版广告之二

资料来源：http://v.youku.com/v_show/id_XMTY4MzUwODEyNA==.html.

如图1-6所示，画面拉远，照出泳池全景，宁泽涛像一条鱼一样，采用非常漂亮的自由泳姿势在水中游动，配音"支持我突破阻力，回击压力"。画面为摆臂溅起的水花，宁泽涛在水下游至镜头前，脸部特写，"我经得起挑战"。最后，画面是"伊利纯牛奶"的特写，宁泽涛的背影被虚化，显示出"活出活力，投入今天，品质新升级，伊利中国奥运代表团乳制品"语句。

图 1-6　伊利宁泽涛版广告之三

资料来源：http://v.youku.com/v_show/id_XMTY4MzUwODEyNA==.html.

### 3. 伊利牛奶李娜版

如图 1-7 所示，广告全程主打温情路线，配以柔和的音乐，配文"2011 年法网冠军"。画面中，网球运动员李娜直视镜头，仿佛边回忆边娓娓道来"他，是我胜利的欢呼"。然后，取镜"李娜打出一个漂亮的决胜球而赢得全场欢呼"的沸腾场面。同时，镜头又切换到李娜老公姜山的脸上，他在人群中满脸兴奋地为李娜的胜利欢呼，背景音乐也配有观众的喧嚣呐喊。

图 1-7　伊利李娜版广告之一

资料来源：http://v.youku.com/v_show/id_XNDk3ODYxMTY4.html.

如图 1-8 所示，画面又转回到李娜的脸上，"也是我低谷时的支持"配乐声结束，网球场上的嘈杂声静止了，只有安静柔和的音乐。画面中，李娜比赛失利在场上不知所措地望向观众席，镜头给姜山脸部特写，沉静的脸上一双充满安抚、鼓励、信任的眼睛让人安心。

图 1-8　伊利李娜版广告之二

资料来源：http://v.youku.com/v_show/id_XNDk3ODYxMTY4.html.

如图 1-9 所示，镜头一下切换到两人在家中，李娜拿了一盒伊利纯牛奶缓缓走进客厅，姜山正在沙发上读一本书。然后，又给李娜往玻璃杯中倒牛奶的镜头特写，背景音乐声突然增大。李娜拿着两杯牛奶，将其中的一杯递给姜山，原音旁白"老公，新年健康，你健康我就不是一个人在战斗"。姜山和李娜相视一笑，整个气氛和谐美满。

图 1-9　伊利李娜版广告之三

资料来源：http://v.youku.com/v_show/id_XNDk3ODYxMTY4.html.

如图 1-10 所示，镜头转到窗外绽放的美丽烟花上，并伴有明快的音乐。五彩斑斓的烟火照亮了一起在窗边喝着牛奶的两人。"新年，和你爱的人相约健康"，伴着这句熨帖的祝福话语，两人相互依靠在一起。最后画面淡出场景，镜头拉近到放在桌子上的伊利纯牛奶。

图 1-10　伊利李娜版广告之四

资料来源：http://v.youku.com/v_show/id_XNDk3ODYxMTY4.html。

综上，三个广告都运用了运动员在各自领域比赛中很"燃"的画面。马龙和宁泽涛的广告，音乐气氛非常热烈，运动中的健康体魄给予人们视觉冲击，使消费者仅看广告就感到充满力量。"让世界看看中国的力量"和"我经得起挑战"等文案鼓舞人心，使人有跃跃欲试的感觉，能够很好地调动消费者的购买心理。李娜的广告，拍摄的是她与家人其乐融融的和谐画面，比起前两个更能使消费者感同身受。绚烂的烟花、温暖的依靠等画面，会给消费者带来舒适安心的感觉。"与你爱的人相约健康"，无疑击中了消费者的心理，希望爱的人身体健康，使消费者怀着美好的憧憬去购买该产品。同时，三名运动员金灿灿的体育竞技履历，也会吸引崇拜者购买，来支持运动偶像代言的广告。画面中，时时伴有喝伊利纯牛奶的吞咽声音和溅起奶花的镜头，使消费者从视觉、听觉上全方位受到感官刺激。

### （二）广告表达主题

广告主题是指对广告所宣传的产品诉求进行高度概括性表达，常常为一篇广告的点睛之笔。消费者对商品的判断，早已不再简单地从质量好坏入手，而更多地从品牌形象和价值感受出发。为适应这种消费意识的变化，广告设计主题的表达也不再着重于产品功能与特点的介绍。只有突出个性风格，才能更好地表达产品的品牌价值，赢得消费者的认同。

综观伊利牛奶的三个广告，其中会反复出现有营养、活力、健康、中国体育代表团指定乳制品等关键词。前三个关键词无疑是现代消费者最为重视的。随着经济社会不断进步，人们饮食多样化日益提高，食品卫生与安全也已成为备受关注的热门话题。2003年频发的"苏丹红、地沟油"事件，无一不牵动着广大民众的心。尤其是2008年震惊一时的"三鹿奶粉事件"，使消费者人心惶惶，对乳制品的安全问题倍加关注。而此时，伊利通过关键词"中国体育代表团乳制品"，主打"符合严格营养标准"的口号，就会一下子抓住消费者的心。先入为主，即给国家运动员提供营养支持的产品有安全卫生保障，可以信任并放心购买。

### （三）广告创意概念与策略

#### 1. 广告创意的基本概念

任何艺术活动必须具备两个方面的要素：一是客观事物本身，是艺术表现的对象；二是用以表现客观事物的形象，是艺术表现的手段。将两者有机地联系在一起的构思活动，就是创意。所以，广告创意是表现广告主题、能与受众有效沟通的艺术构思，即以传播信息为根本，以创造性思维为先导，寻求独特、新颖的意念表达，以独具匠心的新颖形象来说明品牌内容、引起关注、激发兴趣、受到感动，并留下深刻印象，从而使受众不得不接受广告。其重要的是，创意新颖的广告能打破俗套，促使消费者乐于购买和接受广告所宣传的产品或服务。

#### 2. 消费者心理与广告创意

在中国传统文化影响下，消费者购物时比较偏向于直觉判断，所以许多广告在创新设计时会采用以下策略：

（1）策略一，应对中国消费者的求同心理，广告设计不易过分个性化，选取的创意素材应尽量在大众心理可接受的范围内。虽然为吸引消费者眼光、勾起其好奇心，一般会采用比较新颖、奇特的图片，但在有深厚传统文化的中国，不一定可行。所以，伊利牛奶冠军系列广告的代言人，都是为大众所熟知、为国争光的运动员。要先给大家留下好的印象，再将牛奶打造为生活必需品，即在创意中把握"度"。

（2）策略二，鉴于中国人的家庭消费观，伊利广告要体现"家庭、幸福、健康"，才容易产生共鸣，如李娜篇。即使原来不打算购买伊利牛奶，但看到该广告时，中国消费者心里也会很温暖，不易直接拒绝。

（3）策略三，中国尚礼传统成为众多商家销售产品的由头。以最隆重的春节为例，各种促销广告纷纷涌现，过节图的就是快乐和喜庆。在广告设计中，就会出现许多带吉祥寓意的创意图案。例如李娜篇，其广告文案为"新年，和你爱的人相约健康"。

### 3. 广告代言人的选取

在广告传播中，代言人也至关重要。"形象是否良好？是否被广大消费者认同？是否与产品符合？"都是要认真考虑的问题。体育明星，代表了拼搏进取的运动形象。既与伊利品牌追求的形象一致，也是伊利企业核心理念的集中体现。伊利广告"冠军"系列的三位代言人履历如下：

（1）马龙：2003年进入国家队，2006年获得第一个世界冠军，年少成名；在2012年乒乓球世界杯比赛中，获得第一个男子单打世界冠军；在里约奥运会上，获得男单团体双料冠军，拿到职业生涯的大满贯；是史上第一位在亚锦赛男单三连冠的球手；以4个亚洲杯冠军的成绩成为亚洲杯最多的选手；2015年世乒赛冠军，世界排名第一，是国乒历史上第一位全满贯球手。

（2）宁泽涛：2013年全运会、全锦赛冠军；2014年仁川亚运会冠军，世界杯接力赛冠军；2015年世锦赛冠军。

（3）李娜：2011年法网女单冠军；2014年澳网女单冠军，9个WTA单打冠军头衔，2个WTA双打冠军头衔；亚洲首位大满贯单打冠军得主，亚洲网坛最高排名选手，亚洲首位两项大满贯单打冠军得主。

作为供应中国奥运会代表团的乳制品，伊利选取上述三位为国争光的运动员来代言，可以说是十分贴合。所以，可信度高的代言人，会提升其广告效果。

## 三、传播营销

### （一）传播过程

#### 1. 代言人身份

以运动员马龙及微博传播为例，在奥运第二周，"男乒天团"接替游泳队,成为中国网民的舆论焦点。马龙、张继科等成为当时的"国民老公"。2016年8月16日,中国乒乓男团3:0战胜韩国,创造出社交媒体热议的高峰。同月18日,中国男子乒乓球获得奥运男子团体比赛冠军,更是当周最热门的微博事件。如图1-11所示,带有马龙的话题被搜索3511.5万次。在微博热门人物榜上,马龙排在第二位,即被提及1008次。

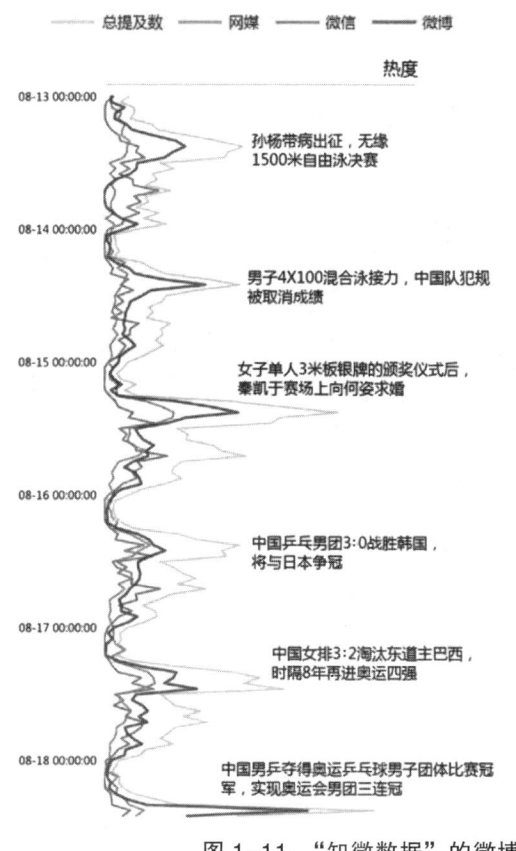

图1-11 "知微数据"的微博意见领袖库微报告

注:意见领袖为具有10万以上粉丝影响力的微博账号。

如图1-12所示,即使在奥运过去三个月后,关于马龙的微博超级话题,依然稳占体育榜的TOP3位置。即其总阅读量33.8亿,5.2万帖子和

4.5万粉丝。在卡塔尔多哈的国际乒联世界巡回赛总决赛上,马龙又获得了一个冠军。至此,他已五次捧起了总决赛的冠军奖杯。马龙本人的微博粉丝数,从奥运前的53万,增长到263万。

图 1-12　2016 年马龙微博

如图 1-13 所示,马龙持续不衰的热度,来自当时乒坛独一无二的战绩和出神入化的技能,球迷称赞其具有"球不落地,永不放弃"的拼搏精神。即使在比赛中处于逆境,往往也能转败为胜。而且,他凭借温柔又强大的人格魅力,树立了积极正面的代言人形象,也吸引了一大批粉丝。

第一章 伊利：冠军牛奶

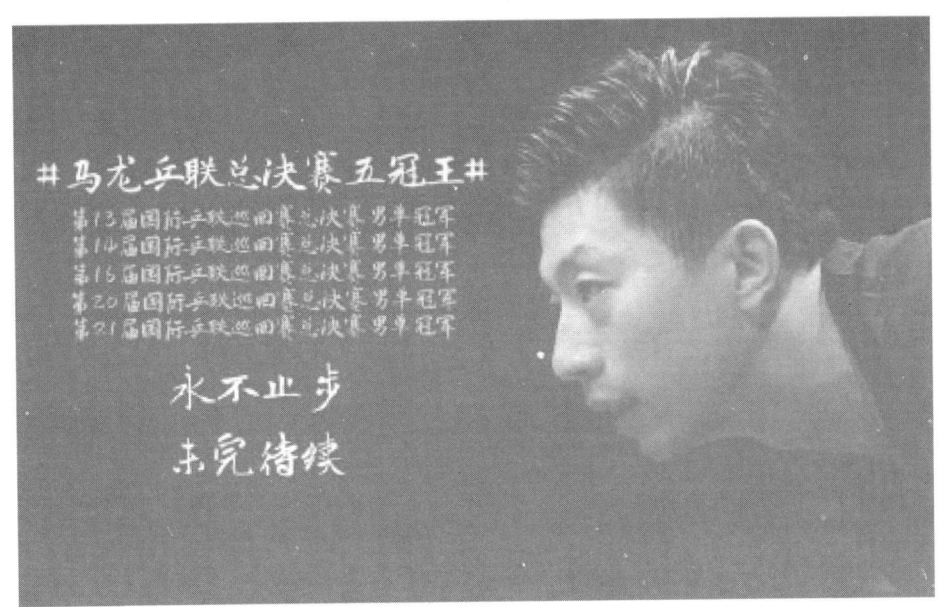

图 1-13 马龙宣传海报

2. 目标消费群

多以青少年为主要购买者，且女性比男性的购买力大。女性购买者受包装的影响较大（性格细腻热情，喜爱与众不同）。所以，伊利产品的美观对其购买的影响力越来越大。已婚人士购买的牛奶量会更多（强调经济、实用）。而且，其职业所得收入与购买牛奶单价成正比，其受教育程度与品牌选择持久度也成正比（习惯心理导向）。对于中老年人来说，与许多动物性蛋白相比，牛奶的胆固醇含量较低，能抑制肝脏制造胆固醇，会对部分消费群体产生一定的吸引力。当然，还有一些消费群体，比如原本不爱喝牛奶或没有长期喝牛奶习惯的消费者，如果对伊利"体育冠军"代言人有好感或是其粉丝，也很有可能愿意打破原有的饮食习惯，以支持自己的偶像。

（二）传播方式

在社会化媒体时代下，互动是网络传播最具革命性的特征。在互动传播中，每位网络用户都可以成为信息的接收者与传播者。作为广告信息传播的重要工具，互动交流的实质是消费者的参与，即其参与度越高，越容易产生互动。也就是说，广告给消费者提供更为生动的视觉、听觉等互动体验，就能使其对传播的信息产生深刻的印象。社会化媒体最主要的优势在于信息双向传播，从而形成一种交流对话的关系。在广告与消费者的情感互动中，形成深度连接。这样，广告信息就会在交流中被传播出去。一个设计良好的互动机制，能使消费者乐于参与到广告信息的传播活动中，形成口碑效应。这种"一传十、十传百"的方式，使广告被传播的范围变得更广。

在微博传媒时代，互联网的互动性更能激发社会大众的自我意识，使人们更倾向于表达。通过利用微博平台，广告制作及传播要充分调动消费者的积极性，使其主动地参与其中，感同身受。所以，伊利牛奶的广告拍摄，都采用了"讲故事"的形式。在形成广泛的社会关注后，通过与消费者的互动来产生对话关系。在产品与消费者之间建立沟通联系，使消费者不再仅仅单纯地接收广告信息，而是转变为广告的发布者，或是传播者、创造者。消费者能积极参与到广告信息的传播活动中，选择他们所想要体验的产品。通过社交媒体，伊利牛奶达到了多维度整合营销的广告效果。

伊利牛奶"冠军"系列的新媒体广告，摒弃以往传统电视广告简单粗暴而又赤裸裸的硬性表达方式，以故事情节为优雅外衣，在大众互动娱乐的掩映下，以直面对话的姿态连接消费者。以"润物细无声"的悄然感化方式，打动消费者并使其乐于参与。这种广告以轻松写实的艺术手段，营造一个生活氛围，其创作手法让消费者不知不觉地接收并传播广告信息。采用叙事抒情的表现形式，广告与产品融合在一起，为消费者呈现跌宕起伏、温暖感人的故事，同时使广告信息与故事情节完美契合，使消费者从心里接受并期待产品带来的精神满足。

消费者可在论坛、微博、微信、空间、人人网等新媒体上，依据自身喜好点击播放、评论、下载所观看的伊利牛奶"冠军"广告。同时，还可以随时暂停、回播、截屏，以及进行二次编辑和剪接，最大限度地实现消费者对广告信息的自我表达。此外，还可以参与到此类广告的选题、故事情节的设计、拍摄制作的过程及最后发布的环节中，使广告创作始终与消费者形成对话的互动关系。

### （三）投放策略

新媒体广告的投放大致有如下三种策略：

#### 1. 集中式投放策略

在特定区域、特定时刻及特定媒体总量的限制下，广告投放能产生一种挤出效应。如果投放的广告总量再提高，那么其他企业所能投放的广告版面便会相应减少。在短时间内集中投放的战略优势是：一方面提高自身产品曝光率，另一方面也让其他企业没有机会广泛播出其广告。这样，消费者就只能看到本企业的广告。但是，该策略并非适合所有企业及所有产品的市场推广。只有在"产品信息相对透明、无须长时间培育市场认同、市场上同类产品竞争激烈、小制作规模广告投放很难见效果"的情况下，才考虑使用此策略。

#### 2. 连续式投放策略

广告的投放应根据产品或品牌所要达到的传播效果而定。在新产品的前期市场推广或趁某件事情热度很高时，适宜采取这种投放策略。有目的、有步骤地把产品信息传达给相关客户群，其优势是：细水长流地将产品或品牌渗透进消费者的脑海中，使他们对产品的印象与品牌的好感持续增加。当然，这种投放策略需要企业有较长远的广告计划，同时也要预防后进的竞争对手以高强度的广告投放进行包围及拦截。

#### 3. 间歇式投放策略

对于一些在市场已经非常畅销或品牌知名度相当高的产品，许多人认为已无投放广告的必要。在大众看来，广告的最大目的就在于传达产品信息及树立品牌形象。既然产品已众所周知且品牌形象良好，就没必要再浪费额外的广告费用。但是，广告投放除以上两项外，还承载着唤醒消费者的情感功能。从市场推广的角度看，该策略适合处于高度成熟期的产品。消费者对产品的记忆只需间隔性地提醒，而无须密集地接触。

2016年是奥运年，伊利此次采用"冠军"系列广告投放的方式，主要是在奥运会热度还没有散去、各种话题还会被人津津乐道的时候，在央视及其 App 的 CCTV 5 体育频道上集中式、连续式地投放。伊利牛奶主打"中国奥运代表团乳制品"的旗号，在奥运期间，大量地投放伊利牛奶广告，当人们打开电视或手机关注奥运会时，总会看到该系列广告，曝光率迅速上升。而牛奶产业的市场竞争激烈，作为一个日常必需品，无须花时间培养消费者对牛奶的认识，其产品信息透明。在"买哪个品牌都一样"的消费心理下，伊利牛奶却能更好地"展露"在消费者眼前。该产品"营养健康"的好印象，会潜移默化地影响消费者的选择。而同类产品（如蒙牛、三元等）品牌的牛奶，却没有与奥运合作。在该时期的曝光率，则会大大降低，被伊利牛奶所掩盖。连续式投放策略是在整个奥运期间，也包括之后热度尚未消退的时候，持续不断地将广告信息渗透到消费者脑海中，甚至有可能改变人们的消费习惯，使其从其他品牌转为对伊利牛奶的消费。

## 四、缺点问题

### （一）广告形式模式僵化

在伦敦和里约的两届奥运会上，央视广告营销取得成功，并获得了丰厚的收入，提升了频道的影响力，因此，伊利借助央视平台宣传牛奶产品。但深入分析两届奥运会的央视广告活动后发现，其在广告投放形式上呈现出日益模式化的趋势。虽然央视有贴片广告、转播冠名、栏目特约、套装植入等广告，但里约奥运会与四年之前的伦敦奥运会相比，尚未突破以上几种广告形式。因此，不利于伊利利用央视得到持续增长的消费者关注度，而且，上述广告形式也未能满足伊利广告的未来需要。

### （二）广告营销深度不够

对企业而言，借助像奥运会这样的大型体育赛事开展广告营销，可以快速地提高企业的知名度和影响力，甚至可以在观众心目中树立稳固的品牌形象，这也是伊利广告成功的最佳营销选择。但这并不意味着所有企业都应该利用奥运会开展广告营销,也不意味着所有企业都应当成为奥运会的赞助商。有些企业不经过深思熟虑,就贸然开展奥运营销,必然会产生广告营销深度不够的问题。伊利牛奶"冠军"系列广告到目前为止只拍了一期,只有马龙、李娜、宁泽涛三个版本,且广告年限较长,没有及时更新版本,以至于很多里约奥运会之后喜欢上马龙的球迷,看到的还是他当年拍摄的广告,客户资源挖掘不够充分。

### (三)广告诉求直白单一

随着牛奶买方市场的形成,确立以消费者为中心的市场观念更为重要。因为消费者更加注重精神愉悦和自我满足,所以感性消费的时代会随之悄然而来。广告要想打动消费者,就应采取情感诉求策略,特别是体育赛事广告,由于赛事具有紧张刺激的特点,如果再加上情感,广告就更能引起观众注意。然而,有些企业的广告过于直白,很容易引起观众的反感。但是,伊利牛奶广告宁泽涛篇,既拍摄了游泳前的热身片段,又在后面加入大多体育迷更喜欢的赛场搏杀。如果运动员脱离了赛场,"跨界"拍摄广告,就会使消费者感到不习惯和不自在,有时会差强人意,甚至会有违和感与尴尬感。例如,在伦敦奥运会上,松下在央视投放的广告就只出现一台电视机,画面上只有一句广告词:"松下,伦敦奥运会专用电视",让观众觉得非常枯燥,很难让观众准确记住品牌名称。如果重复播放,很容易引起观众的反感,无法与观众产生情感上的共鸣。

## 五、广告启示

众所周知,奥运精神是"更快、更高、更强",代表的是"公正、和平"。企业应使品牌内涵与奥运精神对接,提炼出体育竞赛的激情、荣誉等元素,从而延伸品牌的整体价值,才能提高品牌美誉度和忠诚度,并进一步巩固和扩大品牌影响力和市场竞争力。同时,企业应把握好广告营销的分寸,不能只把广告放在比赛当时,还应注重奥运前期和后期的持续投入,要充分挖掘奥运资源,与时俱进,并周期性地更新广告作品,这样才能加大广告营销的力度。

## （一）创新广告形式

传统电视广告形式日益模式化，关键还是要在新媒体上进行创新。另外，播出一个新的广告之后，还需要跟踪产品的销量，丰富广告所含的产品线，让不同级别、不同类型的客户在广告中都可以找到适合自己的产品。同时，企业要以消费群为中心，建立消费者与企业之间深层次的沟通与共鸣，不断创新广告形式，打造出适合不同企业的广告产品。只有这样，才能持续为自身创造丰厚的广告收入，实现广告营销的目标。

## （二）加大广告深度

只有企业的品牌核心价值与奥运梦想一致，才会产生很好的营销传播效果。如果企业不考虑自身的品牌定位，强行与奥运捆绑在一起，其后果只会浪费大量的人力、物力和财力，而无法实现预期的营销目标。基于奥运赛事的广告营销，以各种与奥运相关的内容（产品、人物、事件、服务）为传播平台，使企业与消费者之间建立以体育拼搏精神为核心的品牌文化体系。所以，企业在进行传播前，要考虑产品目标受众的特点，找准切入点。同时，要考虑企业品牌内涵，或采取间断性推广活动，是否能与奥运精神成功对接。

**思考题**

1. 根据上述案例，分析奥运精神是如何植入伊利纯牛奶品牌内涵的？
2. 试说明伊利纯牛奶冠军系列广告营销是如何与现代新媒体相结合的？
3. 你认为伊利纯牛奶走出中国进行广告营销会遇到的最大障碍是什么？为什么？

[1] 汪青云，张欣. 浅析影视奥运广告中的符号整合——由伊利广告引发的思考[J]. 江西科技师范大学学报，2006(6):83-86.

[2] 依兰. 伊利：奥运形象广告开启品牌新境界[J]. 成功营销，2006(5):92-93.

[3] 马谋超. 广告心理学（第二版）[M]. 北京：物价出版社，2001.

[4] 王海忠. 品牌杠杆[M]. 北京：人民邮电出版社，2009.

[5] 杨晨. 品牌管理理论与实务[M]. 北京：清华大学出版社，2009.

[6] 赵一鹤. 2008北京奥运赞助商及其竞争对手策略分析[J]. 中国广告，2006(4):28-31.

[7] 徐卡，李佳. 快销品的典藏之道——伊利奥运纪念版包装的背后[J]. 广告导报，2008(12):84-87.

[8] 戴丽丽. 伊利的亲民奥运营销[J]. 广告主，2012(9):38-39.

[9] 朱小明. 伊利：奥运营销不能这么做[J]. 销售与管理，2006(1):22.

[10] 时亚. 伊利广告，人性化的转变——解析"从心灵的天然牧场"到"天天天然"[J]. 销售与市场（管理版），2003(16):74-75.

## 第二章

# M&M's 巧克力豆：快到碗里来

"香浓牛奶巧克力、五彩薄脆糖衣包裹、性格鲜明的卡通形象"，M&M's一直传递着色彩缤纷的巧克力乐趣。2016年，在不知不觉中M&M's已迎来75周岁的生日。本章通过介绍M&M's最新的75周年广告，可以详细分析出该广告中各种场景闪回切换的含义，回顾M&M's巧克力的进化史，以及其广告背后的营销理念。通过对广告剧情配乐、拍摄手法及角色选用等方面进行思考分析，并结合M&M's广告片在中国市场上的传播效果及受众反馈，以此探究M&M's巧克力的商业价值并总结出其可借鉴的经验启示。

## 一、市场分析

### （一）营销环境分析

#### 1.宏观环境分析

（1）行业政策

2003—2008年，中国相继发生多起重大食品安全事故，引起全国人民的高度关注。政府大力加强对食品行业的质量检测和卫生监控，于2009年6月1日正式颁布并施行了《食品安全法》，明确制定了食品安全风险监测计划、标准规划等工作责任，强化了地方政府及各部门间在食品安全监管中的协调配合。政府对食品安全的日益重视，必将对巧克力行业产生重大影响。2015年，国家食品工业协会糖果专业委员会对全国行业标准重新进行修订。其中，重点加大了对食品安全的检测力度。

（2）社会文化

巧克力象征着"激情、活力、爱恋"，有着深厚的文化底蕴。许多节日与巧克力都有关联。例如，男生会向自己中意的女生献上火红的玫瑰，而女生则会选择一款黑巧克力回赠给自己的白马王子。黑巧克力口感有些苦涩，但却浓重深厚，让人回味无穷。实际上，巧克力还可以作为礼物献给父母、朋友、老师或同事，非常受欢迎，已成为一种传递友情、亲情和爱情的感恩符号。其中，M&M's巧克力豆就受到广大儿童的喜爱，更是在全球刮起了巧克力豆的风潮。

（3）技术背景

巧克力生产技术经历了漫长的发展演变后，已成为现代食品工业领域中的一个独特门类。巧克力生产也由起初的小型手工作坊，逐步发展为大规模机械化连续生产，甚至有的已采用智能数控机床等更为先进的生产工具。随着经济不断发展，我国许多地区都有生产规模不同的巧克力企业。随着人们健康意识的不断提高，会日益增大对低糖、低热量、营养丰富的巧克力的需求。所以，其生产技术上的创新，将会给企业带来更多的生产力，不断扩大巧克力的生产空间。

2. 微观环境分析

在中国，高端巧克力市场已被外资品牌占据，巧克力年人均消费量低于世界平均水平。

（1）需求现状

2015年，中国巧克力年消费量在30亿元左右，人均巧克力消费为每年40~70克。其市场价值看似巨大，但实际上仅占国际市场的0.5%。同年，欧洲年人均消费巧克力7千克以上，亚洲的韩国、日本平均消费2千克。所以，预计中国巧克力市场将有每年10%~15%的增长率。2015年全国20个大城市的市场监测数据显示，巧克力已被广泛接受，各城市消费群体占总人口的比例为30%~60%，但各地消费水平存在一定的差距。

（2）行业现状

参与中国巧克力市场竞争的企业，大致可以分成三大阵营：第一，以德芙、好时、费列罗等为代表的外资品牌，占领高档巧克力市场的绝大多数份额；第二，以金帝、凯撒威登为代表的合资品牌，主导中档巧克力市场；第三，以申丰、金丝猴等为代表的本土品牌，占据了低档巧克力市场的主要份额。进口品牌和合资品牌销售势头强劲，但是国产品牌表现不佳。无论从高端广告投放的品牌传播方面，还是低端产品铺市的销售促进方面，无论是市场占有份额，还是产品知名度，进口品牌和合资品牌都占据显著位置。本土品牌除金帝巧克力挤进行业前三强外，其他品牌均表现不佳。其中，美国玛氏公司的 M&M's 巧克力豆，也占据了巧克力豆市场的绝对市场份额。

## （二）产品特征分析

M&M's 巧克力豆 1941 年首度问世，1954 年再推出的 M&M's 花生巧克力豆与纯巧克力豆的销售都呈现持续增长的佳绩。1995 年，M&M's 巧克力豆诞生已有半世纪之久，其组织了一项非常大规模的行销活动。即邀请美国民众为 M&M's 巧克力豆票选心目中最理想的新颜色，活动遍及全美，促使 M&M's 品牌树立起新的里程碑。其中，选择内容包括蓝色、粉红色、紫色，以及维持原状。其结果是在超过 1000 万张的选票里，蓝色以 54% 的得票率拔得头筹。1995 年，M&M's 迷你巧克力豆正式问世，色彩缤纷的巧克力正式进入烘焙领域。M&M's 还在 1996 年推出新产品，即筒装的 M&M's 迷你巧克力豆。同时，更推出了 M&M's COLORWORKS（万花筒），里面装着 20 种不同色彩的 M&M's 牛奶巧克力豆。

1954 年，M&M's 推出第一支电视广告，出现了代表 M&M's 的卡通角色，以及"M&M's 巧克力豆，只溶在口、不溶在手"的著名广告语，受到全球观众的喜爱。这句 Slogan 是著名广告大师伯恩巴克的灵感之作，堪称经典，流传至今。其既反映了 M&M's 巧克力豆糖衣包装 USP 的独特性，又暗示其巧克力豆口味好，以至于不愿意使其在手上停留片刻。正如广告词所说"在彩色的糖果外衣里，牛奶巧克力紧紧拥抱住一整颗香脆可口的花生米，一口咬下去，三层不同嚼劲，一样完美的口感，是叫人欲罢不能的人间美味"。

### （三）竞争状况分析

1. 市场竞争特点

（1）核心产品差异

随着巧克力技术的不断创新与日益成熟，总会出现一些新的种类。例如麦丽素，以小麦为原料做成球状，然后外面涂一层巧克力，产品定位于吸引儿童的注意力并方便食用的功能；还有士力架，以巧克力为主要原料，再加入花生米，由于巧克力和花生米都是高热量的食品，产品定位于快速补充体力的功能。

（2）目标顾客差异

巧克力市场上的品牌和产品众多，但各自的定位都不相同。2015年，从性别比例来看，第一阵营品牌的消费人群中，女性消费者超过了70%。其原因在于：一方面女性消费者更喜欢选购巧克力作为零食，另一方面巧克力有美容的功能。从年龄结构上来看，中低端市场的消费人群以年轻人为主，而高端市场的消费人群以中年人士为主。因为年轻人的消费能力有限，中低端市场上的巧克力价位适中，可供选择的品种较多。

（3）区域与全国市场结合

从竞争区域上来看，巧克力市场呈现出区域竞争与全国竞争相结合的特点。一方面，国际大品牌除很早就进入中国的德芙巧克力外，其余品牌只在经济发达的城市中才能看到，并且也占据了很大的高端市场份额。另一方面，以金帝、金丝猴为代表的本土企业，在全国范围内遍地开花，在中国老百姓心里获得较好的口碑，品牌知名度很高。

## 2. 主要对手分析

M&M's 巧克力豆的主要对手为 POP 妙味巧克力豆,其外观是球形棕黑色巧克力,材料是一种多味夹心巧克力豆,外层为巧克力,内层为多味果酱或其他食材,口味多样,也可满足儿童及青少年喜欢变化的心理。让人意想不到口味的 POP 妙味巧克力豆,激发人们对新奇事物的探索欲望,掀起了"你今天吃到了什么口味?"的风潮。此外,金丝猴生产的麦丽素,在巧克力豆市场上也拥有较大市场份额。依靠其以前在糖果行业建立的庞大销售渠道优势,麦丽素不需要铺天盖地的广告就可直接进入很多商店销售。

## 二、广告赏析

### (一)75 年的历史

如图 2-1 所示,在纪念 75 周年的广告 MV 中,通过不断的镜头闪回与场景切换,让消费者回顾 M&M's 巧克力豆的进化史。开篇第一幕以傲娇的红色 m 和单纯的黄色 m 登场,他们在录音棚录制自己 75 岁生日的歌曲。将开篇场景设置在录音棚也是有讲究的。玛氏集团专门为这次 M&M's 成立 75 周年请到了 DJ 奇才 Zedd 和说唱歌手 Aloe Blacc,并联合创作了新单曲《Candyman》。通过傲娇的红色 m 和单纯的黄色 m 的表情和姿态,可以看出一开始录制进展得并不顺利。就在此时,DJ 奇才 Zedd 和说唱歌手 Aloe Blacc 推门进来并问道:"May I help guys?"

图 2-1  DJ 奇才 Zedd 和说唱歌手 Aloe Blacc 进入红色 m 和黄色 m 的录音棚

资料来源:https://v.qq.com/x/page/z01864emnh3.html。

如图 2-2 所示,傲娇的红色 m 有着强烈的自尊心,想了片刻立刻回答:"No!"然而,有着单纯性格的黄色 m 却有话直说,其在红色 m 说完"No"之后,立即说出了"Yeah",使傲娇的红色 m 怒视黄色 m。

图 2-2 《Candyman》的录制和现场演奏

资料来源:https://v.qq.com/x/page/z01864emnh3.html.

如图 2-3 所示,伴着单曲《Candyman》的录制、现场演奏的场景,展开对于 M&M's 的历史回顾。红色 m 和黄色 m 的鲜明性格,体现在广告片的结尾,"Candyman can cause he mixes with love, and makes the world taste good!"(小糖人无所不能,他将爱融进糖里,让这世界更加美味)。两位巨星完美演绎《Candyman》,该视频展示了歌手 Aloe Blacc 演唱时的享受和演唱完的微笑,DJ Zedd 在编曲、试听时的频频点头认可。当 Zedd 问两个 m 听完该曲之后的想法时,黄色 m 流露出了欣喜,傲娇的红色 m 虽然也很满意,但却表现得满不在乎,其内心是在赌气。"他们做得比我好?"还嘴硬地说道,"Logo 太小、看不清我的名字,差评!"以此来凸显红色 m 的性格。

图 2-3 歌手 Aloe Blacc 演唱时的微笑及红色 m 与黄色 m 的对话

资料来源:https://v.qq.com/x/page/z01864emnh3.html.

## （二）M&M's 家族

如图 2-4 所示，通过早期的 M&M's 巧克力豆广告来唤起人们童年的回忆。如图 2-5 所示，5 种色彩的 m 巧克力豆同时亮相，讲述 M&M's 用了 75 年的时间才塑造出的 m 家族。其中，还出现棕色的 m 家族成员，虽然他在 20 世纪 50 年代就已退出市场。

图 2-4　M&M's 早期的广告片

资料来源：https://v.qq.com/x/page/c0342wmczrp.html.

图 2-5　5 种主要色彩的 m 巧克力豆同时亮相

资料来源：https://v.qq.com/x/page/c0342wmczrp.html.

M&M's 巧克力豆最初由红、黄、绿、棕、橙和深紫 6 种糖衣颜色的巧克力豆组成。M&M's 巧克力豆的每个颜色都对应不同的性格，与广告剧情有关系。以此，提高受众的喜爱度和加深其印象。

谁都吃过巧克力，但大家首先想起的都是其华丽的色彩，而不是味道。M&M's 巧克力豆的不同颜色，给消费者带来更多的选择乐趣。其总会使人们想象着"选择的巧克力会是什么样子？每个颜色的口味是什么？"带来更多的惊喜。虽然巧克力的味道不会改变，但这种营销手段会得到消费者的关注。

如图 2-6 所示，在 20 世纪 50 年代，随着家庭电视的普及，第一个成员——红色 m，成为 M&M's 巧克力豆的卡通形象代言"豆"，率先进入千家万户。作为 M&M's 品牌推广的领跑"豆"，红色 m 占领消费者心理的速度远大于其占据他们的胃。红色 m 被赋予了具有喜怒哀乐的独立人格，使其不但可以成为嘴里的零食，更可以是不离不弃的玩伴。红色 m 表现出特殊的优越感，其诡计多端又自命不凡，最兴奋的事是让人们盲目地顺从他。他不仅脑袋灵活，体能也是超人级，心肺功能可比迈克尔·乔丹。与其他 M&M's 成员相比，红色 m 的个性更张扬，总要不断提醒消费者，自己是多么与众不同。于是，红色 m 稳坐形象代言"豆"的宝座，在产品包装上频频亮相。

图 2-6　红色 m 为 M&M's 的形象代言"豆"

如图 2-7 所示，1954 年 m 家族的第二个成员黄色 m 登上了历史舞台，为 M&M's 的品牌个性注入了新的血液。与红色 m 互补的黄色 m 性格表现为单纯、懦弱，又常常憨厚地展现"赤子之心"。黄色 m 对红色 m 言听计从，尽管有着坚硬的糖衣外壳和花生内心，黄色 m 的个性从骨子里透着多愁善感。黄色 m 诞生的同一年，M&M's "只溶在口，不溶在手"的电视广告受到全球观众的喜爱。由此，红色 m 和黄色 m 成为家喻户晓的卡通明星。

图 2-7 m 家族的黄色和绿色登上了历史舞台

1997 年为 M&M's 品牌发展的高峰期，其推出了绿色 m "豆小姐"，作为 M&M's 的第一位女明星。绿色 m 是一位多才多艺的女作家，她穿着白色长靴，有着迷人的外表，在一系列电视广告中大放光芒。玛氏集团推出一本以《我绝不为任何人融化》为名的绿色 m 传记，使她立刻风靡全国。绿色 m 以机智好强的个性在品牌故事中与红色 m 对抗，并对黄色 m 保护有加。在当时的美国大学校园里，十分流行绿色 M&M's 巧克力豆。另外，美国认为绿色象征丰富的生命力。

如图 2-8 所示，1976 年 M&M's 推出花生牛奶巧克力豆，即增加橙色 m。虽然 1994 年出品茶色 m 替代了深紫色 m，但在 1995 年 1000 万美国人投票选择用蓝色 m 替代了茶色 m。因此，就形成了现在色彩缤纷的全部 M&M's 家族成员。

图 2-8 m 家族的茶色和蓝色登上了历史舞台

## (三) M&M's 广告语

### 1. "只溶在口,不溶在手"

玛氏集团在 1954 年开发了 M&M's 巧克力豆,但当年在广告宣传上并不太成功,销售效果不理想。因此当时的总经理麦克纳·马拉邀请罗瑟·瑞夫斯为其新产品做广告宣传,扩大产品销路。瑞夫斯发现,玛氏糖果公司开发生产的这种 M&M's 巧克力豆,是当时在美国唯一用糖衣包裹的巧克力豆,即刻形成了广告构想:抓住 M&M's 巧克力豆这一与众不同的特点,打动消费者。经过缜密思考,精心创意,瑞夫斯创作了这样一部电视广告片:电视画面上有两只手,一只脏手,一只洁净手,画外音"哪只手里面有 M&M's 巧克力糖?不是这只脏手。因为,M&M's 巧克力只溶在口,不溶在手!"如图 2-9 所示。吃 M&M's 巧克力的手总是比另一只手脏,是因为色彩斑斓的外衣导致了它入手即化。所以,广告还暗示着 M&M's 巧克力豆口味好,以至于不愿意让巧克力在手上停留片刻。

图 2-9　1954 年 M&M's 巧克力第一部电视广告和其创作者罗瑟·瑞夫斯

在 75 周年广告片里,出现了被广告周刊评为 2004 年全美第一的广告名句"只溶在口,不溶在手"。该则广告片播出后,M&M's 巧克力豆顿时名声大震,人们争相购买,销量猛增。其间,玛氏集团的规模也有了突飞猛进的发展,如今年销量已达四五十亿美元,成为美国私人企业中的佼佼者。而"只溶在口,不溶在手"的广告词,至今仍是玛氏集团 M&M's 巧克力豆的广告主题,被世界各国消费者牢牢记在心中。

2."妙趣挡不住"

由于包裹糖衣的技术已在食品、药品等众多领域得到了普及,消费者也早已不再对其感到新鲜。基于此,在用户心智中,M&M's 品牌面临着核心价值减损和"失焦"的风险。这时,亟待重建消费者心智焦点。如图 2-10 所示,M&M's 希望将其品牌定位在一种有"趣味人格"的巧克力豆上,并提出了"妙趣挡不住"的口号。"快到我碗里来"的系列广告最先承接了构建该认知的重任。

图 2-10　"妙趣挡不住"广告镜头

第二章 M&M's巧克力豆：快到碗里来

"差异化要能够突出独特性"，让消费者感知到产品的与众不同，对大多既有品牌来说，是一个很大的挑战。想保持居于用户心智中的焦点，也并不容易。由于技术进步和市场竞争，品牌"失焦"在相互倾轧的"红海"中是最容易碰到的问题。在该系列广告推出的前期，M&M's 就遇到很多消费者不能很快理解其广告想要传达的信息的难题，致使消费者牢骚满腹，带来不少麻烦，如图 2-11 所示。

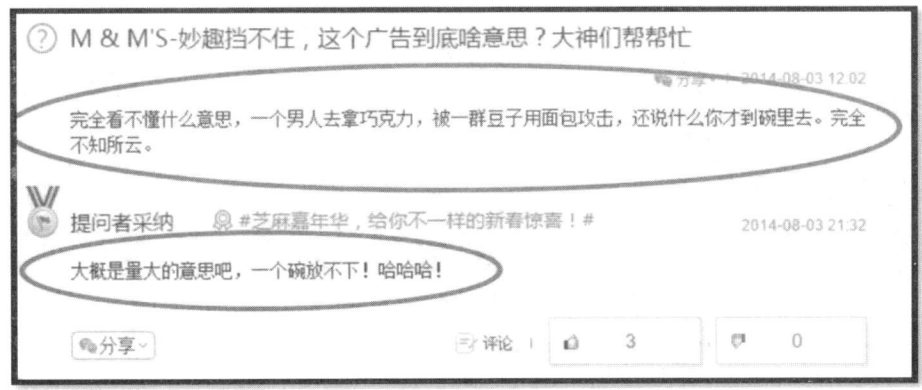

图 2-11 很多消费者不能很快理解这则广告

好在 M&M's 品牌选择了坚持，通过不断推出"趣味"系列广告，使每条都能充分展现 M&M's 的个性（红色 m 负责自负搞怪，黄色 m 负责忠诚憨厚），使"妙趣挡不住"的广告定位逐渐在用户心中生根发芽。

3."你才到碗里去！"

图 2-12 "快到碗里来"广告之一

资料来源：http://www.tudou.com/programs/view/0X4fy889vdE/。

如图 2-12 所示，一群人坐在一起玩，一个女生拍一个男生并对他说："能给我们拿点巧克力吗？"男生说："没问题"，并起身到厨房。他打开厨房柜门，里面的面包、香蕉、西红柿掉出来砸在他身上。如图 2-13 所示，男生边叹气边躲，很无奈地看着橱柜里面举着面包和香蕉的 M&M's 巧克力豆，举起一个大碗说："快到碗里来。"

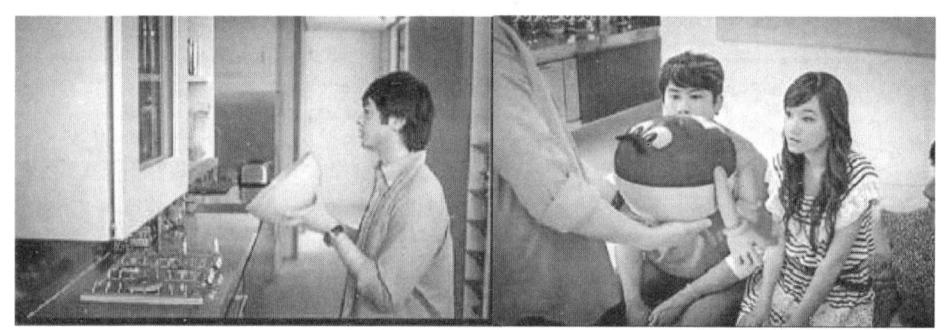

图 2-13 "快到碗里来"广告之二

资料来源：http://www.tudou.com/programs/view/0X4fy889vdE/.

最后，红色 m 和黄色 m 又扔出来一个面包片说："你才到碗里去！"场景切换，巧克力豆慢慢裹上糖衣，香浓牛奶巧克力五彩薄脆糖衣——"M&M's，妙趣挡不住"。场景再切换到男生和红黄 m，前者拿着大碗，后者躺在碗里不满地说："就不能找个大一点的碗吗？"其他人非常惊讶。

实际上，可以说是 M&M's 把巧克力豆放到一个与消费者相平衡的环境里。开始女生要男生拿一点巧克力豆给大家吃，男生打开柜子拿着碗被红色 m 和黄色 m 扔面包砸到。之所以这样，一是因为巧克力豆知道自己要被吃了；二是不太满意男生拿的碗，不能把自己好吃又美丽的外观表现出来，待在里面不舒服。而且，还以此说明男生被女生要求拿巧克力豆，就像是巧克力豆被男生命令到碗里去，他们在某种情况下都是注定要到别人碗里的。由此，"快到碗里来"和"你才到碗里去！"便开始在网络上流行起来，也延伸为"你已经注定是我的了，快到我的碗里来吧"，用于互相调侃和开玩笑。

## （四）广告设计理念

M&M's 广告把巧克力豆人性化，采用拟人手法，以充满乐趣的新奇方式，传达 M&M's 品牌"妙趣挡不住"的理念，赋予了巧克力豆鲜明的性格特征。在整条广告中，巧克力豆很贴近观众，有些孩子气的感觉会在消费者心中留下印象，就像是对自己耍脾气闹别扭一样，重要的是符合叛逆期青少年不顺从、讲个性的气质。调皮、可爱、耍小性子的卡通形象，使消费者立刻对其产生兴趣。在关注广告剧情的过程中，M&M's 产品的隐形宣传建立起其品牌形象。

1. 两则广告设计

（1）《m 豆离奇消失，陈奕迅监守自盗》

如图 2-14 所示，广告片开头，电视正在报道新闻，红色 m 和黄色 m 被车追杀，最终被拿着大碗的人捉住。

图 2-14 《m 豆离奇消失，陈奕迅监守自盗》广告之一

资料来源：http://v.youku.com/v_show/id_XNzc0MDc2MjE2.html.

陈奕迅扮演男主角，关掉电视机后说："哈哈哈，我终于抓到你们了。来，亲一个吧！"红色 m 说："想都别想，我是纯爷们！"

如图 2-15 所示，男主说道："你就是纯纯的牛奶巧克力嘛！"此时，黄色 m 插话道："我不纯怎么办？我里面有花生！"

如图 2-16 所示，陈奕迅又转换台词，说道："那我就吃定你了，快到碗里来！"在最后，切换广告收尾场景，放出广告语，即"M&M's 妙趣挡不住！"以吸引消费者关注。

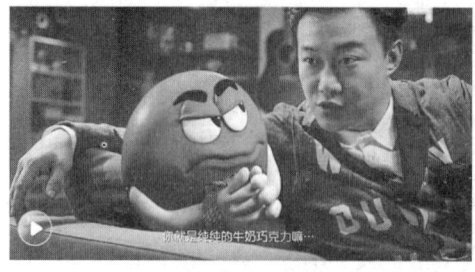

图 2-15 《m 豆离奇消失,陈奕迅监守自盗》广告之二

资料来源:http://v.youku.com/v_show/id_XNzc0MDc2MjE2.html。

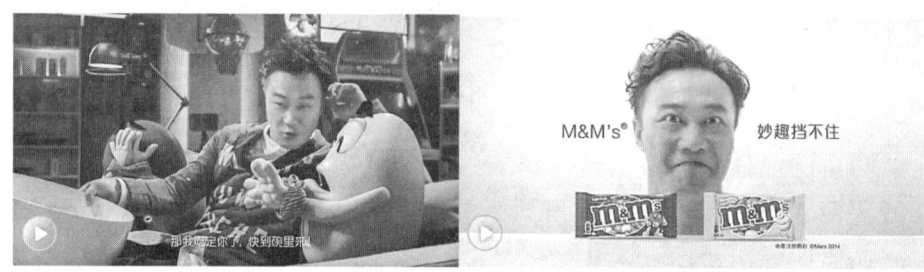

图 2-16 《m 豆离奇消失,陈奕迅监守自盗》广告之三

资料来源:http://v.youku.com/v_show/id_XNzc0MDc2MjE2.html。

(2)《史上最奇葩的绑架》

前半段展示了黑夜、雪地、路边野狼和宫殿里的晚宴等场景,神秘的悄悄话、众人严肃的神情和穿着黑色大衣的人物等出场姿态,以及庄严紧张的配乐,都为之后的"绑架"做了浓烈的气氛渲染,也为绑匪接下来的台词做好铺垫。

绑匪(非英语):"你知道我会对你做什么吗?首先,我会把你剁成小块。然后,我会把你撒在一大碗冰激凌上!"无辜的黄色 m(英语):"我完全听不懂你在说什么,但是我加入!"如图 2-17 所示,画面再切换到"America's Favorite Nut"(美国最受欢迎的坚果)。

第二章　M&M's巧克力豆：快到碗里来

图 2-17　《史上最奇葩的绑架》

资料来源：https://v.qq.com/x/page/l01438ybqis.html。

2. 设计思路

如图 2-18 所示，2014 年 8 月，M&M's 亚洲首家"m 豆巧克力世界"在上海开业，陈奕迅为其代言并变身为"店长"，更为其拍摄了广告片《m 豆离奇消失，陈奕迅监守自盗》。

图 2-18　陈奕迅代言人变身"店长"

玛氏集团及"m 豆巧克力世界"的总经理 Brian Schiegg、M&M's 业务亚太区总裁 Ehab Abou Oaf，以及玛氏中国总经理麦伟坚，共同向陈奕迅赠送"m 豆巧克力世界"商店的钥匙。亚洲首家、全球第五家"m 豆巧克力世界"的巧克力豆长城，拥有 132 根玻璃长罐，是全世界最长的M&M's 巧克力豆墙，如图 2-19 所示。《m 豆离奇消失，陈奕迅监守自盗》由网络上的"究竟是谁绑架了 m 豆！"引发话题，请到自带话题属性的陈奕迅并推出系列广告。传递了"香浓牛奶巧克力，花生夹心"的产品特点。有趣的情节设计，以及人与卡通形象的互动，生动地传递出"妙趣挡不住"的理念,这都大大增加了消费者亲自到访线下实体店的好奇心。

图 2-19　巧克力长城

### 3. 理念对比——以 M&M's 和士力架为例

如图 2-20 所示,M&M's 和士力架的广告都使用了极具娱乐性的表达方式,虽然看起来差不多,但效果却绝不相同。

图 2-20　"M&M's"和"士力架"

士力架的广告是通过娱乐化的表达方式，打造一个能涵盖功能与情感两方面价值的认知焦点。从功能上是"横扫饥饿"，从情感上是"做回自己"。这些焦点要比从单一方面构建出来的焦点更加有力。相比之下，M&M's 的广告相对较"弱"。"妙趣挡不住"作为焦点，并没有包含对该品牌功能价值的认知。品牌如人，在用户心智中构建的焦点，最好能够同时包含理性与感性、功能与情感。只有情感，没有功能，很容易让人"爱而不买"。消费者对品牌的认知不局限于逻辑上的"认知"，更包含了情感体验上的"感知"。一个品牌不仅要学会做眼下的"证明题"，也要学会去看"诗和远方"。品牌要学会让理性与感性伴随，将功能与情感融合才能更好地征服人心。否则，就像美剧《纸牌屋》里所说的——"将这两者分开，力量将小很多"。

## 三、营销传播

### （一）促销传播策略

　　M&M's 品牌在中国的广告传播策略仍采用明星 m 豆来代言，延续了幽默诙谐的特点，使得红色 m 和黄色 m 在消费者心中成功树立了分享、乐趣的品牌形象。在年轻群体中收获了诸多粉丝，有不少消费者中意于 M&M's 的品牌广告。但除电视广告外，M&M's 在电影、杂志等其他媒介中缺少广告传播。单一的广告宣传对消费者的暴露频次较低，难以全方位地呈现品牌信息。M&M's 巧克力豆在中国的促销大多联合玛氏集团旗下的其他巧克力品牌共同进行。在周末及节假日，消费者可以看到各大超市中玛氏集团旗下的德芙、士力架、脆香米和 M&M's 的大型展柜。对于 M&M's 品牌来说，万圣节、愚人节等趣味性节日，都是刺激消费者购买的好机会。此外，M&M's 品牌还利用《变形金刚 2》在推广期间的高播度，在电影院、超市和便利店配合使用"变形金刚"展架，成功地吸引了消费者的注意。

### （二）网络营销传播

　　M&M's 品牌在中国的营销传播中，将青年人作为目标受众，在网络上进行了诸多营销传播。例如，M&M's 建立了自己的网站。在网站上，可以直接获得最新的产品信息和活动信息。M&M's 还针对年轻消费者开发了许多网络小游戏，让 M&M's 官网保持趣味性，并为线下与消费者交流做了很好的铺垫。如图 2-21 所示，红色 m 和黄色 m 还开通了新浪微博，与粉丝互动。

图 2-21　红 m 微博截图

M&M's 品牌与腾讯 QQ 进行合作营销，在 QQ 表情中使用 M&M's 明星豆魔法表情，在 QQ 游戏中使用 M&M's 的明星豆形象。同时，还与光线传媒合作，打造了由明星豆主持的 M&M's 缤纷星光会系列节目，并在节目中邀请了中国明星进行访谈等。互联网的发展改变了人们接收信息的速度和方式，越来越多的消费者通过网络了解产品，网络广告作为一种新的广告形式融入了人们的生活，玛氏集团也加大了对 M&M's 在网络上的宣传。根据年轻人的日常网络行为，通过在社交网站上进行广告宣传，如弹出式广告，形式多样的线上活动宣传，以及邀请明星和 M&M's 明星豆互动等，保持了与年轻人之间的沟通互动。

### （三）互动体验营销

若受限于网络媒介，也会在营销活动中失去与消费者的联系。尽管 M&M's 品牌在短时间内可以辐射到部分特定消费群，但却没能实现"用一致的声音，打造传播同一个品牌形象"的整合营销效果。于是，玛氏集团与暴风集团联手开启 VR 营销热潮。如图 2-22 所示，暴风集团为 M&M's 巧克力豆打造的国内首个"品牌定制 VR 影院"正式上线，即暴风魔镜 App。用户在观看 2D 电影及 3D 电影时，可进入 M&M's 巧克力豆定制 VR 影院。萌相十足的 M&M's 明星 m 豆将作为观影伴侣，近距离地陪在用户身边。这意味着 M&M's 品牌将能通过超强的沉浸感和代入感，将消费者直接引入品牌想要构筑的营销场景中。这样，就完全颠覆了以往的线上品牌广告植入模式，实现从"快到碗里来"变身"快到影院来"。就好比暴风集团为 M&M's 品牌打造了一个线上的虚拟品牌主题乐园，玛氏集团可以更加自由地选择品牌展现方式。

图 2-22　品牌定制 VR 影院

体验传播也是 M&M's 品牌的重要传播策略。M&M's 为给消费者创造更好的品牌体验，推出了 M&M's 世界主题店。如图 2-23 所示，其作为 M&M's 品牌的梦幻终端，是类似迪士尼的糖果主题乐园。M&M's 世界主题店的主要目标受众是儿童、女性和游客。在 M&M's 世界主题店里，将丰富的色彩用最直观的手法进行表现，七彩糖果墙给予消费者震撼的视觉体验。在这种充满品牌文化的空间里，真实的体验感让人难以抗拒。从而，M&M's 将品牌、文化和服务全方位地整合，并传递给消费者。

图 2-23  M&M's 世界主题店

## 四、效果分析

玛氏集团单纯地将欧美市场的经验直接套用在中国市场上，但 M&M's 巧克力豆的销量却表现平平。市场份额是衡量品牌营销传播效果的重要指标，反映出了市场认可度和品牌价值。如图 2-24 所示，M&M's 在中国市场的市场份额较低，仅有 3.30%，与其他竞争品牌的差距较大。德芙的中国市场占有率为 37.80%，比第二名费列罗领先 20% 多，在市场上占有绝对优势。

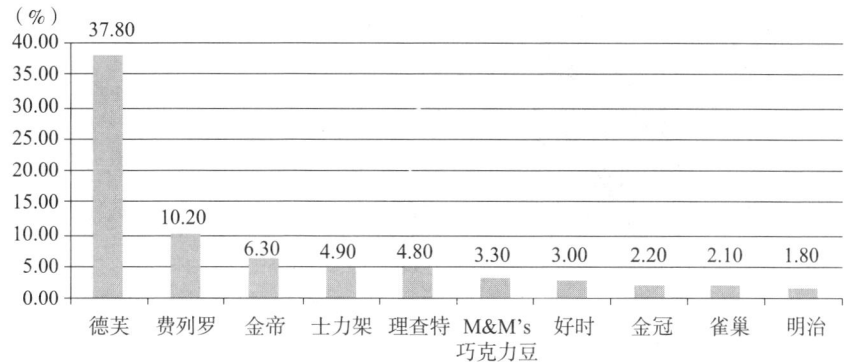

图 2-24　中国巧克力市场品牌现状

另外，品牌印象是衡量营销传播效果的另一重要指标，其主要通过对消费者进行调查而直接获取。如图 2-25 所示，M&M's 巧克力豆在中国的品牌认知度较低，处于中等偏下水平。消费者比较青睐的是德芙、费列罗、士力架。这说明中国消费者对 M&M's 巧克力豆较为陌生，其在中国市场的品牌声音微弱，并没有受到消费者的广泛关注。

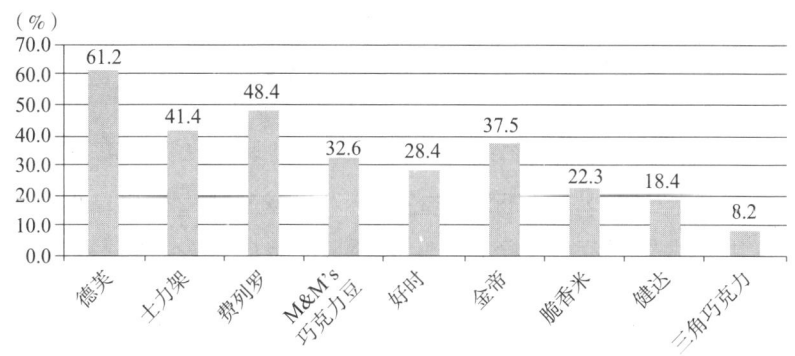

图 2-25　消费者喜爱的巧克力品牌

由图 2-26 可知，广告是影响消费者购买巧克力的重要原因。而结合前文内容来看，说明 M&M's 在中国的广告宣传力度不够，否则根据中国消费者易受广告影响的特点，M&M's 的品牌认知度应该较高。

如图 2-27 所示，在影响消费者购买巧克力的因素中，口感味道最为重要，是在中国市场获取竞争优势的关键，与中国消费者秉承"民以食为天"的生活哲学不无关系。此外，价格对消费者的影响较大，作为快消品，巧克力的价格确实会很大程度上影响消费者的购买选择。

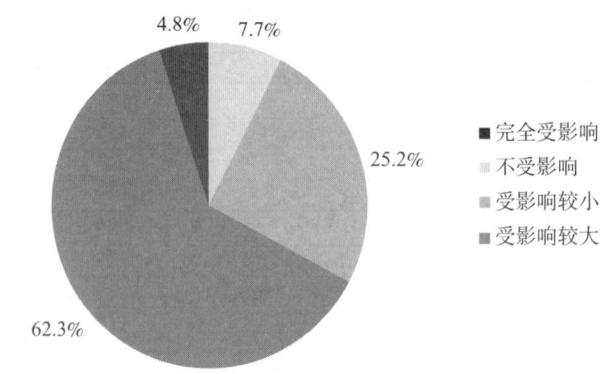

图 2-26 广告是否会影响消费者的购买决定

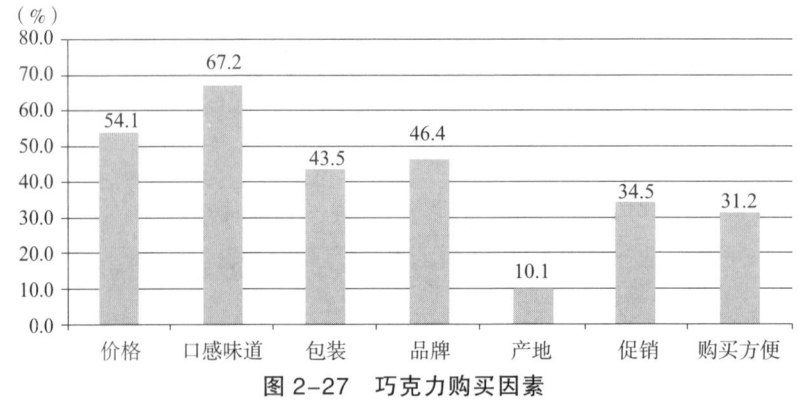

图 2-27 巧克力购买因素

如图 2-28 所示，在影响消费者购买 M&M's 巧克力豆的原因中，广告有趣占到了最大的比重，说明广告传播对 M&M's 巧克力豆市场营销起到了非常重要的作用。另一个是质量有保证，近年来，中国消费者很看重食品安全，在中国市场销售 M&M's 巧克力豆，要把好质量关。

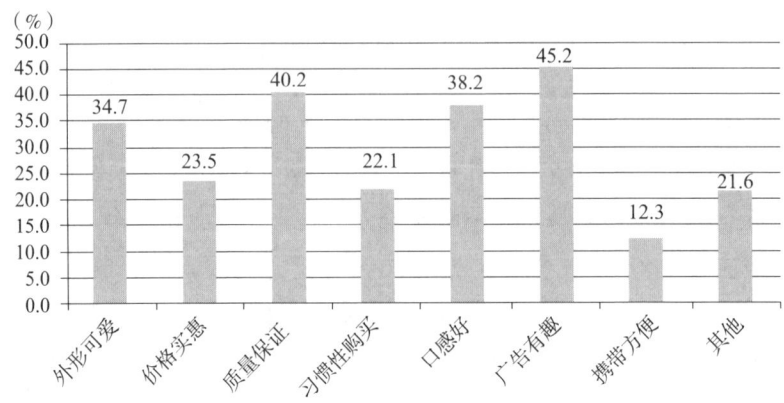

图 2-28 购买巧克力豆的理由

如图 2-29 所示，大部分消费者接触 M&M's 巧克力的渠道是电视广告，其次是网络广告，说明 M&M's 在中国运用电视和网络的效果比其他媒介要好，但仍需有针对性地利用好其他传播渠道，全方位向受众传递品牌信息。此外，超市折扣活动、朋友推荐也都作为重要选项，说明消费者对价格有敏感性，容易受口碑传播影响。

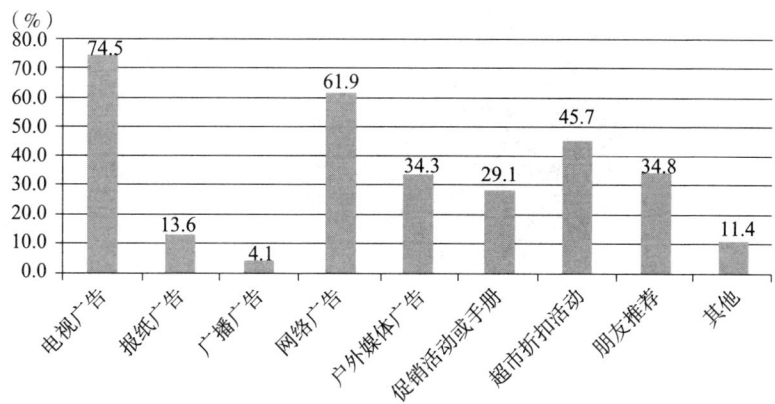

图 2-29　接触 M&M's 巧克力的渠道

如图 2-30 所示，大部分消费者认为 M&M's 巧克力豆的广告有趣，持褒扬态度。但也有 13.1% 的消费者认为，M&M's 巧克力豆的广告看不懂，持贬义态度。这说明 M&M's 的广告内容设计有一定的局限性。有消费者不太理解，或许是因为 M&M's 广告主要是针对年轻人造成的。另外，还有部分消费者没有接触过 M&M's 巧克力豆广告，或对其广告没有留下深刻印象，说明 M&M's 有必要加大广告宣传力度，扩大影响范围。

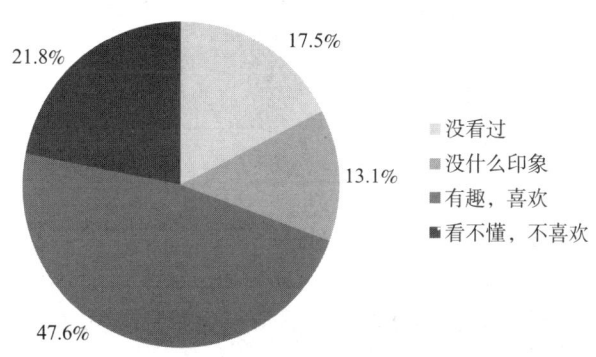

图 2-30　消费者对 M&M's 巧克力豆广告的态度

如图 2-31 所示，有 44.2% 的消费者选择了正确的广告语，说明该部分消费者对 M&M's 广告的记忆比较深刻。在其他选择错误的消费者中，有 24.6% 的人选择了德芙的广告语，说明德芙在广告传播范围和强度方面比 M&M's 做得好。

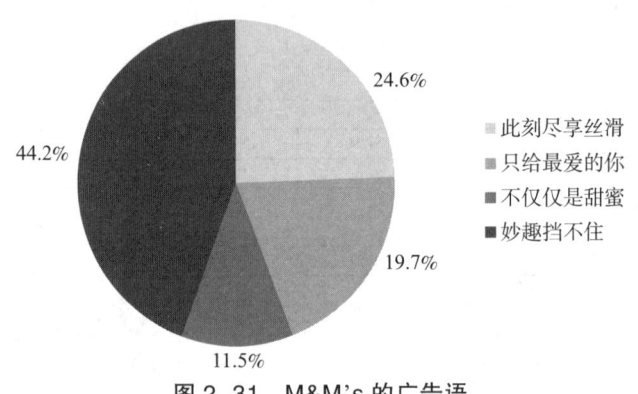

图 2-31　M&M's 的广告语

如图 2-32 所示，消费者对 M&M's 巧克力豆最深刻的印象仍然是广告有特色，而对口感、价格、包装、种类等方面都没有对广告印象深刻，说明对于中国消费者而言，M&M's 巧克力豆的广告传播比产品本身做得好。从而，不利于消费者将对广告的喜爱转换为实际购买力。

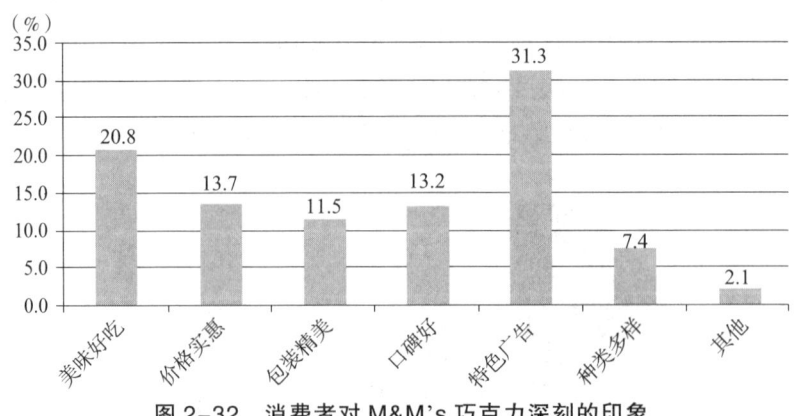

图 2-32　消费者对 M&M's 巧克力深刻的印象

如图 2-33 所示，只有 42.5% 的消费者选择购买过 M&M's 巧克力豆，消费者对其的购买欲望并不强烈。

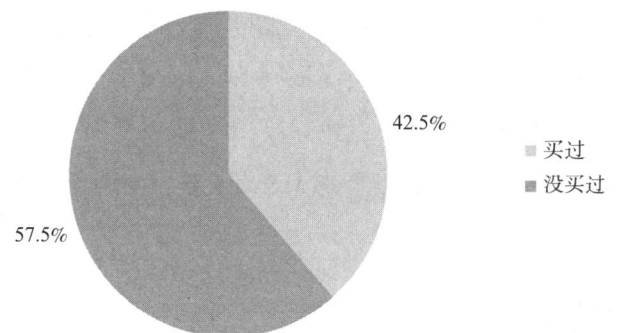

图 2-33　消费者是否购买过 M&M's 巧克力豆

如图 2-34 所示，只有 20.8% 的消费者认为 M&M's 巧克力豆比其他品牌好。大多数的消费者并不这么认为，说明消费者对 M&M's 巧克力豆的品牌认可度较低。

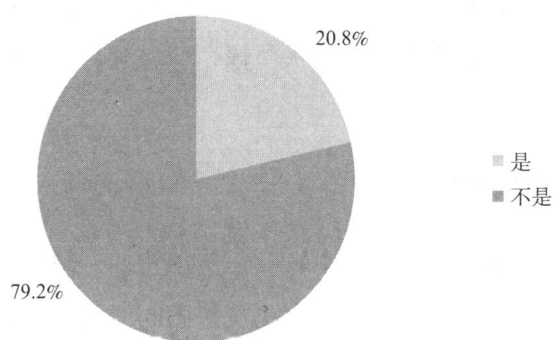

图 2-34　M&M's 巧克力豆是否优于其他品牌

综上所述，M&M's 广告在中国整合营销传播的强度和力度都不够。M&M's 巧克力豆在消费者心中的品牌印象不深，主要关注于其广告突出的卡通形象。对于中国消费者而言，广告信息要与产品信息联系紧密才能刺激其购买欲。尽管中国消费者对 M&M's 的广告表达的乐趣、分享概念表示认同，但却没有将对广告的喜爱转化为实际的市场购买力，说明 M&M's 广告内容过于追求产品的精神表达，而忽视了产品的口味表达。以德芙巧克力为例，"此刻尽享丝滑"就直接体现了牛奶巧克力的美好口感。由此，也帮助德芙巧克力在市场上获得销售领先。M&M's 之所以在欧美市场能够通过主打乐趣、分享的广告促进销售，是因为消费者对产品的熟悉程度高。而大部分中国观众对M&M's不甚了解，纵然认为M&M's的广告内容新颖有趣，但也只是单纯地一笑而过，没有进一步产生对产品本身的欲望。于是，就要求M&M's针对中国市场调整广告内容，推出适应中国市场的广告。

## 五、经验启示

M&M's在中国的市场细分并不清楚，对所有的目标市场进行统一传播，而没有侧重，这样不仅不利于核心目标市场的维护，更不利于其他目标市场的开拓。所以，其营销传播策略并不完善，仍需进一步改进。M&M's应加强对中国消费者的市场调查，重新梳理在中国市场的目标受众。另外，中国消费者注重口碑传播。玛氏集团应在广告传播之外，加大与消费者的直接接触，有效利用公关手段，积极整合媒体资源，不断深化品牌形象，树立较好的口碑。

### （一）创新造就品牌

玛氏集团的发展历程有两大主轴：一是创新；二是将成功的创新经验推广到世界各地。这两大主轴确立了玛氏集团的经营本质，并一直延续至今。强大的科研能力和较高的技术水平，保证了玛氏集团能够不断地研发新产品，满足消费者的需求。从M&M's巧克力豆的发展历程可以看出，玛氏集团在1911年成为巧克力专门制造商后，把常见的巧克力做得炉火纯青。无论是品质，还是口感，都远超竞争对手。不仅是M&M's巧克力豆，还包括德芙，都已获得长期占领市场的竞争优势。玛氏集团一直在不断地研发和推出不同口味、不同品种的巧克力品牌。例如，针对爱好运动的消费群体推出了士力架功能型巧克力；为适应中国消费者需求，1995年推出脆香米，每年都保持着非常高的销售增长率。如图2-35所示，玛氏集团的产品创新对于企业持续发展、品牌保持旺盛生命力，无疑起到了重要作用。

第二章 M&M's 巧克力豆：快到碗里来

图 2-35 M&M's 巧克力产品

## （二）M&M's 卡通形象准确定位

从卡通形象与品牌"结缘"的各种形式可以看出，无论是美国的米老鼠、加菲猫等，还是日本的 Hello Kitty、哆啦 A 梦等，以及国内的喜羊羊等，都受到大众的普遍欢迎。使有生命活力的个体，能够与品牌理念相融合，赋予产品或服务情感，以人性化和情感化等深层次的交流来愉悦消费者，塑造完美的品牌形象。随着社会压力的增大、人际关系日益复杂化，人们需要快乐、幽默的卡通形象娱乐自我，放松自我。人际关系的疏离及沟通困难，使人们在共有感情与认知符号上已越来越"文化童稚化"。既然如此，何不让具有无限生命力和可塑造性的卡通人物来展示品牌形象，让人们"看图说话"放松心情呢？生动活泼的 M&M's 明星 m 豆形象，就备受消费者喜爱。2004 年，M&M's 被评为美国最受喜爱的广告标志。形象独特而鲜明的 M&M's 豆家族成员，已成为 M&M's 品牌构建的基础。明星"豆"的出现，反映出玛氏集团对品牌个性的重视。通过彰显每个M&M's成员的个性形象、统一化的包装，以及突出每个巧克力豆上标志性的"m"字母，提高消费者的品牌意识。而人性化的沟通，也使消费者在心理上与品牌建立认同感和亲密关系。如图2-36所示，M&M's的消费群是趣味时尚的年轻人。M&M's家族正是为适应消费者的需求，不断推陈出新，以期在红海中脱颖而出。

图 2-36　M&M's巧克力家族

### （三）注重品牌延伸

品牌延伸是品牌营销策略的重要方面。M&M's的品牌延伸以丰富消费者的品牌情感诉求为基础，将M&M's品牌发展为拥有主题文化的众多商品，使M&M's品牌永葆活力。如图2-37所示，M&M's公仔、马克杯、挂件饰品和家居服饰，成为人们逛街时爱不释手的购买对象。具有拟人化装潢的M&M's主题世界，为消费者提供了免费的拍照胜地。消费者拍照转发，无疑为M&M's品牌带来了免费、良好的传播效应。M&M's成员家族体验馆，提高了消费者的品牌认同度，为M&M's豆带来更多"铁杆粉丝"。其持续吸引着众多的消费者，尤其是糖果类食品的最大目标消费群体——儿童。

图 2-37　M&M's 巧克力品牌延伸

玛氏集团开始将 M&M's 发展经营为主题文化商店，其商品范围涵盖玩具、文化衫、家居服，还有各种挂件与家具。在琳琅满目的商品中，凸显 M&M's 无限的趣味。如图 2-38 所示，2014 年 8 月 8 日，上海市南京东路的 M&M's 巧克力世界开业。两层店面摆放着缤纷多彩的商品，妙趣横生的店面装潢，时时有真人大小的 M 豆表演并与顾客亲密互动，为 M 豆世界带来络绎不绝的顾客。更是有众多外地游客将此作为不可或缺的旅行地标。顾客享受娱乐式购物的轻松氛围，尤其是有孩子的家庭乐于享受"亲子+购物"的便利。M&M's 还特别设计了以上海和中国为主题的马克杯、听罐和 T 恤等。M&M's 品牌产品的本土化无疑为其赢得更多中国顾客的心，提高了中国消费者对其品牌的认可度。正如 M&M's 的品牌愿景，"我们希望以一种全新妙趣的方式在中国展示这一全球最受欢迎的糖果品牌，以确保 M 豆巧克力世界成为上海更具吸引力的目的地之一"。

图 2-38　上海 M&M's 巧克力世界

## （四）抓住电商机遇

现在电子商务正在对大卖场的渠道发起冲击，无疑让"休闲食品"遭遇挑战，原因简单明了。在过去的 18 个月里，麦伟坚（2016 年初始升任玛氏食品首席客户官及玛氏全球电商负责人）的确也发现了一种新的变化，"我们比较大的挑战，是渠道的变化，特别是电商的变化，对我们冲击很大"。休闲食品并非粮油、调料等生活必需品，消费者在逛店时的冲动消费占据主流。如果线下客流减少，何谈冲动消费？在研究消费者的行为变化时，麦伟坚表示，"问题关键是看怎么调配我们的资源。其实不是消费者不买，他们看到的时候，还是愿意购买的。但他们在什么时候买呢？比如'双十一'，就有很多机会。我们也利用渠道对于线上购物节的投入，让他们给我们多一点配合，多一点支持，同时我们也投入线上营销，希望实现线上线下的互动"。要随时根据热点抓住营销机会。比如"双十一"晚上，《纸牌屋》里的"总统"提到了 M&M's 豆。隔了几个小时，玛氏集团就在社交媒体上推出了相关的内容，希望在"双十一"还没有结束时，抓住机会做一些电商推广。最终的效果是，2015年的"双十一"玛氏食品的电商渠道达到了与天猫商城同样的销售增长速度。

**思考题**

1. M&M's 巧克力豆的广告营销关键点是什么？
2. M&M's 的品牌形象定位是什么？
3. 从品牌文化价值视角分析 M&M's 广告营销策略的优缺点。

### 参考文献

[1] 李燕临，王蕊. 电视广告教程 [M]. 北京：国防工业出版社，2012.

[2] 谢园. Sergio Peniche：玛氏的"蓝豆"新能量 [J]. 成功营销，2010(12):62-65.

[3] 道格·泰特姆. "绿色 M&M 巧克力豆"的力量 [J]. 全国新书目，2008(14):25.

[4] 邱颖. 现代广告学 [M]. 北京：中国财政经济出版社，2004.

[5] 余明阳，朱纪达，肖俊松. 品牌传播学 [M]. 上海：上海交通大学出版社，2005.

[6] 柳林，蔡佳祺. 在 M&M 豆包装设计中融入契合理念探讨 [J]. 中国集体经济，2019(28):68-69.

[7] 阮元彬. M&M's 明星豆的梦工厂 [J]. 广告大观（综合版），2004(5):68-70.

[8] 赵素欣. 视觉传达的娱乐精神——析 M&M's 巧克力广告的数字技术 [J]. 当代电视，2014(12):103.

[9] 侯佳. M 豆的世界 [J]. 环球企业家，2014(18):72-75.

[10] 廖秉宜. 品牌策略："多箭攻心" M&M's 巧克力的一次整合品牌之旅 [J]. 大市场（广告导报），2002(11):20.

## 第三章

# 新西兰之行：旅游新体验

有别于传统媒体，新媒体具有更强的交互性、精准性、时效性等特点，成为各行业重视的广告营销传播媒介。以旅游行业为例，越来越多的旅游目的地开始选用新媒体进行宣传与整合营销，其中的实施效果及其后续的发展情况有着重要的研究意义。因此，以新西兰旅游广告为研究对象，可以深入探究其传播和营销效果。本章首先提出新媒体背景与概念，并简要分析旅游行业的广告在新媒体网络环境下的推广态势和部分规律，其次针对新西兰广告产品内容进行更详细的解读，最后分析旅游目的地以网络为载体进行广告投放的营销效果。以期更好地回答"如何获得最大限度的回报率"。

## 一、旅游广告

### （一）新媒体特点

如图 3-1 所示，相对传统媒介形式（如报纸、杂志、广播、户外广告等），新媒体形态是不断发展变化的。就现阶段而言，新媒体是利用数字技术、网络技术，通过互联网、宽带局域网、无线通信网、卫星等渠道，以及电脑、手机、数字电视机等终端，向用户提供信息和娱乐服务的传播形态。

# 第三章 新西兰之行：旅游新体验

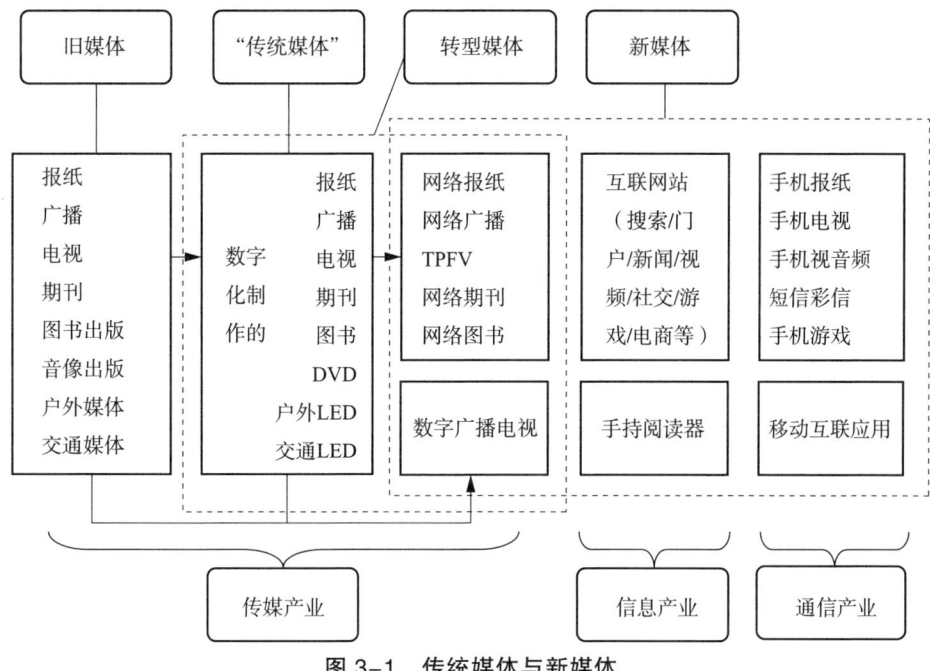

图 3-1 传统媒体与新媒体

新媒体的新颖之处不仅是技术的创新，更多的是形式及理念上的创新。其中，理念革新是定义新媒体的核心内容。如果仅是技术上提高或变换了一种形态，那也不足以证明其"新"的独特性。因为这样的变换是可以经常做到的，而理念的突破却难能可贵。

（二）对旅游推广的影响

1. 旅游广告

与其他服务性产品相比，旅游产品构成复杂，不可控因素多。国家或地区的旅游产品必须以当地社会、经济、文化相依托。所以，营销往往由行政部门承担，这是旅游广告的特点。从广告主体上看，旅游广告除单项旅游产品广告、旅游线路广告、度假胜地广告、景点游览广告之外，还有国家旅游广告。广告是旅游目的地或旅游企业常用的促销工具。一方面能树立一个目的地或企业的形象，另一方面能在短期内达到促进销售的目的。

## 2. 新媒体旅游广告

以新媒体为载体的旅游广告具有新的特征。无论是信息传播速度，还是其所波及的范围，都远胜于传统媒介。新媒体下旅游广告有以下具体特点：

（1）交互性

新媒体运作方式是按需推送的，使受众能够通过各种渠道主动获得广告信息。例如，在搜索引擎上检索专卖店网站，会关联出一系列推送信息，都是根据使用者现有信息及预判其后续行为得出的。

（2）精准性

新媒体的交互性会带来精准性。当用户需要广告时，会主动过滤掉许多无关的内容。那么，后续信息的推送都是基于对其进行的精准预测，由消费者需求来决定广告的具体内容。

（3）实效性

报纸、杂志等传统媒介的广告内容，无法做到推送的实效性。发行之后，这些广告将成为历史，无人再去主动关注。由于新媒体广告用户有主动性，以及互联网引擎具备时间优先的功能，会把最近的信息推送给用户，这也要求广告主及新媒体机构能够持续更新广告内容。

（4）便利性

互联网广告无处不在，可以在消费者的手机里、电脑上、街头的 LED 大屏幕和地铁里。只需要打开带屏幕的网络终端设备，如手机、平板、电脑等，这些广告就可随时到达，十分灵活、便利。

（5）自发性

通过新媒体方式发布的广告，因其传播速度快、范围广，能够被受众自我传播、自我复制，获得更大的受众面。这也是为何需要通过新媒体平台发布广告信息的原因。

（6）多变性

新媒体广告连接的是强大的电商平台。迅捷的成交、方便的物流，会激发消费者的兴奋冲动，使其快速完成支付。之后，消费者会进行更激烈的自我心理修复。通过分享朋友圈，连接更多潜在的消费者。从而，获得一个良好的口碑营销传播效果。

## 二、广告简析

如图 3-2 所示，2016 年最新推广的新西兰旅游广告，主要投放在新西兰旅游局官网。并且，采用插入影视剧的形式同步在各类视频网站（如优酷视频等）播放。例如，系列广告"詹姆斯·卡梅隆眼中的新西兰"，就由 5 个短篇组成，其分别为总宣传视频、人与文化、城市与艺术、高山景致、本地葡萄酒。不同的内容，都共同描绘出新西兰的模样。

图 3-2 "新西兰旅游局官网"

资料来源：http://www.newzealand.com/cn/.

## （一）总宣传视频部分

如图3-3所示，在总宣传视频中，该广告介绍了詹姆斯·卡梅隆通过少时所阅读的一本书而对新西兰所形成的最初印象，并在视频中收录了大量新西兰的自然风光，配以卡梅隆的自白"如果要问我在旅程中最大的获得是什么？我想，最重要的是对这个世界充满好奇，这是人类拥有的最强大的原动力！"以此，达到激发观看者对于新西兰的好奇心，甚至能达到"使游客迈出第一步，去深入探索"的营销效果。

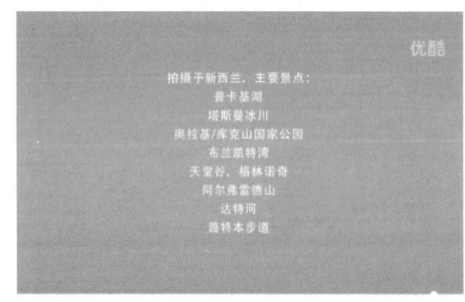 

图3-3　总宣传视频

资料来源：http://www.newzealand.com/cn/feature/james-cameron-new-zealand/.

## （二）人与文化部分

如图 3-4 所示，在人与文化部分，广告重点在于介绍新西兰当地特有的土著文化，他们以自己的文化、自己的国家而骄傲自豪。土著居民更愿意向游客讲述并分享自己的民族文化与生活趣事。"朴实"将是游客来此一行获得的最大感受。

图 3-4　人与文化

资料来源：http://www.newzealand.com/cn/feature/james-cameron-new-zealand/.

### （三）城市与艺术部分

如图 3-5 所示，在城市与艺术部分，卡梅隆相信新西兰是作家的天堂，其城市充满创造性，让生活充满惊喜。独具一格的天然风光也让新西兰成了全球知名的电影基地。例如，《魔戒》等电影都曾在此取景。

新西兰人善于创新的天性让这里的城市和艺术文化
充满活力、非常独特。

图 3-5　城市与艺术

资料来源：http://www.newzealand.com/cn/feature/james-cameron-new-zealand/.

## （四）高山景致部分

如图 3-6 所示，在高山景致部分，卡梅隆带领观众来到了位于新西兰南部的南阿尔卑斯山，讲述了清净纯澈的雪水是如何形成的。风景如画的高山、冰川和蔚蓝的湖畔，让您在每一次转身时都想要拍照留念，周围的魅力景象都十分美丽壮观。

图 3-6　高山景致

资料来源：http://www.newzealand.com/cn/feature/james-cameron-new-zealand/.

## （五）本地葡萄酒部分

如图 3-7 所示，在最后一支影片中，不仅介绍了霍克湾、马丁堡、马尔堡和中部奥塔哥等新西兰标志性的葡萄酒产区，还提到了当地的风土人情，让人们对其充满了期待。

图 3-7　本地葡萄酒

资料来源：http://www.newzealand.com/cn/feature/james-cameron-new-zealand/.

## 三、广告策略

### （一）系列广告定义

所谓系列广告，是指在同一媒体或不同的媒体上轮番传播的一组广告。而这一组广告是基于同一主题或同一风格而发展出的超过一种以上的创意表现。如闻名世界的绝对伏特加系列、海王银得菲"喷嚏尴尬"系列、南国奥园的"运动就在家门口"主题系列,以及百威啤酒不变的"蚂蚁"系列等。与单一广告相比,系列广告更具有创意的延续性、时空的扩展性、多种媒介项目的差异性,以及品牌项目的创新性。也正因为如此,系列广告远比单一广告在品牌传播中的效果更持久、更有效。如图3-8所示,新西兰旅游局2016年的旅游广告正是采用系列广告的推广形式。之所以如此,是因为其有单一广告不具备的连锁传播的效应优势。

图3-8　新西兰旅游局2016年广告之一

资料来源:http://www.newzealand.com/cn/feature/james-cameron-new-zealand/.

## (二)系列广告优势

### 1. 有利于提升品牌形象,增强品牌魅力

单一广告要成功地树立品牌形象,不仅需要有良好的创意、设计和制作,还需要用相当长的时间来培养。提高广告的出现频率,似乎是唯一有效的解决办法。但是,消费者很容易丧失新鲜感,再看就会生厌,再好的广告创意,也会变得一文不值。于是,广告主常常很轻易地就变换广告形象、广告风格和广告主题。试图用新的广告形象来代替已经成功了的形象,结果是半途而废、前功尽弃,更重要的是浪费了大量的人力和物力(如图3-9所示)。而系列广告就不同,其独特的创意主题和表现的"多样化""多量化",往往能起到事半功倍的效果。

图 3-9　新西兰旅游局 2016 年广告之二

资料来源：http://www.newzealand.com/cn/feature/james-cameron-new-zealand/.

### 2. 主题更加富有创意，表现形式更多样

在新西兰旅游广告中，想要表达的中心主题是，向大众介绍新西兰并希望能有更多的人前去旅游。如果选用单一广告的形式，并不能全面地将新西兰展现在世界面前。而系列广告则不同，多支单一广告共同完成着全方位展现新西兰的任务。如图 3-10 所示，其广告内容，既包括对新西兰自然风光的介绍，也有对城市人文的详细描述。另外，还有盛产物品的特色说明内容。每支影片的时间，不仅不会冗长到让观看者失去耐心，还能使其专注于每个细分，以达到良好的传播效果。也可以说，系列广告不仅有一个核心创意做坚强的后盾，同时还不断变换其表现手法和展现形式。经常给消费者以新鲜感，同时又保持以往的广告风格。从而，为积累品牌形象起到重要的铺垫作用。

图 3-10　新西兰旅游局 2016 年广告之三

资料来源：http://www.newzealand.com/cn/feature/james-cameron-new-zealand/.

### 3. 有利于品牌文化的塑造与传播

对于 2016 年度的新西兰旅游系列广告来说，想要维持的是新西兰推

广旅游与人文同步进行的一贯理念。在当今社会，想要推动一个城市乃至一个国家的旅游业发展，就不能再像以前一样，仅介绍旅游地的情况，而是要结合当地所具有的人文品质。只有物质与精神并存的旅游地，才更能吸引游客。新西兰对于旅游的推广深谙此道。在该则系列广告中，人文与自然就一直交融出现，不曾分离。这样，不仅能够将新西兰美好的自然风光展现于世界人们眼前，更是使自己国家美好的精神得到前所未有的释放。同样，能够让世界各地的旅游者对新西兰充满期待，想要前去探索一番。

### （三）直接表现策略

如图3-11所示，对于广告策略来说，直接表现是指向消费者实事求是地说明产品的功能、特点、好处等，让接收广告信息的消费者进行理性的思考，做出合乎逻辑的判断、推理与选择。这种策略也称为伦理型或逻辑型广告表现。在该则广告中，观众可随着讲述者卡梅隆一起了解到新西兰自然风光的壮丽。不仅在视觉上进行了第一视角的实地拍摄，而且卡梅隆还以其亲身经历的口吻将所见的新西兰景观讲述出来。新西兰旅游景观的具体特点及吸引之处被展露无遗。通常，直接表现策略也具有三种方式：一是理性广告表现策略；二是感性广告表现策略；三是情理交融的广告表现策略。在新西兰旅游系列广告中，这三种表现方式全部得到了体现。

图3-11　新西兰旅游局2016年广告之四

资料来源：http://www.newzealand.com/cn/feature/james-cameron-new-zealand/.

## 1. 理性广告表现策略

该则广告正是利用了理性诉求中的鼓励诉求方式。在广告中,卡梅隆着重说出了新西兰是一个值得大家前来探索的地方,即"新西兰是一个能够激发人们想象力的地方"。根据理性诉求的表达方式,可被分为直接诉求和间接诉求。在本则广告中此两种诉求都有所体现。在自然风景篇章中,直接诉求大量出现。如图 3-12 所示,在人文介绍篇章中,出现更多的是间接诉求(以诉说新西兰人们的民族文化——特色土著文化,以及人文精神让观看者对其产生向往,并最终有前去旅游的消费冲动)。

图 3-12　新西兰旅游局 2016 年广告之五

资料来源:http://www.newzealand.com/cn/feature/james-cameron-new-zealand/.

## 2. 感性广告表现策略

感性广告表现策略是指依靠图像、音乐、文字的技巧诱导消费者的情绪,使其产生购买欲望的广告表现形式。在本则系列广告中,无论是风景拍摄,还是背景音乐,都保持了非常高的质量。所选入镜的风光,以及构图,也十分讲究。同时,卡梅隆所讲述的话语都十分打动人心,即"并不是让人遥不可及的遥远,而是一种让人充满动力的激励"。

## 3. 情理交融的广告表现策略

情理交融的广告表现策略是指在广告宣传中,既同消费者讲"理",又同消费者谈"情"。即常说的"晓之以理,动之以情",情理兼备。这是本则系列广告中所共同表现出的特点。综合来看,系列中的每支广告都不仅是单纯地从理性或是感性的角度出发，而是将其交融在一起，最终达到了情理兼备的效果。如图3-13所示，总的来看，本则系列广告无论是拍摄之初的取景，还是拍摄内容之后的剪辑，都达到了很好的相融。

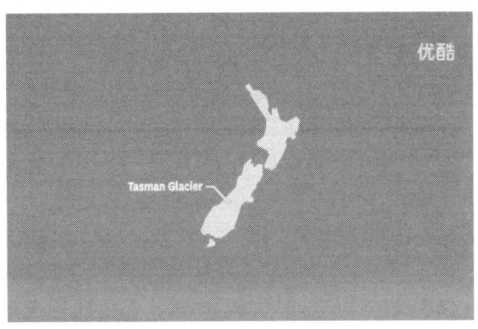

图3-13　新西兰旅游局2016年广告之六

资料来源：http://www.newzealand.com/cn/feature/james-cameron-new-zealand/.

## 四、市场分析

随着中国经济的发展，越来越多的年轻游客会选择到国外旅行，大多向往深度自由行和个性化旅游。他们会讲英语，热爱旅行，渴望获得高品质的旅游体验。那么，新西兰无疑是他们释放身心的绝佳去处。新西兰旅游业占其全部服务贸易总额的45.6%。新西兰旅游市场比较开放，景点企业间能有序竞争，服务质量比较有保证。奢侈品、乳业、葡萄酒等市场的消费动力强劲。就如同一句中国古话："酒香不怕巷子深。"经过一系列推广后，新西兰旅游业自然会被中国游客发现，旅游增量将继续增长。然而，价格优惠、精准促销等策略的灵活运用，才能更进一步地吸引更多的年轻游客。所以，下面将以新西兰旅游局官方网站页面设计在中日两国的设计排版上的区别进行讨论。

## （一）中国市场

在新西兰旅游业五大游客来源地中，中国是唯一不断增长的市场。自2015年以来，中国赴新西兰旅游的人数平均高达32.8万人次。预计在2017年，中国农历春节前后，游客数量会再次增加。中国庞大的人口基数，提供了更多可输出的游客流量。新西兰当然不会放弃中国市场，所以，在旅游推广时，自然会更加注意迎合中国游客的品位。新西兰旅游局官方网站国家设定在中国时的主界面如图3-14所示。

你好！
欢迎到访新西兰旅游局官方网站

新西兰　心感受
游览所有活动 ｜ 所有目的地 ｜ 路线推荐

你好！
欢迎到访新西兰旅游局官方网站

新西兰　心感受
游览所有活动 ｜ 所有目的地 ｜ 路线推荐

图3-14　新西兰旅游局官方网站国家设定在中国时的主界面

第三章　新西兰之行：旅游新体验

如图 3-15 所示，中国游客在准备旅游前最注重的是明确旅游地的各类信息。所以在页面设计上，新西兰旅游局将价格优惠（如节省 1810 元、最低 1765 元等），以及路程时间、奢华体验项目等，都直接呈现出来。既满足了中国游客了解旅游信息的需求，又符合其节省旅行费用的心理。那么，在浏览旅游官网信息时，中国游客就能省去大量烦琐的查询步骤，自然会更快地决定是否成行。

图 3-15　新西兰旅游体验

（二）日本市场

如图 3-16 所示，将官网界面国家调至日本时，除相似的信息模块外，

067

中日区别最大的就是推荐旅游项目及游玩景点的部分。新西兰旅游局官网对于日本游客推荐更多的是，有关于当地影视拍摄取景地的信息。特别是，指环王及霍比特人等大幅电影海报，占据中心位置。由此，强烈唤醒日本游客对于中土世界（电影中的世界设定）的向往。对此而言，并不是说中国游客不喜爱这些电影拍摄基地，只是更多的中国游客想要探访新西兰的金色风光及奢华体验。另外，在日本界面中，还着重提到了东京、大阪等城市中的出发咨询点情况。

图 3-16　日语页面的显示

## 五、媒体评测

### （一）推广策略

如图 3-17 所示，随着旅游市场被越来越多的年轻群体占据，旅游业必须开始重视博客、论坛等以往不被重视的新媒体渠道，以进行广告信息的传播。以渗透式的传播策略，来获得年轻群体（"80 后""90 后"）的好感。从而，让品牌获得更加坚实的大众支持。同样，新西兰旅游局也在努力建设微博、微信等新媒体广告平台，以吸引更多年轻的群体来到新西兰旅游，也想以此进行更好、更快的口碑传播。接下来，就新西兰旅游局在微博、微信两大新媒体平台的广告投放进行分析。

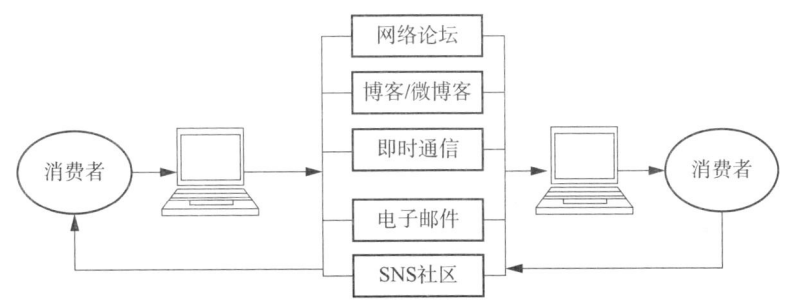

图 3-17 网络自媒体时代口碑传播路径

作为大众了解外界的重要平台，各大旅游局也不会放过创设自家的微博，新西兰旅游局微博如图 3-18 所示。

如图 3-19 所示，在新西兰旅游局官方微博首页上，可以直接看到在其官网推荐过的星空夜景，十分美丽。这样，就有被美景所吸引而来的游客群体。接下来，也能看到有关新西兰景色的图片，占据着页面上方的很大篇幅。同样，起到吸引潜在消费者注意力的目的。

如图 3-20 所示，在官方微博界面中，主要体现的是关于新西兰旅游局推出的季度 Slogan。同时，也是简单明了的微博话题，即"下一站 新西兰"，让更多不清楚新西兰景点情况的游客有一个大致的初步印象，并很容易就能记住。

图 3-18　新西兰旅游局微博

图 3-19　新西兰旅游局官方微博首页

第三章 新西兰之行：旅游新体验

图 3-20　新西兰旅游局官方微博 Slogan 简介

再继续向下滑，页面就呈现出官方微博发出的重要信息内容。其中，自然少不了 2016 年度新西兰旅游代言人詹姆斯·卡梅隆的广告 MV。若仔细观察，可以发现该条微博是官博的热门内容，也是为了吸引更多人群的关注。如图 3-21 所示，在微博评论区内，粉丝们也纷纷发送各自的评论内容。其中，去过新西兰的游客对其景色、活动与美食的评价均为清一色的好评，而没有去过的人们则表达了自己向往的心情，这无疑是在帮助新西兰旅游业进行口碑传播。对于那些不了解但却在搜寻旅游目的地而查看评论的游客而言，看到这样的评价一定会对其产生好感，并开始进行更深入的了解。

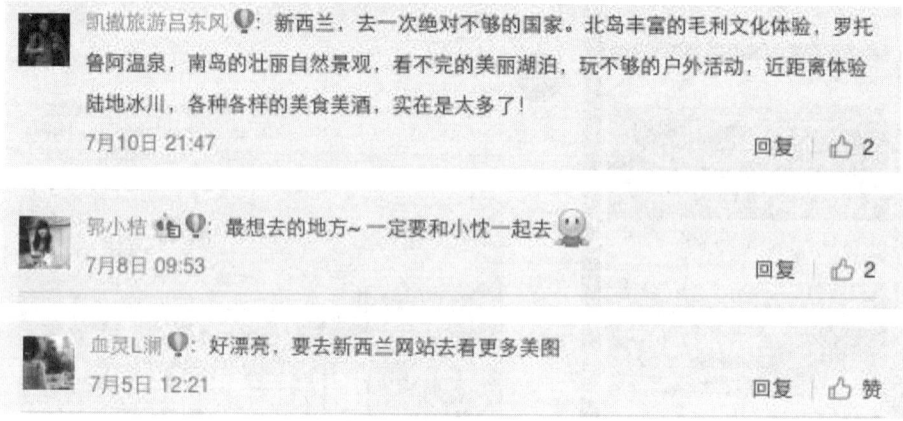

图 3-21　新西兰旅游局官方微博留言

如图 3-22 所示，对微信公众号平台，新西兰旅游局也没有随意放置。

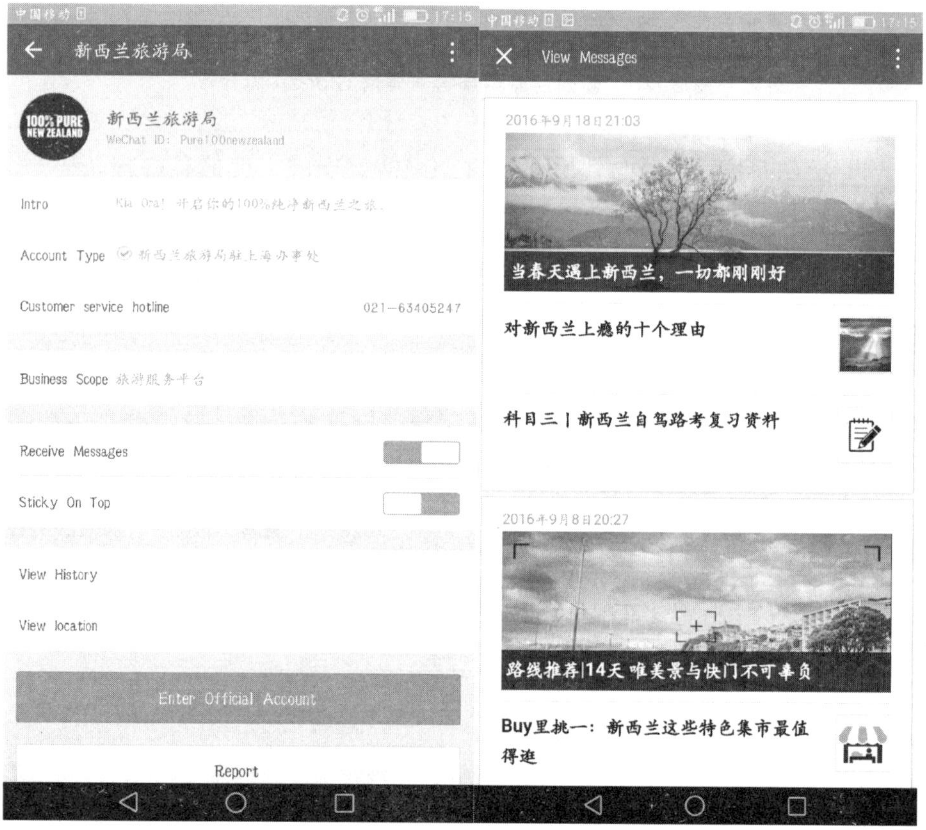

图 3-22　新西兰旅游局官方微信公众号

第三章 新西兰之行：旅游新体验

如图 3-23 所示，在新西兰旅游的微信公众号中，旅游局将重点放在当地景色上，尤其是新西兰独特的自然风光，吸引了很多电影摄制组前来拍摄，如《阿凡达》等。而《阿凡达 2》的拍摄，也会在此进行。以此延续第一部《阿凡达》的口碑。不只是该电影会被大家期待，其新西兰的拍摄基地也会备受瞩目。

图 3-23　新西兰旅游局官方微信公众号推文

（二）效果测评

如图 3-24 所示，在进行一系列线上传播后，可以发现新西兰旅游局的此类新媒体广告能提升许多流量。

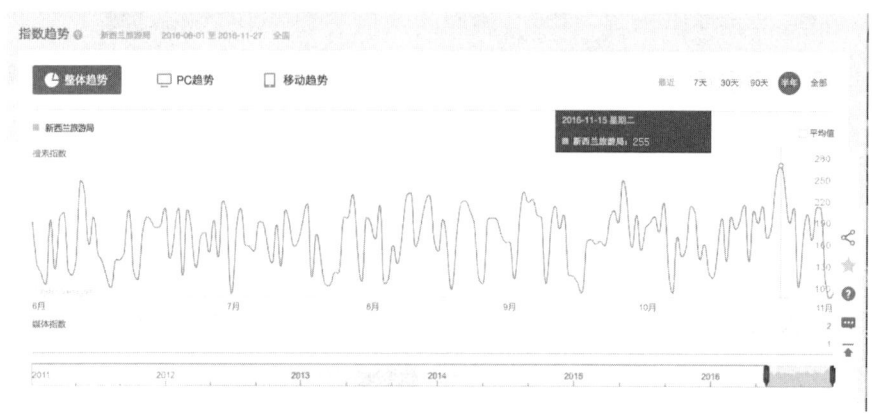

图 3-24　新西兰旅游局网页搜索指数

通过网页搜索指数可以清楚地看出，新西兰旅游局在 2016 年的半年内被搜索的最高值为 255。如图 3-25 所示，接下来再从 5188 平台专业 SEO

图 3-25　近三个月的新西兰旅游局被搜索次数及相比排名

功能中搜索新西兰旅游局官网的相关排名数据。2016年近三个月的新西兰旅游局被搜索次数及相比排名可一目了然。其中，在360好搜中，新西兰旅游局官网被搜索的平均排名较高，位列第8位。其次为在百度移动和百度PC，平均排名分别为第10位及第47位。由此出发，新西兰旅游局在考虑推广途径上也可加大360好搜中的广告投放，或找出在百度移动或百度PC中平均排名较低的原因，并尽力解决，以提升排名。

总体来看，新西兰旅游局其实在近三个月内被搜索访问的情况还是相对可观的，但是想要得知其真正的被搜索情况，还是需要与一个有相同旅游特征的国家被关注情况做比较。因为澳大利亚与新西兰同为旅游国家且地理位置相对较近，所以选取其被搜索的相关情况，再予以对比，如图3-26所示。

图3-26　近三个月的澳大利亚旅游局被搜索次数及相比排名

与新西兰旅游局不同的是,澳大利亚旅游局官网在 360 好搜中的排名较低。但是,在百度移动和百度 PC 中的平均排名均高于新西兰旅游局,分别位于第 11 位与第 39 位,且都处于上升趋势。如图 3-27 所示,在只观察整体平均排名的情况下,澳大利亚旅游局已略胜新西兰旅游局一畴。但在单日搜索排名中,新西兰旅游局又赶超了澳大利亚旅游局。

| 今日受宠排名 | | | |
|---|---|---|---|
| 受宠排名 | 网站名称 | 网址 | 分值 |
| 33419 | product.pcauto.com.cn | product.pcauto.com.cn | 20278 |
| 33420 | 吉吉影视(jjysk.com) | www.feilaotv.com | 20278 |
| 33421 | www.lngkw.org | www.lngkw.org | 20275 |
| 33422 | 新西兰官方网站 | www.newzealand.com | 20274 |
| 33423 | 中国旅游交通地图 | www.ldredu.com | 20274 |
| 33424 | www.jiao15.cn | www.jiao15.cn | 20274 |
| 33425 | 遵义新观察网 | www.zyxgcw.com | 20273 |

| 今日受宠排名 | | | |
|---|---|---|---|
| 受宠排名 | 网站名称 | 网址 | 分值 |
| 50044 | guiyang.jia360.com | guiyang.jia360.com | 11626 |
| 50045 | 天天素材 | www.ttsucai.com | 11626 |
| 50046 | haigui001.com | haigui001.com | 11626 |
| 50047 | 澳大利亚旅游局上海办事处 | www.australia.cn | 11625 |
| 50048 | gra.its.csu.edu.cn | gra.its.csu.edu.cn | 11625 |
| 50049 | www.xieeying.com | www.xieeying.com | 11625 |
| 50050 | h.yaowan.com | h.yaowan.com | 11625 |

图 3-27 新西兰与澳大利亚旅游局今日被搜索次数及相比排名

综合上述考证的内容来说,新西兰在近半年或更具体为近三个月以来的推广情况是客观真实的。其中,该则旅游广告做出的贡献,在各大社交媒体中均有所体现。所以,新媒体环境下对于旅游乃至其他行业的影响都十分巨大。而传统媒体与之相比,的确不再能够完成相关的传播任务。于是,能否把握住新媒体渠道,是有关未来企业营销发展的关键一步。

思考题

1. 从市场定位的角度,分析新西兰旅游广告的特色有哪些?
2. 结合新西兰旅游广告营销案例,分析新媒体广告的本质特征是什么?
3. 面对"互联网+"国家战略的实施,服务类企业广告如何进行转型?并分析原因。

## 参考文献

[1] 王筱筱. 中国社交媒体,新西兰企业为何如此活跃?[J]. 现代广告,2014(2).
[2] 周莉. 新西兰旅游业网站建设及网络推广现状探析[J]. 青岛职业技术学院学报,2016(3):70-73.
[3] E.爱丽斯. 在新西兰旅行需要"预订"才能成行[J]. 看世界,2012(3).
[4] 蔡凤琳,王诗理. 环境可持续与旅游竞争力的提升——新西兰的旅游发展经验与启示[J]. 四川烹饪高等专科学校学报,2013(5):58-61.
[5] 影迷驴客. 跟着电影《魔戒》去新西兰旅行[J]. 旅游时代,2013(2):74-81.
[6] Kevin Bowler,李攀. 如何提供"百分百纯净"新西兰[J]. 商务旅行,2012(10).
[7]《亲历者》编辑部. 新西兰旅行 Let's Go[M]. 北京:中国铁道出版社,2012.
[8] 周星汝. 旅游网站(节选)翻译报告——以澳大利亚和新西兰旅游为例[D]. 武汉:华中科技大学,2016.
[9] 罗明丽. 我在新西兰——旅游十日谈[J]. 金融管理与研究,2013(8):75-78.
[10] 邢夫敏. 新西兰自助游环境及其对我国的借鉴[J]. 社会科学家,2014(2):91-94.
[11] 李萍萍. 新西兰葡萄酒旅游业发展及启示[J]. 辽宁农业职业技术学院学报,2015,17(5):47-51.

## 第四章

# 妙卡巧克力：Lost & Found

随着新媒体时代的到来，互联网传播、移动端应用的盛行，企业营销策略多重发展，新媒体广告时代已来临，我们也身处于社交新时代。作为一种新型的信息获取路径，手机移动互联网刚出现，就引起了各大企业的关注。曾经明星博客、论坛是主流，而现在，微博、微信纷纷充斥着人们的日常生活。一个互动传播时代已来临，各企业新媒体营销也拉开帷幕。新媒体给网民带来新信息的同时，也给企业提供了更多的营销工具。依托新媒体成长的微广告，迅速成为企业营销的新宠。新媒体广告在网络上不断创造着点击量猛增的奇迹，更为企业带来了显著的收益。就广告市场来看，观众对传统电视及电影植入广告已接近"零容忍"，但新媒体广告却独树一帜。于是，本章以卡夫食品旗下的妙卡巧克力品牌为例，从新媒体环境下的广告营销入手，将新媒体电影广告的营销模式与企业最新营销需求结合分析，具有一定的现实意义。

## 一、企业产品

卡夫食品（Kraft Foods Inc.）成立于1852年，是美国最大的食品和饮料企业、世界第二大食品公司，以及北美最大的食品生产商。现直属于菲利普·莫里斯公司（全世界最大消费品集团）。卡夫食品已有100多年的历史，在超过70个国家开展业务。其产品全球150个国家有售，并于1982年进入中国。目前，国内卡夫食品较为大众所熟知的品牌有：麦斯威尔咖啡、鬼脸嘟嘟饼干、趣多多曲奇饼干、太平饼干、Tang果珍、奥利奥饼干等。

卡夫食品的妙卡巧克力品牌经历比较曲折。虽为德国品牌，但妙卡巧克力却在1901年由著名瑞士巧克力商人菲利普·苏查德创办，1970年与三角巧克力公司合并成立Interfood，1982年与Jacobs咖啡合并成立Jacobs suchard公司，最终被卡夫食品收购。妙卡公司的名字由德文"Milch"（德文中的牛奶）及"Kakao"（德文中的巧克力）两词前段合并组成，由此可知妙卡主营牛奶巧克力。1901年妙卡第一块巧克力问世，1922年妙卡广告中第一次出现奶牛，1973年妙卡正式确立其标志性品牌吉祥物——一头紫色的奶牛，并且之后的广告都是围绕这头牛展开。1988年，以阿尔卑斯山为背景的一头紫色奶牛图案，被正式确立为妙卡的标志性背景。

自被卡夫食品收购后，妙卡便继承了其"让全球饮食及生活更加精彩"的愿景及"创新——以独特创意满足消费者需求；质量——履行承诺，提供质量最优的产品；安全——确保以高标准生产所有产品；尊重——关心员工、关注社区和环境；诚信——做正确的事；开放——听取荐言，鼓励沟通"的价值观。

## 二、广告介绍

如图4-1所示，30秒左右的妙卡网络视频广告讲述了一个温暖的故事，一位小女孩的父亲在小镇火车站有一个失物招领处，可很久以来失物招领处并没有什么作用。于是，小女孩灵机一动，跑遍全城去劝说城中的男女老少，"快来丢东西吧！"从踢足球的小男孩们，再到山上放鹅的农夫，完全都被姑娘的伶牙俐齿给劝服了。晚上下班的时候，父亲发现列车传来了鹅叫声，于是过去一看，列车上满满的都是遗失物。早上，城中所有人都来排队领取自己的东西，其中也包括小女孩。最后，父亲和女儿一起愉快地吃着妙卡巧克力，显示出广告语"内在柔情"。

随后，妙卡为中国市场专门定制的这条广告，迅速风靡各大网站及电视频道。在渠道销售上，妙卡主要和阿里巴巴合作。广告投放时，就在引导用户到天猫商城购买。该则广告的原片由阿姆斯特丹的 Wieden+Kennedy 专门设计。在中国上映前，并不是现在看到的短短 30 秒，而是一则拥有完整故事情节、时长 2 分钟的广告，名字叫作"Lost & Found"。在英文中的常用意思为：失物招领处（偶尔也有"天涯海角"的解释）。该暖心故事让人们在小镇火车站的失物招领处找到了一些感动。由于要在中国市场投放，所以原片没有进行人声配音。但在实际播放的剪辑视频中，多了背景音乐。作为没有台词的广告，带来的温暖却直击人心。

图 4-1　天涯海角广告之一

资料来源：http://iwebad.com/video/2335.html.

伴随着舒缓的背景音乐，以及妙卡巧克力标志性的紫色奶牛，广告便开始了。如图 4-2 所示，标志性汽笛声的欧式火车驶入小镇车站。在欢快的背景节奏中，小姑娘背着书包下了火车，准备去见她的父亲。可是，没想到却撞见列车管理员在责备父亲所管理的失物招领处没有什么用。这时，背景音乐也变得沉重缓慢，像是在表达父女由相见时的喜悦变成了沉默，突出小女孩的心理变化。本来翘首等待女儿的父亲，在接受突如其来的指责后，表情也从期待变成了尴尬。无论是背景音乐，或是父亲从喜悦变为尴尬，还是小女孩脸上慢慢浮现的困惑，这些微妙细腻的处理及细节的刻画，很好地将观众带入故事情节，使得广告牵动着观众的心。

**图 4-2　天涯海角广告之二**

资料来源：http://iwebad.com/video/2335.html.

之后，小女孩经过短暂思索，转身向前快速奔跑，音乐也变得激昂起来，似乎显示着小女孩下定了决心。如图 4-3 所示，小姑娘自己想办法，来到教室并手舞足蹈地与同学们解释着什么。之后，又来到人头攒动的广场，站在桥上与边上住户们隔窗交谈。与青少年们一同骑车交谈，到球场上与男孩子们沟通。其中，有个画面是女孩想要拿过男孩手中的球，但被拒绝之后又与所有男孩一同商量。这些都令观众心生困惑。小女孩几乎跑遍全城，与大家交谈，似乎是在劝说着什么。

**图 4-3　天涯海角广告之三**

资料来源：http://iwebad.com/video/2335.html.

如图 4-4 所示，还有个画面是小女孩走进一家理发店，正好目睹理发师在为一位秃顶的先生戴假发。突然打开的店门，使得理发师和客人都很吃惊并停下来，而打开门的小姑娘，似乎也意识到发生了什么，微微张开了嘴表示吃惊，她默默退了出去并为他们关上了门。背景音乐也配合着三个人的细腻表情，变得尴尬，但又带着俏皮。加上三个人略带喜剧的表演技巧，以及小女孩可爱的外形及表情，令观众为这种欧式幽默而发笑。

图 4-4　天涯海角广告之四

资料来源：http://iwebad.com/video/2335.html.

如图 4-5 所示，她来到了农场，手舞足蹈地与养鹅的农场主伯伯交谈。最后是农场主一副了然及若有所思的表情。

图 4-5　天涯海角广告之五

资料来源：http://iwebad.com/video/2335.html.

第四章　妙卡巧克力：Lost & Found

如图 4-6 所示，这里编剧已埋下很多伏笔，使观众对小女孩的一系列行为表示困惑。但接下来画面很快转换到父亲所在的火车站，此时，天已经渐渐黑了，父亲正在收拾失物招领处，准备下班，突然，听到车厢内传来鹅的叫声，父亲带着困惑循声找去。与此同时，背景音乐也变得空灵而细腻，父亲循声来到车厢内，发现本该整洁的车厢内堆满了各种各样"匪夷所思"的物品。有刚刚发出叫声的大鹅、靠在座椅背上的自行车轱辘、乐队演出时用的乐器，还有假发、球衣等各种各样、琳琅满目的物品。

**图 4-6　天涯海角广告之六**

资料来源：http://iwebad.com/video/2335.html.

如图 4-7 所示，在列车最后的门上挂着的则是女孩的书包，父亲走过去发现了它，并从口袋中取出了此次广告的"主角"妙卡巧克力，上面还

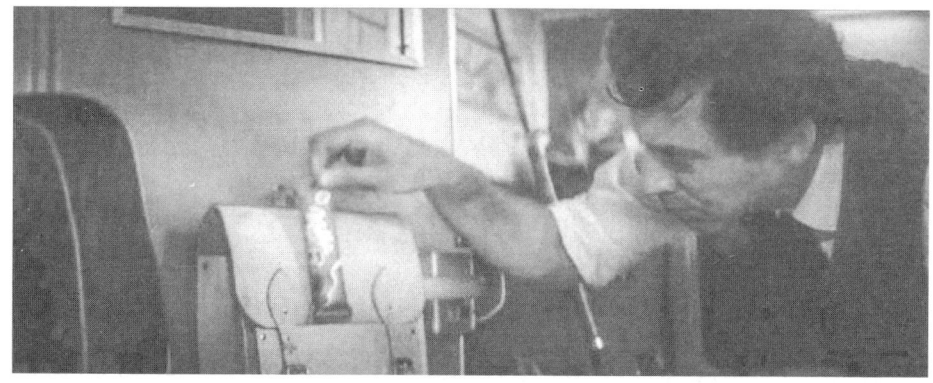

**图 4-7　天涯海角广告之七**

资料来源：http://iwebad.com/video/2335.html.

挂着之前女孩从他这里拿走的标牌。想必看到这里，观众们心中的疑惑似乎有了一丝答案。

如图 4-8 所示，接着画面转到第二天清晨，小女孩步行穿过小镇，前往父亲的失物招领处。一路上遇到很多同行的人，有推着只剩一个轱辘的骑行者，有"丢掉"皮带的青年，他们都微笑着与小女孩打招呼。这时，音乐又回到了第一幕，即小女孩刚来到车站找父亲时的轻快节奏。最后她来到了站台，有很多人在父亲的失物招领处门口排队，想要拿回自己的"遗失物"。这群人虽然都在排队，但每个人脸上都洋溢着快乐的笑容，小女孩看到这样的场景，也笑得很开心。

图 4-8 天涯海角广告之八

资料来源：http://iwebad.com/video/2335.html。

如图 4-9 所示，在失物招领处，父亲正将物品一一归还给小镇的"失主们"，队伍的最后是故事的主人公小女孩，她带着古灵精怪的笑容来到父亲面前，明白了一切的父亲将书包拿给她，父女二人开心地分享着妙卡巧克力。

如图 4-10 所示，最开始出现的车站管理员，此时也出现在了失物招领处，看到这一幕的他也自发加入了小女孩的行列，偷偷将自己的帽子"丢失"在了车站的凳子上。如图 4-11 所示，广告的最后则是妙卡系列广告的标志性画面，以及原版本标语"Tenderness is inside"（内在柔情）。

第四章 妙卡巧克力：Lost & Found

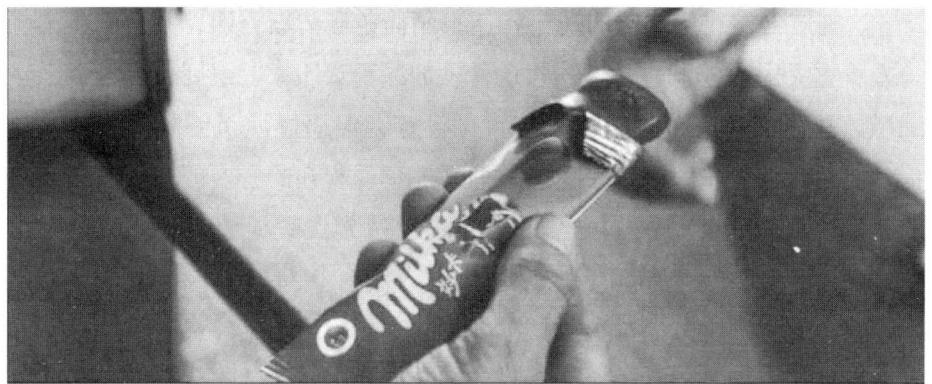

图 4-9　天涯海角广告之九

资料来源：http://iwebad.com/video/2335.html.

图 4-10　天涯海角广告之十

资料来源：http://iwebad.com/video/2335.html.

图 4-11　天涯海角广告之十一

资料来源：http://iwebad.com/video/2335.html.

这则广告在风景如画的瑞士打造，画面色彩清新秀丽，并且，在某些地方着重突出了妙卡的标志性紫色，以加深观众印象。这则广告拍摄手法细腻，故事情节完整。虽然没有台词设定，但通过演员细腻的表情、动作，以及背景音乐的配合，也能够很好地牵动观众的心。即为小女孩天真的行为，以及小镇居民们的热心善良，而感到温暖温馨。此外，还有小女孩对父亲的爱，都打动了观众。小镇居民对小女孩的支持也让观众触动，甚至在广告片开始以"反派"出场的车站管理员，在最后也帮助了小女孩。

本则广告从演员的选择，到细节的处理，再到演员的演技，处理都很仔细，堪比微电影制作。选择一个10岁左右、长相甜美的小女孩，博得观众的喜爱。拥有"天使面庞"的小姑娘在广告上映后，被观众纷纷搜寻其信息，也为广告赢得更多的关注。车站管理员的角色，选择身材壮硕但长相和蔼的演员，为之后的角色性格转换做好铺垫。

其中，还有一些幽默情节的设定：理发店为秃顶先生粘贴假发被小女孩撞见；清晨小女孩偶遇推着只有后车轮自行车的骑手；"丢失"皮带用手提着裤子的青年。诠释幽默，就是在为广告增加欢乐的气氛。

### 三、产品营销

"妙卡巧克力，中国消费者的融情之选"。妙卡首度进入中国市场，是2016年10月25日在上海隆重举办的"发现一小块融情"妙卡巧克力品牌发布会。在为期两天的媒体活动中，为凸显巧克力具有独特柔软细腻的口感、阿尔卑斯纯正奶源，以及其百年历史，妙卡精心打造了一个纯净、清新的阿尔卑斯世界，让与会者置身其中，体验精彩的"融情之旅"。如图4-12所示，妙卡中国区总裁马儒超（Stephen Maher）亲临现场，变身"牧场爷爷"讲述了妙卡融情的心路历程。

图4-12 妙卡中国区总裁扮演牧场爷爷

自诞生以来,妙卡巧克力秉持对阿尔卑斯地区纯正奶源的坚持,打造了流传百年的柔软细腻口感。作为引进中国市场的全新品类,妙卡巧克力得到亿滋国际的高度重视。全新的生产线也已落户苏州,满足国内供给。如图4-13所示,妙卡中国总裁马儒超表示,"我们很高兴将妙卡带到中国,多了一个全新的巧克力品类。妙卡的上市是一次360度的创新:新配方,更适合中国消费者的口味;新包装,更新颖的分享装和礼盒装设计;新营销,结合新媒体平台和多种互动方式向消费者传递产品信息;新销路,通过新的线上及线下客户合作进行分销。妙卡为中国消费者带来的不仅是具有柔软细腻口感的高品质巧克力,更希望唤起人们内心深处的融情和暖意,这正是当下快节奏生活中人们所需要的"。

图 4-13　妙卡管理层与小朋友互动

妙卡前期市场调研结果显示，在中国，人们多数时间忙于奔波，鲜少有与家人和朋友传递情感的机会。而事实证明，一些与亲人朋友简单的分享举动，可以舒缓压力，提升幸福感。此外，巧克力产品也一直被人们视为传递友爱的最合适礼物。目前，中国人均巧克力消费量还远低于欧美等国。因此，妙卡巧克力以高优质的产品结构深究中国市场，很有潜力。如图 4-14 所示，"为了保持品牌独特柔软细腻口感，在中国市场生产销售的妙卡巧克力，依然使用阿尔卑斯地区奶源为原料，"妙卡亚太、中东和非洲区域巧克力品类市场总监 Hanna Makarenkova 女士说道，"通过妙卡巧克力，我们还希望能够传播新的巧克力消费观念，鼓励人们与家人和朋友分享巧克力，在彼此之间传递这份融情。此外，我们也将致力于创造新的消费机会，进而在中国市场形成巧克力消费的新需求"。目前，妙卡已在全国多个主要城市开展消费者体验活动，以品尝这款入口即化的巧克力。同时，还可感受用 VR 技术呈现的阿尔卑斯美丽牧场。妙卡巧克力此次在中国推出四种畅销口味，分别是牛奶、纯黑、榛仁和醇乳夹。

第四章 妙卡巧克力：Lost & Found

图 4-14　妙卡亚太、中东和非洲区域巧克力品类市场总监 Hanna Makarenkova 女士

## 四、广告效果

就目前情况来说，此次广告营销非常成功。仅广告点击率及网络搜索量就已破百万次，更有许多贴吧发帖给予好评等。关于广告小女孩的搜索，已在知乎、百度、微博等各大平台引爆，各种关于此条广告的消息被广泛传播。这无疑是对市场其他竞争者的漂亮一击，很好地打开了中国市场，获得了知名度。即使没有观看过完整广告的消费者，也很可能通过"寻找小女孩"的帖子，或广告内容的讨论贴吧，而了解到妙卡巧克力。有了品牌认知，当消费者见到产品时，就会增加关注度。那么，购买的可能性就会大幅度提高。

当然，这要归功于广告创意，以及独特的企业目标。在中国，广告发展已进入疲劳期，人们往往抵触观看。然而，造成此结果的原因或许并非人们不想通过电视了解产品，而是由于中国播放的广告太过"商业化"，缺乏人情味。而妙卡广告很好地改变了这一点，将商品介绍在广告中淡化，强调情感的传递，以及品牌文化的渗透，着力于故事情节，让观众认为此广告不是介绍产品,而是将注意力转移到小女孩身上,再使其与产品巧妙且自然地融合,使观众观看更加舒适、流畅。妙卡如此设计广告的目的非但不是让观众忽视产品,反而使其更加深入人心。广告首先令人们记住那份深深的感动、温暖,以及传递出来的柔软细腻,然后在屏幕中央才出现巧克力宣传标语,给观众留下深刻印象,并回味心中感受到的柔软细腻,恰恰也正是巧克力给人们带来的感受。

图 4-15 各大电商平台对于妙卡巧克力的销售链接

第四章　妙卡巧克力：Lost & Found

在之前的发布会中也提到过，妙卡在中国的销售也有创新。即最先并非如其他商品，投放到传统线下商户，而是选择国内领先的线上食品电商平台——天猫超市，而后又入驻京东等。如图4-15所示，现在只要在浏览器上搜索妙卡巧克力，先弹出的就是各大电商的销售链接。同时，妙卡也没有放弃线下。妙卡展柜也渐渐入驻线下超市，如沃尔玛、家乐福等。而且，展柜印有LOGO，采用标志性紫色喷漆，在超市中十分显眼。

妙卡巧克力基于之前所投放的广告，而产生后期的销售推动，以带来更好的利润。无疑，妙卡营销充满创意，设计手段贴合市场。例如，针对德国市场开展的"将最后一块巧克力送给心爱的人"活动，即推出缺一块的巧克力产品。当用户购买时，包装上明确指明"最后一块巧克力，送给心仪的人"。按照包装上的提示，用户登录活动网站，填写祝福语和快递地址，妙卡就会负责把这块巧克力送给指定的人。如图4-16所示，一板巧克力的20小块，少了一小块，为什么？这正是妙卡推出的温暖人心创意活动，那淡淡的紫色更是深入人心。

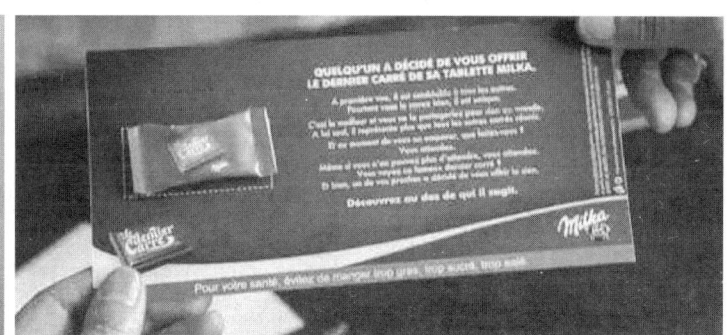

图4-16　妙卡巧克力的"Last Bar"

如图4-17所示，最后一块巧克力总是最好吃的。妙卡巧克力的"Last Bar"（最后一块巧克力）就源于生活中这样的洞察。其提前在一袋巧克力中扣一小块儿，可以寄给最爱的人。这么好的东西，没有理由不和至爱分享。妙卡在巧克力包装纸内附上验证码，打开活动网站输入验证码，就可将缺失的这块寄给你最爱的人。这样，很好地贴合了德国文化及生活观念。平凡的生活，平价的礼物，仍然可以让人体会到美好的感情。小小的一块，大大的心意，溢满浓浓的浪漫。

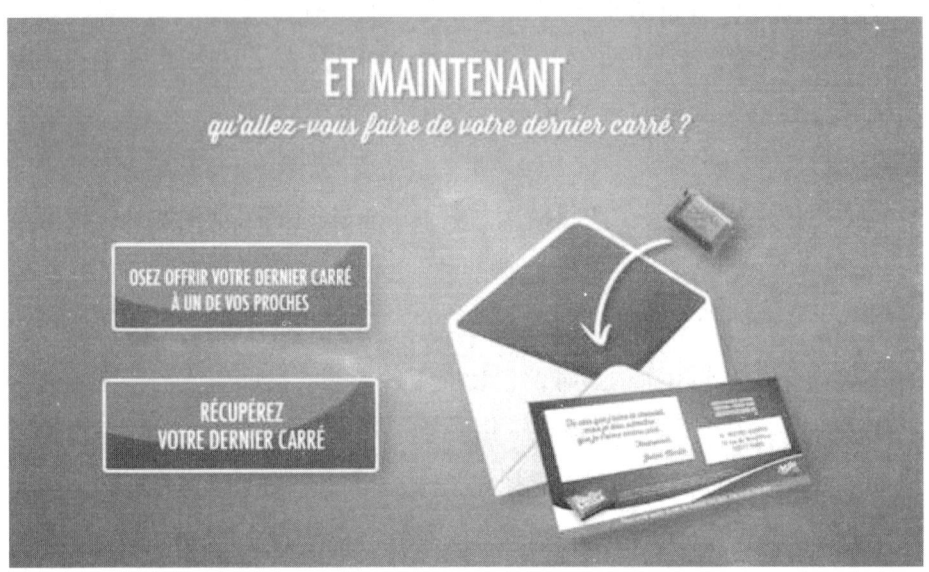

图 4-17　妙卡巧克力在包装纸内附上验证码

资料来源：http://iwebad.com/case/2302.html.

如图 4-18 所示，在阿根廷，妙卡开展的是"齐心协力"活动，即一个售卖机，旁边放一只品牌形象奶牛，只有当几个人手拉手同时按住售卖机上的按钮和奶牛腿上的按钮时，才能免费赠送妙卡牛奶巧克力棒。人们需要齐心协力，手拉手连接起奶牛和自动贩卖机，这样，巧克力才会掉出来。而更有趣的是，只要连接成功后，奶牛就会向后退一步，以致最后能看到壮观的人墙。同样，为强调好东西就要乐于分享，妙卡设计这种甜蜜诱惑甚至能排除陌生人间隔阂的创意作品，瞬间让人们觉得生活是如此美好。妙卡一直都在致力于传递人们之间的温暖。无论是巧克力广告，还是营销策划，都带给人们细腻柔软的感觉，也反映出品牌的文化特点。

图 4-18　妙卡巧克力"齐心协力"活动

资料来源：http://iwebad.com/case/2312.html.

## 五、前景启示

妙卡巧克力的广告营销，在网络世界中演变为一种集广告、营销和娱乐于一身的新生代微电影广告形式。由此，将产品或品牌想要表达给目标消费者的信息传递地更为精准、通俗、显著。新媒体广告要传递的往往是品牌理念，即一般意义上的社会价值，如乐观阳光、积极向上、勇敢执着等。那么，围绕这样的主题进行微电影创作，就需要等价巧妙地利用新媒体自身独有的优势，来淡化"广告味"。微电影广告内容的好坏，决定着观众是否愿意关注并接纳。此外，广告植入微电影的方式、使用的营销渠道、宣传推广的周期等，都将作用于最终的传播效果。《Lost & Found》就是以内容为基点，权衡并完善营销的各方因素，最终使微电影广告在新媒体上热播，引起网民的热烈反响，达到了广告宣传的目的。煞费苦心的品牌植入，将广告做成精妙绝伦的艺术片，就会带动互联网其他新媒体积极配合，为其整合营销。

### （一）微电影广告面临的问题

虽然微电影广告的发展势头迅猛，但依旧处于成长期。在此阶段，将不可避免地遇到一系列难题。微电影广告若要长远发展，必须认清自身现状。

**1. 企业扎堆，盲目跟风**

微电影广告制作成本投入少、创作门槛低，使众多品牌在未充分考虑企业特性或产品类型是否适合的情况下就蜂拥而上。由此，网络上充斥着太多良莠不齐的微电影广告。所以，并不是每位导演都会讲故事。盲目跟风、随波逐流，最终导致品牌生硬植入，惹人反感。更有一些不良企业为吸引眼球，选取的故事角度以及剧情内容无尺度、无下限。例如，以色情或暴力为卖点，虽然会名噪一时，但也会引起骂声一片，影响品牌形象。妙卡巧克力的成功，不仅是因为微电影广告的创作形式，还在于其积极向上地传播着正能量，也做到了将故事情节与企业文化、产品特点相融合，自然地展现在观众面前。

2. 效果未知，存有风险

微电影广告之所以受追捧，是因为呈现在观众眼前的都是跳出微电影市场重围的成功案例。其制作精美，将广告寓于电影之中，并在互联网上自由驰骋。大多利用多种媒介平台展开宣传，分阶段持续推广，最后营造出微电影广告所向披靡的氛围。所以，人们受此感染，而误以为选择微电影广告的胜算颇大。但是，殊不知由于数量太多，一则微电影想要脱颖而出，难度很大。哪怕是好的微电影，倘若后期媒体宣传不到位，投上网络后，也不会再有过多的关注。这样，就不能及时利用微电影话题，其互动性减弱。最终，还是会轻而易举地被淹没在无边无际的信息浪潮中。

（二）微电影广告的优化建议

因此，大部分微电影广告在植入方式上还需要不断摸索，即怎样实现卖方、制作方和买方的共赢，就是未来努力的方向。

1. 精制作品：创新形式，内容为王

企业是整个传播活动的发起者，在制作拍摄微电影广告时要对理念传达和品牌建设有清晰的认识。微电影广告想要通过网络进行传播，应当不断尝试差异化的表达方式，让其原创的剧情内容适应新媒体，并在此搭建品牌植入平台，适应观众需求。当然，对微电影内容的要求绝对是第一位的，必须确保可看性，拒绝生搬硬套，不冲动、不跟风。根据剧情需要，将品牌"自然不做作"地植入微电影故事情节中。一般的做法是，将广告产品作为"角色"融入故事中，为剧情发展起推波助澜的妙用，使产品参与"表演"，有存在感和生命力。

### 2. 善用渠道：跨界合作，广泛传播

在社交网络时代，商家除关注官方网站外，更应联手其他媒体平台。社交网络已然让传播变为一项兼具效率的活动。在微电影广告制作完成后，要利用网络多种渠道进行宣传，更大程度地拓展传播范围，尝试跨界合作，以实现新媒体的整合。借鉴《Lost & Found》的手法，通过网站宣传，让微电影广告曝光，再配合百度、谷歌等搜索引擎，将微电影广告顺利推到观众眼前。然后，通过新浪微博、人人网等社交网络，开启互动模式，提高观众的响应速度和观影反馈率。最后，提供热议新媒体平台，促进人际传播形成口碑效应，进而达到传播的良性循环。

### 3. 持续推广：上下联合，重在坚持

微电影广告虽然常见于互联网，但并不意味着要放弃电视、报纸等传统媒体。适时地借助传统媒体，再配合线上线下的全方位传播，或许更为有效。微电影广告可以顺着宣传推广的走势，利用多方传播媒介，向最有利于引导消费者的方向努力，做到线上线下整合。而且，在消费者心中建立良好形象，说服其改变态度，是十分有必要的。但是，这种说服是潜移默化的。只有持续地营销推广，才可变为长期粉丝的连线载体，进而发现潜在消费者，扩大品牌号召力。

### 4. 善待受众：予以方便，多加沟通

当下，年轻受众重心从传统媒体逐渐向新媒体转移，又成为新媒体的目标人群，其使用新媒介的总消费时长不断增加。因此，以往普遍存在的媒体内容表达方式也借机转变，开始向年轻人靠拢。鉴于其特点，予以调整。不过在追求个性化的今天，消费者为了凸显自身的与众不同，往往会对有特色的产品充满好奇心。一味地附和消费者的呼声，追在消费者后面跑，没主见地满足消费者的个性偏好，只会失去自身品牌的形象特点，进而丢掉核心竞争力。

**思考题**

1. 妙卡巧克力微电影广告是怎样体现公司产品价值的？
2. 妙卡巧克力如何在微电影广告中营造顾客体验氛围？

[1] 林莹. 游戏化营销：让广告在互动中绽放魔力——以妙卡巧克力的游戏化营销为例[J]. 中国广告，2017(2).

[2] 刘婧帅. 妙卡上市一年持续发力 释放巧克力市场融情暖意[J]. 食品开发，2017(2).

[3] 郑晓君. 微电影——"微"时代广告模式初探[J]. 北京电影学院学报，2011(6).

[4] 王诗咏，张建. 妙卡闯关中国巧克力市场，胜算几何？[J]. 新食品，2016(35):48-50.

[5] 莫康孙. 从"电影植入广告"到微电影[J]. 中国广告，2011(8).

[6] 张晟钧，毛靖雯. 广告主定制微电影商业传播模式初探[J]. 广告大观，2013(1).

[7] 高兰英，冯雅颖. 微电影广告：电影与广告的"微"跨界[J]. 新闻世界，2012(9).

[8] 张雪，朱润萍. 试论"微电影"时代的广告营销[J]. 东南传播，2012(7).

[9] 李娅乔，李振国. 新媒体环境下微电影广告模式探析[J]. 河北经贸大学学报，2013(2).

[10] 墨菲. 妙卡巧克力初冬带给中国消费者融情之旅[J]. 中国食品，2016(22):159.

# 第五章

# 微鲸科技：打破常规

微鲸科技是一家专注于家庭娱乐的互联网公司，由黎瑞刚和李怀宇于2015年联合创立。华人文化、阿里巴巴、腾讯都参加了微鲸科技的创始发起人组合。微鲸科技秉承"对未来上瘾""为新一代生而不同"的品牌主张，旨在为"微鲸一代"的年轻家庭，带来舒适惬意的互联网新体验，以及更有品质的生活方式。通过智能化终端服务，微鲸科技引领新生代中国家庭互联网沉浸式娱乐新方式。其目标是成为中国家庭互联网第一品牌。微鲸科技的电视广告标新立异，本章通过对比传统电视广告和其首创的霸屏影院三联广告，说明其更加震撼的视觉效果是如何向观众更详尽地呈现微鲸电视的惊艳之姿。

## 一、企业产品

微鲸科技背靠中国首家文化产业综合投资运营平台CMC，以及互联网巨擘阿里巴巴、腾讯。不仅拥有巨量OTT内容资源库，更得到CMC Family内容极客团队的鼎力支持，还携手华纳兄弟、梦工厂、星空传媒、IMAX、财新媒体、体奥动力等合作伙伴，共同打造微鲸电视的独家精品内容。2015年8月13日，微鲸科技举行发布会，推出旗下首款智能电视；11月19日，举行WOW PLAY秋季发布会，推出旗下第二款新品"小钢炮"。2016年3月20日，微鲸科技接连推出两款全新产品；5月18日，又推出首款青春系列新品；7月11日，微鲸官网上线旗下首款4K曲面电视。

除了专注硬件开发外,微鲸还一直专注于搭建完善、优质的内容平台。2015 年 10 月,就与 BBC 达成战略合作,于未来四年内引进 600 小时的少儿节目和 600 小时的纪录片。不仅如此,还于 2015 年 12 月 28 日宣布与东方梦工厂达成全面战略合作,成为国内互联网电视企业成功运作国际顶级影视 IP 的第一家。2016 年 5 月,微鲸科技成为曼城足球俱乐部中国区官方电视合作伙伴。此外,还与《巅峰拍档》《明星大侦探》等优质综艺 IP 合作,更获得了《中国新歌声》和《盖世音雄》的独家 VR 直播权,旨在为用户提供更优质的沉浸式观看体验。网络自媒体时代微鲸科技口碑传播路径见表 5-1。

表 5-1　网络自媒体时代微鲸科技口碑传播路径

| 时间 | 事件 |
| --- | --- |
| 2015 年 8 月 13 日 | "微鲸一代,大有看头"上市发布会在上海举行,大牌主持人窦文涛等出席发布会,全新一代互联网电视在会上正式发布,即微鲸电视 WTV55K1,是一款 55 英寸 4K 旗舰智能电视 |
| 2015 年 11 月 11 日 | 成就双 11 全球狂欢节第一单,开售 1 分钟即销量破万,3 分钟销售额突破 5000 万元,最终获得 55 英寸单品销量第一的成绩 |
| 2015 年 11 月 19 日 | "WOW PLAY"发布会在北京 798 艺术区举行,并成功发布 43 英寸互联网电视新品"小钢炮",适合放在卧室,是针对年轻人开发的产品 |
| 2015 年 12 月 12 日 | 双 12 期间,"小钢炮"销量持续领先,一炮而红 |
| 2016 年 3 月 3 日 | 推出第三款 50 英寸新品智能电视微鲸 W50J,外号"刺客",已正式在官网与京东开售 |
| 2016 年 3 月 21 日 | 春季发布会"放肆精彩"在上海举行,推出旗下第四款新品智能电视微鲸 55 英寸 Pro |
| 2016 年 4 月 25 日 | 正式公布 VR 战略,并阐述了具体的硬件产品及内容策略,将联手 Jaunt 与 NextVR,在影视内容与体育直播内容的制作上进行更直接的技术合作,并基于华人文化的内容资源共同打造 VR 平台 |
| 2016 年 5 月 20 日 | 推出旗下首款 49 英寸高清互联网电视——W49F |
| 2016 年 6 月 15 日 | 推出旗下第二款 40 英寸高清互联网电视——W40F |

## 二、广告理念

微鲸科技的广告语是"好是用来被更好打破的",以及"为新一代,生而不同"。2016年7月,微鲸科技携着"打破一切"的产品态度和"生而不同"的品牌气质,破茧重生。其45秒的宣传片,让消费者眼前一亮。

如图5-1所示,广告开头先是黑屏,然后,场景渐亮,一个巨大的音响占据了整个画面。不禁让人产生疑问,即"这是个音响的广告?"

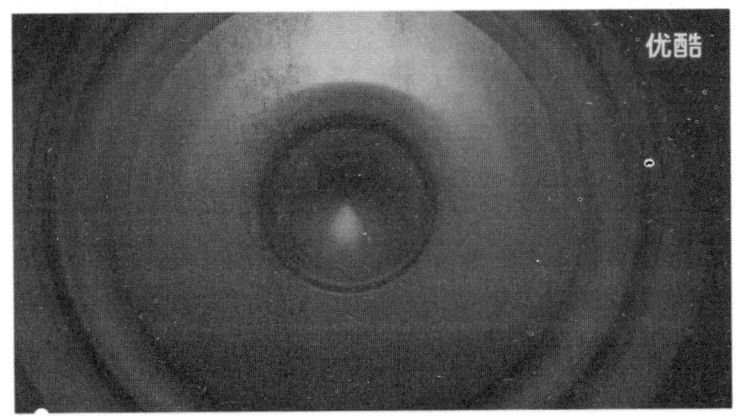

图 5-1 微鲸科技广告

资料来源:http://v.youku.com/v_show/id_XMTY0MzUyMzU5Mg==.html.

如图5-2所示,华丽木纹箱体,连同震撼的喇叭,一同被炸得粉碎!在黑暗背景前,残片与烟花慢动作地飞舞,壮丽华美。画外音平静而坚定地说:"好声音,可以更动听。"

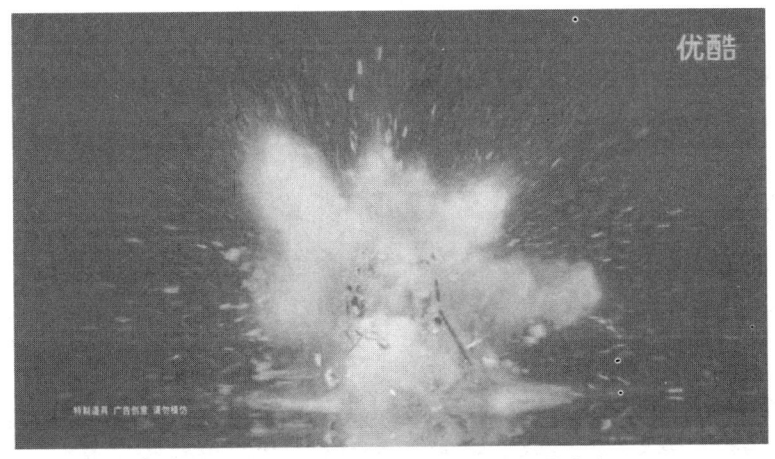

图 5-2 打破混沌刺耳,悦享更好的声音

资料来源:http://v.youku.com/v_show/id_XMTY0MzUyMzU5Mg==.html.

如图 5-3 所示，接踵而来的是 6 张精致的光碟，并再次被炸得粉碎！蓝光碟片，化为碎片，反射着虹光，如同夏花盛放。依旧平静而坚定的画外音说："好内容，可以更精彩。"

图 5-3　打破平庸常规，让画面直击内心

资料来源：http://v.youku.com/v_show/id_XMTY0MzUyMzU5Mg==.html。

如图 5-4 所示，遥控器、手柄也在一瞬间爆炸，"好操控，可以更随心所欲"。如图 5-5 所示，展示画质常用的插花，也在背景音的念白中，被冲击波撕得粉碎，"好画质，可以更绚烂"。

图 5-4　打破平淡无奇，你可以绽放更美

资料来源：http://v.youku.com/v_show/id_XMTY0MzUyMzU5Mg==.html。

第五章 微鲸科技：打破常规

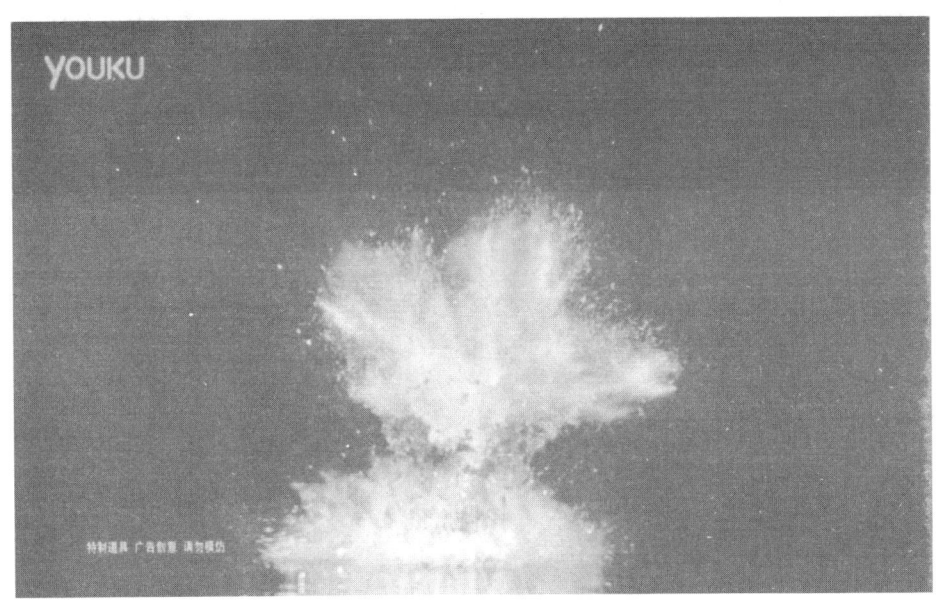

图 5-5　不要墨守成规，我要打破一切

资料来源：http://v.youku.com/v_show/id_XMTY0MzUyMzU5Mg==.html.

整个宣传片，从"好声音、好内容、好操控、好画质"四个衡量电视质量的标准入手，赤裸裸地告诉观众，"你想要的有关电视的一切，微鲸都有"。通过对传统的东西，如音响、光盘、遥控器、画面的爆破呈现，以表达微鲸科技所拥有的颠覆决心，即认为最好或再好的东西，也会被出现更好的打破。这些被高速摄影机记录下的一个个传统且精致的物品，却瞬间被新的科技力量击破。到底这台电视有何种魅力，让这些精致的物品黯然失色？微鲸科技，为何要带来如此震撼的视觉冲击？如图5-6所示，答案来自微鲸科技幕后的执着与追求。其希望让观众得到看电视的乐趣，让微鲸电视为生活带去新鲜感。既不是堆砌参数就能实现的理想，也不是以低价为骄傲，而是只在乎价标数字增加的企业才能理解的态度。

图 5-6 微鲸幕后的执着与追求

资料来源：http://v.youku.com/v_show/id_XMTY0MzUyMzU5Mg==.html。

如图 5-7 所示，微鲸科技首先要做的是一件令家居增辉的艺术品。完美的曲线选择、用心打造的独立音响，即便微鲸电视没启动，也好看。有人会问对于一个广告来说，电视的参数到底重要吗？答案是肯定的。但是，却不是最重要的部分。市面上主流的互联网电视品牌，其宣传片总充斥着"各类参数轰炸"，有大量噱头名词堆砌其中。而微鲸科技更在乎的是先进技术带来的实际效果：4K 有多清晰，看看那烟花中飞舞的分毫毕现的碎片；HDR 有什么好处，背景黑暗深邃与前景缤纷色彩的对比能给出答案；分体音响有多震撼，是普通音响粉身碎骨都难以传达的动听声音。消费者不需要变身极客，短短几十秒就能理解微鲸电视的一流表现。除参数外，更为重要的是内容。以内容起家的微鲸科技，底气十足。例如，有众多热门体育赛事版权、与多个国内正版节目库合作、不断更新互动资源，以及惊艳四座的 VR 节目生态链等。由此，已厌倦传统电视节目的观众，也能重燃"看电视"的热情。有了丰富的内容资源，电视才能融入用户生活，带来不一样的精彩。

第五章 微鲸科技：打破常规

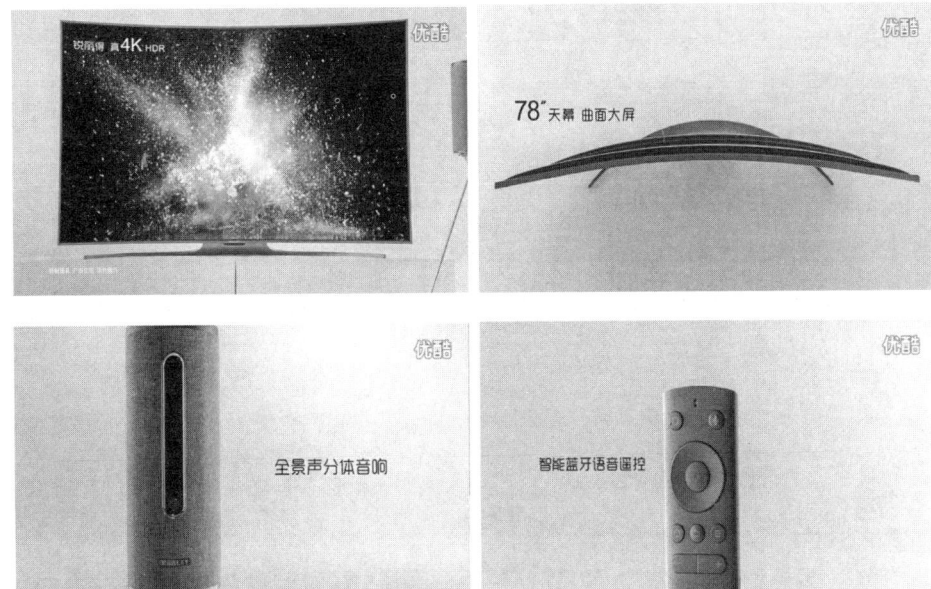

图 5-7　微鲸是要做一件令家居增辉的艺术品

资料来源：http://v.youku.com/v_show/id_XMTY0MzUyMzU5Mg==.html.

如图 5-8 所示，最后主角出现了。近乎完美的曲面电视屏幕，仿佛巨大圆形的一部分。艺术品般的独立音柱与做工精致的控制器，相继一闪而过。然而，主角亮相仅数秒，就让位给了其倾注心血都想取悦的对象，即青少年、年轻情侣、新婚夫妇、活泼孩子、现代艺术家等。他们看着屏幕中的大千世界，而微鲸电视也在静静分享着他们的喜怒哀乐。主角不是电视，是这些追求梦想的年轻的心。微鲸电视正成为他们梦想的一部分。

如图 5-9 所示，这些都表达出微鲸科技"为新一代，生而不同"的决心。紧紧抓住目标客户的内心，将自己消费群的具体特征形象地刻画出来，并巧妙地运用于广告中，以形成共鸣。

图 5-8　静静分享着喜怒哀乐

资料来源：http://v.youku.com/v_show/id_XMTY0MzUyMzU5Mg==.html.

图 5-9　为新一代，生而不同

资料来源：http://v.youku.com/v_show/id_XMTY0MzUyMzU5Mg==.html.

## 三、设计技巧

在广告设计上，微鲸科技费尽心思。除传统电视广告外，还颇具匠心地推出了一支三联屏广告，再次"打破"原本足够精彩的单屏广告，恰好映射出微鲸科技"打破一切"的态度。正如广告语所说："好是用来被更好打破的。""打破"也包括打破自己，即不断创新、超越自己。没有最好，只有更好。数字虚拟产业迅猛发展，要摆脱 IMAX、4K 等有限屏幕的局限，则寄希望于 VR 技术带来的颠覆性变革。那么，对影院来说，如何提供 360 度的沉浸体验呢？答案正是三联屏技术。何谓三联屏？其实，知晓该概念的人并不多。三联屏显示，也称一机三屏显示，即为一台主机将内容显示到三台显示器上。根据不同的需求，可将不同的画面显示到不同的显示屏上。爱玩游戏的人都知道，为追求更震撼的画面和更真实的效果，往往会用一个多屏显卡来连接 3~6 个显示屏。即在主荧幕之外，分别向左右各拓展出对称数量的屏幕，并与主屏形成一定角度，以实现被游戏场景包裹的超大视野体验。微鲸科技三联屏广告，是在年轻人都能接触到的影院中投放的。虽然技术实现与电脑多屏显示不同，但震撼效果却一点也不逊色。在观影过程中，观众同时被三个画面包围，从而获得更强沉浸感。这种独特的广告设计，再借助影院营造的视觉冲击，让年轻人感受到微鲸电视的强大功能，成功吸引到一批热爱生活、追求品质的用户。

2015 年 11 月，《移动迷宫 2》在北美 17 家影厅上映，吸引观众的不是剧情，而是影院里的三联屏巨幕，即巴可 Escape 技术。此后，北京传奇时代影城、上海正大星美国际影城、分众晶视等，在全国至少 8 个核心商圈影院，都推出了三联屏幕，独家联播克莱斯勒、兰芝、青岛啤酒、new balance、宝马、澳大利亚旅游局和 Dior 等最新品牌广告。围绕影院原有的中央大银幕，在影厅两侧各加装 3 台专业投影机，在影厅灯效的配合下，银幕和与投影机依次开启，可使广告呈现出相当于单一银幕三倍的画面效果。然后，再通过专业制作团队，对广告素材和客户需求，定制创意广告内容，就可使三面银幕整合联动，让观众有身临其境的场景感和空间感，得到相对真实的沉浸式体验。震撼的画面和声效体验，显然会让三联屏技术成为未来的发展趋势。微鲸科技敏锐地捕捉到了这股潮流。其首支三联屏广告正式上线,覆盖10大重点城市共200家影院,瞄准年轻消费群体。对于经常去电影院消费的人群来说,传统广告虽然创意和画面都已非常考究,但仍避免不了观众的审美疲老。然而,微鲸科技的首支三联屏广告,不仅在形式上借助最新技术优势,在内容设计上也同样达到惊艳的程度。"在影院营造看微鲸电视的场景感,首次进场消费三联屏的群体,必然会牢牢记住微鲸品牌"。通过视频网站观看后,发现这支广告不仅看上去画面考究、意境唯美,其背后同样有着严格的品牌塑造逻辑。

如图5-10所示,三联屏广告开场呈现的正是微鲸科技灌注在产品上的品牌观念,象征微鲸电视好声音的音响、好内容的光碟,以及好操控的遥控器和游戏手柄,在黑色背景中,依次排列,神秘、稳定、科技感十足。声音淡隐之后,象征物瞬间爆炸,效果华丽且浓郁。

之后,在屏幕中央,出现了一个插着红色鲜花的玻璃瓶。伴随着"好画质"的画外音,花瓶迅速被复制,并占满整个屏幕,像一个训练有素的芭蕾舞团。然后,再次像烟火一样炸裂,泼墨一样铺满屏幕。

图5-10 微鲸的三联屏广告之一

如图 5-11 所示，广告呈现的画面几乎都是这样的"暴力美学"设计。气质安静有序，风格热烈饱满。微鲸电视的机身细节，也在这些高品质的画面中被显现出来。其最新 78 英寸分体电视的超大屏体验，以及整个品牌内涵基调，也都表达得淋漓尽致。

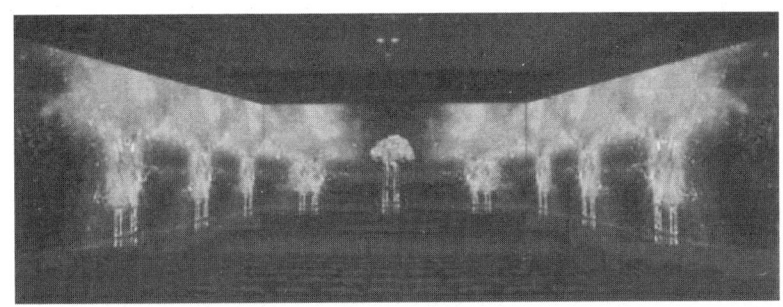

图 5-11 微鲸的三联屏广告之二

如图 5-12 所示，在展示完微鲸电视的各部件细节后，三联屏上开始出现不同的观众群体。并且，随着时间的变化，三个屏幕上的画面相互切换，效果同样酷炫，也正验证了微鲸电视专心做家庭娱乐体验的理念。

图 5-12 微鲸的三联屏广告之三

微鲸科技市场负责人表示,"媒介技术创新带来更具艺术美感的广告形式,而这种创新的广告形式,带给人们的不仅是视听观感上的变化,也有观看形式的变化,能让品牌传播活起来"。此前,微鲸科技整体战略发展被明确界定为,不仅要有庞大的内容库和顶级 IP 资源,还要用精品电视为用户提供优质的家庭娱乐体验。在成为《中国新歌声》唯一官方互联网电视合作伙伴之际,微鲸科技正式曝光了旗下最新高端旗舰机型——78 英寸分体电视"天幕"。其一经问世,就与三星同获中国视像协会颁发的 2016 年创新设计奖,随后又拿下华人设计最高奖"金点奖"。

## 四、营销传播

### (一)获得多项广告大奖,提高影响力

2016 年 11 月 29 日,中国泛娱乐指数盛典在北京隆重举行。如图 5-13 所示,该盛典前身为艺恩中国文娱紫勋奖颁奖典礼,已连续举办六届。每年都会就该年度受业内关注的优秀企业案例进行梳理和褒奖。评委由艺恩邀请的业内企业高层及公关、广告、娱乐营销专家组成,从品牌传播力、媒体传播评价、创新性/表现形式和效果考量(数据参考)四个维度针对入围作品进行细致客观的评审。最终,微鲸科技凭借极具创意的 UMAX

图 5-13　2016 年度最佳娱乐营销案例

三面环绕场景化传播三联屏广告带来的惊艳效果，摘得"2016年度最佳娱乐营销案例"大奖。

其实，早在2016年9月，作为新生互联网电视品牌，微鲸科技就已打败同行强劲的竞争对手，以《微鲸电视直播巅峰挑战》强势入围"2016中国广告长城奖广告主奖年度经典案例之营销传播案例"。该奖始办于1982年，由中国广告协会举办，是迄今为止中国规模最大、影响最广、专业性最强、最具权威的营销奖项。以总结年度内创意制作方面的得与失为基础，同时为广告制作人指明营销创意的前进方向。制造该选送案例的目的是让微鲸电视的用户能更好地了解"看球神器"的出色清晰度和分辨率，并体验其显示细节。

### （二）"网红+直播+电商"的新模式

微鲸科技通过诸多内容丰富的资讯类文章，在既没有打折也没付费的情况下，为店铺带来一场聚划算的销量，即一天卖出上千台电视。而且，在618电商大战打响之际，配合欧洲杯的热点，开启了视频直播内容创新的新尝试，即在天猫直播举办一场4K颠球挑战，以达到深入宣传的广告效果。4K，是微鲸电视的核心卖点。其50英寸电视，就采用了RGB真4K屏幕，其清晰度和分辨率都表现得十分出色，让各细节尽收眼底。此外，还邀请花式足球第一人谢华，进行2小时的4000次颠球挑战。由此，与微鲸科技的4K核心品质达到了完美契合，向受众传达其精益品质与自身体育布局相结合的观念。为增加挑战难度与趣味性，微鲸科技邀请了美拍当红主播苏黎黎到现场进行解说与互动。趣味的颠球教学，搞怪的加油鼓劲，把这场看似枯燥的体育挑战赛变得更为生动活泼。进阶式的挑战，牢牢地吸引着观众的神经，舍不得关掉直播。在短短的2小时内，天猫直播量就达到了"10万+"次互动，其传播效果令人惊叹。此外，微鲸科技将奖品与直播内容结合，加强观众黏性。此次直播在天猫平台上全方位播放，为引发消费者的参与感和热情，微鲸科技提供了丰厚的奖品。在每个挑战阶段，进行抽奖，既有效提升品牌信息曝光率，也真心回馈微鲸科技的粉丝。

事实上，微鲸科技一直在领跑创意营销。2016年5月9日，微鲸科技宣布成为曼城俱乐部的官方合作伙伴。2016 年 7 月，曼城俱乐部赴中国参加国际冠军杯赛，并且，以独家的 4K 高清内容展现微鲸电视的智能科技。其对手曼联和多特蒙德的球衣背后，也出现了"微鲸"的标志，这无疑扩大了微鲸在体育领域的影响力。此外，微鲸科技的 VR 技术实力也不容小觑。不可否认，VR 技术俨然成为 2016 年最热的关键词。微鲸科技更是整合自身资源，充分发挥研发团队的超强实力，运用自身处于世界领先水平的 VR 直播技术，率先开启了智能电视的 VR 时代。微鲸科技不仅在发展布局矩阵上做到了精准定位，在智能电视的科技创新上也走在世界前沿。此次在天猫直播平台上尝试 4K 颠球挑战，更是将其产品核心属性与直播内容进行了完美结合。在传播其智能电视 4K 高清屏幕核心卖点的同时，更是将足球这种体育运动与其体育布局矩阵交融。同时，通过邀请网红主播参与直播互动，借势当今火热的直播热潮，基于直播内容创新，更是让微鲸走进了更多消费者的视野。微鲸科技勇于尝试，又精于布局，将会在以后的发展中大放异彩。

### （三）积极投身公益，增强好感度

2015 年 9 月 14 日，微鲸科技首款智能电视上市满月，兑现承诺向天津"8·12"爆炸遇难者家属捐款共计 201 万多元。8 月 13 日，微鲸科技产品上市发布会召开。面对爆炸灾难，微鲸科技表示异常震惊，并为爆炸事件中的遇难者感到痛心。发布会现场，微鲸科技创始人兼董事长黎瑞刚宣布将向遇难者家属捐出与全体员工一个月工资等额的慈善资金，全部用于对遇难消防员家庭的援助。为了确保捐赠资金落到实处，微鲸科技将设立专账并进行专项管理。同时，委托天津滨海新区慈善协会负责管理及实施。双方均建立相关档案，确保资金使用全程有据可查、公开透明。

作为一家具有社会责任心的企业，面对天津爆炸这样的大灾难，微鲸科技贡献了自己的力量。而且，呼吁社会各界关注遇难者家属的近况，希望借助网络平台，让这些微小的力量能够凝聚成为一股抚平哀伤、拯救受难群众的强大力量。微鲸科技表示，会继续关注爆炸事件的后续处理，并妥善安排捐款基金使用事宜，给遇难者家属送去真真切切的抚恤。此举赢得社会一片好评。

## （四）与万科、寺库携手，拓展线下展示渠道

作为国内高端、中高端住宅、办公区开发行业领头羊，万科一直致力于为业主提供精品居住、办公环境。随着智能家居的兴起，万科也在积极寻求智能家居方面的合作，试图运用智能产品进一步提升万科产业整体服务质量。微鲸科技用心做产品，注重人性化体验、对品质不懈追求的理念与万科不谋而合。微鲸科技同万科合作，先将首批 55 英寸 4K 智能电视布置进翡翠滨江、翡翠公园、金域南桥、虹桥万科中心等中高端公寓及办公场所。微鲸电视出现在售楼处、大堂、样板房等多种场合，供业主及看房团试用体验，大大拓宽了其线下展示渠道。同时，微鲸电视还通过线下抽奖活动，将数台智能电视机免费送给用户，以提高在万科业主中的口碑传播力度。在微鲸科技旗下首款产品发布会上，就宣布与阿里、腾讯两大互联网巨头携手入股，共同打造 55 英寸 4K 微鲸电视。如图 5-14 所示，微鲸科技背后的华人文化早先就与阿里、腾讯有过深度合作，微鲸科技与腾讯的合作补足了其线上资源，与阿里的合作更增加了其电商渠道的影响力，与地产巨头万科合作则是为智能家居铺路。

图 5-14　专注于智能家居领域的微鲸

智能电视只是微鲸科技的第一款产品，在未来必然还将打造出更多的智能家居产品。在品牌理念上，微鲸科技与高端奢侈服务平台寺库达到高度契合。双方将全面整合现有资源，强化微鲸电视消费终端建设，探索与衍生线下业务，打通全方位合作渠道，实现线上线下的双擎驱动。2015年11月，微鲸电视成为入驻寺库平台的首个电视品牌，开启奢侈品平台卖电视的全新销售模式。另外，微鲸科技线下体验店的合作细节，也正在逐步推进中。作为高端跨境电商领军企业，寺库网主营奢侈品销售，在中国奢侈品网购市场日趋形成的当下，其奠定了行业领导地位与话语权基础，拥有越发广泛的全球高端品牌及零售商。其用户年龄在28~40岁，大多为有较强消费能力的白领阶层，和微鲸电视的主力消费群相似。双方合作必将引领一种全新的生活方式，带给年青一代中高端消费者全新的消费与服务体验。

## 五、经验启示

### （一）总结经验

2015年创立的微鲸科技，是个年轻品牌。其之所以能在众多竞争对手中杀出一片血路，站稳脚跟，是因为年轻化的品牌路线，以及挑战创新的精神，为其提供了核心原动力。除卓越的硬件设计和丰富的内容资源外，微鲸科技还是玩转新型营销的高手。凭借三联屏创意传播获得年度最佳娱乐营销案例、借助欧洲杯为天猫618大促销造势、天猫直播花式颠球等，微鲸科技率先实现"在场营销"，并与"立体化营销"相融合。

在当下社会里，受众对媒体的关注逐渐在去中心化、碎片化，并追随热点，而不再单纯地依靠媒体宣传。企业已无法像以前一样依靠传统广告投放来获取传播效果。营销手段的推陈出新已成为趋势。营销途径的有机融合与创新运用更成为主流。在这个追求"新、奇、趣"的年代，需要依靠好玩、有趣的广告来吸引目标受众。微鲸科技精准把握用户需求，无论是在产品方面，还是营销方面，都做了很多大胆的尝试。微鲸电视，为新一代生而不同，其从诞生之初就携带年轻的基因，并赋予其追求突破、坚持挑战的品牌精神。微鲸科技始终围绕着年轻群体的消费需求和用户体验全面提升自己，并追求给年轻群体带来更震撼、更冲击的视听体验。这种不断创新的精神，在给微鲸带来广泛好评口碑的同时，也得到了业界的大力认可。

### （二）未来发展

2016年4月，北京国贸大酒店，微鲸科技董事长用10亿元投资Jaunt、Next VR，成立Jaunt China。同年9月，制作VR版《中国新歌声》《极地》，直播《昆仑决》、国足比赛。并且，发布业内首台基于骁龙820平台+2K AMOLED顶级配置VR一体机微鲸X1。微鲸科技不断创新，给中国家庭娱乐互联网行业制造惊喜，用科技再造家庭娱乐，引领行业变革。目前看来，因为缺少优质的VR内容，整个市场的用户数量相对较少，内容团队也不敢投入大笔预算制作影视级的优质VR。为打破该循环，谷歌拍摄了VR短片《HELP》，每分钟花费超过百万美元，而Oculus投资拍摄的《LOST》，短短10分钟也花费千万美元。很显然，两部VR影片的制作无法收回成本，但却对市场行业有很好的指导作用。最丰富的内容资源，一贯是微鲸科技最具竞争力的核心资源。不论是引入昂贵的Jaunt ONE，还是不惜成本拍摄的《中国新歌声》，以及与五星传奇联手出品的《极地》VR纪录片，都会创造出更多、更优质的VR内容，填补市场的不足。

同时，还可以放大自身品牌在IP上的战略优势。微鲸科技希望通过高品质、差异化的VR内容体验，吸引更多的用户，促进国内VR行业的良性发展。目前，主要从以下三个方面进行尝试：一是对优质IP尝试进行录播，包括《中国新歌声》VR版，通过这些拥有大量粉丝的IP向VR用户群引流；二是尝试用VR的方式制作一些原创内容或灵活度较高的IP，比如在西藏拍摄的《极地》VR纪录片，为用户创造一些独特的观看体验；三是做一些综艺体育赛事和明星VR直播，用全景的方式为用户带来新鲜的体验。从诞生之日起，微鲸科技就专注家庭娱乐。凭借在内容领域多年的积累，以及对视频运营千万级用户的服务经验，微鲸VR将传承

"科技再造娱乐"的使命,并致力于成为 VR 行业的领军者,为用户创造优质的 VR 体验。微鲸科技不是行业的先入者,但其必将打破常规,走出一条独特的道路,成为 VR 这个新兴领域的霸主。

**思考题**

1. 根据上述案例,阐述新媒体广告营销成功的几个关键点是什么?
2. 微鲸科技在营销推广过程中,如何实现企业与公众的互动?
3. 结合上述案例,分析广告营销不同传播渠道的优劣势及其适用范围。

[1] 马欢. VR 直播演唱会是如何实现的 [J]. 环球人物,2017(1):122.

[2] 韩璐. 李怀宇:智能电视搅局者 [J]. 中国品牌,2015(12):60-62.

[3] 李春晖. 黎瑞刚携手阿里腾讯,乐视小米可颤抖?[J]. 中国企业家,2015(17):88-90.

[4] 宋彦. 互联网催生"微鲸一代"[J]. 发现,2015(10):53-55.

[5] 李志刚. 微鲸科技:三周年,整装待发 [J]. 电器,2018(9):59.

[6] 宋彦. 互联网催生"微鲸一代"[J]. 意林,2018(3):53-55.

[7] 黄燕. "微鲸"双线作战 [J]. 中国企业家,2016(12):117.

[8] 张中原. 李怀宇微鲸的电视情怀 [J]. 金色年华,2016(20):32.

[9] 许丽萍. 未来电视内容为王 [J]. 上海信息化,2015(10):31-34.

[10] 李志刚. 微鲸"读心术"唤醒智慧生活 [J]. 电器,2017(6):53.

[11] 邓雅静. 嗨翻夏季,微鲸两周年"Carry"一波跨界营销 [J]. 电器,2017(9):51.

## 第六章

# Michael Kors：白日魅力

Michael Kors（迈克高仕公司）于1981年正式成立，总部设在纽约市。其将奢侈品行业带入了一个新阶段，即成功塑造了崇尚自我表达和与众不同的生活化概念，并将品牌和过去的经典美国奢侈品品牌区分开。如今，Michael Kors已经成为美式奢侈生活风格的代表。本章分析的广告是2016年春夏推广新一季的Jet Set鞋系列产品。众所周知，服装业的更新速度较快，大多是一季度更新两次。而在奢侈品的行业，为了维护品牌自身的形象，广告需要拍得高端上档次，所以成本也会很高。如此高频率、高成本的广告，不单是推销产品，更多的是让消费者熟悉产品，熟识设计风格，使得品牌更深入人心。

## 一、品牌介绍

如图6-1所示，Michael Kors是美国本土时装设计师创建的同名奢侈品品牌。目前，其在全球89个国家已拥有超过500家门店。同时，分销到全球顶级百货和全球专卖店。Michael Kors直接销售，或通过授权合作伙伴，在全球最负盛名的城市开设专卖店，如纽约、芝加哥、伦敦、米兰、巴黎、慕尼黑、伊斯坦布尔、迪拜、首尔、东京、中国香港、上海和里约热内卢等。在Instagram上，甚至有一个段子描述，"你嘴巴上说你跟其他女生不同，但你的Michael Kors手表却证明了你口是心非"。以此暗示，在美国，女生都想戴上Michael Kors手表，足以说明其时尚地位与市场影响力。因此，可以从两个方面来分析广告的主题，即广告个性及消费心理。

图 6-1　品牌设计

### （一）广告个性

如图 6-2 所示，对于 Michael Kors 来说，该品牌传达是一种新的美国上层社会生活。其产品既穿着精致又不像欧洲气质过于讲究，并强调一种随性舒适的风格。在广告的情节设置中，其没有一般奢侈品大牌那样的浮华，也没有极力凸显物品的贵重。与高级时尚品牌 Burberry 投资重金所拍摄的高贵典雅广告相比，Michael Kors 则侧重简约舒适。Michael Kors 广告个性体现在信息的不同视角上，还有画面风格的差异，向消费者传达，其鞋子既被上流社会所认可和喜爱，又可以穿起来自由舒适。

图 6-2　品牌形象

### （二）消费心理

20 世纪 60 年代，富裕阶层是最先开始快速追逐时尚生活的一批宠儿。他们经常周游世界各地，有时在几个小时内从一个气候带来到另一个气候带。上午可能还在参加银行会议,下午就安排到山里去滑雪,晚上也许还要参加一个正装晚会。因此,选择合适的服装,对他们来说至关重要。相对于今天的时尚生活,他们就是当年的先行者。如图 6-3 所示,**Michael Kors** 广告首先邀请一位在美国家喻户晓的明星——Lily Aldrige,其气质高贵优雅,但又不失灵动。所以,在片中,也可以看到 lily 各种优雅奔跑的画面,随即产生明星效应。此外,Michael Kors 在美国的辨识度极高的代表性产品是手表,每个年轻女孩都想会拥有一只。其腕表系列,带领其他产品系列热销,吸引众多消费者购买。

图 6-3  美国家喻户晓的明星——Lily Aldridge

## 二、产品系列

Michael Kors 的品牌精髓是 Jet Set 鞋系列。20 世纪 60 年代是其大好时光,也是美国上流社会享受生活的黄金时代。上午在纽约,夜晚在巴黎。不在乎完美妆容,戴上墨镜,就能随时出发。只是为了一顿下午茶,就有了出行的理由。这种奢华休闲的风潮,其意义不仅止于搭乘喷气机环游世界,最重要的还是舒服做自己,和自己的平底鞋相处愉快。此处要讨论的广告是 Michael Kors 在 2016 年春夏推广新一季 Jet Set 鞋系列。所以,要了解一下什么是 Jet Set 风格。如图 6-4 所示,最具代表性的人物就是美国第一夫人杰奎琳·肯尼迪。那个时代,美国人把她当成了外交法宝,觉得她是可以在任何时候都能上得了台面的第一夫人。仅是在下飞机时依然保持着的那种优雅姿态,就已经帮她吸粉无数了。

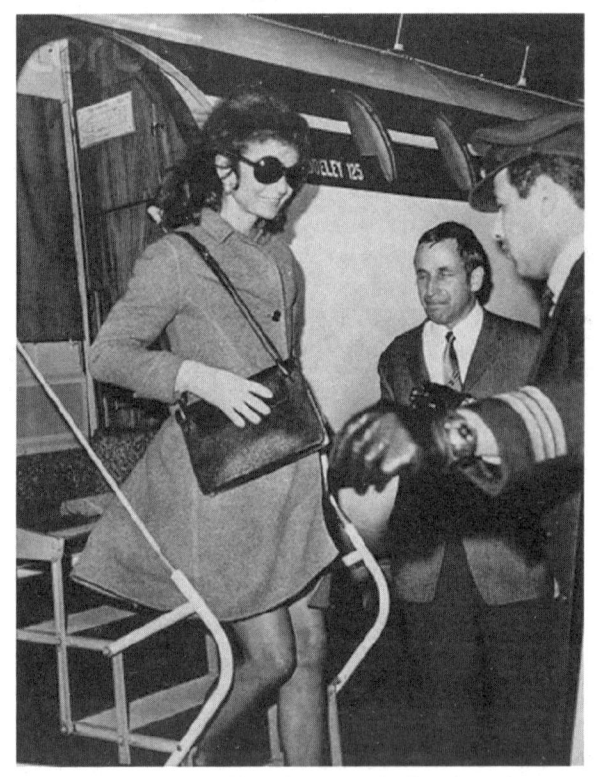

图 6-4　美国第一夫人:杰奎琳·肯尼迪

如图 6-5 所示,Michael Kors 的 Jet Set 风格鞋履系列,从复古罗马鞋与潮流坡跟鞋,到极简百搭的运动鞋,6 款专为 Jet Set 拥趸们所设计的特色鞋履,已成为出行必备的个性单品,其分别为 Sofia 罗马鞋、Claudia 平跟鞋、Maxwell 坡跟鞋、Craig 运动鞋、Holly 凉鞋,以及 Jackie 凉鞋。不论是从直观的视觉感受,还是 Michael Kors 为消费者所传达的品牌概念,都是一个可以随时奔跑起来的系列。舒适的结构,以及时尚的配色,无不向观众传达着美式奢华的自由与享受。在该广告中,无时无刻不在彰显着 Jet Set 风格。阳光明媚的西海岸画风,尽管女主角看起来像是忙碌了一天的公众人物,但清爽的妆容和精致有质感的衣服,还是使她看起来神采奕奕。即便看见粉丝在偷偷拍摄,也依然是淡定自若。在躲避狗仔队的过程中,也看起来身轻如燕。就因为穿了一身很舒适的衣服,而自由随性,不做作。

图 6–5　Michael Kors Jet Set 6

资料来源:http://v.qq.com/x/page/i0196jn2qu1.html。

随着世界飞行时代的到来,像杰奎琳·肯尼迪这样整天飞来飞去的人也越来越多。所以,人们总要时刻提醒自己,要有着最完美的亮相。即便是下飞机的那一刻,也是如此。于是,一位名叫乔利·尼克博克(Cholly Knickerbocker)的专栏作者,就给这种整天坐飞机到世界各地工作生活的人们起了个名字,叫作"Jet Set"。但如今,不一定要身居闹市才能把握时尚脉搏。资讯交通发达,已让人即使隐居于城市郊区地带,也能心怀天下、眼观全球。如图 6–6 所示,Jet Set 风格意味着选择适应快节奏现代生活的时尚着装。无论要搭乘的是私人飞机,还是穿梭都市的公共交通,都应随时做好准备,闪耀登场。

图 6-6 选择适应快节奏现代生活的时尚着装

正如 Michael Kors 的品牌理念：如果日常着装，既能满足其功能之需，衬托个人专业形象，又能凸显魅力，带来些许休闲随意之感，那就堪称完美之选。虽然从未登上飞机置身云端，或者走出国门旅游海外，但是每个人内心深处其实都有着远离尘嚣、放逐心灵的渴望。迷人的产品线与独特的购物体验，带给人们宛如置身其中的 Jet Set 感受。所以，Michael Kors 的产品设计，既要让人们拥有随心所欲的惬意，又要有紧跟时尚、屹立潮头的全球元素。如今，很多美国人都在怀念那个时代，因为他们认为那是美国人对时装最考究也最执着的岁月。

于是，这也就变成了 Michael Kors 的设计理念：将 Jet Set 的情怀带到如今的时装设计中来。在 Michael Kors 看来，Jet Set 风格远不止视觉上的时尚，更应该是一种生活方式。即在忙碌的生活中，如何自信从容地展示自己。Jet setter 被用于代指周游世界的"空中飞人"，也可能是终日忙碌、四处穿梭的奔波者。他们所需要的是在保持功能性的同时，看起来精美的服装和鞋履。正如 Michael Kors 指出，"Jet Set 是一种奢华，时尚

# 第六章　Michael Kors：白日魅力

而充满自信的生活态度。人们随时随地准备出发，随时在路途上，不论走到哪里都可以时尚优雅"。

## 三、设计技巧

一则优秀的广告，在设计上应体现出以下特征。

### （一）带来的视觉冲击

这则广告讲述的故事情节，是围绕着贝弗利山庄的女明星——Lily Aldridge 展开的。其创意在于，观众视角是跟随着狗仔队的镜头一起移动。所以，这也是通过一个非常新颖的画面向观众展示广告内容。在整个广告中，向观众展示了 6 款鞋子。如图 6-7 所示，广告里的故事，开始于 Lily 在享受安静的下午时光，但此时却被狗仔发现。然后在广告中，观众就一直是透过狗仔队的跟踪镜头，看到 Lily 身上所穿戴的衣服和鞋履。整个画面使人感到舒适、自由、随性，并伴着吸引人注意力、使人陶醉的背景音乐。

图 6-7　Lily 所穿戴的衣服和鞋履

资料来源：http://v.qq.com/x/page/i0196jn2qu1.html。

看到广告之初，就像经常看时尚杂志或八卦网页，其画面夺人眼球，主题一目了然，即Lily才是主角。广告内容讲的就是她的Shoe Obsesed，扑面而来的都是美国轻奢的风格。如图6-8所示，此广告吸引观众的是整体画面感好，每种颜色搭配都恰到好处。不同于国内其他广告，现代性美感更为突出。一个时尚的画面才能在第一时间抓住上流社会观众的眼球。不然再好的故事内容，也不会有机会被看到。广告是关于视觉艺术和加速消费的产业。所以，Michael Kors作为一个时尚的品牌，其广告自然要追求形象的悦目性和视觉的冲击性，以营销效果点燃购买欲望。

图6-8　追求形象的悦目性和视觉冲击效果

资料来源：http://v.qq.com/x/page/i0196jn2qu1.html。

如图6-9所示，有趣的是在广告中，自始至终，女主角并没有一句台词，但是，观众还是大致能了解到故事内容。这种无声胜有声的技巧，使得广告更具特色。而且，观众的注意力都集中在产品本身上。虽然没有演员配音，但是背景音乐更为出众。例如，女主角享受安静时光、发现狗仔队偷拍后的心情转折等配乐，还有狗仔队镜头拍照的咔嚓声，以及奔跑时轻松欢快的节奏，都对广告整体风格有着重要影响。观众随着背景音乐的节拍，心情也会起起伏伏，更加会"Pay Closer Attention"。

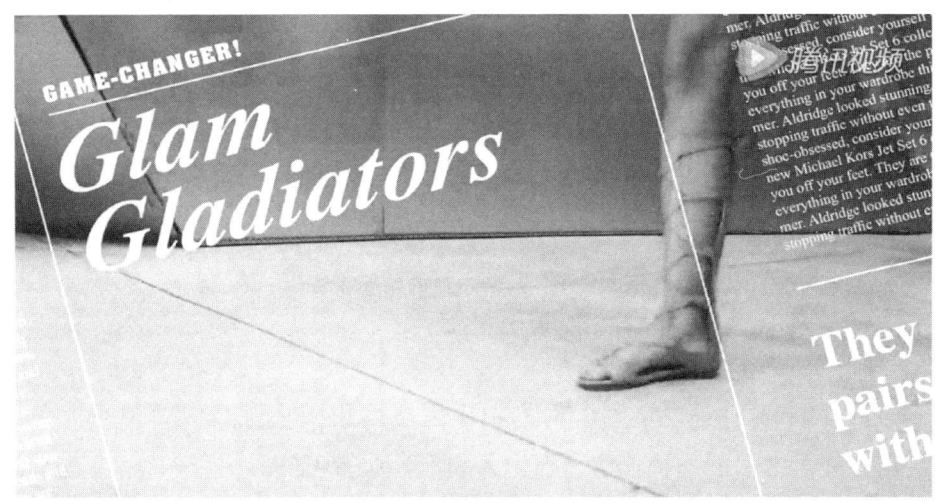

图 6-9　追求形象的悦目性和视觉冲击效果

资料来源：http://v.qq.com/x/page/i0196jn2qu1.html.

更巧妙的是，在产品介绍方面，Michael Kors 这则广告并没有像传统广告那样直接将产品优点一一列举，而是让观众通过观看广告，自己感受并得知。产品看起来做工精致、上档次，但又不失舒适，连做一些大幅度的动作，都看起来轻而易举，很得体。这种设计手法比商家自己介绍产品的好处，要高级得多。在每次狗仔队的拍摄镜头下，都会放大 Lily 所穿的鞋。这样，既有上身效果，又有产品的细节展示，一举两得。并且，这种展示手法也会让观众有兴趣去观看。平跟的、低跟的、高跟的，运动的、优雅的，各种鞋型都可以在广告中看到。每一双鞋都被演绎得非常高级，又很舒适。如图 6-10 所示，利用广告设计的隐喻手法，其目的就是吸引消费者对产品感兴趣，并去购买。

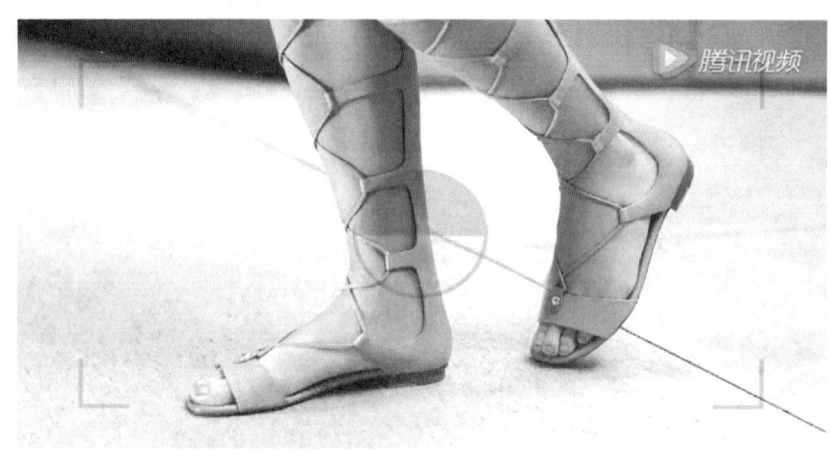

图 6-10　广告本身的隐喻手法

资料来源：http://v.qq.com/x/page/i0196jn2qu1.html.

如图 6-11 所示，这则广告的拍摄手法运用了一种类似偷拍的视角，给观看过程增添了一种乐趣。因为大众都喜欢带着一种可以领略上流社会或明星生活的心态去观看八卦，就使得广告引来更多的社会关注。

图 6-11　广告画面就像是一本杂志

资料来源：http://v.qq.com/x/page/i0196jn2qu1.html.

## （二）广告信息内容

广告画面就像是一本杂志，展示着 Lily 的每套着装，还有各种细节的

第六章　Michael Kors：白日魅力

说明文字，不会使观众看不明白。营造时尚氛围的同时，又提升了观众的理解度，一举多得。广告内容最重要的是创意。所以，在这条短小精悍的广告中，处处都体现着适当的创意元素。既没有背离现实，又没有缺乏创意，而失去观众的注意力。这条广告的创意，主要体现在拍摄角度上。例如，曲线和直线的对比，即建筑物衬托 Lily 的身材；质地与感觉的对比，即鞋与都市环境、服装与建筑样式；动与静的对比，即定格与奔跑等。如图 6-12 所示，在情节设计上，虽说不是跌宕起伏，但剧本也不缺少趣味性，使观众有兴趣看完。

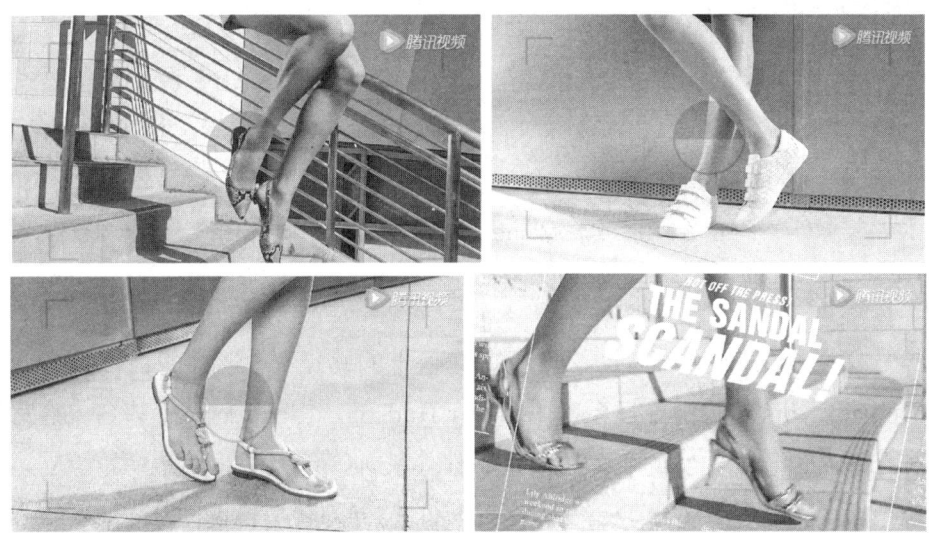

图 6-12　类似于偷拍的视角

资料来源：http://v.qq.com/x/page/i0196jn2qu1.html.

如图 6-13 所示，在广告中有很多特写镜头，都是展示产品的绝佳机会，而且还与狗仔对视的镜头，以及整个故事融为一体，使观众看起来非常流畅。这则广告想告诉消费者的是，她们可以穿着 Michael Kors 的鞋随时奔跑，不会因为穿上了一双精美的鞋而被拘束。这也和美国本土开放自由的精神不谋而合。伴随着盛夏的悄然而至，舒适时尚的平底鞋履成为外出漫步的首选。Michael Kors 推出 Samantha 平底鞋，流畅简约的鞋廓，优雅的尖头款式，能更好地修饰腿型。鞋面不同材质及拼接色彩，呈现出的色泽明暗有度，让鞋子看起来更生动，极具层次感。即舒适优雅的 Samantha，会带您畅游夏日。此外，Michael Kors Roslyn Pump 也绝对是最佳之选。例如在周末朋友聚会时穿搭，不落俗套，抑或随性漫步街头，也潮范十足。优质的皮质手感，搭配细致的绑带设计，独特的交叉图案，仿佛绑带穿梭于鞋头间，尽显鞋款的与众不同与别出心裁的设计。无论是热情的红，还是冷艳的灰，抑或是深沉的黑，都能尽显足下迷人风情。顷刻间，奔赴一场说走就走的旅行。

图 6-13　穿着 Michael Kors 的鞋随时奔跑起来

资料来源：http://v.qq.com/x/page/i0196jn2qu1.html.

"我喜欢那种穿着运动衫出现在红毯上的感觉——迷人的白日魅力"，Michael Kors 边说边在后台向 Jennifer Hudson、Blake Lively 等名流嘉宾打招呼。白日魅力？的确如此。这一件件装饰，都大胆、华丽，如嬉皮风花朵印染的皮草大衣等，皆是 Woodstock 精神的奢华再现。Michael Kors 将日间服装界定为白日魅力是准确的。即当大多数同行都在日装设计上走着四平八稳的保守路线时，Michael Kors 却大幅跳跃。虽然活泼，但尺度又拿捏得恰到好处。例如，那些闪耀着银色光泽的长裤，或装点着羽毛摇曳生姿的裙装，设计师都精心挑选面料（如选用灰色绞花针织毛衫与稍显阳刚的格纹裤装来搭配平衡等）。Michael Kors 在全球大获成功，因其时装理念是如此简洁直白。作为设计师，也许不会试图改换其原有设计方向。然而，一旦决意改变，便会印上些许花朵，让服装的金属表面越发闪亮。

如图 6-14 所示，影片最后以 Lily 连换五身装扮，成功"逃走"而结束。整个过程，就像看一场短暂而又精彩的影片一样过瘾，满足了视觉上

第六章　Michael Kors：白日魅力

的享受。

图 6-14　成功"逃走"而结束

资料来源：http://v.qq.com/x/page/i0196jn2qu1.html.

如图 6-15 所示，Lily 从一个造型优美神秘的建筑物中优雅但又不失轻快地走出来。伴随着镜头的追踪，一步步驾车离去，甚至还没有忘记优雅地对镜头与狗仔飞吻告别。这些小细节都增添了广告的趣味性，也处处体现了品牌的整体风格。

图 6-15　最后还不忘优雅地对镜头与狗仔飞吻告别

资料来源：http://v.qq.com/x/page/i0196jn2qu1.html.

综上所述，该则广告的灵感来自一个对鞋子痴迷的女性形象，即一天要换好几双鞋子。这与现在女性时刻追求潮流的想法不谋而合。很多中高收入的女性，都会以买鞋或是买包来作为对自己的奖赏。并且，片中一系列的鞋，就包含了一位女性所要出席的所有场合，如上班、逛街、休闲聚会、运动、晚会等，一应俱全，该则广告想传达让穿着者怎样都不会累的感受。

### （三）品牌形象

此外，是 Michael Kors 广告中的宣传技巧。整个广告中的道具，大到衣服、鞋、手提包，小到手表、配饰甚至是化妆品都是出自 Michael Kors 自身，这也体现了一个全局的观念，一个鞋履广告可以覆盖更多的品牌产品线。在不到 2 分钟的广告里，Lily 一共换了 6 身装扮。一双鞋子配一身衣服，从休闲装到小礼服，给观众带来的感觉是新一季的六双鞋可以覆盖所有的日常所需。所以，增加了购买欲望。而且，精美适当地更换着装，可以增加新鲜感，让观众更有兴趣看下去。并且，越多的换装，展示的 Michael Kors 产品也就越多，使其成为一个完美的时装秀。

## 四、营销传播

### （一）视觉印象

众所周知，广告是商业社会的产物。作为追求商品价值的视觉形象生产，其已成为视觉和消费的连接点，是一门劝说消费的图像艺术。从广告诞生之日起，就使视觉与消费建立了相关联系。Michael Kors 广告的美感毋庸置疑。无论是画面感、服装、剪辑，还是音乐，都让观众感受到一种高端的美感。而 Michael Kors 广告中也一直在展示着商品。很多观众会因为广告明星而去看广告，进而关注商品本身，产生购买行为。Michael Kors 作为时尚品牌，与视觉艺术密不可分。有了视觉接触和深入理解，时尚品牌才会构成消费社会特定的流行商品和消费趋势。

同时，广告也是消费者心理学的实践应用。优秀的广告，通过展示其中的内容,来吸引消费者的目光,引起消费者心理的变化,使其形成购买或占有的欲望。Michael Kors 这则广告,以艺术影视的形式呈现,从而使消费者产生了兴趣。进而在广告的演绎中,消费者便会对广告里的鞋子产生好感。也许是受广告中人物的影响,也许是受广告的氛围影响,从而产生购买欲望。

### (二)新媒体传播

最重要的是,Michael Kors 对新媒体营销有着新锐的视角,其神话般的成就并非偶然,即设计师本人的人格魅力、设计风格的广泛影响力,以及在新媒体营销的另辟蹊径。善用社交媒体的时尚品牌,能为粉丝提供优质的内容和专属性的资源。通过有意思的活动,激发用户分享、创作内容的主动性。同时,偏爱视觉渠道,来展现品牌的魅力。新媒体的最大特点就是其病毒传播性,即一传二、二传三的传播速度,让一个有趣的想法可以瞬间引爆全球市场。

Michael Kors 在营销上与常规奢侈品牌有所不同。社交媒体一直是 Michael Kors 十分重视的营销渠道。在其全球市场营销投入中,数字营销占据了非常大的比重。正是 Michael Kors 在社交媒体上的出色表现,使其被分析机构 Starcount 评为 2013 年度社交媒体顶级时尚品牌,甚至击败了 Burberry、LV 等强大竞争对手。品牌建立的背后,是人性化的创意和用心。Michael Kors 的理念是,不要认为媒体平台是卖产品的工具,要相信它就是品牌本身,是用心给粉丝讲故事的平台。

与大多数善用社交媒体的时尚品牌一样,Michael Kors 在内容上精耕细作,积极倡导用户生成内容。同时,其也有着一些独特之处。如图 6-16 所示,Michael Kors 在其账号上,并非像是在刻意地展示自己的商品,而更像是展示一些宣传图、摄影大片,及一些明星博主穿着 Michael Kors 商品的高清图片。放眼看去,整个公众账号都很有美感,并不是随意放上去的图片。有很多人会非常困惑,为什么这个品牌才成立没几年就能称霸美国轻奢市场?毋庸置疑,公司创始人兼设计师 Michael Kors 本人参加真人秀"天桥风云",让他成名并被大众所接受。在节目中，其诙谐俏皮地吐槽，再加上和各种明星间的关系，让他很轻易地在美国人心里树立高端时尚的个人形象。但真正让 Michael Kors 引爆于美国的，是其保持着新颖创意的市场营销计划。

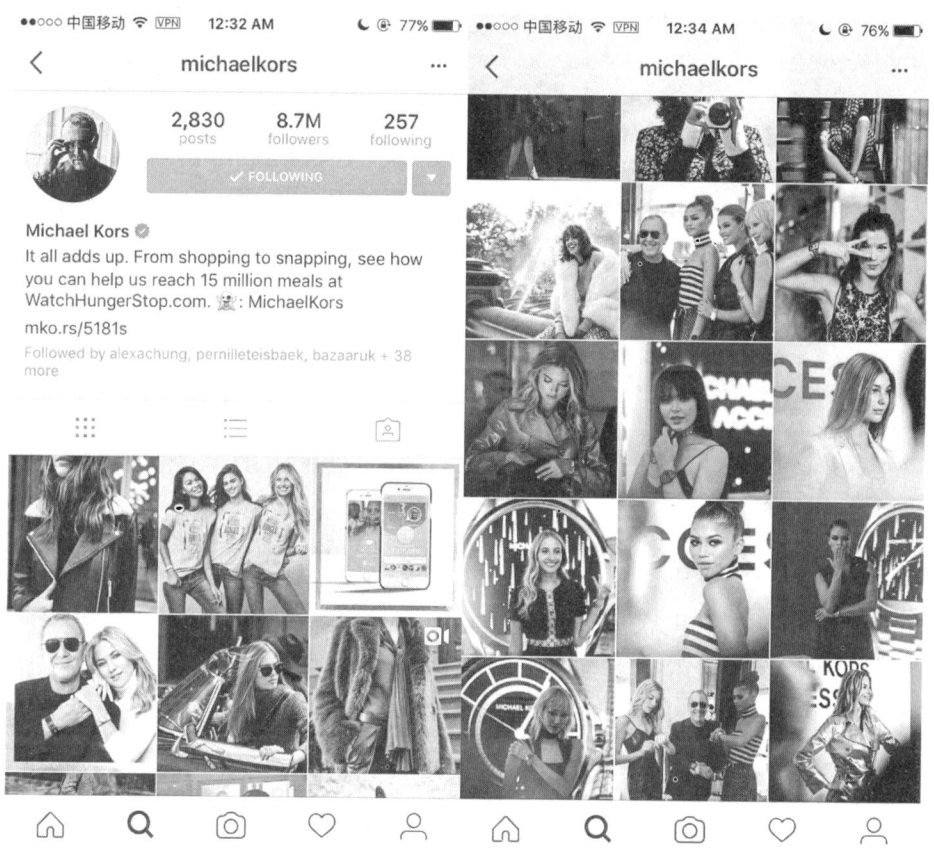

图 6-16　明星博主穿着 Michael Kors 商品的高清图片

（三）国外平台表现

1. Instagram

最初，这则广告出现在国外的社交平台 Instagram 上，当时即让人印象深刻。当 Instagram 刚出现时，大家都还以为只是个网络相册，并没有加以关注。大多数的设计师都是保持着一个低调神秘的作风，习惯在幕后创造美，但 Michael Kors 的作风却使得品牌快速被大众熟知，甚至赶超了百年品牌。Michael Kors 认为，这是一个未来有潜力的社交网络工具。其于 2013 年 11 月 1 日就发布了第一支广告，即是第一个在 Instagram 上发布广告的时尚品牌。根据 Nitrogram 监测分析，此次广告发布取得了不错的结果。其中，展示 Michael Kors 手表的广告，为其品牌带来了 3.3 万名新粉丝。广告图片在 18 小时内收获了 21.8 万个赞，比 Michael Kors 平时发布的商品图片点赞量高出 370%。社交网络的魅力是人性化和共鸣化，当别人还在 Instagram 上传着低清的官方照片时，Michael Kors 已开始专门预算制作高清精美的内容，即派负责人亲自去找满意的摄影团队，亲力亲为地指导每次拍摄，如图 6-17 所示。

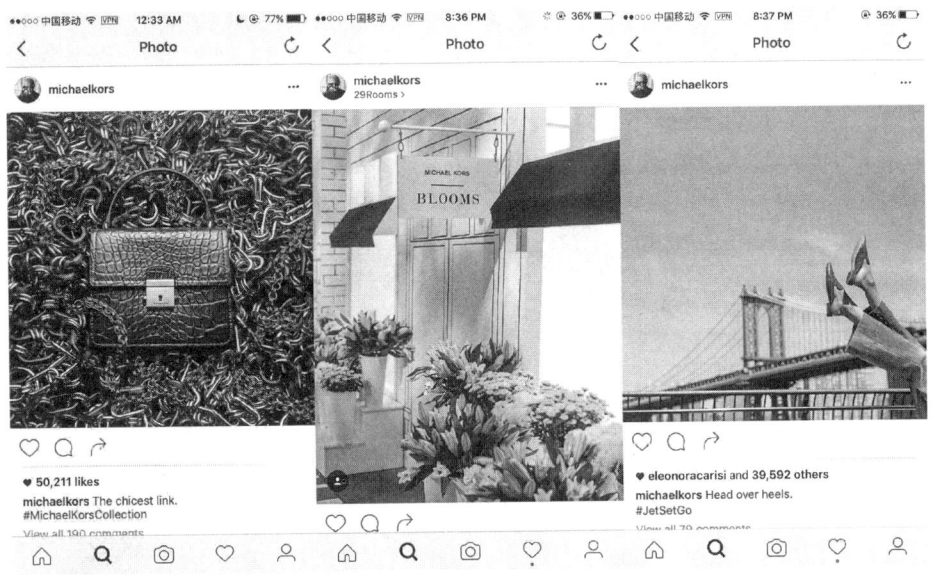

图 6-17　Michael Kors 在内容上精耕细作

2. Facebook

如果粉丝在社交平台上只能看品牌发布的新品信息、搭配技巧、时尚资讯，然后点赞、评论、分享的话，长此以往，难免会让人心生倦意。在了解到越来越多，甚至是绝大多数用户，都通过移动终端登录 Facebook 后，Michael Kors 决定将其 App 与 Facebook 链接。每年的母亲节活动，通过为女儿提供别出心裁的母亲节礼物建议，来提高品牌曝光度和购买率。在活动中，Michael Kors 将重心放在移动终端 App 上，以迎合大量喜欢使用手机的消费者，提高了其活动的参与度。在活动期间，登录 Facebook 就可查看 Michael Kors 主页，其用户会注意到活动提示。只要轻轻一点，就可登录到 App 中查看、购买或赢取 Michael Kors 准备的母亲节礼物。同时，App 活动与 Michael Kors 电商网站的便利链接，提高了购买转化率。

3. 具体表现

如图 6-18 所示，通过新媒体广告营销，Michael Kors 的传播效果很令人艳羡。针对纽约时装周各品牌社交媒体参与度调查，数据公司 Listen First 公布其统计报告。其中，轻奢品牌 Michael Kors 称霸社交媒体，其参与度影响力排名第一。Michael Kors 在纽约时装周期间，获得 960 万参与度，其次是 Victoria Beckham，拥有 430 万参与度。在新兴社交媒体上，宣传广告是一个很好的举措。其浏览度很高，关注度与曝光度也很高。相比之下，如果是投入了传统电视媒介，观众很可能没有看到或直接跳过去不看。但是，社交媒体就有更多的宣传手段，比如明星转发或在搜索页面派发等。这些都是传统广告媒介所无法做到的。

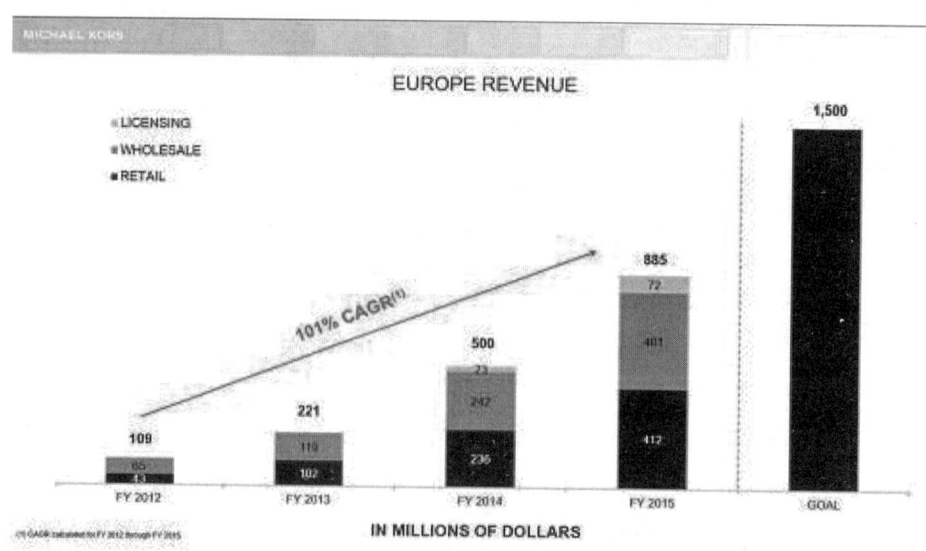

图 6-18　轻奢品牌 Michael Kors 称霸社交媒体

### （四）在中国推广

Michael Kors 在中国进行市场推广时，继续将社交媒体摆在了重要的位置。正如 Michael Kors 中国网络推广及客户关系管理经理凌嘉所说，"社交媒体是我们布局的第一步棋"。北京的第一家 Michael Kors 店开张时，就已与各社交网站进行了合作，并发起签到赢奖品的活动，还与新浪微博和豆瓣等平台进行联动。与此同时，Michael Kors 在新浪微博上开展"Jet Setter 搜捕令"，号召消费者晒出"经常飞往世界各地享受生活的朋友"，让 Michael Kors 所倡导的自由而率性的生活方式深入人心。相比于在国外社交媒体上的表现，Michael Kors 对中国社交媒体的运用还处于起步阶段。目前，仍以微博为主，其他社交平台的运用还有待挖掘。但是，随着越来越多的品牌单品出现在各种街拍上，有理由相信，这个在美国借由社交网络异军突起的轻奢品牌，已经在逐渐适应中国市场的水土。

## 五、经验启示

随着我国经济的不断发展、社会的不断进步，人们的生活水平也不断提高，对于精神世界及美的追求也随之提高，并有了更复杂的要求。所以，之前的一味追求"注意力"的劣质广告，已不再能被大众接受。Michael Kors 广告的拍摄效果、情节设置，对于整个服装业来说，耳目一新。充满美感的拍摄场地、精美的服装、独特的拍摄手法与呈现形式，都是国内众多广告业人士与企业管理者所要学习的。如何把产品推销出去，不只是靠电视里的黄金时段，或是使人听起来悦耳的广告词，又或是不断更新明星代言牌，一个优秀的广告更多的是视觉冲击。一个充满美感的广告，也是被未来社会大众所接受的。优秀文化传统和风俗习惯，是优秀广告作品的来源。要创作出能与外国广告作品相媲美的优秀作品，就要吸收我国优秀文化传统及风俗习惯中的精华。既富有民族特色，又能表现国际水准。"全球化思考，本土化执行"，即做到国际化和本土化的完美结合，积极与国际接轨，是中外广告乃至企业经营所面临的重大课题。

**思考题**

1. 从广告客体的需求心理角度，分析 Michael Kors 广告营销中融入互联网文化的因素是什么？

2. Michael Kors 广告营销的核心竞争力在哪里？

3. Michael Kors 广告传播渠道的选择是基于什么原因？各适合何种产品？

4. 在移动互联时代，Michael Kors 广告营销的优势在哪里？

[1] 克劳茜，磨盘图. 老是打折的 MK 能收获最忠实的顾客吗？[J]. 品质·文化，2020(1):47-49.

[2] 沈君洋. 轻奢遇上麻烦[J]. 上海百货，2016(2):15.

[3] Andrew, Roberts, Liza, 等. 这些时尚品牌遵循鸡蛋理论[J]. 商业周刊，2014(5):29-30.

[4] 蒋倩. MICHAEL KORS 推出新一代智能触屏腕表[J]. 计算机与网络，2019(18):35.

[5] 袁琳. 时尚杂志中服饰审美价值标准的本土化传播[J]. 新闻战线，2015(5X):78-79.

[6] 戴莹. 基于新媒体技术的服装设计对比法研究[J]. 流行色，2019(5):94，96.

[7] 李童瑶. 新媒体环境下服装广告对年轻消费群体的影响分析[J]. 营销界，2019(38):178，188.

[8] 徐来彪. 微博的时尚价值[J]. 纺织服装周刊，2011(23):48.

[9] 杨佼. 浅析微博营销在服装企业中的发展现状及影响[J]. 艺术教育，2014(9):48.

[10] 任立勇. 网红服装经济营销策略研究[J]. 消费导刊，2019(41):66.

[11] 曾偲齐，陈丽秋. Facebook 服饰消费者之虚拟经验对网路购买情境的影响[J]. 资讯传播研究，2013, 3(2):61-80.

## 第七章

# OPPO R9：充电五分钟，通话两小时

作为国产厂商的后起之秀，从当年的"假韩国牌子"到现在国产手机的线下之王，OPPO品牌的发展不禁让人刮目相看。当智能手机刚在中国兴起时，OPPO并没有什么亮点。然而，借着主打旗舰产品并疯狂输出广告的战略，其成功攻占二三线城市的线下渠道。同时，也牢牢掌握住了2000~3500元价位的手机市场。2016年的爆款新品OPPO R9，其主打自拍功能，并配合新颖的外观设计，在发布的一个星期后，就创下一天销量超18万台的奇迹。而且，在后续表现中，OPPO R9的市场销量也居高不下。上市88天，销量一举突破700万台。这些华丽数据的背后，离不开优秀广告和推广策略的强力支持，本章将对OPPO R9的广告进行详细的研究与剖析，以揭开其产品热销背后的秘密。

## 一、企业历程

OPPO是广东欧珀移动通信有限公司旗下品牌，成立于2004年。作为一家全球性的智能终端和移动互联网公司，其致力于为客户提供最先进和最精致的智能手机、高端影音设备和移动互联网产品与服务。OPPO业务覆盖中国、美国、俄罗斯、欧洲、东南亚等广大市场。其旗下智能手机主要分为旗舰Find、拍照N、中端时尚R和低端入门A四个系列。其因创新的功能配置和精致的产品设计而广受欢迎，并在手机拍照领域有突出表现。据中国权威市场调研机构赛诺统计，2014年中国智能手机市场销售额排行中，OPPO排名第四。2016年7月26日，Counter Point数据研

究表明，OPPO首次超越苹果、华为以及小米，以22.9%的市场份额跃居第一。

R系列是OPPO的大众产品系列，即面向对时尚潮流有无限追求的消费者。其主打极致纤薄设计、至美外观。虽然配置并不出众，但是价格相对高昂。OPPO R9是于2016年3月17日正式发布的年度旗舰手机。当日，便创下出货量18万台的优异成绩。整机重量仅为145g，机身右侧细节部分采用超薄圆润设计，整机背部采用不留指纹的磨砂金属材质，正面覆盖有2.5D保护玻璃，采用了极窄边框设计，从亮屏时屏幕黑边到手机白边边缘，窄至1.66mm，亮屏时黑边仅为0.5mm，屏占比达77.68%，正面几乎感觉不到边框的存在。OPPO R9主打闪充技术和拍照技术，即"充电五分钟，通话两小时"。在拍照方面，后置摄像头采用索尼Imx 298感光元件，提供了稳定而优秀的画质，前置1600万像素的摄像头配合自家美颜4.0软件，能拍出令人非常满意的自拍照。

后期，OPPO R9又推出很多定制版。例如，和人气团体TFboys合作推出的TF phone，和代言人杨洋推出的咩咩phone，和古装电视剧《青云志》合作，以及充满李易峰元素的青云志版，配合巴塞罗那足球俱乐部的蓝色+红色机身背部（下方还雕刻了18K镀金巴萨队徽）。由于定制版的限量生产和稀缺性，哪怕定价更加高昂，仍旧在上市的第一时间被抢购一空。在定制手机中，也创造出了优秀的成绩。R9的代言人很多，都有着广泛的人气，包括且不限于英气上仙张小凡（李易峰）、气质女神"翻译官"（杨幂）、国民小鲜肉（TFboys），以及俘获万千少女心的阳光学长（杨洋）。至2015年底，OPPO R9的出货量已破千万。2016年末，推出了OPPO R9的改型OPPO R9s。其性能和拍照实力大幅度提升，成为当年国内手机市场上又一颗冉冉升起的新星。

## 二、广告分析

### （一）具体内容

如图7-1所示，OPPO R9广告的镜头从咖啡店开始。从店外进入店内,李易峰饰演的男主角看着手机正在开心地笑着。突然,他露出了惊讶的表情。镜头切换到手机屏幕,右上角电池已经变红,让男主角感到吃惊的事情原来是手机没电了。

图 7-1  OPPO R9 广告镜头之一

资料来源:http://www.le.com/ptv/vplay/25143783.html.

如图 7-2 所示,男主角走到吧台,跟帅气的服务生说"帮我充电五分钟"动作轻松自信,完全没有因手机没电而产生窘迫感和焦急感,身体轻松、表情自然。画面再次切换到手机,导演用快进的手法,表现出 R9 的充电迅速。5 分钟内,电量从原来的 1%,直接充到了 12%。电池图标变绿,充分体现出充电速度之快。

图 7-2  OPPO R9 广告镜头之二

资料来源:http://www.le.com/ptv/vplay/25143783.html.

如图 7-3 所示,在等待的时间里,男主角身后的人快速地变换着,以表达时间的流动。男主角则是轻松地喝了一口咖啡,表情自信,完全不担心手机电量不足的问题。不久之后,他从服务生手中接过手机。随后,他接到了杨幂饰演的女主角的电话。画面里 OPPO R9 显示了一张全屏的自拍，从这个角度能够看出OPPO R9的边框极窄，同时暗示该机自拍实力不俗（女主角也使用了同款手机）。

图7-3　OPPO R9广告镜头之三

资料来源：http://www.le.com/ptv/vplay/25143783.html。

然后，镜头就开始在两个人身边来回切换，男主角背后的路人变成了慢动作，来表示时间流逝的速度变慢。两个人露出开心的表情，讲了很长时间的电话。场景在城市的公交车站，站内的广告牌上也是OPPO R9/R9 plus的灯箱广告。上面有着最深入人心的Slogen "充电五分钟，通话两小时"。如图7-4所示，和男主角不一样，女主角漫步在漂亮的公园里，天空中有很多粉色的花瓣，缓缓飘落。后面的人群开心而又热闹，配合左上方的阳光，将这个场景渲染得清新而梦幻，充满了年轻感和活力感。

图7-4　OPPO R9广告镜头之四

资料来源：http://www.le.com/ptv/vplay/25143783.html。

如图7-5所示，画面切换成女主角的特写，从这个特写能够看出OPPO R9机身的精致做工。玫瑰金色的轻薄机身非常抢眼，和画面内掉下来的花瓣颜色非常相近。被虚化后，让背景变得更加梦幻。然后画面切换到男主角,场景变成了在大巴车里,男主角坐在靠窗的位置,窗外是明媚的金色阳光,和他手里那台香槟金色的机身交相辉映。帅气的特写,应该能吸引很多年轻女孩子的目光,自然也增加了手机的吸引力。

图 7-5　OPPO R9 广告镜头之五

资料来源:http://www.le.com/ptv/vplay/25143783.html。

如图 7-6 所示,画面又切回公园,女主角坐在椅子上依旧聊得非常开心,椅子后面有很多白鸽正在起飞。速度依旧是慢动作,时间流逝仍然梦幻而缓慢。事实上,直接拍摄是绝对不会产生画面中的颜色和右上角的炫光和光斑。后期工作人员,通过低对比度、高饱和度的调色,以及阳光素材叠加的运用,让画面变得更加美丽,就像梦境一样。镜头转到女主角侧脸,笑容灿烂迷人。同时,展现出 OPPO 机身做工的一个亮点,就是 Logo 在特定的角度能够反光,非常抢眼。机身后部的天线也很有讲究,和机身的一体感愈加强化,看起来不显突兀,简洁大方。

图 7-6　OPPO R9 广告镜头之六

资料来源:http://www.le.com/ptv/vplay/25143783.html。

如图 7-7 所示，最后男女主角在沙滩上相会。背景的英文歌曲也进入了高潮阶段，看到对方，两人都露出了开心的笑容。

图 7-7　OPPO R9 广告镜头之七

资料来源：http://www.le.com/ptv/vplay/25143783.html。

如图 7-8 所示，画面切换到手机屏幕，显示的通话时长刚好 2 小时整。在这支广告中，时间体现得十分精准。男主角把手机拿去充电的时间是 14：55，充好了的时候正好 15：00。同时，接到了女主角的电话。然后男主角在赶往女主角那边一路正好打了 2 小时电话。状态栏上显示的也正好是 17：00。电池变红，电量即将用尽。但是，两人见面了，谁还会在意手机有多少电呢？两人在夕阳下缓缓地走向对方。剧情部分就此结束，但广告还没有完。

图 7-8　OPPO R9 广告镜头之八

资料来源：http://www.le.com/ptv/vplay/25143783.html。

如图 7-9 所示，画面变换成手机的宣传图。同时，响起了很有魅力的男性声音，念出"充电 5 分钟，通话 2 小时，OPPO R9 拍照手机"。这样的台词，深入人心，让所有人对 OPPO 的充电速度之快有了一个直观的认识。R9 拍照手机的定位,也在看广告的人心目中留下了深刻的印象。整个广告用 45 秒钟的时间,充分地展现出 OPPO R9 快充强大、做工精良、自拍迷人等特点。李易峰和杨幂这一对高颜值的明星,能充分吸引年青一代的注意力,同时给人留下 OPPO 手机年轻、高颜值、有活力的印象。代言人的选择,可谓是恰到好处。

图 7-9　OPPO R9 广告镜头之九

资料来源:http://www.le.com/ptv/vplay/25143783.html。

### (二)广告总结

事实上,售价 2799 元起的 OPPO R9,在配置上与售价 1000 元左右的魅蓝 Note3 几乎一样,其定位中端,也谈不上专精拍照。在国产手机中,画质属于中等偏上。而且,OPPO 自家拍照旗舰产品线是 N 系列。R 系列只不过为了走量的拳头产品。前代产品 R7,甚至有抄袭某品牌双曲玻璃设计的嫌疑。R9 可能算是高价低配的产品。但是,为什么会有这么多人买账呢?此外,该则广告并不算是特别出彩的作品,既没有出色的创意,也没有特别吸引人的部分,属于中规中矩介绍产品类型的广告。然而,正是因为广告的中规中矩,却完成了其应做的所有任务。例如,利用代言人吸引目标消费者注意力,利用广告营造的场景宣传产品的核心功能,利用整体氛围感来给自家产品赋予年轻时尚的特点和气质等。作为宣传作品,该广告无论在网络、电视,还是其他平面媒体,都能获得出色效果,吸引人气。更何况正是因为该广告,OPPO R9 系列才有了如此惊人的销售业绩。

OPPO 为了推广 OPPO R9,不只在电视上,还花费重金在线下大量铺设平面广告。在国内一线城市的繁华商业街、公交站、地铁站,都能看到

OPPO标志性绿底和OPPO R9 plus两台手机并列出现的广告。上面还有那句"充电五分钟,通话两小时"的宣传语,真正做到广告铺天盖地。而且,OPPO电视广告也是大手笔投入。近年来,尽管娱乐综艺节目的广告费水涨船高,但OPPO依旧坚持连续大规模地支出。此前,其就以5亿元及1.3亿元拿下《偶像来了2》《奔跑吧兄弟4》的广告冠名权,更加接近了目标消费群,即喜欢电视娱乐、综艺明星的二三线城市年轻人,包括在校学生和刚刚进入社会不久的青年。其中,以女性消费者居多。这就是OPPO的商业布局,即先通过平面广告吸引消费者的注意力,再靠电视广告提升品牌存在感。同时,塑造良好印象,将消费者吸引到自家遍布全国的门店。通过素质一流的销售员,成功说服消费者购买手机。OPPO电视广告更是其中发挥最大作用的环节。从零到一,其在消费者心里植入了产品的第一印象。

## 三、广告策略

### (一)OPPO推广

OPPO的广告投放,全都瞄准当下热门的卫视频道和娱乐节目,尤其是湖南卫视。而这些节目的受众,则多是年轻女性。即追求时尚和明星潮流,相比配置更注重外观和代言明星。这正好符合OPPO的产品定位。而且,不同于小米、魅族等在线上竞争,OPPO从一开始就主攻线下。当大部分厂商在线上打得火热时,线下市场空间却还很大,尤其是在三四线城市,网购远没那么普遍。OPPO正是抓住了这个机会,大力布局线下门店。OPPO瞄准的用户,普遍对品牌敏感度不高,对产品的接受度容易受广告影响。

然而,羊毛出在羊身上。OPPO在营销上舍得花广告费,自然就要将其核算入手机成本里。所以,OPPO产品的价格都不低。而且,相比2000多元价位,OPPO手机的配置称不上高,但创造了较高的品牌溢价,也为品牌印象设置了高门槛。在品牌未来的发展和向更高价格定位转型上,仍有很大的溢价空间。所以,OPPO疯狂投放广告,应是为了增强品牌效应。事实证明，OPPO 迄今为止的广告策略是成功的。自 OPPO 转型生产智能手机时，借助《盗梦空间》中的男主角，即莱昂纳多·迪卡普里奥，作为首发代言人，就已成功站稳了中高端定位。虽然 OPPO 产品忽视了用户体验，也导致未能有效打开市场，但其广告一直都是国产厂商中存在感强、影响力大、塑造高端型的典范。所以，"眼球经济"是 OPPO 扩张市场的基本战术，广告影响是品牌之本。

### （二）友商对比

与 OPPO R9 这种"轻旗舰"定位构成直接竞争关系的友商机型有很多。在此，将华为 P9 和 vivo 的 X9 的广告策略与其进行对比。

#### 1. 华为广告策略

华为的广告策略和 OPPO 正好相反。因为目标消费者不同，华为 Mate 系列主要面对商务人士，年龄段相对较大。因此，华为并没有像 OPPO 那样，以电视媒体为主场作战，也没采用冠名综艺节目的方式来提升自家产品的知名度。相反，华为牢牢抓住消费者的行动规律，把广告投放在机场和高铁站，让经常出差旅行的商务人士一目了然。其广告风格也不像 OPPO，即以时尚为主。而是采用"爵士人生，似水流年"为主题，用雍容典雅的画面宣传品牌风格，传达给消费者大气达观的感觉，也确实抓住了中年消费者的心。

而时尚旗舰 P9 系列广告，又和 Mate 系列不同。华为 P9 和世界上最优秀最高端的相机厂商徕卡合作，首次定制了其成像风格的双镜头组件。其广告更是主打拍照性能，以及机身的精致做工和纤薄时尚设计。面对的顾客群体，主要以年轻白领和中高收入者为主，也很好地吸引了一部分顾客。华为 P9 的全球出货量突破了 1000 万台。由此看出，华为和 OPPO 用了几乎完全相反的策略，而产品却在相同的售价段位。相比 OPPO 更注重对性能不敏感的用户，华为两款手机都将配置推到了发布时的市场最高水平。

#### 2. vivo 广告策略

师出同门的 vivo 和 OPPO 走的路子差不多。同样是眼球经济、冠名节目、广告轰炸,加上小鲜肉代言人。面对的目标顾客完全重叠。但是,相比 OPPO,vivo 处于下风。一方面,和自家产品定位有关,vivo 之前的标签一直是 HiFi & Smart,与其他家竞品不同之处在于使用了专业的音乐解码和功放芯片,以达到更加优秀的播放音质,借以吸引消费者。HiFi(高保真音乐)的概念,占据了 vivo 的大部分广告宣传,可能与步步高音乐手机留下来的基因有关系。但是,消费者并不十分敏感。而且,对音质有真正追求的消费者,会直接去购买独立的高保真音频播放器。和 OPPO 相比,vivo 往往喜欢哪位代言人就选哪位。在大多数情况下,其代言人的人气都要略输一筹,造成只能暂时做好市场第二的尴尬境况。

另一方面,vivo 的广告宣传力度明显不够,效果也相差很多。近年来,手机广告大同小异,拉不开差距,难以深入人心。当然,vivo 为规避这一点,在韩剧《太阳的后裔》大火后,就重金邀请宋仲基来代言。但在广告语和内容上的策划却很薄弱,消费者对于产品特点了解甚少,难以引起关注。很显然,vivo X9 的广告语"1600 万柔光自拍,照亮你的美",与 OPPO R7 的"充电 5 分钟,通话 2 小时"相比,没有让人觉得眼前一亮,新颖独特。虽然产品本身质量不俗,但是广告抓不住消费者的心,自然要吃很大的亏。

## 四、广告效果

### (一)销量情况

2016 年,OPPO 可谓是大红大紫。根据赛诺数据统计,R9 在全国 30 个省份及地区的 2000~3000 元价位段上,销量第一。主力机型 R9s,在销量表现上同比 R9 更进一步。2016 年第三季度,OPPO 在中国市场销量排名第二,全球排名第四。依靠 R9 系列,OPPO 击败许多互联网手机厂商,成为 2016 年手机行业中的赢家。如图 7-10 所示,根据新浪数据统计,在 2016 年第三季度手机出货量排行中,以国内消费能力最强的五大城市,即北京、上海、重庆、广州和深圳为标准,手机品牌用户净增量的第一名均为 OPPO,其次是 vivo、华为、苹果等。OPPO 用户净增超苹果 10 倍以上,充分反映出其在一线市场的受欢迎程度。

第七章　OPPO R9：充电五分钟，通话两小时

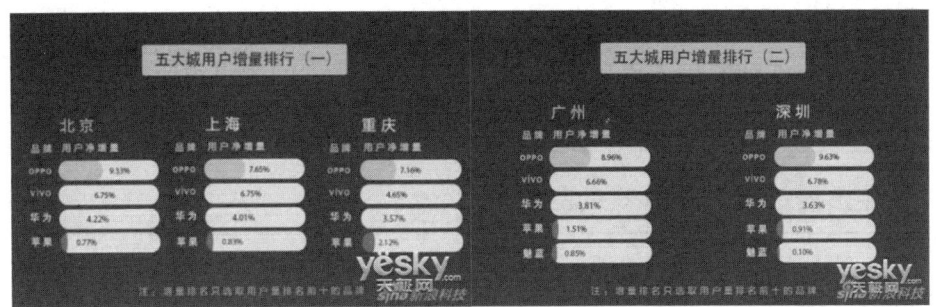

图 7-10　国内消费能力最强的五大城市

在OPPO推出R9近半年的时间里，市场余温不减。天翼大数据指出，在2016年8—10月，OPPO夺得国内19个省的增量第一名，比第二名的华为（含荣耀）还要多出一倍，稳居国内手机市场榜首，成为消费者选择的最理想品牌。

OPPO之所以能做到如此强悍的市场表现，是根据消费者喜好准确定位市场的结果。在"80后""90后"乃至"00后"的年轻市场中，得益于OPPO锐利的IP营销，以及对口的产品理念。这些消费者最喜爱的手机品牌就是OPPO。在这部分人群中，娱乐与拍照无疑是日常生活中接触最多的两种元素，开拓此方面的市场，会有更好的主导性。

如图7-11所示，尽管R9市场表现优秀，但并不意味着OPPO就此结束。在2016年10月底，继R9之后，OPPO又推出了升级版的R9s，在原来的基础上，大幅升级后置拍照能力。如图7-12所示，此新机一出，便让众多注重后置拍照效果的消费者按捺不住去购买。R9s开卖后的第一周，销量就超过了上半年的R9，相比同期的OPPO周度销量份额，甚至高出了近12个百分点。

如图7-13所示，根据赛诺数据，2016年10月28日才正式发售的R9s，在当月2000~3000元档位的手机市场份额中，就达到了2.9%。在11月，R9s全线发力，在该价位市场中，销量占比稳居第一，其份额达到了18.8%。

一直以来，OPPO深耕手机市场，定位年轻化市场，并抓住消费者的第一需求。从熟悉的"充电五分钟，通话两小时"转变为"极致拍照"，

145

需要莫大的勇气,以及充分的市场调研。而事实证明,这一步是正确的,OPPO又一次成为国内市场的赢家。在广告营销上的大胆创新,让其产品走向更深远的海外市场。

### 各年龄段消费者最喜欢的品牌

· OPPO在"80后""90后""00后"最喜爱的品牌中排名第一
· 华为在"70后""60后""50后"最喜爱的品牌中排名第一

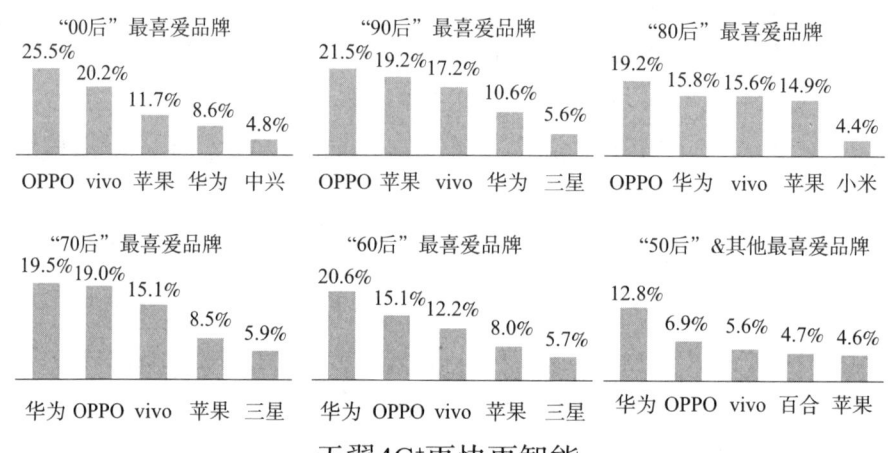

注:2016年5-10月增量

图 7-11 年轻消费者最喜爱的手机品牌就是OPPO

## OOPO R9s的变现超过了同期的OPPO R9

□ 和R9上市同期相比,R9s的销量占比进一步提升,未来有机会超越R9。

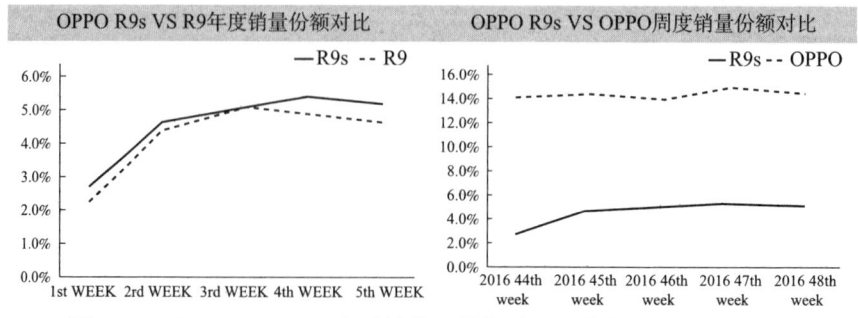

图 7-12 OPPO R9s 开卖后的第一周超过了上半年的 OPPO R9

数据来源:今日头条&赛诺数据。

第七章　OPPO R9：充电五分钟，通话两小时

图 7-13　OPPO R9s 上市销量迅猛增长

数据来源：今日头条＆赛诺数据。

## （二）风险与挑战

如果说广告是 OPPO 市场营销的骨骼，那么线下渠道就是 OPPO 产品销售的命脉。小米、魅族、华为等其他手机厂商，也都注意到了线下市场，纷纷开始布局线下体验店。而一直与 OPPO 对拼三四线城市线下商店的 vivo、金立等，其市场份额也在逐年攀升。面对追上来的竞争对手，OPPO 的优势可能更明显。虽然 OPPO 有多年的线下经验，不易被复制，但其用户群体相对单一。如果其他厂商一拥而进，并用更加吸引眼球的方式塑造其产品形象，那么 OPPO 的主要潜在用户群体就会流失。而且，OPPO 单靠广告建立起来的品牌壁垒，也并非牢不可破。广告形式决定了用户的流动性。OPPO 定位的年轻群体，随着年龄的增大和生活的改变，对手机的需求也会增加，进而转投其他高端产品，如 iPhone 等。若 OPPO 手机的卖点仍停留在原有层面（拍照、外观），其品牌竞争力能否长久，就不太好说了。

值得注意的是，vivo 和 OPPO 在产品风格、营销手法及用户定位等方面都很相像，辨别度低。他们都是广东步步高电子工业有限公司旗下品牌。当初，步步高创始人段永平为了将 OPPO 打造成年轻独立的国际化品

牌，将其独立注册。在表面上，彻底与步步高划清界限。而 vivo，则是由步步高诞生出来的品牌。虽然同属步步高，但是在公众面前，两家却以竞争对手的身份存在。vivo CEO 沈炜也曾表示，"我们两家事实上已经没有一点关系了，各自独立发展。既是同行，又是对手"。虽然 OPPO 最近发布了 R9s，但依旧是中端机卖高端价，理性消费者不会买账。与其他友商的新款手机相比，OPPO 现有的产品线是独木难支，急需一款质量过硬的旗舰机来给粉丝信心，这是目前最需要做的事情。

## 五、经验总结

跟其他厂商不同，OPPO 借助知名度高的广告代言人，以及深入人心的广告语，还有铺天盖地的广告投放量，在短时间内成功制造了极大的产品热度，使得从性能到性价比均不出众的 R9 手机，创造出堪称奇迹的销量，甚至力压小米和华为等竞品，成为 2016 年销量最高的国产手机。客观上来讲，OPPO 有深入三四线城市的渠道，以及对 R9 系列相对高额的销售补贴，还有力度极大的线下活动，确实使其销量暴增。但是，OPPO 的广告才是促成这些的催化剂。其不仅在市场中树立了 OPPO 新的品牌形象，让消费者对 R9 的充电速度、拍照实力，还有外形设计、产品档次等，都有了全新的认识，形成国货精品的印象，而且使其拥有与顶级国际手机相媲美的气质，让这家老牌厂商在人们心中达到一个新高度。

"充电五分钟，通话两小时"深入人心。在电视和互联网上，被广为改编流传，让人直观地感受到 VOOC 闪充带来的便利。同时，拓宽了产品的知名度。最后，通过庞大的广告投放量，在人们的生活创造出强烈的存在感。即街头巷尾都是 OPPO 的绿色广告，让人们产生这款手机异常流行的错觉。在传统媒体和新媒体的软文式口碑营销下，R9 在目标顾客心理上产生了其可以与苹果、三星等旗舰机相提并论，其本身只是千元机型（OPPO 旗舰产品有 Find 系列，高端有 N 系列），却能享受到超旗舰级的推广待遇，并成功上位，问鼎销量冠军，甚至影响到了友商的广告战略。纵观智能手机产品销售的数年历史，能让一款中端配置的手机火到这种程度，是绝无仅有的。

高频次、大手笔的广告投放背后，是值得思考的商业理性。适当、灵活的广告营销是必要的。虽然OPPO成功的广告商业逻辑值得学习，但如果总用一招，反而会起反向作用。尽管OPPO销量在国产手机中的排名靠前，但若太过高频的广告呈现，总会使观众心生厌烦，进而怀疑产品的性价比。这样，OPPO很有可能直接跌落神坛。国内手机市场变化迅速，OPPO还需要时刻警惕和反思，仍需要后续产品的跟进实力。

**思考题**

1. OPPO R9广告营销与竞争对手相比的核心优势在哪里？
2. OPPO R9的广告定位群体是什么？为什么？
3. 结合案例，谈谈高科技产品广告营销与新媒体传播策略。

**参考文献**

[1] 罗虹. 新媒体时代下现代企业营销策略创新研究[J]. 管理观察，2015(4).

[2] 欧阳曦. OPPO电视广告的艺术表现[D]. 石家庄：河北师范大学，2012.

[3] 赵源. 微电影广告中的企业品牌营销策略研究——以OPPO智能手机微电影广告为例[J]. 今传媒，2014(10).

[4] 文艳霞. OPPO经验——OPPO手机广告策略分析[J]. 企业研究，2011(15).

[5] 国文博. OPPO手机广告策略研究[J]. 商业经济，2011(20).

[6] 和阳. OPPO：软时代的硬汉子[J]. 创业家，2013(7).

[7] 邹文杰. OPPO：卖产品，做品牌[J]. 现代企业文化（上旬），2014(6).

[8] 付天博. 从顾客价值链的视角看OPPO产品的营销战略[J]. 商场现代化，2011(15).

[9] 李鑫. 更大更清晰OPPO R9s Plus[J]. 微型计算机，2017(1):13.

[10] 钟虹. 试论文化策略在广告中的作用——以OPPO公司系列产品为例[J]. 新闻世界，2015(10).

[11] 姜佳彤. 群星代言模式下OPPO广告的媒体投放策略[J]. 西部广播电视，2018(23):13.

# 第八章

# 路易斯百货：She is Always a Woman

*She is Always a Woman*，即中文名字为"一个女人的一生"。该广告是英国传统百货企业 John Lewis（中文为约翰·路易斯）2010 年推出的圣诞系列。从 2007 年开始，约翰·路易斯每年都会制作一个圣诞广告，并在全英各大媒体播放。由于其独特美妙的创意、温情脉脉的情节、制作精良的水准，再加上顶尖的配曲演奏，约翰·路易斯圣诞系列广告成为不少英国人每年圣诞的期待节目。这部宣传片 *She is Always a Woman* 也被很多中国人留意，进而关注 John Lewis 这家英国老牌百货公司。本章将从背景企业分析、广告理念赏析、广告设计技巧、广告营销与传播、经验价值启示等角度，对此广告进行赏析，并总结出其新媒体营销可供借鉴的经验。

## 一、企业介绍

### （一）企业背景简介

在英国，John Lewis 是个古老的商店名字。1864 年，其就在伦敦开出第一家店铺，是传统百货企业。150 年来，一直是英国零售界的中坚力量。如今，旗下拥有 John Lewis 百货和 Waitrose 超市两大业态。前者包括 43 家门店，后者拥有 336 家超市。全部正式员工 9 万人，采用全员合伙制度。近年来，即便零售业已发生巨大转变，实体商店受电商的强力挤压，John Lewis 百货仍保持着出色的业绩。2013—2014 年，集团销售增长率达到

6.6%，销售额首次突破了100亿英镑大关；2014年至2015年上半年，其销售增长率为6%。虽然这些数字放在中国似乎并不起眼，但在英国，即经济增长率一直徘徊在2%~3%以下的成熟市场，就相当难得了。

### （二）企业品牌理念

消费者口碑营销咨询公司Keller Fay集团的数据显示，每天有2%的英国民众，即90万人，会在对话里谈及John Lewis百货。顾客的信任和认可，并不是与生俱来的。与其全员合伙制、让每位员工都充满责任感，以及为顾客提供最优质的服务是分不开的。此外，与John Lewis从1925年起坚持至今的品质承诺"Never Knowingly Undersold"（从不刻意低价抛售，意为在价格、质量和服务上不打折扣）更是密不可分。John Lewis百货得名于其创始人John Lewis，即一位极度追求品质的布匠。其经营之道就是以最良心的产品溢价把好东西卖给懂得欣赏的人。他会不遗余力地琢磨店铺和商品的陈列，而不去做任何形式的广告，招揽顾客完全依赖于识别品质的好眼光。

在John Lewis诚恳的经营下，店面业务不断扩展。从最初的布料到女装、童装，甚至发展到家具，已初具百货的规模。John Lewis用赚来的钱投资住宅、零售物业，并通过并购来拓展地盘。继任者John Spedan Lewis是John Lewis的长子。他21岁时，就获得了公司25%的股份；30岁时，接收了John Lewis收购的Peter Jones百货；43岁时，再造了John Lewis百货。1925年，John Spedan Lewis对Peter Jones百货提出"Never Knowingly Undersold"口号，也成就了John Lewis百货。他承诺公司不会故意促销，要让消费者感受到在百货公司花的每一分钱都物有所值。这句口号既是对创始人品牌理念的传承，也是对其百货公司采购实力的表达。采购最适合的商品，以最合适的价钱，卖给最合适的消费者，就是John Lewis百货的核心竞争力。

### （三）企业广告概述

John Lewis百货的广告系列，从2007年的*Shadow*（中文名称《奇妙的影子》)、2008 年的 *From Me to You*（中文名称《真情专送》）和 *Gift of Love*（中文名称《爱的礼物》）、2009 年的 *The Child's Adult Dream*（中文名称《孩子的大人梦》）到 2010 年 *A Tribute to Givers*（中文名称《赞颂者》），既没有大声叫卖，也没有喧闹画面。在淡淡的音乐声中，看到的是一个个温暖的人心。在每个温暖的节日里，心有牵挂是件很幸福的事情。正如广告语，"或许你早已忘了，第一次收到礼物的场景，但你一定记得，第一次为爱人细心挑选礼物的画面。同样还记得，第一次用略显笨拙的双手，将自己的心意，一点点包进礼盒的情节。在礼物未送出前，你不知他有什么样的表情。或惊或喜，于彼于己，心有牵挂便不再寂寞"。

2011 年的广告 *The Long Wait*（中文名称《漫长的等待》），从孩子的视角切入，每天度日如年地盼望着圣诞节快点到来，以至于寝食不安、夜不能寐。但父母对孩子这种不"安分"的举动，表示难以理解。原来，小男孩是想在圣诞节给父母一份惊喜，而不是自己想要一份礼物。此外，"For gifts, you can't wait to give!"是 2012 年 *The Journey*（中文名称《雪人的旅行》）的广告语，广告讲述了雪人哥哥顶着寒风与孤寂，历经千辛万苦、长途跋涉去寻找失散的雪人妹妹的故事。如果能沉浸在音乐故事中，就会慢慢感受到"Give a little more love, this christmas"所蕴含的力量。给所珍爱的人一点点爱，就足以让他温暖一个冬季！然后，是 2013 年的 *The Bear & The Hare*（中文名称《熊和野兔》）和 2014 年的 *Christmas Monty The Penguin*（中文名称《圣诞企鹅蒙蒂》）。

在 2015 年的 *Man On The Moon*（中文名称《月球上的孤独老人》）广告里，一位名叫 Lily 的小姑娘，通过望远镜发现，在月球上住着一位孤独的银发老人。于是，她每天都在另一个星球上的望远镜后面陪伴他。节日到了，Lily 收到了很多家人和朋友的礼物。然而，她想在这个温暖的时候，给那个月球上的孤独老人也送去一份礼物。在 Lily 发射好多信号都未成功的情况下，John Lewis 百货伸出了援手，帮她送去了一份圣诞礼物，陪伴着月球老人使其不再寂寞。该广告依旧沿袭了一贯的温馨风格：在动人的音乐背景下，讲故事。而广告背后的意义也从未改变：让人们用爱心给身边的人准备一份礼物。同时，也教育孩子们在得到的同时，学会给予。

## 二、广告理念

### （一）悠久的历史

作为一家经营了150年的百年老字号，John Lewis百货发展的悠久历史，是一个带有至高无上荣誉的身份标签，代表着好几代人的专注可信，以及坚守始终如一的优秀品质。同时，也是其区别于其他竞争者的重要形象。*She is Always a Woman* 广告展示了平凡女性的一生，从孩童、少女，到妻子、母亲，再到祖母。在时光流逝中，有沉甸甸的脉脉温情，即一个品牌百年陪伴的温情。如图8-1所示，一个女人从出生、青年、成年至老年，始终如一，都选择John Lewis百货。通过描述一个女人一生的消费选择，展现其对品牌的理想化忠诚，也是很多人信任这个百年品牌历史文化底蕴的完美写照。

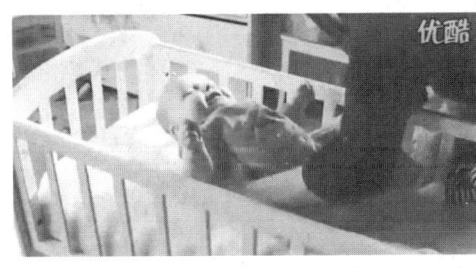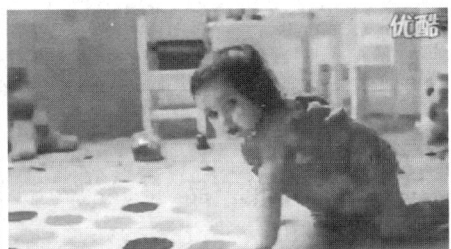

图8-1　广告镜头之一

资料来源：http://v.youku.com/v_show/id_XMTc1OTAzODk2.html。

### （二）卓越的品质

一直以来，John Lewis百货都秉持"Never Knowingly Undersold"的理念，将其卓越的品质作为产品经营的重中之重。百年不变的产品品质，也是John Lewis百货想要强烈传递给消费者的一个信息。如图8-2所示，*She is Always a Woman* 广告就很好地展示了这一点。一个英国女性高品质的一生，即出生时父母温暖的陪伴、孩童时懵懂的校园时光、小伙伴围绕的祝福、青年时青涩的爱情、步入婚姻殿堂的虔诚、中年时家庭的温馨、平淡而优雅的时光一直到老年时悠闲的天伦之乐，这里的生活方式离不开John Lewis百货为其提供的高品质周边产品。通过该广告很好地传递出一个理念，即选择John Lewis百货，就是选择高品质的生活。不难理解，一个人之所以可以信赖一个品牌这么久，而且一个品牌可以延续这么久，都离不开其信得过的品质。因此，该广告将整个关注的视野扩展至一个女人的一生，而不是像其他品牌一样，仅选择女人一生中最为绚烂的时光。所以，其广告主题考虑到的不仅是对其悠久历史的深入刻画，也是对其卓越品质的含蓄表达。

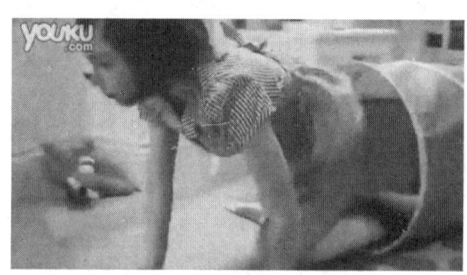

图 8-2　广告镜头之二

资料来源：http://v.youku.com/v_show/id_XMTc1OTAzODk2.html.

### （三）丰富的产品

在广告拍摄的漫长人生中，其展示的不是独立一个女人的个体。整个广告也强调出，不能忽视的是伴随着一个女人成长到成熟的诸多生活物品。如图 8-3 所示，从小时候用的摇篮、绘画本，以及玩耍时的毛毯、中学读书时的文具、生日 party 时的装饰到居家生活的家具、厨具，甚至是运动设备，还有自始至终都不能忽视女人不同年龄段、场合下对应的服饰等，这些都展示了 John Lewis 百货拥有种类繁多的物品可供消费者前来选择。所以，该广告的每个画面都有一种被物品填充的满足感。一个女人的一生，是被一些生活物品围绕的一生，这些都恰好体现出 John Lewis 百货的丰富产品线。

第八章 路易斯百货：She is Always a Woman

图 8-3　广告镜头之三

资料来源：http://v.youku.com/v_show/id_XMTc1OTAzODk2.html.

因此，通过这样的广告设计，就可以有效地传达产品信息，即在 John Lewis 百货，您可以找到在任何年龄段、任何场合下需要的各种物品，"我们来提供您一生所求的商品"。John Lewis 百货能为顾客提供足够多样的商品，也是其亟须想向消费者传递的信息。

## （四）温馨的形象

不难发现，*She is Always a Woman* 广告的画面设计、色调配比、音乐节奏等形式，与广告内容交相呼应，无不在向消费者传递一种温暖人心的品牌形象。如图 8-4 所示，该广告的每帧画面几乎都是由人和物填满。同时，与装饰房间相同，把空间尽量用物品堆满时，相对于空旷的房间而言，很容易营造出一种温馨氛围。因此，该广告在每个场景都竭力展示其商品，达到创造暖心形象的目的。整个广告色调搭配自始至终都坚持使用暖色，即大量使用橙黄、淡绿、大红等色彩。在广告中，女主角一生中的重要节点都做了突出的颜色标记。例如，孩子处于襁褓中时穿着的衣服是

 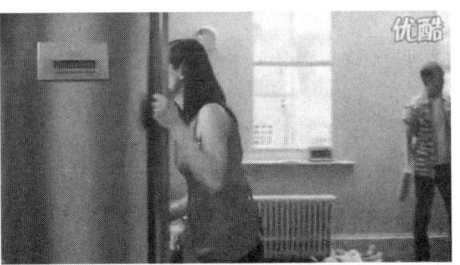

图 8-4　广告镜头之四

资料来源：http://v.youku.com/v_show/id_XMTc1OTAzODk2.html.

红色，童年时的两条裙子也是橙色和红色，处于青春恋爱期依旧着红色上衣。尽管在婚礼上的着装是白色婚纱礼服，但新娘手中的花还是选用鲜红的玫瑰。

相继进入中年、老年阶段的家庭女主人，也始终如一地穿着红色上衣。如图8-5所示，红色服饰一直伴随着广告女主角的一生。这样的广告设计，很大程度上是为了在短暂时间内对人物设定更为清晰明确。通过服饰暗示观众，这是同一个女人，仅是处于不同的年龄段。而且，红色服饰在一般情况下有利于树立正面形象。很明显，该广告让观众喜欢上女主角，是其获得营销成功的决定性因素。事实上，红色着装确实帮助女主角得到了消费者的关注，让其更乐于将自己与女主角建立身份认同。

图8-5 广告镜头之五

资料来源：http://v.youku.com/v_show/id_XMTc1OTAzODk2.html.

在配乐上，该广告选择同名音乐 *She is Always a Woman*，整个节奏都是很缓慢的、柔和的，但又不至于太慢、太拖沓。既能配合广告内容展示一个女人从容的一生，又能让观众的情绪被音乐抚平，与温暖的品牌形象完美契合。同时，关注歌词的人会发现，*She is Always a Woman* 的配乐歌词，感性细腻地刻画出一个女性的本色，美丽且富有魅力。同时她也善于掩饰，有自己的小心思，但又非常率真、独立，如图8-6所示。

第八章 路易斯百货：She is Always a Woman

图 8-6　广告镜头之六

资料来源：http://v.youku.com/v_show/id_XMTc1OTAzODk2.html.

这样一个优点与缺点并存的女人，既不是当下网民热聊的女神，也不是人们憧憬的天使，但她表现得很鲜活、真实，她活得淋漓尽致。在现实生活中，不管是勇猛的女汉子，还是隐忍的家庭主妇，对于所有女人而言，这都是美满幸福的人生。如图 8-7 所示，对一个女人一生所求的深刻洞察，就是 John Lewis 百货树立起品牌形象的基础，即永远清楚地知道目标客户真正想要的是什么。通过一个知性、温暖的广告形象，在不经意之间流露出其品牌价值内涵。

图 8-7　广告镜头之七

资料来源：http://v.youku.com/v_show/id_XMTc1OTAzODk2.html.

因此，该广告选择"一个女人的一生"为主题，再配合音乐、色调等艺术元素，完美地将其经营理念传递给了消费者。如图 8-8 所示，即悠久的历史、卓越的品质、丰富的种类，以及暖心的形象。

图 8-8　广告镜头之八

资料来源：http://v.youku.com/v_show/id_XMTc1OTAzODk2.html.

## 三、设计技巧

### （一）战略技巧

如图 8-9 所示，很明显，作为一则感情诉求型国际广告，*She is Always a Woman* 中运用了许多恰如其分的广告技巧。下面将从广告主体和广告客体两个方面进行分析。

图 8-9　广告镜头之九

资料来源：http://v.youku.com/v_show/id_XMTc1OTAzODk2.html.

### 1. 广告主体分析

如图 8-10 所示，作为一家全球知名的百货公司，John Lewis 的经营

## 第八章 路易斯百货：She is Always a Woman

范围非常广泛，其涵盖了生活物品、家庭电器、女性产品、男性用品、装饰品、儿童玩具、运动产品，以及圣诞节礼物等，是真正意义上的一家百货用品商店。所以，在制作广告时，就不同于传统意义上生产型企业的产品宣传。此时，需要推广的品牌，不再附着于一件商品或某系列产品，而是一个平台上所有的、有不同属性品类的产品，即企业广告。百货公司与工业企业的宣传主题之间存在差距，导致在广告创作上也会产生很大差距。因此，在对拥有广阔产品线的企业进行广告创作时，需要考虑其宣传推广的重点，要从某件产品转向 John Lewis 百货上来。而且平台的推广主题也要根据其产品销售情况，在特定的时间背景下，有针对性地做好宣传。很明显，John Lewis 百货的该则广告，是在圣诞节的氛围中，重点介绍平台的单项产品——女性用品。

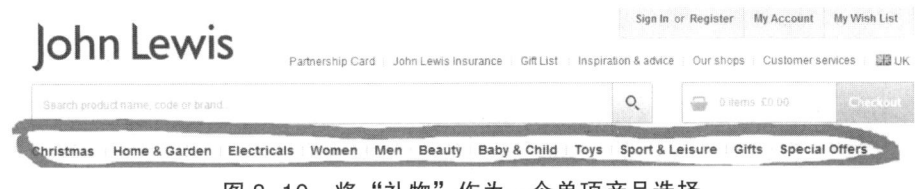

图 8-10 将"礼物"作为一个单项产品选择

John Lewis 百货为什么会选择圣诞节作为广告创作的背景，并在这个时段投放广告呢？作为一家发源于英国的百货公司，John Lewis 和其他百货商一样，十分重视圣诞节这个西方的传统节日，特别是其背后蕴藏的巨大商机。圣诞节的重要性不亚于中国的春节，西方人有互赠礼物的传统。所以，John Lewis 百货将"礼物"作为一个营销突破口。西方人为圣诞节所做的准备，就像是中国人为一年一度的春节购置年货一样。圣诞节即西方国家的消费季。事实上，中国人购置年货的热度还远不如西方人为圣诞节的消费。虽然有中西方经济差距的缘故，但更重要地体现在商家促销能力的差异上。

随着商业格局的更新、电商市场的形成和阿里等巨头的崛起，中国也开始有自己的消费季。其主要是淘宝的"双十一"优惠季。由于淘宝在中国电商行业的巨擘地位，其优惠力度及范围已不仅限于自身，聚划算、天猫、苏宁、聚美优品等知名电商也纷纷加入该购物消费狂欢季。因此，不难理解为何John Lewis百货会选择圣诞节进行宣传。John Lewis百货广告自2007年推出第一条后，就成为西方人心目中每年圣诞节到来的标志，满载着对新年的期许。

2. 广告客体分析

John Lewis百货为什么在所有产品线中选择女性用品进行宣传？其实，并不难理解，如同现在商业中流传的一句话"女人和小孩的钱是最好赚的"。在消费选择时，女性考虑的因素与男性不同。男性在进行产品选择时，通常关注品质和价格。而女性，除关注品质、价格外，还有颜色、性价比、时尚性、包装、售后服务等众多因素。相对于男性，女性更感性，更容易被广告内容吸引，即因广告宣传的影响，而改变自身的消费习惯。由于在购物时考虑的因素相对较多，女性更愿意接受广告，相信其中宣传的内容，更愿意付诸行动。而且，女性在家庭中扮演的角色，更多的是家庭主妇。所以，在家庭产品的选择决策上，占有更大比重。尤其是在家庭小件儿商品消费中，男性几乎不扮演任何角色，而女性有绝对的决策权。

通常，女性为消费做出的前期准备更多，了解相关产品知识更多，因此，就使得女性在家庭购物中拥有更大的话语权。简而言之，John Lewis百货就是针对各个年龄段的女性消费群体进行宣传，可以更容易转化为看得见的收益利润。"男孩儿穷养，女孩儿富养""女人就是要对自己好一点"等口号，都是我们很熟悉的促销心理战术。很明显，这些诱导都发挥了应有的作用。在很多女性内心的价值观中，已逐渐形成了"女人的一生就是要过得精致"的消费理念。所以，将广告内容锁定在所有年龄段的女性身上，是很明智的选择。

### （二）战术技巧

1. 颜色设计

颜色所创造出来的氛围总是会在无意之中影响受众的感受。通常，冷色调会给人以理性、坚强的暗示，而暖色调会让人感到温馨、亲切。因此，如果广告要介绍一款产品的专项功能，甚至要说明一些行业的专业术语，依次向受众传递产品并劝说其信赖这样的品牌形象，此时采用冷色调

## 第八章 路易斯百货：She is Always a Woman

会更好一些。而如果是情感性广告，更多地想要传递的形象特征是暖心的服务、温情的理念，则此时采用暖色调能更好地烘托氛围。

在 John Lewis 百货广告中，以不同年龄表现的女主人公，虽然不断地变换服装的款式，但衣服颜色一直都是鲜艳的红色。这种设计不得不说是别出心裁，不仅暗示处于不同年龄段、容貌不断变化的女人其实一直都是同一个女人，而且更是将视线凝聚在一个永恒的暖色调中。相对于其他颜色，红色总是能给予人积极的视觉感受。与此同时，用朦胧的暗色衬托女主人公的周边氛围，与鲜艳的红色形成鲜明的对比，也更好地将受众的目光聚集到一个点上，如图 8-11 所示。

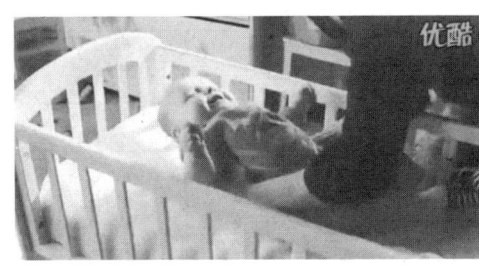

图 8-11　广告镜头之十

资料来源：http://v.youku.com/v_show/id_XMTc1OTAzODk2.html.

### 2. 背景音乐

广告背景音乐 *She is Always a Woman* 是一首旋律温和欢快的歌曲。整个广告的推进与歌曲的节奏搭配得非常成功，仿佛画面随着音乐而缓缓流动。如果在观看画面的同时，有精力关注歌词，就会发现其与广告画面的配合也是天衣无缝的，好像整个广告是为配合歌曲而拍摄的。歌词描绘的女人，就像该广告中描写的女主角，即 "She is the heaven-sent angel you met."

歌曲中描写的女人，除了灵动、性感外，更多的是一份完美，而该广告中表现出的那个女人，则是平凡尘世中过得美满的女人，更加接地气，既经过人间烟火的熏染，又充满了女人的魅力。对比之后就会发现，女人这样的一生才是真实的、有品质的。广告这种有追求而又可触及的感觉非常重要。如果不可触及，则无法凸显一个百年品牌的自我价值与尊严。百货的商业成功始终离不开广大消费者的支持。

3. 视频页面转换

与海报等平面设计类载体相比，视频广告的重要特点是画面之间需要流畅衔接。就像文字连贯一样，视频画面也要有逻辑的转换。

如图8-12所示，第一个画面切换是通过小女孩爬行游戏用的帐篷桶。即爬进去的是小女孩，但爬出来就切换为另一个女生了。第二个画面切换是通过灯光的作用。模糊视线的灯光，将灯光出现前后的两个人进行过渡与切换。

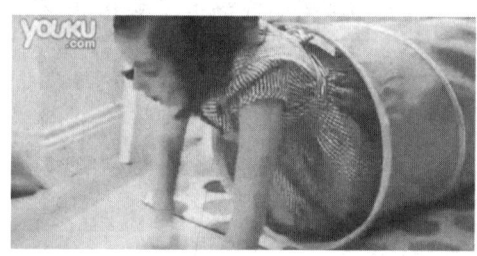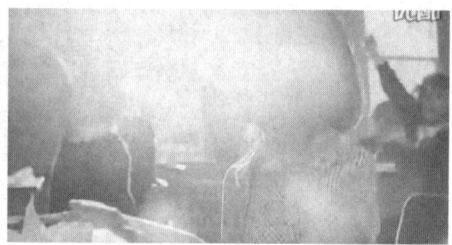

图8-12　广告第一与第二个画面

资料来源：http://v.youku.com/v_show/id_XMTc1OTAzODk2.html.

如图8-13所示，第三个画面切换是通过黑暗阻碍视线。在黑暗出现前后，再次实现了人物的过渡。

图8-13　广告第三与第四个画面

资料来源：http://v.youku.com/v_show/id_XMTc1OTAzODk2.html.

第四个画面切换是通过实物进行现实场合的阻隔。当女生进人群之后，镜头进行切换，即走出来的是另一个年龄段的女生。整个过程转换得自然、有效。

如图 8-14 所示，第五个切换是通过镜头的自然转动，在同样的场景中，镜头进行视线转换。之后，视线中出现的则是下一个年龄段的女人。

图 8-14　广告第五与第六个画面

资料来源：http://v.youku.com/v_show/id_XMTc1OTAzODk2.html.

第六个切换同样是使用实物，即冰箱来切换的。通过冰箱门，进行现实阻隔。开门之前的女人与门关上之后的女人是不同年龄段的女人，过渡也非常自然、流畅。

如图 8-15 所示，第七个切换再次使用明亮的灯光，制造晃眼的光，并透过窗户投射实现阻隔。此时，画面再次切换为另一个年龄段的女人。

图 8-15　广告第七与最后的画面

资料来源：http://v.youku.com/v_show/id_XMTc1OTAzODk2.html.

然后，又一个同样使用明亮的灯光来实现切换，不再赘述。直到最后一次场景切换，是通过实物绿叶的遮挡，对进入画面前后的人物实现过渡。

### 四、营销传播

*She is Always a Woman* 是 2011 年发布的广告，当时自媒体发展的程度普遍较低。因此，在讨论营销传播的具体效果时，仅从与圣诞节主题相同的系列广告角度去比较，来判断其所具有的商业价值。

## （一）视频播放平台渠道

如图 8-16 所示，*She is Always a Woman* 在中国市场的发布渠道至少有以下的视频播放平台：风行网、PPTV、土豆、蛙趣、56网、搜狐和爆米花，囊括了国内两家主要的视频平台，即优酷和爱奇艺。

图 8-16　优酷和爱奇艺两家国内主要的视频播放平台

如图 8-17 所示，从优酷播放量统计来看，仅该平台就超过 15 万次。作为一个 2011 年才发布的视频，就已达到如此的播放量，广告营销是比较成功的。

图 8-17 优酷平台上的视频播放统计

从 John Lewis 百货圣诞主题系列中的其他广告视频播放量做类比来看，近些年优酷平台播放量都是几十万次。如图 8-18 所示，最高的广告视频播放超 50 万次。作为外国广告且中国消费者不是很熟悉的品牌，John Lewis 百货广告推广非常有效。

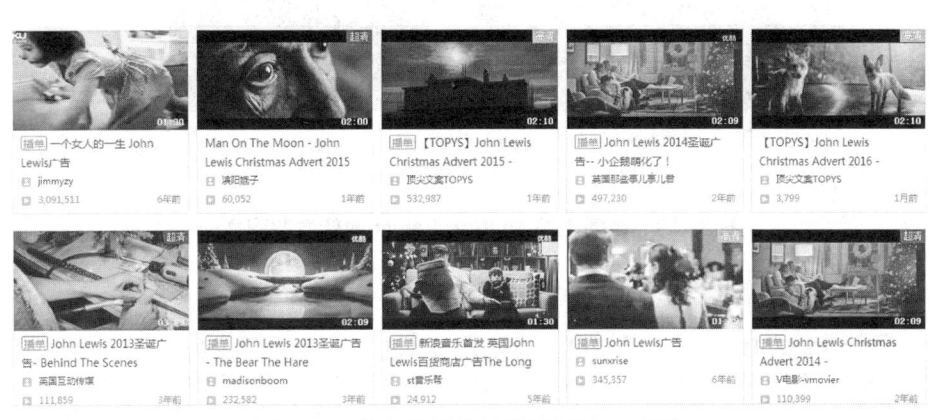

图 8-18 单个视频的播放量超过 50 万次

## （二）微博渠道

除专业的视频播放平台外，自媒体也是广告视频重要的推广传播平台。如图 8-19 所示，在微博上关于 John Lewis 百货广告的转发截图来看，很明显输入 She is Always a Woman 之后，没有相关记录，说明尚未开辟微博营销渠道。其点赞量也就 1000 多次，评论和转发也都是几百。对比优酷上的统计量来说，John Lewis 百货显然还未有主动开拓自媒体的打算。

如图 8-20 所示，微博在 2014 年后才算真正意义上的流行，成为一个普遍被认可的社交平台。

**英国那些事儿**

今天的John Lewis圣诞广告又发布啦！一只斗牛犬的梦想……如果说，礼物的作用，就是能让世间生灵都无比开心的话……如此，大概就是这样的吧~~ 🖤🖤  英国那些事…

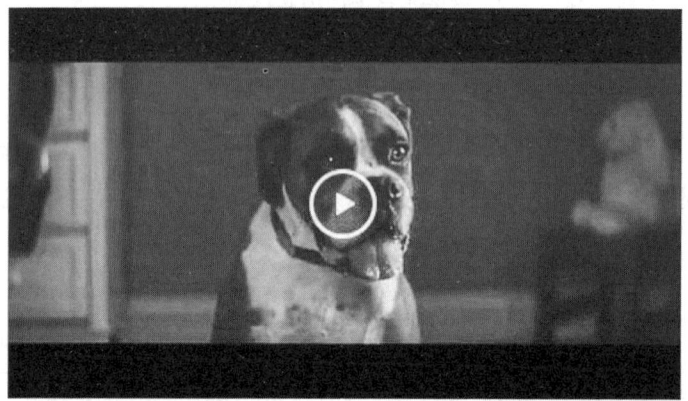

11月10日18:05 来自 微博 weibo.com

收藏　　　　转发 888　　　　评论 241　　　　👍 1432

图 8-19　微博上关于 John Lewis 的转发截图之一

**Luv_DC**

John Lewis 2016年圣诞广告《Buster the Boxer》首播！一位父亲想为自己热爱蹦床的女儿Bridget带来惊喜，平安夜趁着她熟睡连夜做了一个蹦床，然而蹦床把附近的两只狐狸、一只獾、一只松鼠、一只刺猬吸引进来了，它们一个个欢快地蹦着。最后小女孩儿家的狗Buster也被吸引跟着蹦床了。第二天早上Bridget… 展开全文v

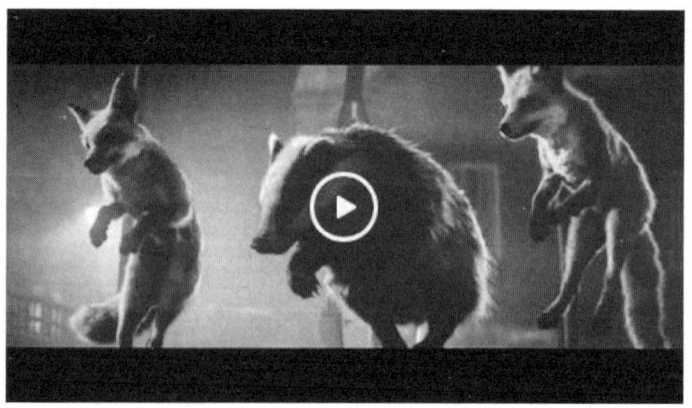

11月12日21:07 来自 微博 weibo.com

收藏　　　　转发 302　　　　评论 51　　　　👍 316

图 8-20　微博上关于 John Lewis 的转发截图之二

第八章 路易斯百货：She is Always a Woman

## （三）微信渠道

与微博相同，微信是 2011 年才上线的一款自媒体产品。第一年上线的微信，其影响力并不是很大。如图 8-21 所示，在公众号文章中，输入 John Lewis 百货 She is Always a Woman 广告进行搜索，可以发现相关的广告分析文章还是有记录的，这说明在 2011 年 She is Always a Woman 首播后，还是引起了微信用户在公众号中的分享阅读，而成为一则有海外影响力的经典广告。

图 8-21　搜索 John Lewis《一个女人的一生》公众号文章

但由于广告拍摄、发布的时间比较早，当时的营销渠道还相对传统，主要受社会传播条件限制。当时，自媒体渠道，如微信和微博等，都还没有得到广泛应用。简单通过类比同样的圣诞主题系列广告视频来看，John Lewis 百货广告 She is Always a Woman 的播放量统计，可以反映出其知名度、经典性还是很高的。贴近生活的高质量广告视频，会更多地依靠大众口碑，自发地广泛传播。因此，John Lewis 百货将广告打造成为一个系列艺术品，尤其是还选择了西方传统重要的圣诞节。依靠品质而非一时噱头的广告进行推广，才是品牌营销的王道！

## 五、经验启示

### （一）广告理念

综上所述，广告设计的要点在于传播品牌理念。即同时兼具时尚的档次设计、高雅的文化内涵、温馨的品质美感，才是最好的广告。当然，其前提是建立在对产品或品牌的精准把握上。从内涵、设计、美感等角度来看，即便是不一致也能带来巨大的商业价值，如"送礼就送脑白金"和"恒源祥，羊羊羊"等，也带来了广泛的传播效应，但很难被大众认为是成功的广告。而 John Lewis 百货广告 She is Always a Woman 的确是完美地将其商业性与广告本身的设计、文化、美感等进行了结合。一方面有良好的传播效果，另一方面也避免面对社会和业界的质疑。

作为一则经典广告，John Lewis 百货的 She is Always a Woman，其中的广告制作技巧被应用得恰如其分。制作技巧是广告的重点内容，但如果过分地增加艺术形式处理，会导致用力过猛，难以被消费者理解。而实际上，广告只是为了传递商业理念，为品牌树立良好的形象。作为一家历史悠久的企业，John Lewis 百货正是希望基于后者，来充分表达其深厚的文化内涵。

### （二）品质营销

在很大程度上，广告宣传依靠的是内容上的娱乐性和通俗性。仅靠有美感的图片堆砌，已无法再次吸引消费者的眼球。严肃枯燥的广告，也一

# 第八章 路易斯百货：She is Always a Woman

向都难以实现大众传播。广告既不能过于严肃，也不能全无内涵，需要找到两者间的平衡。过于严肃，完全达不到宣传效果，很明显不会产生有效的营销业绩。同样地，严重缺乏内涵，虽然很容易吸引观众的注意力，但仅有搞笑搞怪的娱乐，也无法产生情感上的共鸣。John Lewis 百货广告 *She is Always a Woman*，画面和主题贴近大多数人的生活，是一个既不高深又能激起共情的话题，虽不深刻但也不肤浅。这样，拍出来的广告才能持久流传。营销就是出售商品，即商业最原始的本质。现在很多企业，尤其是创业型企业，虽然都在强调营销的重要性，但很多人都忘记了产品本身。高品质的产品所散发出来的魅力，才是强大营销能力的基础。即口碑营销，才是最终的王道。

**思考题**

1. 在新媒体时代，企业广告营销方式会发生哪些变革？为什么？
2. 结合李维斯广告的营销实践，探讨怎样用互联网思维做服装营销？

## 参考文献

[1] 励松青. 社会符号学与广告话语分析 [J]. 安徽理工大学学报（社会科学版），2005(2).
[2] 邢雪. 约翰·刘易斯：破冰全渠道 [J]. 全国商情，2013(37):78-79.
[3] [美]布巴，西瑟斯. 广告媒体企划（第二版）[M]. 贾丽军译. 北京：企业管理出版社，2007.
[4] 任婕. John Lewis 百货公司圣诞广告营销策略分析 [J]. 传播与版权，2017(9):98-101.
[5] 葛之. "普高"的大师们 [J]. 学习博览，2012(6):36-37.
[6] 郑飞. 借助新媒体营销，李维斯是否能打一个漂亮的翻身仗？[J]. 成功营销，2015(7):4.
[7] 殷卉. 从优酷网看三网融合时代的视频网站广告 [J]. 企业研究，2012(9):21-22.
[8] 吴蒙，李霞. 感性消费时代下情感广告的新发展 [J]. 商场现代化，2008(21):109.
[9] 周象贤，金志成. 情感广告的传播效果及作用机制 [J]. 心理科学进展，2006(1):126-132.
[10] 谷干. 我国视频网站广告研究 [J]. 中国传媒科技，2012(4):119-120.

## 第九章

# 杜蕾斯：科技+性福

随着现代社会包容性、开放性的提升，大众对性的观念也在逐步放开。人们不再羞于谈论，并开始享受性生活带来的愉悦。年轻消费群体对性生活质量的要求也越来越高。杜蕾斯早已不仅是生产安全套的厂商，其产品线还覆盖了润滑液、性用品等诸多领域。根据每年全球范围内的两性健康调查显示，杜蕾斯试图了解消费者在有关性的健康、教育、态度，以及初次性行为等多方面的状况，从而改善人们总体的性福水平。本章通过杜蕾斯广告的多案例比较，除分析其一如既往地给消费者提供品质卓越的产品外，还总结其如何利用新媒体来推广"为全球消费者创造更完美性爱体验"品牌理念的构建策略与营销经验。

## 一、企业产品

作为世界知名的两性健康品牌，杜蕾斯诞生于1929年，也是世界公认的质量最优、最富创造力的安全套品牌。历经80多年的时间考验，杜蕾斯已成为卓越品质的代名词，深受全球消费者信赖。杜蕾斯不单是作为世界第一大天然橡胶安全套公司来进行产品宣传，同时也作为当今两性健康观念的倡导者。在全球范围内，其逐渐建立起健康、安全、舒适的品牌形象，不断努力将消费者对产品的选择转化为对一种健康性生活方式的选择，打破传统观念对安全套的认知误区，传达品牌对性的理解，即性是生活的一部分，不是分享隐私话题，而是传播对性的认知和爱。

# 第九章 杜蕾斯：科技+性福

2010年，杜蕾斯被全球知名消费品公司利洁时收购（其致力于通过提供创新性的产品和解决方案，让人们的生活更健康，家庭更幸福）。杜蕾斯（Durex）源于三个英文单词的组合：耐久（Durability）、可靠（Reliability）、优良（Excellence）。每年生产约10亿只安全套，并在150多个国家销售，在40多个市场中占据领导地位，约占世界40亿只生产规模的26%。但是，杜蕾斯令人瞩目的成绩还不止这些。在互联网时代，杜蕾斯也是为数不多的、能把企业形象与新媒体应用结合得天衣无缝的商家。其新浪官方微博粉丝数就已超过110万个，是同类品牌微博粉丝数的几十倍。而且，腾讯微博粉丝也超过50万个。由此，估计杜蕾斯官方微博在一个月内的曝光人次能达到1.3亿之多。

## 二、创意广告

### （一）社会实验

如图9-1所示，杜蕾斯为宣传产品特性及品牌形象、提高品牌知名度，在新媒体广告宣传方面投入了大量精力，也创造出了一些十分吸引人眼球的创意广告。其广告并不局限于宣传和介绍产品的特征，而是将更多目光聚集在"如何将品牌形象打造为一种生活态度"的问题上，并推出了一系列诸如社会调查的视频宣传片，大大提升了其品牌形象。

图9-1 广告镜头之一

资料来源：http://www.bilibili.com/video/av2167868/.

如图 9-2 所示，该社会实验邀请了六对情侣到海边度假。他们中有三对情侣需要上交一切电子设备，另外三对则不需要。在采访中，被没收电子设备的三对情侣有些震惊，大部分人认为也许这是个增进彼此距离的好机会。而留下的三对情侣中，也有人认为能拍照留下美好瞬间是件幸运的事。

图 9-2　广告镜头之二

资料来源：http://www.bilibili.com/video/av2167868/.

如图 9-3 所示，经过不同的旅行体验后，六对情侣都纷纷谈了自己的感想。即总看手机，会带来人们之间的隔阂，让亲密的人变得疏远，甚至错过许多美好的时光。看到这里，观众一定有所反思。而该社会实验的意义，也就在此。但是，这还没有结束。在片子结尾，杜蕾斯为了呼吁大家享受活在当下的真实体验，在画面出现关上房门后，便显示其特色 LOGO。通过展示这样一个具有社会意义的热门话题，引发人们的讨论和思考。整个片子的背后，展示的正是杜蕾斯想要传达的品牌价值，即享受生活中美好的时刻。许多观众在看完片子后，都有很大的感触，以至于在结尾处，提醒观众要注意其产品的画面，也成了有趣的画龙点睛之笔。由此，让观众觉得广告拍得很有心思，而没有宣传过度之嫌。

第九章 杜蕾斯：科技+性福

图 9-3 广告镜头之三

资料来源：http://www.bilibili.com/video/av2167868/.

如图 9-4 所示，到这里，整个视频才结束。这时，杜蕾斯在整个视频中第二次完整出现了。我们可以感受到，整个视频不单是一种社会实验展示，更是一种生活态度的表达。在视频中，几乎没有任何篇幅提到杜蕾斯的产品，但却从头到尾都贯穿其品牌理念，即注重生活中的真实体验。唯美的海景画面，以及对六对情侣的真实采访，与一般的广告相比，显然更有吸引力，让观众觉得更有兴趣。在播放过程中，就对其品牌理念有了认知和判断，观众的印象自然会更深刻。而结尾处的最后一个镜头，既承接视频中内容，又展示了其品牌标识，会让观众认为十分有趣。

图 9-4 广告镜头之四

资料来源：http://www.bilibili.com/video/av2167868/。

## （二）创意 App

如图 9-5 所示，杜蕾斯也通过推出创意 App，不断宣传其品牌形象。其中，Durex SOS 就是一个十分有趣的 App，其使用广告也充满了趣味。

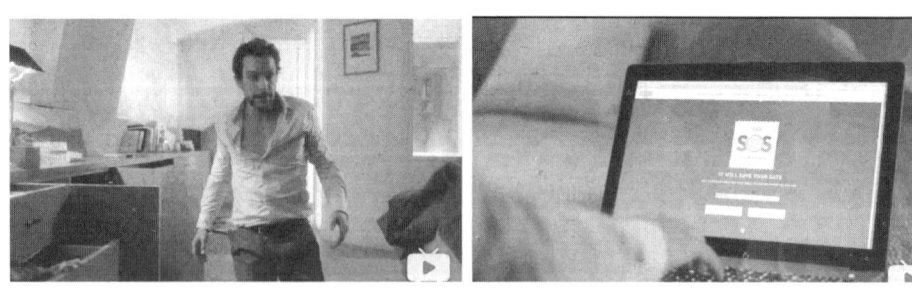

图 9-5 广告镜头之一

资料来源：http://www.bilibili.com/video/av4890941/。

如图 9-6 所示，广告开篇是一位男士正在自己房间里焦急地寻找着安全套。可想而知，如果平常不准备，到了紧要关头，该有多郁闷。情急之下，他打开电脑，在 Durex SOS 上发出求救信号，其坐标显示了他的定位。不一会儿，外卖小哥就出现了，其端着一盒比萨，脸上表情却十分诡异。原来是救星！镜头拉近，可以看到卡在盒子边上的杜蕾斯。

图 9-6　广告镜头之二

资料来源：http://www.bilibili.com/video/av4890941/.

如此男人间的消防救急让人捧腹。在好笑之余，也带出一种通过 App 为男士们营造起来的庞大互助网络，反映出男人间友好互助的氛围。杜蕾斯非常自然地融入人们的生活，并借助其相关产品，在人们心目中有了更加亲切的印象。在轻松表达之中，形成了一个很大的社会圈子，包含了所有杜蕾斯的用户，以及乐于接受该 App 的人群。于是，人们很容易被一种贴近生活又充满人情味和归属感所吸引，并有想要融入圈子中去的冲动。当然，也是该广告引发了这样的兴趣与冲动，以此达到杜蕾斯的广告营销目的。

如图 9-7 所示，不同的场景，同样的紧急情况，这位男士在百忙之中再次向 Durex SOS 发去了求助信号。这时，问路的老夫妻出场。果然，老爷爷在地图侧面带来了救星，即杜蕾斯。然后，趁着抬地图问路的空档，将杜蕾斯顺利递交给男主角。双方全程配合默契、自然。这就是该广告所想要突出的精髓，即无论任何时刻、任何地点，只要你发出了 Durex

SOS，就会有人以各种方式出现在你身边，为你提供帮助，也体现出杜蕾斯用户群体庞大且遍布各地。

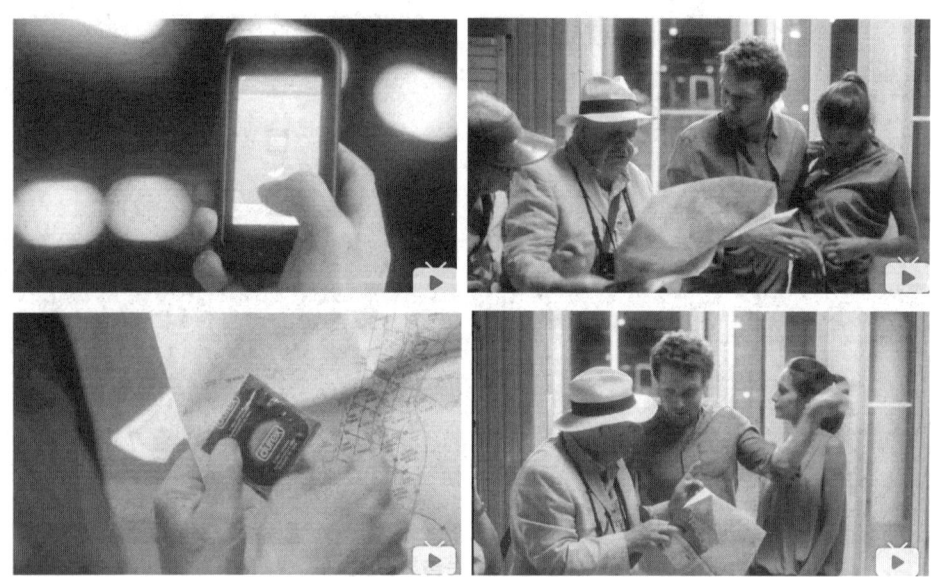

图 9-7　广告镜头之三

资料来源：http://www.bilibili.com/video/av4890941/.

### （三）文案赏析

#### 1. 精彩案例

"北京大雨鞋子套避孕套""光大是不行的""薄，迟早要出事的"等精彩案例，都出自杜蕾斯策划团队之手，把握热点之准、反应之快、创意之巧妙，实在很抢眼。

（1）2011年，北京一场大雨淹没京城，制作出将杜蕾斯套在鞋子上防雨的文案创意，该微博一经发出，1小时内转发过万，成为当年经典的营销案例。

（2）2012年奥运会，刘翔旧伤复发，跨栏摔倒，但坚持走完全程。杜蕾斯对此发出微博，"最快的男人并不是最好的，坚持到底才是真正强大的男人"。乍一看，感觉一般，但结合刘翔因伤失利却仍旧坚持比赛的事件来说，显得合情合理，又充满人文关怀。而且，由于其产品的特殊用途，用简单的词语，就会充满其内涵。

（3）2013年，光大银行爆出一则乌龙事件，杜蕾斯借势发挥，创作"光大是不行的"的文案。

（4）2014年，微博上市，杜蕾斯打出如下文案"有杜杜，尽情上"。

（5）李娜退役，杜蕾斯速度反应，借势营销，"一路有李，娜就很好"，是众多品牌中反应最快的广告文案。

（6）2014年，iPhone 6问世，苹果官网广告口号为"比更大还更大"，从而引发杜蕾斯文案调侃，"负责横冲直撞，我为你保驾护航"。

2. 评价文案

（1）杜蕾斯最值得学习的地方，是快速创作和符合品牌特征的推广能力。但必须强调的是，性，天然就具有很强的话题优势，虽然与其扯上了联系，但不能出现太过敏感的词汇，引起受众反感。

（2）对热点有敏感度。杜蕾斯拥有一个庞大的营销团队，总盯着微博来刷热点。虽然热点跟进快不是本事，也没太大必要，但用户看了后会转评互动，增加新媒体传播效率。

### 三、微博宣传

杜蕾斯将其官方微博赋予了有点绅士、懂生活但又会玩的人格。在这里，杜蕾斯的重要职责就是聆听，并迅速获得用户反馈来做出反应。即总是能敏锐地把握热点，机智地推出与品牌定位契合的、幽默的、有趣的原创微博文案，来吸引粉丝的参与和互动。例如，"北京今日暴雨，幸亏包里还有两只杜蕾斯，有杜蕾斯下雨不湿鞋"，这些令人忍俊不禁的段子，让许多网友在大呼有才的同时就顺手转发。不夸张地说，杜蕾斯官方微博本身已成为一个强大的传播媒介，是业界公认的微博明星。在其品牌营销中，功不可没。在App的推广中，自然更是热门。

杜蕾斯制作了《疯狂App：杜蕾斯宝贝计划》视频，展示Dulex Baby App的玩法，以吸引年轻的恋人们来参与有奖转发。通过微博、人人网、微信等社交平台进行传播。该视频点击量超过百万次。众多照顾宝宝的技能，都在玩家之间进行分享。不仅增大了用户黏性，更是吸引了不少潜在用户。在杜蕾斯宝贝计划有奖转发活动中，有3176人参与。每位微博用户都有自己的粉丝圈。当用户转发参与时，杜蕾斯的品牌曝光率便呈现出幂级数的增长。

杜蕾斯的微博营销已不止一次被提起，大家都被其幽默诙谐的营销方式所吸引。杜蕾斯微博以其独特的基调定位和有趣的传播内容成为微博营销的典型案例。其两大关键在于：说符合品牌特性的话及多和粉丝互动。杜蕾斯官方微博通过精准定位、内容策略和互动行销，实现其品牌的微博传播，吸引大批粉丝关注，引爆微博平台。其实，说到杜蕾斯，我们在日常生活中总是觉得不好意思。说起安全套的话题，也常常抱以玩笑的态度，但杜蕾斯将其转换成另一种表达方式。

### （一）内容诙谐但不低俗

下面为大家展示杜蕾斯的平面广告设计。

（1）如图9-8、图9-9所示，涉及"大小"的内涵式话题，杜蕾斯从来就玩得很好。

图9-8　平面广告之一

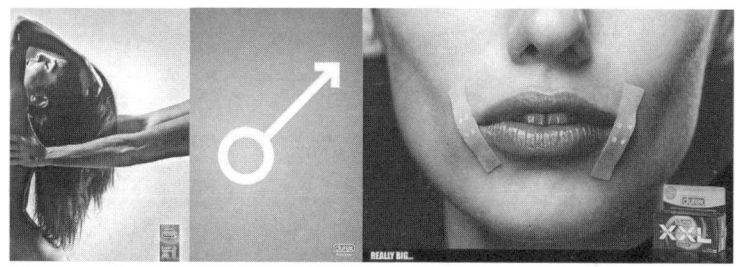

图9-9 平面广告之二

（2）如图9-10所示，安全套的作用是什么？杜蕾斯能清楚地把握其重点，即游不出去。

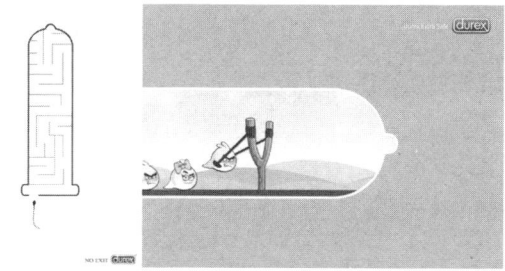

图9-10 平面广告之三

（3）如图9-11所示，仅通过文案来表达言辞之外的产品功能及品牌价值。

图9-11 平面广告之四

（4）如图9-12所示，在西方国家中，巧妙地利用道路特征，也成为杜蕾斯户外广告传播的乐趣。

图9-12　平面广告之五

（5）如图9-13所示，在世界杯时期发布的品牌广告。

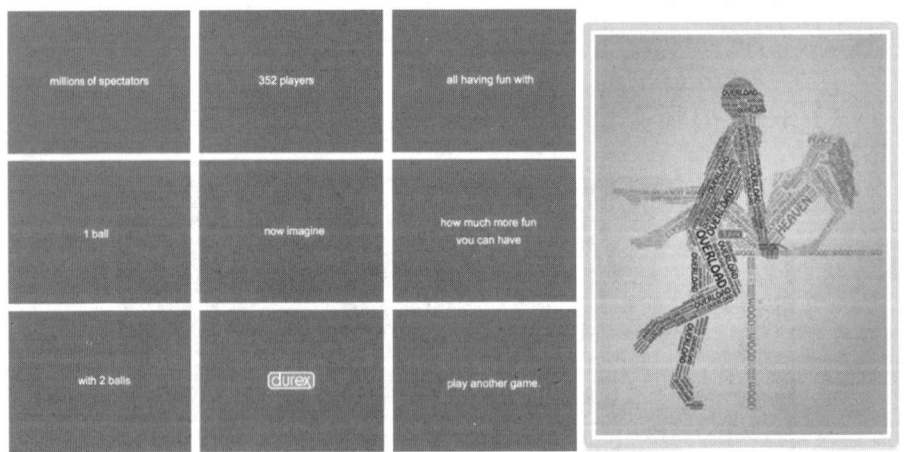

图9-13　平面广告之六

（6）如图9-14所示，"什么叫加时赛？"杜蕾斯把这个概念延续到了足球赛场上。

第九章 杜蕾斯：科技+性福

图 9-14 平面广告之七

（7）如图 9-15 所示，"不在低价上花功夫"，杜蕾斯做的广告文案，仅是对比有与没有其产品后的花钱情况。

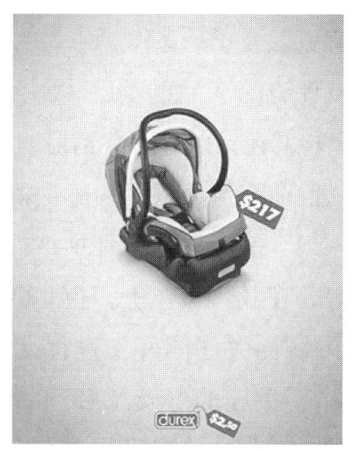

图 9-15 平面广告之八

（8）如图 9-16 所示，针对不同产品，杜蕾斯推出了"世界末日"系列广告海报。

图 9-16 平面广告之九

微博刚进入中国寻常百姓家时，被称为国内的Facebook，其受众通常为愿意分享心得的上班族。微博最多发送140字的内容，其推进一种碎片化的阅读休闲和沟通传播的方式。微博的优势就在于，碎片内容的堆积，即可在任何时间、以任何方式发表信息，并分享给合适的受众。同时，可在第一时间获知被关注人或事的最新进展。碎片化，即信息本身的爆炸力、感性度。微博中最有效的、最多功能的互动形式就是运用@符号。被@到的用户，能在第一时间内看到微博内容，并做出回应。90%是用来应答的，5.43%是指向原文的。很明显，能够获得@的内容，必定需要有趣性、可读性。对于微博平台商家，放下"高端、大气、上档次"等对一般广告的要求，改为"接地气"。即从微博用户出发去经营官方微博，就变得尤为重要了。既然"感觉"成了一条微博在几秒内的阅读中是否受到青睐、引发共鸣、引起转发评论的至关重要点，那么"感性"就成了企业微博能否得到用户认可乃至转发评论以达到营销目的非常重要的元素了。

微博营销不算新词，但在广告领域里，还是新生代的营销方式。企业将微博作为营销平台的入口，制订各种品牌推广计划。例如，利用微博发布品牌资讯、商业活动等，在具体操作上，企业微博通常会发布、更新自己的信息，并就更新的内容与关注的好友进行交流，或与他们聊双方感兴趣的话题，从而让对微博关注的好友了解产品、树立品牌、加强曝光度等。最终，使企业能够实现销售产品和提供服务的绩效目标。2013年，杜蕾斯再次凭借社会化媒体平台，向众人展示了惊人的营销成果。作为一个产品，杜蕾斯在社会媒体上不断制造惊喜，让万千受众所熟知。而作为社会化营销的品牌案例，杜蕾斯俨然是让微博、微信、人人网等各大社交网络成为其广告宣传的阵地。

### （二）有粉丝支持与参与

很难想象，作为一个有点"社交"敏感的产品，杜蕾斯居然在新浪微博等社会公众媒体上大受欢迎，让平时羞于谈论性的大众争先参与其中。"微博不是随便说两句就能受欢迎的地方，想要在微博上一呼百应，得先扔掉'官腔'"。对品牌来讲，其作用更体现为自媒体价值。只有通过自媒体窗口，与粉丝进行直接有效的互动，才能在了解粉丝的同时传递品牌理念，从而获得更多的曝光与认知。作为一个国际化的品牌，杜蕾斯并没有像其他品牌一样，走一板一眼的传统路线。"小杜杜"的出现，别具一格。其带有几分小清新且又不失亲切的微博形象，很快受到粉丝的喜爱。在用户眼中，小杜杜的形象，可以很性感、很幽默，也可以很雷人、很智慧，或可以很活泼、很感人，以及很媚俗、很高雅等。

当然，官微形象只是赢得粉丝好感的第一步。接下来，杜蕾斯所做的推广文案，才是打造品牌形象的关键点。不可否认，杜蕾斯几乎是所有官方微博中最喜欢和粉丝沟通的，主要体现在其紧抓微博热点，以及不断与意见领袖即时互动上。例如，曾经有网友把益达口香糖的广告词改成："兄弟，油加满……你的杜蕾斯也满了"，并@了杜蕾斯。随后杜蕾斯立马回复道："杜蕾斯无糖避孕套，关爱牙齿，更关心你，"把大家都逗笑了。之后，陆续有粉丝把五粮液等品牌的广告，套用模仿杜蕾斯的文案，在微博上流行一时。而有关杜蕾斯与微博大咖中意见领袖的互动，如2011年@VANCL粉丝团曾发布一条微博，"韩寒新书《私》中提及送给未来18岁女儿的一句话——套好安全带，带好安全套"。杜蕾斯发现后评论并转发道，"所谓安全第一，韩少作为赛车手深谙此道"。其诙谐风趣的回复，巧妙地将品牌诉求与名人话题结合，引起VANCL粉丝团和韩寒粉丝的强烈共鸣，赢得了不少高质量的粉丝。

### （三）蹭话题吸引注意力

在互联网上，最易于传播的往往是人们热切关注，以及有趣好玩的事情。杜蕾斯官微总是善于利用热点，把自己塑造成为焦点。因此，抓住时事热点，充分利用社会化媒体信息传播速度快的优势，是杜蕾斯官微运营团队每天的例行工作，而非话题火热时的心血来潮。2013年5月，一堆情侣将私奔消息发布到微博上瞬间爆红，转发量高达7万多次。一时间，被网友们戏称为私奔体。杜蕾斯敏锐地捕捉到这条热点微博中的关键词，即"男女""私奔"和"幸福"等，并发现都与杜蕾斯品牌特性相关。在第二天下午，便原创了一条微博，"私奔需要三样东西：杜蕾斯、现金、一起私奔的他/她"，很快掀起第二轮的话题讨论。针对2012年6月北京的那场大雨，杜蕾斯的"鞋套"照片可谓大火了一把。当天，有网友在微博上抱怨"雨中难行，口袋里只有两个杜蕾斯"。杜蕾斯微博的幕后团队发现后，很快抓住事件的切合点，即将其套在脚上充当鞋套的照片发到网上，很快引起围观。在短时间内，将话题引向高潮。杜蕾斯巧妙地把自身产品与热点事件联系起来，使其品牌形象在粉丝讨论中得到快速传播，提高了品牌的知名度。杜蕾斯官微得到很好运营的一个重点是，其使用者的年龄段恰恰也与微博用户特征相契合。

如图9-17所示，尽管在杜蕾斯官方微博营销中可根据网络用户性格、年龄、爱好等特点，对其进行市场细分，从而拟定更为精准的营销策略，再通过与用户间的交流互动联系感情，改进产品与服务上的不足，甚至可以通过每天抽取幸运粉丝赠送安全套、按摩油等产品来笼络用户，但是有一点必须承认，那就是微博营销说到底仍然"打感情仗"。杜蕾斯品牌仍是依靠情感来凝聚消费群体，从而引导其进行感性消费。微博在营销上的应用，是感性销售重新被重视的体现，而杜蕾斯产品本身就是用于"感性需求"。"感性"，或者说是"感觉上的有趣"，就成为杜蕾斯微博能进行强大营销传播的关键点。在杜蕾斯官方微博里，称自己为小杜杜、杜先生等，不高大帅气、不小资高端，很市井、很亲切，让受众感到真实，这也是利用微博进行成功营销的企业共通点。

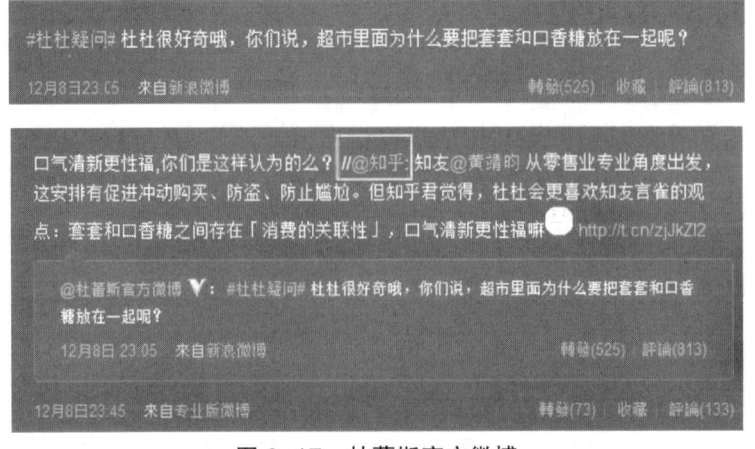

图9-17　杜蕾斯官方微博

对杜蕾斯而言，最宝贵的不是"精准"，即不是在微博中发布和产品密切相关的广告，而是"相关性"，即要找到想为杜蕾斯买单的那群人。他们是谁，他们的年龄段，他们的上网习惯，他们的朋友是谁，他们对什么感兴趣，他们在线上做什么？很显然，"他们"大多数是一群和"小杜杜"相似的年轻人，即有创意、心理和观念比较开放、喜欢有趣、乐于表达分享的年轻人。同时，比找到"买单者"更重要的是，讲一个大家喜欢的、能参与进去的有趣故事，或者说一个能引发大家讨论热议的话题。每个关注者都成为故事中的主角，便会主动帮商家宣传，形成病毒式传播。杜蕾斯的官方微博并不是随便交给广告公司找几个爱刷微博的年轻人去维护的，而是专门聘请了一支优秀的公关队伍来组织策划的。平时，杜蕾斯官方微博通过常规维护幸运粉丝、互动提问等与粉丝交流互动。在出现重大新闻事件后，如罗姆尼奥巴马之战、北京大雨等，立刻在群众对事件还保持巨大敏感度的时候，制造微博事件，引发爆炸性的传播关注。

### （四）蹭热点增大传播力

然而，微博事件不是粉丝偶然的关注。杜蕾斯微博团队的操作宗旨就是，与热点结合、有趣胆大、快速反应、坚持原创。如果这些创意没有原则性的问题，和 CEO 简单沟通并拍案决定后，就可以先由私人账号 @ 地空导弹发出来看看效果，而后再由 @ 杜蕾斯官方微博转发。究其原因，文案还是通过"感性"来调动微博用户。

#### 1. 事件一：罗姆尼和奥巴马

如图 9-18 所示，在奥巴马和罗姆尼辩论厮杀的时候，杜蕾斯利用她们以娱乐的形式为自己的广告营销赚了一把关注。很"内涵"的微博内容，却又没触碰到底线而引火上身。这条微博被转发 6 万多次，评论量达 17000 多次。这就是杜蕾斯官方微博的广告文案，又一次让我们见识了其品牌借势营销的深厚功力。

图9-18　奥巴马和罗姆尼的区别是什么

资料来源：杜蕾斯官方微博。

2. 事件二：北京大雨

如图9-19所示，杜蕾斯官方微博借着大家都对北京大雨关注的高敏感性，制造了著名的鞋套事件。在新浪微博一小时热门榜中，该文案截止到当天18：30，转发已经超过1万条，20：00超过3万条，24：00超过5.8万条。此后，就牢牢占据了6月23日新浪微博转发排行的第一名。至此，杜蕾斯也打了一场注定稳赢微博营销战役。

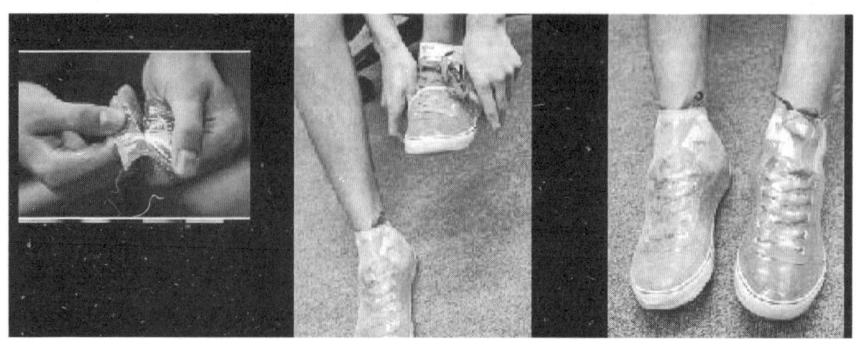

图9-19　今日暴雨，幸亏包里还有两只杜蕾斯

资料来源：杜蕾斯官方微博。

## （五）尊重粉丝感受经营

除抓热点外，杜蕾斯官方微博在平日风调雨顺时，也有自己的经营方式。其在发布微博的时间段上，充分尊重微博用户的生活习惯。通常，上午发布的内容较少；到了 10 点多工作学习放松时段会出现一条内容简单的微博，通常为一眼扫过的格言或问题。在午休 12 点多、下午 3 点倦怠期，及晚上八九点茶余饭后时，几乎每个小时发布一条。接近半夜时，话题则会精品辈出而充满讨论与互动性。根据粉丝"生理习惯"，在需要消遣时给予不用动脑子的娱乐，在深夜上网时发布能引起互动的话题。经营官方微博，首先是"将心比心"，然后才是其他。品牌知名度高，并不意味着成功，更要放下高傲姿态，跟粉丝进行平等、真诚的沟通。杜蕾斯官方微博让粉丝感觉它一直在跟大家说话，不生硬地植入产品信息，用一种亲切的方式跟网友沟通，时不时地用小礼品给幸运粉丝带来乐趣。

## （六）推销放在感动之后

技巧之余，微博营销需要一群熟知数字传播创意的广告团队，用真诚的态度制造出偶然的假象，再和最热的话题找到与自身产品的契合点，跟粉丝进行亲切对话。其中，信奉的是"推销第二，感动第一"。何谓感动，引发共鸣、情绪便是感动，贴近、亲切便是感动。不过，这样的营销终究是带些"邪气"的，杜蕾斯的官方微博有人喜欢，也有人称之"低俗"。因为内容皆涉及"男女关系"，难免有以"三俗"吸引人眼球之嫌。虽然这些尚未影响到其热度，但是作为微博营销者，在坚持感性取胜的同时，能否少些"俗气"，多些"灵气"，少一点"低俗取胜"，多一点"共鸣热议"，或才是当下应该被新媒体广告营销团队进一步改进的重点。

## 四、微信宣传

虽然微信营销从产生到现在已有不少理论出现，但事实上，作为一个年轻的自媒体，其只能算是一个半成品。目前，从事这方面的垂直媒体广告、营销公司也都处于摸索阶段。那么，对于企业来说，该怎样做才能更好地利用微信来进行产品传播呢？微信也是杜蕾斯重要的社交平台之一。

从运营策略来看，无论是日常内容，还是推广战役，都是以引导粉丝互动为核心，而非内容灌输类的单向传播。通过互动，使品牌更加了解用户需求，而用户为品牌提供更多的 UGC 内容，也能帮助品牌完善自身内容，这些足够表现出微信营销在品牌运营上的优势。

打开杜蕾斯的官方微信公众号不难看出，其上罗列着清晰的互动单元，并配合时下的粉丝活动。显然，"小杜杜"就是一个聊天的高手。其中，"每周问答集锦""杜杜树洞""单身指数测试""微信限时购"四个单元尤为突出。不仅将粉丝关于性爱的理由做出统一收集后每周定期回答，而且配合营销战役向粉丝征集 UGC 内容在自媒体平台上进行二次传播。无论是"光棍节"期间上线的杜蕾斯微信单身指数测试活动，还是通过微信平台发布的限时抢购链接入口活动，都是杜蕾斯在社交 UGC 方面的完美体现。所有的线上推广都是为线下销售服务的，杜蕾斯在这一方面做足了功夫。自 2012 年起杜蕾斯举办的"X-girl"等一系列活动，都是通过微信公众号发起的线上宣传带动线下参与。每次活动都能吸引近数百名粉丝亲临现场参与体验。杜蕾斯也以其创新方式赢得了用户及行业内外的一致好评。

**思考题**

1. 杜蕾斯的新媒体广告营销定位是什么？与竞争对手相比，其竞争差异点在哪里？
2. 杜蕾斯的中国市场机会在哪里？
3. 我国对杜蕾斯产品新媒体广告营销的制约在哪里？

**参考文献**

[1] 向柯树. 从禁忌转向冠冕堂皇——解析杜蕾斯营销手段[J]. 青春岁月, 2016(11).
[2] 高钢, 陈绚. 关于媒介融合的几点思考[J]. 国际新闻界, 2006(9).
[3] 欧阳正德, 王建. 浅析新媒体的传播价值[J]. 科技资讯, 2007(13).

[4] 寇亚南. 微博营销图片内容分析——以杜蕾斯新浪微博图片为例[J]. 2013(2).
[5] 向北. 杜蕾斯官方微博运营的三大要点[J]. 广告主,2012(10):64.
[6] 杨雅婷. 浅析能指与所指在杜蕾斯广告中的体现[J]. 城市建设理论研究,2016(10).
[7] 姚瑶. 杜蕾斯：一个明星产品的营销自白[J]. 广告主,2014(1):64-65.
[8] 姚云鹤. @杜蕾斯的秘密[J]. 时代发现,2012(3):68-69.
[9] 邹钰瑶. 社会化营销的转变——以杜蕾斯为例[J]. 广告导报,2014(5):80-81.
[10] 冯丙奇,王罡,杨婷婷,等. 病毒式营销传播受众品牌认知情形——杜蕾斯"雨夜鞋套"微博传播案例研究[J]. 现代传播（中国传媒大学学报）,2015,37(4):119-125.

# 第十章

# 百事可乐：2017 家有儿女

百事可乐在生活中是我们非常熟悉，甚至可以说是随处可见、人人知晓的品牌，其以饮料和休闲食品为主。除了百事可乐，我们所熟知的七喜、美年达、激浪，包括亚洲、北冰洋、天府和佳得乐系列、都乐、纯果乐系列饮料，都是百事公司旗下的产品。其在全球200多个国家和地区拥有14万名雇员，是全球第四大食品和饮料公司，其总部设在美国纽约。百事的子公司分布很广，美国国内涉及48个州，国外涉及100多个国家和地区。对于中国而言，百事公司在1981年进入中国建厂，加上刚在深圳落成的一个瓶装厂，已有30多家合资合作企业，总投资接近5亿美元。

## 一、品牌产品

### （一）产品定位

说到碳酸饮料，想必很多人都喝过。根据研究机构专门调查可知，无论是休闲娱乐，还是生活交往，就餐对碳酸饮料的需求量都很大，如图10-1所示。一提到碳酸饮料，你立刻想到的会是什么？

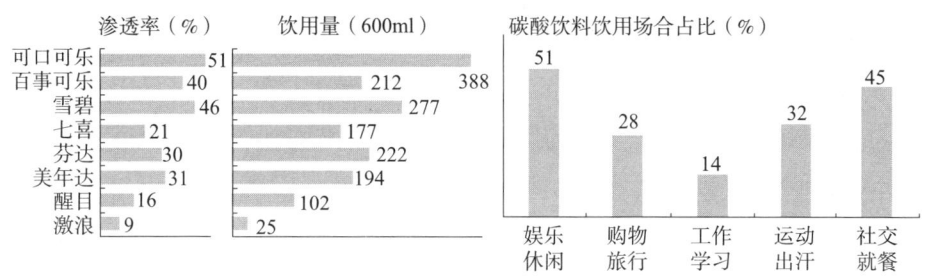

图 10-1　碳酸饮料品牌 1 个月内的渗透率和 200 人的饮用量

如图 10-2 所示，百事可乐占比为 1/4，而可口可乐占比超过 1/3。所以，百事可乐还有更大的发展空间。

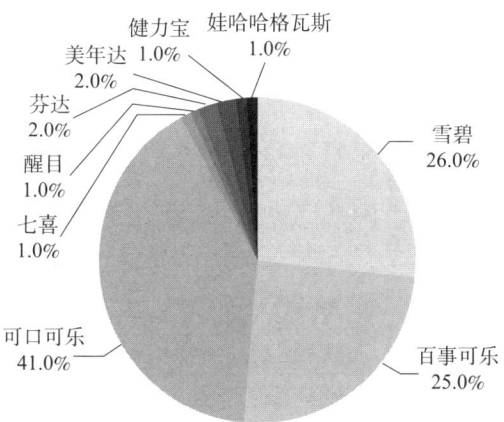

图 10-2　碳酸饮料品牌占比情况

## （二）广告战略

对软饮料①而言，百事可乐和可口可乐的味觉很难分清孰优孰劣。因此，聚焦点都在塑造商品性格的广告上，即通过广告语表达"百事可乐，新一代的选择"。在与可口可乐的竞争中，百事可乐终于找到了突破口。如图 10-3 所示，先准确定位，即从年轻人身上发现市场，把自己

---

①　软饮料（soft drink）：酒精含量低于 0.5%（质量比）的天然的或人工配制的饮料。又称清凉饮、无醇饮料。所含酒精限指溶解香精、香料、色素等用的乙醇溶剂或乳酸饮料生产过程的副产物。

定位为新生代的可乐，并且选择合适的品牌代言人，邀请新生代喜欢的明星，作为自己的品牌代言人，再把品牌形象人格化。通过新一代年轻人的偶像情结，开始了文化的改造。围绕该主题，百事可乐的合作伙伴BBDO为其创作了许多极富想象力的电视广告，如鲨鱼、太空船等。这些广告都是针对"二战"后出生高峰期的美国青年，即倡导"新鲜刺激独树一帜"。独特的消费理念，鲜明地刻画出与老一代划清界限的叛逆心理，并提出新一代的消费品位及生活方式。其结果是，百事可乐的销售量扶摇直上。1994年，百事可乐投入500万美元，聘请了流行乐坛巨星迈克尔·杰克逊拍摄广告片。此举被誉为有史以来最大手笔的广告投入，把最流行的音乐文化，贯穿到企业和产品中，也开始了百事可乐的音乐之旅。

图 10-3　百事可乐，新一代的选择

　　从此以后，百事可乐步入销售快车道。音乐与体育，双剑合璧。同时，该攻势集中而明确，都围绕着新的一代而展开，从而使文化传播具有明确的指向性。百事品牌的理念是"渴望无限"，倡导年轻人积极进取的生活态度。其寓意是，对年轻人来说，机会和理想有着无限多的空间，他们可以尽情地遐想和追求。为了推广这一理念，百事选择足球和音乐作为品牌基础和企业文化载体。在广告和社会公益活动中，借助迈克尔·杰克逊、张国荣、布兰妮、王菲、蔡依林、郭富城、陈慧琳、郑秀文、赵晨浩、热力兄弟、贝克汉姆、里瓦尔多、卡洛斯、范志毅、李玮峰、祁宏、perfume等一大批明星作为品牌代言人，极力倡导企业文化所提倡的精神，使百事可乐的"新一代的选择"和推崇"快乐自由"的风格广泛地被人们理解和接受,尤其是青年人。由此,百事可乐从简单包装到向运动系列、功能系列拓展,都体现了一种动感和欢快的格调,从而使许多青年人成为其忠实、热心的消费者。其深刻地通过产品推销影响着一大批人。反过来,又推动企业按照这种文化定位不断创新,得以历经100多年还保持着蓬勃的朝气。

## 二、广告介绍

### (一)典型广告

《2017把乐带回家》以我们童年热爱的情景剧《家有儿女》为题,以五个主演重聚回家过年为主线,并邀请人气明星林更新加盟,上演了满满的"回忆杀"。当年,一心想当侦探、想破案的刘星,12年后摇身一变成了人民警察。如图10-4所示,广告第一幕就是长大后的刘星在地下通道抓捕逃犯的画面。

图 10-4 刘星在地下通道抓捕逃犯的画面

资料来源:http://v.ku6.com/show/1sh934fBeW_PJL31KI6hMw...html.

如图10-5所示,即似乎也延续了张一山在《余罪》里痞帅片儿警的设定。

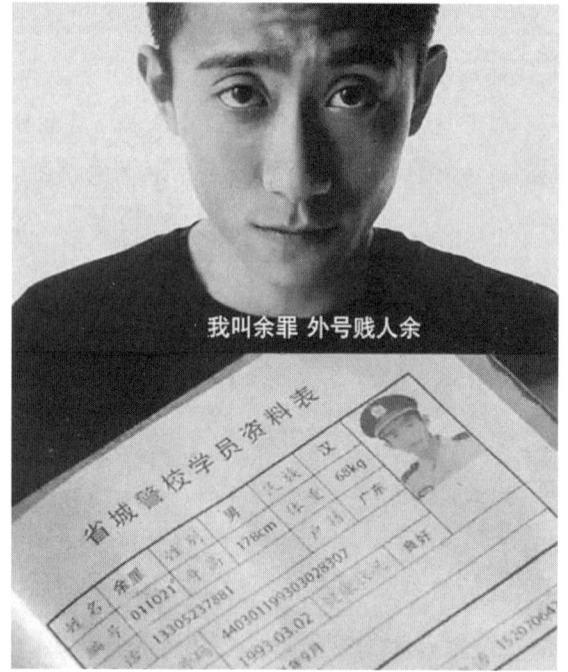

图 10-5　张一山在《余罪》里痞帅片儿警的设定

资料来源：http://v.ku6.com/show/1sh934fBeW_PJL31KI6hMw...html.

如图 10-6 所示，小雪也和《欢乐颂》里的邱莹莹一样，成了公司白领。不过，区别于邱莹莹的"傻白甜"，续集里的小雪看起来雷厉风行，而且应该是个高管。当年还是小学生的小雨，也迈过了高考的门槛，一下子成了大学生，块头比哥哥姐姐都大了。然而在老妈刘梅眼里，他还是个"小鲜肉"。当刘梅热情地打电话叫三个孩子回家吃年夜饭的时候，孩子们却都以"忙"为借口各种推脱。

图 10-6　小雪也和《欢乐颂》里的邱莹莹一样，成了公司白领

资料来源：http://v.ku6.com/show/1sh934fBeW_PJL31KI6hMw...html.

如图 10-7 所示,这不正是生活中儿女工作后或上大学时与父母之间尴尬的现实关系吗?小雪想要搞定外商的项目,为 2016 年画个圆满的句号;刘星要回局里审犯人,为自己的 2016 年画上大大的问号;小雨则要跟同学一起联欢,也为 2016 年画上一个圆满的惊叹号!刘星带着一口浓重的北京话敲门喊"妈,你亲生的不是亲生的都回来了"(这个时候,不知道有没有引起回忆,即当年他自我介绍为"夏冰雹"的经典桥段)。

图 10-7 孩子们却都以"忙"为借口各种推脱

资料来源:http://v.ku6.com/show/1sh934fBeW_PJL31KI6hMw...html.

然而,开门的却是林更新。作为来路不明的陌生人,林更新自然被身为警察的刘星给绑起来了,并开始盘查他的"犯人"身份。桌上的玫瑰花则让刘星想起之前抓过一个代号为玫瑰的犯人,曾经对自己说要"回头问候你全家",于是,他怀疑林更新跟"玫瑰"是一伙的,还激动地说:"你放了我妈,我跟你走。"(如图 10-8 所示)

图 10-8 你放了我妈,我跟你走!

资料来源:http://v.ku6.com/show/1sh934fBeW_PJL31KI6hMw...html.

此时，夏东海回来了，看到家里这混乱的场面，无奈地问道：这是谁啊？没想到林更新却朝他喊：爸！爸！于是孩子们便怀疑，林更新是不是夏东海的"历史遗留问题"。但夏东海却发"埃博拉毒誓"，保证自己跟林更新没有任何关系，一怒之下让刘星继续拷问！

如图 10-9 所示，"机灵鬼"刘星拿着夏东海的电动牙刷来审讯林更新，其终于愿意交代秘密了。他不仅能详细报出刘梅的生日，还能说刘梅做过阑尾炎手术！刘星坚定地说：我妈那阑尾，一节都没动过。夏东海却打断他。原来当时刘梅怕孩子们担心，所以一直瞒着他们，真是可怜天下父母心啊！紧接着，刘星和夏东海同时想起刘梅有个密码箱。他们试了各种密码都打不开，却在输入林更新的生日之后打开了。箱子里都是刘梅和林更新的合影，还有林更新小时候的获奖证书。正巧这时刘梅回来了，立刻让人有一种瞬间穿越回 12 年前的感觉。

图 10-9　刘星还开发出了电动牙刷的新功能

资料来源：http://v.ku6.com/show/1sh934fBeW_PJL31KI6hMw...html.

如图 10-10 所示，广告到这里，林更新的身份也就彻底公开啦，原来林更新是刘梅当年从水灾现场救下的小孩，后来帮他找到了姑姑，就一起移民到了欧洲。刘梅还谎称因为老公、孩子烦她，不愿意跟她待在一块儿，所以，自己打算跟着干儿子去欧洲，实际则是想控诉他们四个人不回家。刘梅的"嘴炮"技能，也跟 12 年前一模一样。当然，刘梅说去欧洲不过是想吓唬家人，实际上，她只是想一家人聚在一起吃一顿团圆饭。

图 10-10　林更新的身份彻底公开啦

资料来源：http://v.ku6.com/show/1sh934fBeW_PJL31KI6hMw...html.

不知道吃饭的时候，刘星会不会跟以前分肉饼一样，即老爸一个我一个，老妈一个我一个，小雪一个我一个，小雨一个我一个。最后，饭菜都到他一个人碗里了。片子结尾，各位主演都恢复了自己的身份，对这 12 年来一直支持他们的观众朋友表示感谢，如图 10-11、图 10-12 所示。

图 10-11　一家人聚在一起吃团圆饭

资料来源：http://v.ku6.com/show/1sh934fBeW_PJL31KI6hMw...html.

图 10-12　片子结尾

资料来源：http://v.ku6.com/show/1sh934fBeW_PJL31KI6hMw...html。

## （二）SWOT 分析

如表 10-1 所示，对品牌进行 SWOT 分析。

表 10-1　百事可乐新媒体广告营销策略的 SWOT 分析

| | |
|---|---|
| 优势 | 1. 强大的创新能力和多元化产品的创新能力。<br>2. 强有力的营销体系。<br>3. 广告传播策略往往别出心裁，运用独特的音乐推销和名人广告效应。<br>4. 传播"渴望无限""年青的一代""活力一族"等品牌主张和个性，在年轻消费群体中有巨大的市场 |
| 劣势 | 1. 组织庞大，管理不容易，易产生高额的管理和控制费用，抵销部分利润。<br>2. 消费者印象为不健康产品，其含有咖啡因等成分，易造成肥胖问题。<br>3. 其市场占有率比可口可乐低，竞争相当激烈。<br>4. 公司作业流程更加标准化。<br>5. 过于注重老品牌升级，忽视了新品牌的推出 |
| 机会 | 1. 在群众中有较高的认知度。<br>2. "情怀"是永远不过时的广告。<br>3. 明星效应吸引更多的用户关注 |
| 威胁 | 1. 虽是百年企业，但其主要产品始终受到老对手威胁，在可口可乐不断更新技术而在全世界不断扩大市场占有率的情况下，其处境实际上很困难。<br>2. 越来越多的人追求名牌产品，一般首选可口可乐，以至于很多商家对可口可乐的进货量更大。<br>3. 可口可乐为加大市场占有率，增加广告量，在很多超市免费制作招牌，虽然能事后跟进，但大多商家还是首选可口可乐的创意。<br>4. 其更注重老产品，每次在可口可乐推出新产品时，也跟上一种类似产品。然而，大众多数还是选择先进入市场的可口可乐，以至于其后产品很难赶上 |

## 三、营销传播

本土化管理与本土化生产是当前全球跨国公司的经营趋势。具体到某种产品、某公司的本土化,则需要一个长期过程。百事可乐在中国的本土化进展成绩斐然,其在引进资金的同时,大力推广先进的市场管理经验,积极推行本土化,参与饮料国企改革和人才培训,使中国饮料在20年中,由工艺简单、生产粗放的落后状况,发展成为世界上规模最大、竞争最激烈、专业化程度高、充满勃勃生机的市场。

### (一)多元化的品牌策略与传播策略

目前,在中国市场的旗舰品牌是百事可乐、七喜、美年达和激浪。此外,还包括亚洲、北冰洋和天府等地方品牌。国际著名机构尼尔森(ACNIELSEN)公司的调查结果表明,百事可乐已成为中国年轻人最喜爱的软饮料。就其产品组合的宽度而言,远比可口可乐要丰富。可口可乐经营的领域非常单一,即仅从事饮料业。而百事可乐,除软饮料外,还涉足运动用品、快餐食品等。

整合营销传播(IMC)的中心思想是,在与消费者的沟通中,统一运用和协调各种不同的传播手段,使不同的传播工具在每一阶段发挥出最佳的、统一的、集中的作用。其目的是,协助品牌建立起与消费者之间的长期关系。百事可乐的整合营销传播,就是把公共关系、广告宣传、人员推销、营业推广等促销策略集于一身。在整合营销传播中,推进各种宣传媒介和信息载体相辅相成、相互配合、相得益彰。在与老对手可口可乐的百年交锋中,百事可乐广告常有"好戏"出台,使可口可乐倍感压力。其中,百事可乐拍摄的名人广告,是其重要的传播手段。

### (二)变化多端的促销战术

根据销售促进或营业推广概念,促销战术可分为针对消费者的、针对经销商的和针对业务员的三种。百事可乐取得的成绩与其变化多端、强有力的促销是密不可分的。

1. 创新促销条件

20世纪90年代初期，为了迅速打开市场，抢占制高点，初创在上海的百事可乐果断采用直销模式。当时的饮料市场，尚未全面实行市场经济模式运行，销售人员在办公室里接订单，商家要饮料就必须到厂里提货。但是，百事可乐却招聘了占公司员工相当比例的销售人员，于是，一支庞大的销售队伍开始出现在上海的大街小巷。接着，其又花费巨资买进了20辆依维柯汽车，为客户送货上门。1998—1999年，百事可乐在中国市场分别推出拉环瓶盖换购世界杯球星奖品、七喜浪漫小存折换领奖品和澳门旅游等活动。受众人群涉及面广，影响力大，对终端促销、提高销售量起到了积极作用。百事可乐曾特别为消费者设计了一款马年春节限量珍藏版。其新包装一反平素的蓝色风格。此次，不仅颜色金光闪耀，还印有奔腾的骏马。同时，还把"祝你百事可乐"也印在了新包装上。马年金装共有355ml易拉罐，以及600ml、1.25L、2L胶瓶等四种规格。此外，马年百事可乐金装则是限量发售，即只在北京、天津、武汉、南京、广州和深圳6个城市的大型超市销售，而且具有收藏价值。

2. 谋划销售策略

针对经销商，百事可乐主要采取价格优惠和折扣等政策。除直接价格低廉之外，百事可乐还对经销商提供了诸如一个月的赊销支持、免费旅游、季度抽奖、VCD奖励等活动。百事可乐将广州第一线的销售人员分为WAT（批发协助员）和DSD（直销员），其中DSD为主要力量，从事广州市场的直销工作。WAT和DSD的工作内容主要包括客户拜访、线路管理、瓶箱管理、冰箱管理、货架摆设、POP张贴、销售与进货情况登记、竞争情况的了解等。针对业务员，百事可乐采用类似保险推销小组的团队管理方式。业务人员的奖励直接与销售业绩挂钩，在规定的基数前提下，超额完成部分奖励现金，并提供一定的福利奖励。重点突破的销售策略。百事可乐在各城市的市场表现，两极分化明显，市场渗透率高者甚至超过可口可乐，而市场渗透率低者不足可口可乐的40%。这也恰恰是百事可乐近期所希望看到的结果，因为他们的目的就是抓住可口可乐漫天撒网战略的弱点，集中优势兵力实施中心突破，并终于在上海、成都、重庆、武汉、深圳等城市的"两乐"之争中胜出。针对可口可乐的大打广告牌策略，百事可乐将人力、财力和物力集中在几个重点城市，大肆进行立体式广告宣传，所选择的重点是这些大城市中的高校、名校。年轻人中消费力较高的就是学生。因此，百事可乐在高校内设立自动售货机，出资建立公共设施等。抓住主要矛盾的主要方面，是百事可乐成功的秘诀。

### （三）网络营销

分析百事可乐的网络营销及策略可知，日常消费品的网络营销广告应当成为一种长期行为。同时，在旺季还要抓住重点集中投放；要设法利用网络营销广告吸引目标消费群；必须保持线上、线下营销广告的连续性和一致性；注意媒介组合的多样性；注意各期营销广告活动内在的连续性，即营销广告主体的一致性；自己的营销广告要有独特性，必须与对手有所不同。另外，百事可乐建立了与其公司形象和定位完全统一的中英文网站。以游戏、音乐、活动为主题，其背景则依然是创新的标志和年轻的蓝色。百事可乐的网络营销策略，具体体现在以下三个方面。

#### 1. 媒介策略

2000年4月，百事可乐宣布与Yahoo携手，进行全面网络推广合作。在音乐站点，如MTV.com的投放力度加大。同时，还涉足于体育类网站，如NBA.com、美国棒球联盟等。网络广告投放活动是长期行为。从2000年1月至2016年底，从未间断。每年3—4月，随着气温的升高，且伴随饮料消费高峰期的来临，网络广告投放高峰期便告开始。通常，其会延续至当年11月。

#### 2. 创意策略

推崇激情。相比可口可乐的传统广告，百事可乐的网络广告较为活泼。无论是画面构图，还是动画运用，都传达着一种"酷"的感觉。在2000年，便有拉丁王子瑞奇·马丁、小甜甜布兰妮和乐队Weezer等，先后出现在百事可乐广告中。从NBA到棒球，从奥斯卡到古墓丽影游戏，百事可乐网络广告总能捕捉到青少年的兴趣点和关注点。2001年，中国申奥成功，百事可乐网络广告独具匠心、气势非凡，其画面采用了动感水珠，传达出了品牌的充沛活力。其中，醒目的文字表达出百事可乐对北京申奥的支持。广告方案利用"渴望无限"和"终于解渴了"的双关语，将中国人对奥运的企盼，巧妙地与百事可乐产品联系在一起，并与其宣传高度一致。

3. 竞争策略

可口可乐针锋相对，拿到了冬奥会指定饮料代理权，可以拿冬奥会大做文章。而百事可乐则利用NBA和美国棒球联盟寻找平衡点。在中文网站设有百事足球世界、精彩足球，包括2001年百事可乐足球联赛、百事全能挑战足球赛、百事预祝十强赛中国足球超越梦想等。在音乐领域中的角逐，也是百事可乐最精彩的营销策略，其包含有百事音乐主题活动、音乐巨星、音乐卡片、音乐流行榜、竞投场等。另外，百事可乐还在网上发动网民投票，评选其最佳电视广告片等。举办各种活动，这都是为自己创造品牌注意力的最好机会。

（四）传播效果

其实，百事做微电影广告也不是第一次，"把乐带回家"系列从2012年就开始了，而且，每年都做得挺好。例如，2013年以"快乐家族"[①]为主角，让我们见证了他们的成长。还有2015年的"猴王"主题，以经典猴王的扮演者——六小龄童章金莱自述的方式，讲述了一个猴王世家的故

---

① 快乐家族是2006年湖南卫视打造的主持团队，由快乐大本营主持人何炅、李维嘉、谢娜、杜海涛、吴昕五人组成。2010年快乐家族发行首张专辑《快乐你懂的》，专辑销量破10万张，并在2010年获得"MusicRadio中国TOP最受欢迎组合"等奖项。17年的快乐绽放，让"快乐家族"在中国人气爆棚，其在东南亚、西亚、东亚等全亚洲地区都有着粉丝圈，甚至在欧洲、南美洲等国际圈也有着一席之地，已然进军"国际顶级主持团体"成为新生代主持偶像团体。

事。其中，印象最深的一句话是"只有苦练七十二变，方能笑对八十一难"，这也是他可以在高度近视的情况下还能演出火眼金睛神韵的秘诀。最后，以人气偶像李易峰的一句"章老师，祝您百事可乐"为结尾，使"猴王"更契合了猴年。

而 2016 年的"把乐带回家"，也是打了温情牌。想当初三部《家有儿女》的播出霸占了各大电视荧屏。我们每个人都有自己对于它的记忆：不管是学霸小雪、机灵鬼刘星，还是萌萌哒的小雨，都给我们童年的生活带来了无数的乐趣。之后，他们都有了各自的发展。因为工作、学习等原因，彼此之间很少有联系。2012 年了，对他们的关注依旧没有减少。虽然是拍摄广告，但观众们终于又看到一家人重聚了。从微博转发评论就可以看出，人们对于这个微电影的评价很好，顺带对百事可乐的好感度也逐渐上升。关注度的增加，口碑好评的增多，已达到了百事可乐预期的营销目的，如图 10-13 所示。

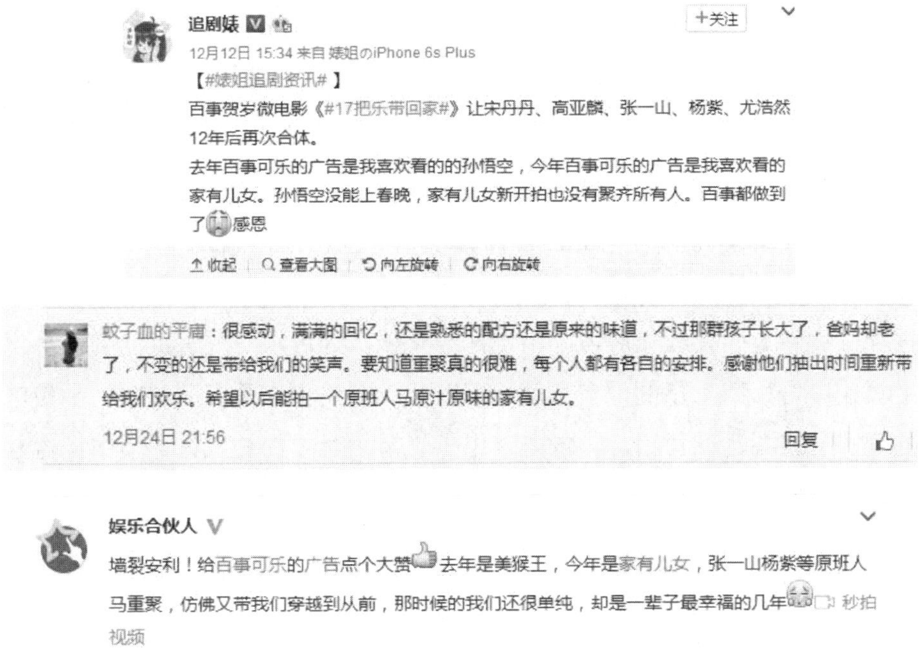

图 10-13　微博评论

## 四、微电影营销

### （一）对微电影广告的理解

在本质上，微电影还是广告，其属性依然是商业性，只是采用了电影的拍摄手法和叙事技巧，增加了广告信息的故事性，能更好地达到"润物细无声"的境界。但微电影广告，也是电影的一种。其不同的是，产品成了整个电影的第一角色或线索。在时间上，微电影远比电影短小精悍。《2017把乐带回家》广告就是借用了电影的形式来推销产品、阐释产品内涵、推广企业理念，让更多的人春节回家，与家人团聚。

#### 1. 消费变化下广告"三化"

基于互联网对于消费行为和生活方式的影响，电通公司于2005年提出了著名的 AISAS 消费者行为模型（Attention，注意；Interest，兴趣；Search，搜索；Action，行动；Share，分享）。其中，"Search"是消费者注意产品及对产品产生兴趣阶段，在互联网主动搜索相应产品的行为；"Share"是将对自己购得的、感兴趣的产品及对广告的印象，写入博客、BBS等社会化媒体上的行为。基于微博、博客、论坛、社交网络、交互视频网站等社会化媒体，口碑营销凸显出越发重要的作用。面对传统广告营销策划已不能满足新时代的需要，新浪精准提出了广告的"三化"趋势。即广告社会化指的是广告包含社会化信息、广告实现社会化交互、广告根据社交关系定向投放、广告以引发社会化传播为诉求、广告沉淀到社会化主页；广告移动化指的是在移动互联时代，广告主在手机、MP4、平板电脑等移动终端达成营销；广告内容化指的是相对于传统媒体环境中广告与媒体内容有明显区别的情况，媒介融合时代的广告成为内容，以获得更多的关注。

#### 2. 微电影适应"三化"趋势

微电影作为一种全新的电影文化，能更好地诠释品牌理念，未来，有可能会取代电影植入。微电影有明确的营销传播诉求点，其方式更加坦诚、自然、直接。因无时间限制，情节完全可控，也为创意提供了巨大空间。

相比于传统电影，微电影广告植入更灵活，其改变了以往影视作品创作后期广告的硬性植入，从而引发的观众抵触情绪，而且播出平台也能收获巨大的点击量及广告收益。微电影对于受众来说，最重要的是娱乐功能。有趣的创意会被人们不断地转发和分享，近似于网络病毒式营销。微电影的魅力在于短小而有悬念，容易吸引受众主动且多次观看。而受众自发撰写的微电影影评，进一步达到持续传播和强化品牌冲击的效果。微电影并非天生就是广告，但由于其在传播方式上的优势，以及来自微博等社交平台用户传播带来的营销价值，恰恰迎合了广告的内容化、社会化、移动化趋势。很多广告主将目光投向微电影广告。相对于传统的 30 秒、60 秒的电视广告，以及影视植入广告等，微电影广告的情节化创作，更多地承载了讲述品牌故事、与消费者深度沟通的营销诉求。此次，《2017 把乐带回家》广告中巨星云集，演绎了春节为爱回家的感人故事。消费者在体验人物情感的同时，自然地接受广告的说服，并轻点鼠标转发、分享，成为广告传播者的一分子。

**（二）百事可乐微电影营销**

**1. 微电影广告创意方面**

针对近些年回家过年的传统渐渐变得淡薄，出外闯荡的年轻人因为种种原因越来越不愿回家的社会现象，百事可乐经调研后，推出新春贺岁片《2017 把乐带回家》。故事讲述了三个儿女春节都各忙各的，被妈妈一个电话叫回家，意外见到家庭新成员林更新的故事。另外，百事可乐还设立了"回家愿望基金"，用来帮助实现 100 个最感人的回家愿望，鼓励和启发更多的人回家过年。其希望利用资源和品牌影响力，呼唤人们内心深处的亲情。希望大家都能明白，孩子是父母心中最大的快乐，父母是孩子最大的牵挂。春节能回家，就是"把乐带回家"。其中，"乐"有两层含义：一是百事四个"乐品牌"①产品带给消费者的快乐；二是与家人团聚带给亲人的快乐。而"家"，也包含了家庭团聚的快乐和社会大家庭的温暖两层

---

① 指的是乐事薯片、百事可乐、七喜和纯果乐。

含义。

百事可乐表示，拍摄此次广告片的最大突破，是首次聚齐了《家有儿女》的原班人马。其希望通过众巨星力量，把回家过年、一家人团聚的温情传递给大家。

2.微电影营销战略方面

百事可乐与乐事薯片的代理公司上海BBDO和纯果乐的代理公司上海DDB，也因为2016年最终确认春节广告而再次牵手合作，继续执行百事集团的"PO1"策略，即Power of one（统一的力量）。其意图是，将旗下的几个品牌整合在一起，开启宣传攻势，发挥整体效果。2015年，百事可乐与乐事薯片已合作过，2016年又加入了纯果乐品牌。虽然最终的创意主要由BBDO和DDB来负责，但在确认整个广告前，像OMD等所有线上线下公司都集中在苏州的Workshop里一起想创意。早在2016年5月，就已定下"把乐带回家"的主张。而后经历了无数次不同风格的提案，最终确定了这样温情感人、容易引起共鸣的风格。客户与BBDO、DDB两家公司的主创人员，还有著名广告导演徐佩侃组成了创意小组，来制作整个广告。

百事集团斥资拍摄微电影《2017把乐带回家》，已在网络上"公映"多日。整条影片被剪辑成数条TVC，在电视台轮番轰炸，煽情渲染的"回家过年"主题，拉开了在中国年推广季中与其他品牌的距离。百事集团将"祝你百事可乐"基本上推广成了一句新年的标准祝福语。《2017把乐带回家》则更为火爆，借用人们对于《家有儿女》的热爱，以及最近流行的微电影营销模式，着实又火了一把。

## 五、营销启示

在当前信息发达的时代里，产品广告铺天盖地。一个好的广告，是产品、宣传语、代言人、品牌内涵、故事情怀等共同塑造的结果。百事可乐一直给大众传达一种青春、有活力、积极向上的乐观生活态度，也得到很多消费者的认可。同时，也存在不足之处。虽然其请过很多大牌代言人，如迈克尔·杰克逊、张国荣、布兰妮、王菲、蔡依林、郭富城和贝克汉姆等,但依旧没能在市场占有率和年终业绩上超越可口可乐。《2017把乐带回家》新年贺岁广告,却是妥妥抓住了消费者心里最有感触的地方,引起很多人的共鸣,如图10-14所示。虽然是广告,但并不会引起观众反感。而且,微电影能传达出比30秒、60秒广告更丰富、更精彩的信息,比传统广告更有吸引力,是广告发展的新趋势。

图10-14 祝大家百事可乐!

## (一)品牌内涵:微电影广告的推广核心

作为广告与内容的高度融合,微电影广告的创作理念与传统媒体平台上的广告有很大不同。"微电影广告不是简单粗暴地追求商品形象、标识的曝光量,而是借助好看的故事、考究的视听语言,把产品功能、品牌理念巧妙地渗透进去,达到'润物细无声'的效果,是一种更为高级的广告营销方式"。通过仔细审视成功的作品可以发现,无论是凯迪拉克的《一触即发》《66号公路》等，还是广受好评的MSN微电影广告《如果爱》《极光之城》，以及百事可乐的《2017把乐带回家》等，迥异的视听语言风格和表现手法背后，隐藏的是同样的内核，即对品牌精神的彰显。其中，《一触即发》《66号公路》体现了凯迪拉克自由的精神追求；《如果爱》告诉消费者MSN"包容、沟通、分享"的品牌内涵，《极光之城》则凸显了其永不服输、自信果敢、热衷创新、热情洋溢的品牌特质；而《2017把乐带回家》则希望通过众巨星力量，把回家过年、一家人团聚的温情传递给大家。

### （二）故事讲述：微电影广告的创作关键

在媒介融合时代，人们在享受传播自由的同时，也要面临内容海量化的传播环境。如何在海量的信息中吸引到目标消费者的注意力？高超的叙事技巧、引人入胜的故事，才是微电影广告创作的关键。一方面，故事的主题应该是品牌的核心价值观或者概念。另一方面，确定主题后，在短时间内吸引消费者的注意力，大致有两个有效途径：一是名人效应，早在20世纪60年代就被大卫·奥格威多次提起；二是悬念化的叙事手段。在情节和人物设置上，相对于传统电影，微电影广告人物简单，由于无法在较长的篇幅内进行情节铺垫和人物性格渲染，所以相对于强调人物内心冲突的小叙事，强调外在冲突的好莱坞经典叙事模式，更加适合于微电影广告。为达成宣传的规模化效应，微电影广告创作主体化、系列化，也是发展趋势之一。

### （三）媒体整合：微电影营销的渠道选择

基于AISAS消费者行为模型，电通公司提出了Cross Media Planning（跨媒介计划），即广告不仅仅要引起消费者的注意（Attention），让他们产生兴趣（Interest），使信息达到最大化，更重要的是通过跨媒介的广告战略要让更多的消费者参与其中，与品牌产生互动，去体验品牌所带来的价值，并自发地向周围进行传播。在这种要求下，开展全社交网络营销计划，已成为众多广告主的选择。通过多渠道覆盖展开品牌的营销，才能在微时代爆发力量。以《2017把乐带回家》为例，微电影推出之前大概在

2016年9月或10月,张一山微博便晒出了大家庭的合照,勾起我们对童年的回忆,让人感慨猜测是否他们真的可以在荧幕上重聚。

**思考题**

1. 结合案例,分析百事可乐的广告营销环境及营销机会。
2. 百事可乐的"把乐带回家"广告的新媒体传播方式有哪些?
3. 百事可乐的新媒体广告传播中,运用了何种情感营销手段?
4. 情感诉求式广告营销的本质是什么?

**参考文献**

[1] 卫军英. 广告策划创意[M]. 杭州:浙江大学出版社,2001.
[2] 刘绍庭. 现代广告运作技巧[M]. 上海:复旦大学出版社,2000.
[3] 陈俊宁,王苏谊. 广告策划与品牌管理[M]. 广州:暨南大学出版社,2009.
[4] 朱庆华. 青年亚文化与百事品牌传播研究[D]. 苏州:苏州大学,2010.
[5] 姚光明. 论百事可乐名人广告传播策略[J]. 淮南师范学院学报,2004(2).
[6] 姚峻. OLYMPICS 剖析百事可乐2008奥运年战略[J]. 成功营销,2008(5).
[7] 李文斌. 传奇或谎言:英雄形象的消解与构建——消费语境下的百事可乐电视广告片[J]. 东南传播,2012(1).
[8] 彭迪,郭幼勤. 把乐带回家——百事新春贺岁片首映礼在京启动[J]. 社会与公益,2012(2).
[9] 宁钊. 百事可乐广告策略研究[J]. 商,2012(9).
[10] 闫芬. 百事营销新主张[J]. 中国品牌,2011(9).
[11] 杨文龙. 百事品牌个性塑造对品牌竞争力影响分析[J]. 中国商贸,2011(8).
[12] 沈鸿昌. 百事可乐广告文化叙事探究[J]. 新闻世界,2011(3).
[13] 凌虚御风. 看百事可乐新年广告如何演绎"我创"精神[J]. 市场观察,2010(3).
[14] 李斌. "把乐带回家" 有使命感的营销[J]. 新财经,2012(2).
[15] 姜元明. 音乐在传播企业品牌文化中的作用——以百事可乐的广告为例[J]. 音乐时空,2014(12).
[16] 黄鹏. 浅析品牌形象在广告设计中的塑造——以百事可乐为例[J]. 中国包装工业,2014(20).

第十一章

# 卡地亚：穿越 165 年的浪漫美学

卡地亚是瑞士历峰集团（Rechimont）旗下知名度最高的品牌。1847 年，由 Louis Francois Cartier 接掌其师 Adolphe Picard 位于巴黎蒙特吉尔街的珠宝工坊，卡地亚品牌便由此诞生。1874 年，路易·弗兰克斯·卡地亚之子，亚法·卡地亚继承该品牌的管理权，由其孙子路易·卡地亚、皮尔·卡地亚和基斯·卡地亚，将品牌发展成世界著名品牌。本章通过分析卡地亚品牌及其内涵，以奥德赛之旅系列广告为例，剖析其广告在新媒体上的传播与营销效果。由此，得出以下结论：企业在制作广告时要突出品牌特色与产品的附加价值，形成鲜明的品牌广告特色；广告营销方式的选择要以品牌的营销目标为根据，融合品牌特色，以品牌的定位为出发点并且迎合目标市场；企业将广告投放在新媒体渠道时不能只注重广告的传播效率，还应关注广告的传播环境与信息质量。

## 一、品牌故事

### （一）品牌的诞生

如图 11-1 所示，卡地亚的传奇故事始于 1847 年。路易·弗兰克斯·卡地亚在 1846 年以自己名字的缩写字母 L 和 C 为元素设计出的菱形标志，注册了卡地亚公司。1847 年，29 岁的路易·弗兰克斯·卡地亚接手其师 Adolphe Picard 位于巴黎蒙特吉尔街 29 号的珠宝工厂，Maison Cartier 由此诞生。1888 年，卡地亚开始推出腕表，尝试在镶嵌钻石的黄金手镯上装机械女表。卡地亚的腕表设计通常都带有极强的时代感,又与经典美学相融合,风格简约优雅,不墨守成规。然而,真正让卡地亚一夜成名,即成为上流社会标志的是,1904 年卡地亚为老朋友 Santos 专门定制的金表。自此后,卡地亚作为一家法国手表及珠宝制造商,开始走上辉煌的传奇之路。

图 11-1　品牌设计

### (二) 传承与发展

在拿破仑三世执政后,巴黎又恢复了往日的浮华,舞会盛宴普遍成了日常的社交场所。卡地亚得到了拿破仑三世堂妹玛蒂尔德公主的推荐,也获得了乌婕妮皇后的关注。在当时的巴黎,甚至欧洲的皇室贵族中风靡一时。其经营规模不断扩大,并在 1859 年进驻巴黎市的时尚中心,即意大利大道。创始人路易·弗兰克斯·卡地亚希望该事业能够在家族中传承发展下去。于是,将手艺传给长子 Alfred,让他以公司合伙人的身份参与经营。并且,在 1874 年将管理权交给他。Alfred 也于 1898 年与他的儿子 Louis,以合伙人的方式共同经营公司。

1899 年,卡地亚的发展迈出了重大的一步,店铺迁至巴黎和平街 13 号。直至今日,从未迁址。店铺装修风格古典而华丽。1902 年,卡地亚相继在伦敦和纽约开店。经过两代人的不懈努力,卡地亚成为世界上最受瞩目的珠宝商,是世界"首饰之王"。随着首饰国王的盛名传播开来,卡地亚就成为欧洲各国皇室的御用珠宝供应商。英国王储威尔士亲王曾称赞卡地亚为"珠宝商的皇帝,帝皇的珠宝商"。1902 年,威尔士亲王特地从卡地亚订购了冕状头饰,并在他被加冕为爱德华七世时佩戴。1904

年，爱德华七世向卡地亚颁发皇家委任状。此后，卡地亚又陆续获得了西班牙、葡萄牙、俄罗斯、暹罗、希腊、塞尔维亚、比利时、罗马尼亚、埃及和阿尔巴尼亚等国王室、奥尔良公爵及摩纳哥公国的委任状。1938年，伊丽莎白佩戴着卡地亚为其设计的手镯式腕表出现在世界面前，更使得其在国际上声名远播。

卡地亚第三代继承人，并不满足于在精致考究的店铺中接待身份高贵的客人。Louis、Pierre和Jacques三兄弟不断游历世界，获得创作灵感。Pierre前往俄罗斯搜寻上等的珐琅和珍贵玉石，Jacques前往波斯湾搜寻珍珠，并到印度将当地的漂亮珠宝运往伦敦工作室，融合设计灵感重新制作。兄弟二人还从印度王子处购得大量珍珠宝石。长子Louis则是卡地亚文化中的灵魂人物，他不仅是一名杰出的设计师，还是一位精明的商人。而且，他找到了设计师查尔斯·杰库和杰出女设计师珍妮·杜桑女士。前者为卡地亚创作出了世界一流的珠宝首饰，而后者则特立独行、创意非凡、一丝不苟，为卡地亚定下了美洲豹系列的基调。从华美的豹皮到脸部的比例轮廓，将美洲豹的灵感完美生动地与珠宝首饰及腕表设计相融合。在Louis的管理下，卡地亚始终保持着创新的活力。他引入一些来自远东（如埃及、波斯和俄罗斯等）的设计灵感与风格，革新了珠宝设计风格，如魅幻时钟等，为贵重货品市场新形式奠定了基础。在卡地亚第三代继承人的努力经营下，高级珠宝、钟表及配饰已经成为卡地亚家族所引导的艺术领域。

### （三）品牌的成熟

百年来，卡地亚始终保持着高贵优雅的品牌气质，从印度王子定制的项链到与温莎公爵夫人形影不离的美洲豹胸针，卡地亚不仅与皇室贵族保持着紧密的交往，同时也与社会名流、明星结下了不解情缘。当代精神与经典美学融合的高级设计珠宝系列（如Trinity三环戒指、Love手环、最为经典的Panthèrede美洲豹珠宝系列等），重新定义了现代珠宝。而结合精致美学与高超技艺的腕表系列（如Santos腕表、Libre系列珍珠女士手表、Tortue腕表等），将日渐式微的手表制作工艺重新带入新里程。在流

# 第十一章 卡地亚：穿越 165 年的浪漫美学

畅的线条与明艳的色彩中，卡地亚演绎着百年来的经典美学："美在于简单，在于和谐"。在 21 世纪的今天，卡地亚已经成为全球顶级珠宝腕表品牌，被誉为"奢华的艺术家"，是集经典、创新与精湛工艺于一体的不朽传奇。而且，其经典红色礼盒承载的不仅是价值不菲的首饰腕表，更是一段沉淀了百年辉煌的传奇。回顾卡地亚的品牌历史，就像是在回顾现代珠宝百年变迁的历史。而卡地亚百年传承，都在 2012 年卡地亚奥德赛之旅的品牌宣传广告中，被淋漓尽致地体现出来了。

## 二、广告介绍

2012 年 3 月 4 日，卡地亚为其 165 周年创作的品牌宣传片，即奥德赛之旅，在全球同步上映。同时，于当晚在央视频道播出。在时长为三分半的广告中，作为卡地亚标志的美洲豹，冲破束缚，奔跑穿梭在梦与现实之中，足迹遍布俄罗斯、中国、印度等激发卡地亚三兄弟创作灵感的国度，最终回归巴黎。短短 210 秒的广告，充分展现了卡地亚 165 年来的非凡历程。其中，导演采用美洲豹的视角，带领观众见证卡地亚 165 年的传奇历程，欣赏其发展史上具有里程碑意义的珠宝首饰与腕表的风采，在顶级的配乐中体会穿越 165 年的浪漫主义美学，如图 11-2 所示。

图 11-2　奥德赛之旅广告镜头之一

资料来源：http://v.youku.com/v_show/id_XMzY1NjQ0NjE2.html?from=y1.7-1-171.4.3-1.8-1-2-2-0。

此部宣传广告片，由法国知名导演 Bruno Aveillan 执导，与来自世界各地的好莱坞顶级团队合作。广告的主角是卡地亚的品牌标识美洲豹，共由三只美洲豹演绎完成拍摄。卡地亚选择美洲豹作为注册商标的原因在于，美洲豹有野性与温存并存的个性，象征着自由独立、优雅自信的女性。同时，这些女性也是卡地亚的目标客户群。该广告从筹备到拍摄完成共耗时两年，倾尽了整个团队的心血，加之导演丰富的经验和卓越的技巧，其拍摄足迹从布拉格、西班牙、意大利延伸到巴黎、印度等地，将自然场景与 3D 动画完美结合。整个广告的场面恢宏、厚重。

### （一）广告解读

#### 1. 开始诞生

如图 11-3 所示，广告的第一幕始于清晨巴黎街角的一家卡地亚珠宝店

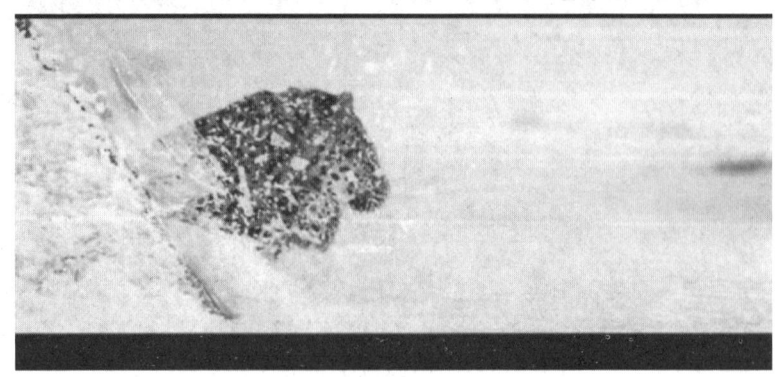

图 11-3 奥德赛之旅广告镜头之二

资料来源：http://v.youku.com/v_show/id_XMzY1NjQ0NjE2.html?from=y1.7-1-171.4.3-1.8-1-2-2-0。

橱窗。其中央为一个圆拱形屋顶的礼堂，展示着浑身闪耀璀璨光芒的美洲豹珠宝。当第一缕阳光照到它身上时，嵌在其外表上价值连城的钻石与红蓝宝石逐渐退去。在半空中，凝结为巨型 Trinity 系列戒指。神秘而华美的美洲豹被唤醒，礼堂里的大理石地板逐渐飘浮起至半空中。身形矫健的美洲豹纵身一跃至巨型戒指，再奋力一跳直接冲破礼堂的玻璃顶，穿越到了积满白雪的俄罗斯。短短的开头，为全片定下了浪漫的魔幻主义色彩。

2. 沙皇之国

第二篇章在覆满白雪的俄国揭开序幕。美洲豹奔跑在北国的街道上，两旁的建筑带有明显的沙皇统治时期的建筑风格。美洲豹渐渐超越了一辆三匹白马驾着的马车。马匹的装饰十分讲究高贵，乘坐者衣着华美的皮草，映射出其俄国贵族的身份。镜头着重对其中一位女性贵族手上佩戴着的卡地亚钻戒进行了特写。一颗巨大的主钻被嵌在由一颗颗小钻石镶嵌而成的指环上，光芒流动、美不胜收。如图 11-4 所示，该故事灵感源于 Pierre

图 11-4　奥德赛之旅广告镜头之三

资料来源：http://v.youku.com/v_show/id_XMzY1NjQ0NjE2.html?from=y1.7-1-171.4.3-1.8-1-2-2-0。

在 1904 年对俄国的首次访问，以及 1907 年 Louis 向沙皇亚历山大三世的遗孀玛利亚皇后在和平大街精品店展示卡地亚作品的经历。此后，俄国贵族便不断规劝卡地亚落户俄国，卡地亚的珠宝首饰尤其是冠冕和胸针备受俄国贵族的喜爱与追捧。在广告中，衣着华贵的王公贵族便是卡地亚在俄国的主要客户。

### 3. Love 精神

随着美洲豹的奔跑，广告进入了第三篇章，主要向观众展示了卡地亚的经典作品：Love 系列和卡地亚的创作精神与传世理念。美洲豹奔跑至白雪皑皑的群山山脉，此时，自山顶滚下六个巨型卡地亚 Love 系列的玫瑰金、银色手镯，美洲豹毫不犹豫，勇敢果断地一一穿过这些手镯，如图 11-5 所示。这一幕象征着卡地亚永远追求完美、不断创新的品牌精神与创新理念，不止步于任何一个经典。而且，善于冲破陈旧的风格设计，追求每一次的灵感创新。

图 11-5　奥德赛之旅广告镜头之四

资料来源：http://v.youku.com/v_show/id_XMzY1NjQ0NjE2.html?from=y1.7-1-171.4.3-1.8-1-2-2-0.

### 4. 与龙共舞

在第四篇章,画面切换到了叠嶂的山峦群峰。美洲豹缓缓行走在山崖上,突然,山体崩裂,一条金色的巨龙腾空而起,遍体坚硬锋利的金色鳞片,长长的金色龙须,硕大威严的金色头颅,绿宝石般的双眼,浑然天成的威严气度。美洲豹和巨龙之间展开追逐,在对视之后,巨龙越过山脉离去,在山一侧的身躯化为万里长城,匍匐卧在山峰上,如图 11-6 所示。

图 11-6 奥德赛之旅广告镜头之五

资料来源:http://v.youku.com/v_show/id_XMzY1NjQ0NjE2.html?from=y1.7-1-171.4.3-1.8-1-2-2-0。

以金色和龙与长城构思意象，代表美洲豹来到了中国。金色的巨龙从山岩中跃出，意味着卡地亚将中国的客户视为潜在的巨大的客户群体。巨大的龙躯标志着中国市场强大的购买力。而美洲豹与巨龙之间的追逐对峙，也许意味着双方需进一步的磨合。巨龙化身为长城，绵延无尽，意味着双方的合作道路清楚坚定、情谊长存。

5. 印度之梦

美洲豹穿过长长的山体隧道，眼前出现如梦似幻的印度花园，第五篇章由此开始。花园里一眼望去全是由银制成并镶嵌着各色宝石的珠宝首饰。与美洲豹一样，具有生命，整个花厅光芒流动。各色宝石光泽华美、璀璨闪耀。美洲豹缓缓走过花园中庭。镶着红蓝宝石的蜻蜓、蝴蝶停在银树上扇动翅膀，金制的小鳄鱼抬起头，银蛇缠在树上，吐着蛇信。美洲豹路过开屏的、羽毛上镶着绿宝石的银孔雀，慢慢步出花园，一树的银蝴蝶忽然振翅飞舞，宝石大放异彩，如图11-7所示。该篇章的灵感来自Pierre和Jacques的中东之旅。Pierre在印度的王公贵族处购买了大量的首饰珍品。在这些贵族委托卡地亚将他们的金银首饰改制成铂金饰品时，卡地亚亦从印度形状各异的传统首饰中获取了源源不断的灵感。

6. 再遇故人

美洲豹走出花厅所在的建筑物，却已经在非洲神象驮着的印度宫殿之前了。在神象巨大的背上奔跑，望见非洲平原地平线上的红日缓缓升起。在日出的万丈光芒中，老友飞行冒险家Santos驾驶着古老的飞机而来。美洲豹纵身一跃跳上机翼，老式飞机载着它缓缓驶离非洲。埃菲尔铁塔渐渐出现在视野中，美洲豹在飞机接近一处圆顶教堂时纵身跃下，目送老友慢慢离开。如图11-8所示，在这个篇章中，对老友Santos手上的腕表与其侧颜进行了特写，该表则是著名的Santos，是被载入史册的腕表。该表是Louis为老友Santos专门设计的，方便他在飞行的时候读取时间。美洲豹目送老友离去的场景，也表达了卡地亚对故人的怀念。

第十一章　卡地亚：穿越165年的浪漫美学

图 11-7　奥德赛之旅广告镜头之六

资料来源：http://v.youku.com/v_show/id_XMzY1NjQ0NjE2.html?from=y1.7-1-171.4.3-1.8-1-2-2-0.

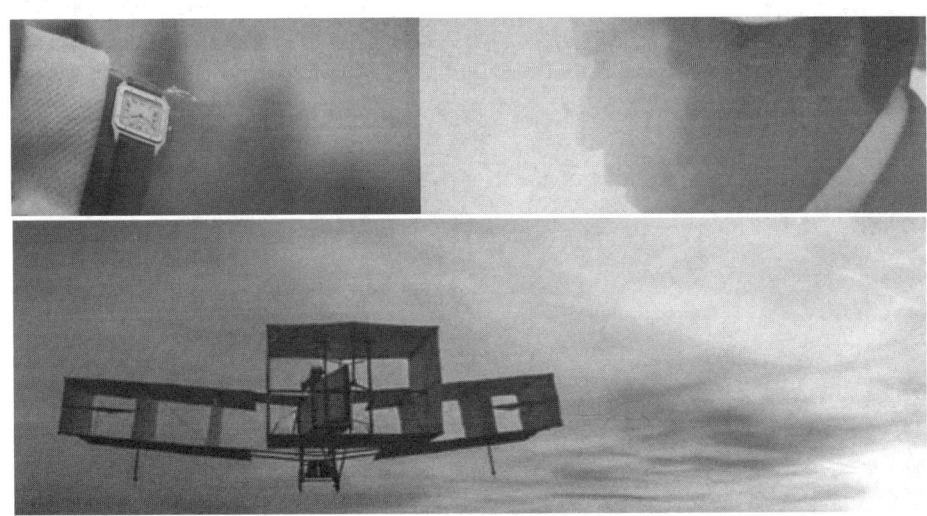

图 11-8　奥德赛之旅广告镜头之七

资料来源：http://v.youku.com/v_show/id_XMzY1NjQ0NjE2.html?from=y1.7-1-171.4.3-1.8-1-2-2-0.

### 7. 回归巴黎

巴黎渐渐夜色四起，美洲豹穿过几个街区，在一处巨大的卡地亚钟墙边停顿片刻，穿过街灯明亮的道路，进入了一座宫殿般的豪宅。在二楼，它警惕地步入一个半掩着门的房间，里面坐着一位身着红色华贵礼服，身材修长、面容美丽的贵族夫人，手上佩戴着卡地亚经典的美洲豹系列的手镯。它缓缓靠近那位女子，看着她手上的手镯。女子缓缓拂过美洲豹华美的皮毛。最终二者一起漫步消失在卡地亚经典的红色礼盒中，如图 11-9 所示。终章又回到巴黎，意味着巴黎是卡地亚的发源地和故乡。巨型的卡地亚钟墙体现了钟表对卡地亚的重要性。同时，那位贵妇便是美洲豹的原形，优雅高贵，神秘自信。最终一切美好都消失在卡地亚经典的红色礼盒中，令人回味无穷。

图 11-9　奥德赛之旅广告镜头之八

资料来源：http://v.youku.com/v_show/id_XMzY1NjQ0NjE2.html?from=y1.7-1-171.4.3-1.8-1-2-2-0.

## （二）广告产品

在广告中出现了卡地亚四个系列的五个产品，下面按照品牌系列一一进行详述。

### 1. Panthère de 系列珠宝

如图11-10所示，第一个出现在广告中的是卡地亚的美洲豹珠宝。在卡地亚的审美领域，猎豹无处不在。其首次露面是在1914年，为一只单色猎豹的象形图案。而让卡地亚美洲豹的形象走向高峰的是珠宝设计师珍妮·杜桑女士，她被尊称为"美洲豹的母亲"。其灵感源于自身对美洲豹超乎寻常的热爱，也源于同时代最负盛名的意大利暗黑女侯爵Marchesa Luisa Casat。该女侯爵以离经叛道出名，养猎豹做宠物，以蛇为项链，成为当时艺术家的创作原型。而她的宠物美洲豹也逐渐象征着那些强大自信、不依附男性、神秘高贵的女性。随着时间的流逝，美洲豹系列被赋予了更多的意义与价值。

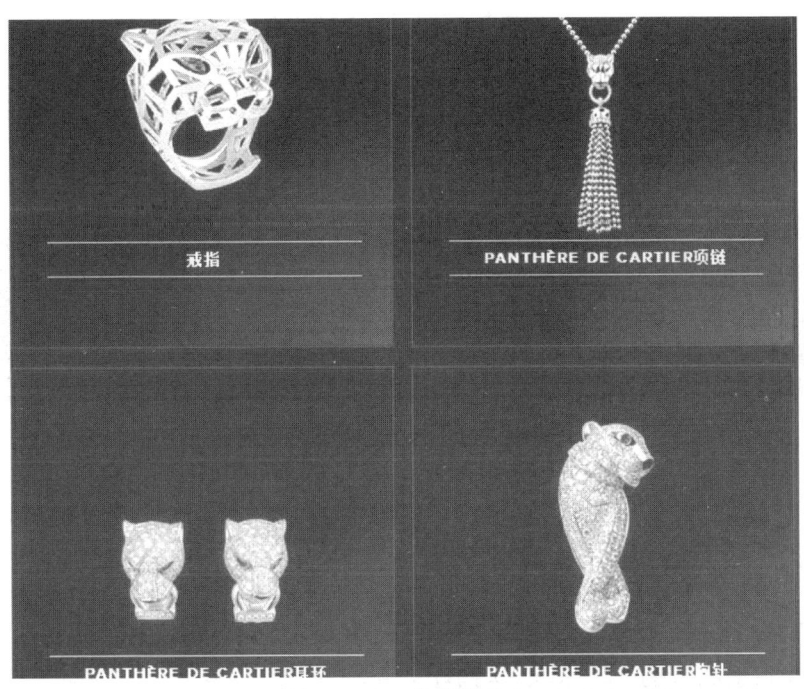

图 11-10　美洲豹珠宝

资料来源：http://v.youku.com/v_show/id_XMzY1NjQ0NjE2.html?from=y1.7-1-171.4.3-1.8-1-2-2-0.

如图11-11所示，在该片中出现的美洲豹系列作品共两个，一是广告开头的美洲豹原形；二是影片末尾的美洲豹手镯。美洲豹原形的珠宝摆件，豹身的斑纹以蓝宝石、钻石和玛瑙勾画，以祖母绿镶嵌双眼。而美洲豹铂金手镯则镶嵌了一颗51.58克拉的绿色绿柱石，豹鼻和豹纹由黑玛瑙镶嵌而成，祖母绿镶嵌眼睛，使用钻石嵌满豹身。卡地亚以其独有的镶嵌法，结合蜂窝状开放式镶嵌法、雕塑铺镶，打造出美洲豹的三维立体视觉效果，堪称一绝。结合雕塑技巧与解剖学手法而塑造的美洲豹体态，远远超越了简单的观赏价值。在设计上，美洲豹系列完美的双眼比例和位置，将野性与温柔并存的性格体现得淋漓尽致。全身大小不一的斑点，使其身形更加立体。斑点的排布，严格遵守特定顺序，时而在前，时而在后，营造透视效果，进而展现生动形态。卡地亚卓越的宝石工艺与镶嵌技术的结合，加以源源不断的灵感，使得卡地亚美洲豹系列的每件作品都浪漫到无以复加，生动展现了以美洲豹为原型的集优雅高贵、神秘自信于一体的现代女性。"充满野性的猎豹，对卡地亚而言，不仅是品牌象征，更是超越时间的经典，或矜持含蓄，或奔腾跳跃，又流露致命诱惑。任凭创意自由驰骋，令猎豹系列珠宝在珠宝史上留下深刻而经久不衰的印记"。

 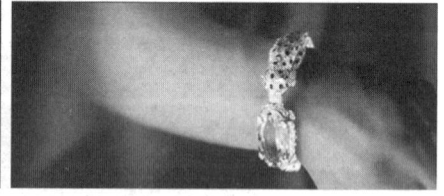

图11-11　美洲豹珠宝系列

资料来源：http://v.youku.com/v_show/id_XMzY1NjQ0NjE2.html?from=y1.7-1-171.4.3-1.8-1-2-2-0.

2. Trinity 系列指环

如图11-12所示，在广告开篇中，美洲豹身上的珠宝逐渐退去，化成悬浮在空中的巨型Trinity三色指环。

## 第十一章 卡地亚：穿越 165 年的浪漫美学

图 11-12　三色指环

如图 11-13 所示，"Trinity，你的故事"。Trinity 系列的三色指环，有三个环圈，三种颜色，即玫瑰金、黄金和白金，和谐地交织，浪漫神秘。该系列的首件作品，由路易·卡地亚于 1924 年设计。同时，在法国艺术家让·考克多的大力推崇下，三色金系列成为卡地亚珠宝史上又一永恒的经典。其并非简单的指环，还被赋予了情感，环环交缠紧扣。在三色金中，玫瑰金代表爱情，白金代表友情，黄金代表亲情。Trinity 系列的三色金指环，从此便成为承载人生所有美好永恒感情的珠宝，传递着世人关于爱情、亲情与友情的永恒故事，伴随着人生旅途。

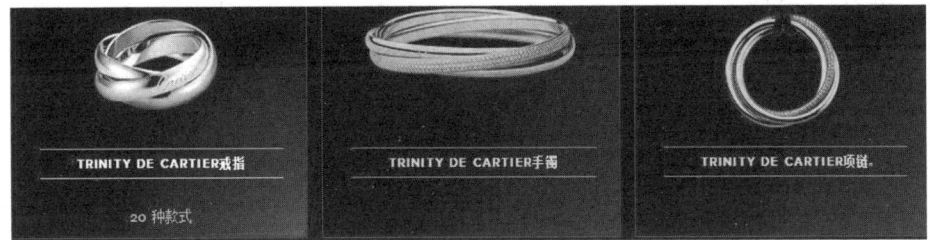

图 11-13　三色系列

3. Love 系列手镯

如图 11-14 所示，在广告中，美洲豹在雪山上一一穿过六个巨型的卡地亚 Love 系列手镯。

图 11-14　Love 系列手镯

如图 11-15 所示，卡地亚 Love 系列象征着爱之宣言的表白，爱无止境。"其诞生于 20 世纪七八十年代，锁入了矢志不渝的爱之誓约，见证了诸多缠绵悱恻的传奇爱情。标志性的螺钉设计、精美椭圆形镯身和鲜明的优雅风格，传递着炽热的情感"。20世纪70年代，"爱与和平"的主题在世界范围内广为传播。意大利设计师Aldo Cipullo，以中世纪战士们上战场前给他们妻子在腰间系上铁质的贞操带以保证她们对婚姻忠诚的传说为灵感，设计了能使情侣们互表爱意与衷心的真爱手镯。这款带有卡地亚特制螺丝钉的手镯，只能由情侣们用专有的螺丝刀才能打开，意味着爱情的永恒。螺丝刀锁住的是情侣之间永恒的爱。如此带有浪漫主义情结的设计理念，使得人们发现尊重与信任的力量，使得Love系列手镯不再是衣物的附属品，而是一种简约美学理念的体现、一种精神的象征。

图11-15　Love系列

4. Santos系列腕表

在广告中，美洲豹搭乘老友Santos的飞机回到巴黎。这个篇章对Santos所佩戴的腕表进行了特写，这是出现在广告中的第四个作品，如图11-16所示。1904年，由路易·卡地亚为其好友巴西飞行员Santos专门设计。其起因是Santos想在飞行器不会失控的情况下读取时间。在此之后，Santos还推动了男性佩戴腕表的时尚潮流。

Santos系列腕表是卡地亚在21世纪前就问世的腕表，是卡地亚王国在对几何美学探索上的重要里程碑，至今仍经久不衰。卡地亚Santos系列腕表是专门设计佩戴在手腕上的首批钟表。其表带与手表主体合而为一，表壳带有搭配凸耳的设计，方形表壳的圆弧曲线与凸耳曲线完美衔接。整个腕表线条简洁流畅，具有独特的艺术美感。最突出的是Santos系列腕表结合长方形与正方形的设计风格，具有层次感却不显反复，风格上硬朗又不失柔和。在设计美学上,其将早期艺术装饰风格、工业设计和金属建筑的风格和谐统一地融合并体现出来。同时,具有超大的表冠和计时设置功能。

图 11-16　Santos de Cartier 腕表系列

### 三、传播营销

#### (一)《奥德赛之旅》传播效果

卡地亚《奥德赛之旅》广告宣传片,于 2012 年 2 月 29 日在巴黎、纽约、伦敦、北京、香港、米兰等全球 15 个城市同步首映,并于 18 个国家包括美国、法国、俄罗斯、英国和中东等地在内的电视频道、电影院线和网络平台播出其品牌 165 年传奇历史。于 2012 年 3 月 4 日晚在法国电视台 TF1 黄金时间段播出,中国 CCTV2、CCTV6 频道同步播出。在中国的首映选在法国驻华大使馆,中国观众从 2012 年 3 月 4 日起在央视、微博及卡地亚官网都可以看到此片。这部时长 3 分 30 秒的广告片播出后,就在法国吸引了 800 万名电视观众。观看人数仅比《美丽新世界》等娱乐大片少 20 万人。在品牌 165 周年之际，《奥德赛之旅》将卡地亚品牌自成立以来的历史事迹，展现在本国和全球观众面前，使得其不断创新的品牌理念和追求完美的工匠精神再次深入人心，更使得浪漫美学主义的品牌文化在世界范围内广泛传播。这场豪华的视听盛宴，再现了卡地亚 165 年的辉煌历史，淋漓尽致地诠释了其品牌内涵，刺激了当时全球经济衰退下的奢侈品市场，也让卡地亚惊艳的奢华之光，照亮了整个国际市场。

如图 11-17 所示，时至今日，卡地亚《奥德赛之旅》在优酷上的评论量累计达到约 370.3 万条，在爱奇艺网站上的评论量累计 71.2 万条。虽然热度不如卡地亚其他系列的广告片，但考虑到 2012 年其官方对《奥德赛之旅》的主要投放渠道是各国门户视频网站和各大主流媒体，以及官方电

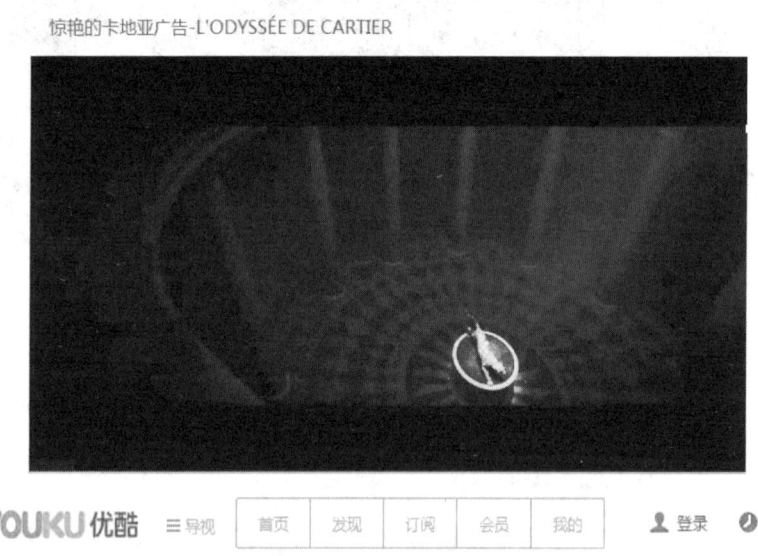

图 11-17　优酷平台播放效果

# 第十一章 卡地亚：穿越165年的浪漫美学

视台，根据2012年我国的网络普及程度，以及视频网站的运营情况，再加上该广告首播在2012年，该点击量数据已足够体现出《奥德赛之旅》的成功。除此之外，该广告被国内外各大广告行业的网站收录采用，作为经典广告营销案例，而设置在页面上，其点击量也都颇为可观。在优酷和爱奇艺等国内视频的门户网站上，该广告下的评论大体都是赞美广告的构思巧妙、画面唯美和整体效果艺术感强。《奥德赛之旅》在播出不久后，就被外界称为奢侈品广告的典范，以及广告行业的经典之作，更是在2013年获得了"克里奥广告大赛视觉特效类金奖"（Clio Visual Effects Gold Award），称其为广告界史诗般的巨作也不为过，如图11-18所示。

据卡地亚官方统计，其珠宝首饰销量于2012—2013年呈高速增长趋势。除外界各种因素外，卡地亚165周年的品牌宣传广告片《奥德赛之旅》也功不可没。根据历峰集团2013年财报，从2012年3月31日到2013年3月31日，总销售额为101.5亿欧元，比2012财年的88.68亿欧元增长了14%，营业利润为24.26亿欧元，比2012财年的20.48亿欧元增长了18%，净利润20.05亿欧元，每股收益3.595欧元，比2012财年的净利润15.40亿欧元，每股收益2.756欧元增长了30%，经营现金流共19.44亿欧元。

图11-18 爱奇艺平台播放效果

在经济放缓且奢侈品行业不景气的大背景下，与世界最大的奢侈品集团 LVMH、第三大奢侈品集团 Kering 发布的 2013 年财报相比，历峰集团该财年的成绩十分亮眼。其能取得这样增长明显的经营业绩，很大一部分归功于其主打的以卡地亚为代表的高端小众珠宝与腕表品牌，能很好地满足亚太新兴市场客户消费升级的需求。珠宝腕表类奢侈品抗风险性能强，市场前景也较其他奢侈品要好。

历峰集团 2013 年的财报中，珠宝和腕表表现强劲。从历峰集团经营的产品类别来看，珠宝部门 2013 财年销售额为 52.06 亿欧元，比 2012 财年增长了 13%；营业利润为 18.18 亿欧元，同比增长 20%；营业利润率达 34.9%，比上一年 32.9% 多出 200 个基点。在历峰旗下的珠宝品牌中，卡地亚与梵克雅宝表现卓越，尤其是卡地亚。而手表部门 2013 财年全年销售额为 27.52 亿欧元，比 2012 财年的 23.23 亿欧元增长了 18%；营业利润为 7.33 亿欧元，营业利润率为 26.6%，比 2012 财年的 23.2% 多出 340 个基点。卡地亚手表系列的表现也相当出色，市场对卡地亚的手表需求十分巨大且增长迅速。

在增长如此迅速的珠宝腕表销售额背后，是亚太地区客户群消费升级的趋势。在地区分布上，亚太地区仍是历峰集团的最大市场。2013 财年在亚太地区的销售额为 41.62 亿欧元，相比 2012 财年的 36.84 亿欧元增长了 13%，占集团总销售额的 41%。其中，中国内地和香港销售额占整个亚太地区销售额的大部分。而同期，欧洲地区的销售额为 36.11 亿欧元，仅占 36%。在《奥德赛之旅》中，美洲豹在中国的场景用时较其他场景长。并且，对美洲豹与巨龙的对视进行了特写，体现了卡地亚对亚太地区客户群，尤其是中国消费者的重视。而广告投放后一年的财报数据显示，卡地亚重视亚太地区的战略与决策是正确的。亚太地区的销售额不仅拉动整体销售额，还保持了高速增长，前景乐观。

### （二）从传播看卡地亚文化营销

自品牌成立以来，卡地亚的营销策略逐渐从最初的皇室御用供应商开始转变,结合时代的变迁开展营销活动。从 1940 年的资助"自由法国运动"并创造了"囚鸟"系列作品庆祝法国大解放,到 20 世纪 70 年代前后抓住电影业的兴起大力开展电影营销,再到新媒体时代利用微电影形式的视频短片对品牌的系列作品进行宣传,卡地亚营销策略的每次转变都紧随时代潮流。自进入 21 世纪以来,女性消费趋势不断上升。卡地亚将那些独立、自信的女性,视为其在各国的潜在客户群,并采取各种营销手段培养潜在客户群。例如,成为世界女性论坛的会员,在全球范围内持续举办"卡地亚灵思涌动女性创业家奖"等。

从品牌的传播方面来看,卡地亚的文化营销体现在多个方面:第一,卡地亚经典的酒红色能帮助顾客形成关于品牌的视觉记忆,由字母 L 和 C 组成的品牌标志,能够很好地传达出品牌的文化内涵;第二,资助举办各大奢侈品巡回展览和高端论坛会议,在全球各大城市展示其收藏的传世经典作品,树立起品牌经典而不失时尚的艺术形象;第三,融入公益活动,体现社会责任感,为了转变公众对奢侈品是浪费奢华的不良印象,卡地亚积极参与社会公益事业,树立勇于承担社会责任的品牌形象;第四,卡地亚的短片很多都是浪漫美丽的故事,并着重赋予产品情感意义,升华每个作品的价值;第五,卡地亚不仅在传统媒体上投放广告,更是将广告投放重心转移到各种新媒体上。例如,各国的视频门户网站、社交媒体等。每个广告短片不仅对相应系列或作品进行宣传,并在渲染品牌一贯优雅华贵的风格基础上,彰显了不断创新的品牌理念和执着追求艺术的精神。以此,不断凸显和强化卡地亚每个作品背后的艺术价值、独特的创新,以及经典的品牌文化,以吸引更多的消费者。

## 四、经验启示

1847 年至今,卡地亚一直维持着其高贵优雅的品牌形象。从"珠宝商的皇帝,帝皇的珠宝商"到将美洲豹作为品牌标志,从 Santos 腕表到 Love 系列手镯,在这百年多的时代变迁中,卡地亚经典的浪漫主义美学,不仅体现在每个作品上,更体现在对品牌的宣传上。而 2012 年的广告巨作《奥德赛之旅》，在制作和投放上给品牌广告，尤其是品牌宣传片，或以推广产品为目的商业广告许多启示与经验借鉴。

### （一）广告制作与品牌特色

#### 1. 融合品牌形象与品牌文化

卡地亚的每个广告，如轰动一时的品牌宣传片 *L'Odyssee*，以及2015年全新钻石系列的 *Diamonds*、2014年真爱系列的三部曲广告片等，都能完美地将独属于巴黎的那份优雅浪漫气质体现得淋漓尽致。更重要的是，卡地亚将其品牌文化和设计理念和谐地融入每个广告中。在《奥德赛之旅》中，以冷色调为广告的底色，大气磅礴的背景音乐，主角是卡地亚的品牌标志原形美洲豹。在一举一动中，渲染了经典优雅的品牌气质。情节设计自然，画面转换流畅，具有浓厚的科技感。同时，蕴含深意，将卡地亚的发展历史，以及具有里程碑意义的产品融入广告中。在实现品牌宣传目标的同时，更体现出不断创新的品牌理念，以及追求艺术美学的设计精神。这些具有卡地亚特色的广告设计，能很好地将其与其他广告区分开来。

#### 2. 体现产品的品牌情感价值

"情感认同越强烈，注意和记忆信息的可能性就越大。如果告知信息以情感故事的方式讲述，也能促进记忆。此外，有关广告记忆的新观点认为，一则有效广告能用产品帮助消费者记住美好瞬间，因此能记住充满感情的、涉及情感与思想的品牌体验"[①]。卡地亚广告中的产品，大多被赋予了情感价值。在加强观众对广告记忆的同时，引起消费者情感上的共鸣。《奥德赛之旅》中的 Santos 腕表，不仅具有里程碑式的意义，还象征着卡地亚对老友的怀念、昔年真挚的友谊；Love 系列手镯，象征着情人之间矢志不渝的爱情；三色指环，代表了人一生中最珍贵的三种感情，即爱情、友情与亲情的融合；美洲豹系列，则代表着那些独立自信、美丽优

---

① 威廉·维尔斯，桑德拉·莫里亚提，南希·米切尔. 广告学原理与实物[M]. 桂世河，汤梅，译. 北京：中国人民大学出版社，2013.

雅的现代女性；最后经典的红色礼盒，是卡地亚 165 年发展史的浓缩，是对穿越百年的浪漫主义美学艺术的完美诠释。再比如 Love 系列三部曲中，以三段美丽的巴黎爱情故事为主旋律。在宣传作品的同时，更是赋予了每件作品象征情人之间永恒的爱与誓言。在高贵优雅的品牌形象、传统工艺结合现代技术的制作工艺，以及不断创新的设计理念的基础上，作品背后的情感价值在广告中更加具有感染性。

### （二）广告投放要量身定制

在广告宣传的营销策略上，卡地亚一直走在时代前端。《奥德赛之旅》作为品牌宣传片，卡地亚十分巧妙地使用传统媒体与新媒体相结合的方式进行营销。在官网及全球各大网络平台投放广告，加速广告传播，增加官网的浏览量。同时，利用传统媒体在全球扩大品牌知名度，吸引潜在客户。

#### 1. 广告投放渠道

对于新媒体营销的这些利弊，卡地亚做到了扬长避短。在《奥德赛之旅》的投放初期，其集中到各国的主流门户视频网站和卡地亚官网，而非大面积地投放。以此，来优化广告的传播环境，保证广告的质量。同时，相较于传统媒体，卡地亚的微电影广告投放渠道更广，包括了官网和全球各大视频门户网站，传播速度更快，效率更高。对于各企业而言，在新媒体媒介上投放广告时，在追求广告的传播效率的同时，也要确保广告信息的质量。

新媒体为企业提供了更多样化的营销方式，同时也蕴含着更大的广告投放风险。一是网络广告媒介的特点是信息量大、更新及时、传递速度快；二是针对性强，可实现一对一的营销模式；三是互动效果好，消费者参与度高，因而产生的广告效果较好；四是表现形式多样化，网络广告不仅集中了其他传统媒介的优点，而且具有不受时间、空间限制，可以自由选择等特性；五是公信力较差，由于信息量太大，导致信息的质量难以保证，这是网络广告的"软肋"[①]。

---

① 杨海军. 现代广告学 [M]. 郑州：河南大学出版社，2007.

### 2. 广告方式选择

一般而言，广告媒介的选择需要考虑两个方面内容：广告媒介的选择要与企业的营销目标相结合；广告媒介的选择要与目标市场相结合。影响广告媒介选择的主要因素有：品类关心度、广告创意活动类型、品类相关性、品牌形象和个性、消费习惯与竞争态势等。

在新媒体时代，卡地亚非常善于使用微电影营销，是其在深入了解企业扩大品牌知名度和刺激珠宝首饰奢侈品市场需求的营销目标后，结合品牌与产品特色，并根据品牌目标受众和目标市场所做出的选择。将品牌165周年宣传广告拍成微电影，不仅体现了品牌的创新态度，还巧妙地迎合了目标客户群的偏好。卡地亚用微电影营销来宣传产品，提升品牌影响力。在满足品牌宣传需求的同时，也十分符合其作为全球奢侈品的品牌定位。作为具有165年辉煌历史的奢侈品，卡地亚兼具经典与时尚，并不断创新，执着追求美学艺术，一直维持着优雅高贵的品牌形象。而这些都能很好地用微电影的形式完整、全面地展示出来。另外，随着消费者整体意识的提高，对一些商业广告的容忍度不断下降，尤其是那些生硬、直白、单调的叫卖式的广告。相较其他形式的广告，微电影更灵活、更有针对性，并且，可以使用精彩的视听效果，与观众进行情感交流。卡地亚微电影营销，不仅赢得了全球独立自信的现代女性的好感，而且成功地将年轻的高消费群体培养成其潜在客户。

思考题

1. 结合案例，为什么卡地亚要在中国大陆对其广告营销进行转型？
2. 你认为未来卡地亚广告营销还需要注意哪些因素影响？

[1] 威廉·维尔斯，桑德拉·莫里亚提，南希·米切尔. 广告学原理与实物[M]. 桂世河，

汤梅,译. 北京:中国人民大学出版社,2013.
[2] 杨海军. 现代广告学[M]. 郑州:河南大学出版社,2007.
[3] 张爱茹. 卡地亚微电影广告——《卡地亚奥德赛》[J]. 明日风尚,2017(5).
[4] 陈慧娜. 卡地亚时尚大片能否引领广告进入长时代[J]. 国际品牌观察,2012(11):57.
[5] 秦文竹,张梦蝶. 典型性视觉符号在跨文化广告中的应用——以卡地亚品牌形象短片《L'Odyssee de Cartier》为例[J]. 新闻研究导刊,2015(14):257.
[6] 刘文勇. 与猎豹共舞 携时尚同行——卡地亚高调亮相《购时尚》全球同步首映三分半钟广告[J]. 国际品牌观察,2012(2):45.
[7] 刘文勇. 与猎豹共舞——大德传媒携手卡地亚高调亮相《购时尚》[J]. 广告导报,2012(4):110.
[8] 方圆. 卡地亚:永恒之美 历久弥新[J]. 现代企业文化旬刊,2017(10).
[9] 闻涛. 经典卡地亚的不俗植入[J]. 市场观察,2009(3):47.
[10] 张龙. 款式描述中使用注册商标问题的解决路径——以"卡地亚诉梦克拉案"为视角[J]. 中华商标,2014(3).

## 第十二章

# Jeep：追逐梦想不停歇

在现代消费社会中，汽车消费依然强劲。各大汽车公司都在运用各种媒体，做着形式多样的宣传。在新媒体时代信息传播的缤纷舞台中，对不同的汽车，不同的广告选择不同的媒体，以期达到最好的效果是汽车商重中之重的任务。本章以 Jeep 汽车广告为切入点，运用符号学、意识形态研究方法分析了如何运用广告符号塑造汽车商品形象，并在此基础上，讨论了我国当前汽车广告的优势与劣势。更进一步地，剖析了不同形式的广告媒体的优点和缺点，提出了汽车行业广告对不同形式媒体的整合运用。

## 一、品牌介绍

Jeep 品牌，创立于 1941 年，创始人为威利斯公司，如图 12-1 所示。其品牌故事源于 1938 年初，欧洲战火开始蔓延。美国陆军总部向所有汽车制造公司公开征询一款轻型侦察车，以便取代用来传递军情与负责先遣侦察任务的传统军用三人座摩托车。1940 年夏季，美国军方对外表达较为具体的制造想法，即希望是一款轻量化、好操作、耐用度高、可信赖及灵活的车型，需符合军方所要求的规格。最后，有三家汽车公司参与竞标，同时制造 1500 部的车辆供军方进行实地越野测试。其结果由 Bantam 提交的设计构想中选。该款车型与 Ford 及 Willys Overland 的设计加以综合改良，以更符合军方要求的车型。1941 年 7 月 23 日，签订制造 Willys MB 车型合约。从此，Jeep 便正式拓展汽车市场。在"二战"期间，约有 60 万部 Jeep 车加入作战，证明了其产品的成功。"二战"结束后，美

第十二章 Jeep：追逐梦想不停歇

国军队陆续自欧陆撤退。当地居民以使用 Jeep 为乐。于是，开始将其应用在日常工作中。Jeep 以优异的耐用性及可靠度，让人们重新建立起自己的家园。由于人们太享受 Jeep 带来的宽广空间，很快便被用来作为运输工具。

# Jeep
## THERE'S ONLY ONE

图 12-1　品牌设计

至今，Jeep 品牌一直象征着真正的四轮驱动性能、创新技术和持续改进。70 多年前，Jeep 通过 Willys Overland 开创了四轮驱动细分市场。在 1983 年，Jeep 以四门切诺基开辟了紧凑运动型多用途车（SUV）的蓬勃发展之路。如今，Jeep 依然与第一辆车血脉相连。从 1950 年注册为国际性商标，到成为全球最著名的消费品牌，再到成为越野性能的国际代名词，Jeep 销往近 100 个国家，销量超过 960 万辆，建立了粗犷、多功能和真正四轮驱动动力的声誉。其不仅在军用领域，还在耕种、恶劣路况运输、自然灾害救援等领域，始终占据主导地位。Jeep 品牌一直提供众多引导潮流的先锋车型，并将继续引领 SUV 市场的未来。如图 12-2 所示，追溯 Jeep 的历史，不难发现其本身就是开创精神的结晶。从声名赫赫的四驱车鼻祖威利斯 MB 到时代新宠瓦格尼尔，这个源于战争的产物，一直延续着自身与生俱来的血脉渊源和至臻至美的艺术气质。通过不断开拓创新日趋完美，Jeep 传奇般引领着整个四驱车行业前行的步伐。

图 12-2　品牌愿景

## 二、汽车广告

Jeep 轻轻点破了遮盖在受众心头的窗户纸,大声地帮他们喊出了心声"当众人追随你的步调,'打破节奏'的时候到了""当你被当作话题'聊点别的'的时候到了"。当开始将家庭作为生活重心时,幸福不再是银行卡里增加的数字,而是陪伴,是与家人共同经历不凡的人生。

如图 12-3 所示,Jeep 决定适当地提醒一下那些一直没空的受众们。即在打拼的路上,你们曾经欠了家人好多说好的旅行;你们一直在说走,每次却都走向工作。现在,是时候回归家庭,完成那些说好要一起出发的旅行。

图 12-3　产品功能

"现实与超现实之间,没有你想象得那么远,带上读了一半的瓦尔登湖,去超现实那边看一看"。"你习惯了说'等一下,等一下',出发吧,难道你在等那个桃花源向你走过来吗?"如图 12-4 所示,文案中的情感需要与目标受众的情感需求和价值观念相符才能引起共鸣。因此细分消费者群体,明确受众,抓住其消费者心理,对于制定出有针对性的广告策略就显得十分重要。

第十二章　Jeep：追逐梦想不停歇

图 12-4　超越现实

如图 12-5 所示，除了功能之外，有时产品自身也包含情感。因此将产品本身蕴含的情感挖掘出来，对其渲染、展示并迎合目标人群，让他们从心里感受到这份情感与个人价值之间的关联，从而刺激消费。高明的文案懂得：其实词语与本身就是自带情感的。比如"战争"一词，当你看到它的时候，脑海中浮现的画面里一定有"征服、果断、勇敢、血性、坚韧"这些极具男性荷尔蒙的情愫。更高明的文案一定会讲故事，在故事的语境下，文案可以埋下各种情感来触动用户。不得不说，Jeep 的文案真的很高明，他们一直在用各种方式来讲述 Jeep 诞生于战争，并且用强悍的性能为战争做出了贡献。有时候，他们甚至不提及"战争"二字，只用一些发生过著名战役的地名，就可以让人产生好多联想。

图 12-5　战争创造了 Jeep，Jeep 创造了 SUV

如图 12-6 所示，"战争"一词的背后，其实是 Jeep 能带你征服旅途中一切险阻的产品特征。所以，好的广告会选择换一种更具有艺术范儿的说话方式。

图 12-6　征服旅途

如图 12-7 所示，除巧妙地运用心理暗示，及强烈的俗语、俚语外，Jeep 有时也会用一把车钥匙来表现征服的能力，这其实就已经够了，如图 12-8 所示。

图 12-7　路见不平，有几个站得出来

图 12-8　攀越高峰，突破人生

广告要结合用户的情感，找出独特的品牌价值，准确地把握品牌与情感之间的联系，也能很好地将情感因素融入广告中。Jeep 大切诺基在选用代言人上就显得比较特别。相比于其他 SUV 选择一线明星代言的做法，Jeep 大切诺基一直比较钟情于像王石、冯小刚等这类非娱乐明星、成功的中年人士，让他们来演绎回归自我、实现个人价值的品牌理念。从而，感性地表达 Jeep 大切诺基出身为 SUV 鼻祖的名门血统，以及其厚重大气的品质特征，进而唤醒这一代人心中的那辆 Jeep，如图 12-9 所示。

图 12-9　自己的梦，只有自己知道在哪儿

流行元素本身就包含着情感因素。在文案中，恰当地引用流行元素，不仅可以借用其广泛性、易识别性、新奇性，还可以产生叠加的效果。如图 12-10 所示，比如，当怀旧思潮汹涌澎湃时，当一代人在心中回味起李宗盛的歌词时，脑海中想到的大概是那些拼搏岁月里的艰辛和此生成功后的感慨。于是，Jeep 索性将这些充满励志的歌词融入广告，来迎合中年人心中的一抹怀旧。

图 12-10　走吧走吧，人总要学着任性地长大

如图 12-11 所示，2012 年斑马军团在鸟巢决战那不勒斯的日子里，赞助尤文图斯并向斑马军团致敬的文案里，不管是否是真球迷，都能感受到：充满血性的征服欲。

图 12-11　奖杯的光芒来自把对手送入漫漫黑夜的快感

## 三、广告内容

### （一）诉求与表征

1. 消费诉求

鲍德里亚称："消费的主体，是符号的秩序。"所以，消费文化体现了一种结构主义视角，即消费行为是一种符号消费。汽车消费不仅指消费者购买汽车的行为，还是多种消费的开始，如缴纳维修费、停车费、油费、路桥费等。人们沉浸在汽车广告营造的伪欲望场景中，按照消费的逻辑，憧憬着购买了这款车，就相当于跨入成功人士的行列。汽车被结构化成一种代码，从而获得了权力。现代汽车消费，不仅把汽车当成普通的交通工具，而且其是由符号话语制造出来的、具有暗示性的结构意义和符号价值。汽车消费是一种空间消费。不管是生活空间、休闲空间、生产空间，还是媒介空间、抽象空间，消费文化可以从一种空间置换到另一种空间，并加速了空间的商品化。空间是人们的消费对象。而汽车是一个人造的、可以移动的空间。汽车消费，不仅获得其使用价值、符号象征价值，还获得了赋予安全感的空间。汽车空间有安全屏蔽功能，可将公共空间的风险屏蔽掉。驾驶者将自己隐藏在汽车空间中，获得一种心理安全感。

2. 社会意义

舒尔茨·罗伯也认为，任何社会行动，既要从动机上考虑空间因素，如何处、距离、范围等，又要在后果上考虑其对现存社会秩序和关系的再生产与改变。汽车消费改变了原有的空间秩序，人们的人际互动形式发生了变化。驾驶者不和他人共享一个空间，并使用鸣喇叭、亮指示灯等汽车语言与行人交流。汽车消费进一步强化了社会阶层的空间区隔。汽车消费的社会中上层与社会底层之间，空间距离进一步拉大。作为现代性隐喻的汽车，不但改变了我们的日常生活，而且改变了我们生存的空间环境。既带来了吉登斯所谓"时空伸延"的丰富可能性，也是哈维意义上"时空压缩"的基本条件。美国社会学家奥尼尔曾说，"汽车是一种象征性物品，汽车不仅承载着它所承载的东西，它也承载着个人的意识形态"。这种消费意识形态,使人们"你追我赶"地进入汽车消费的游戏中。购买哪种品牌的汽车,已超出了使用的意义,而是一种符号性的炫耀心理,汽车成了象征地位的坐标和身份名片。

3. 广告表征

威廉姆森在《解码广告》中宣称,广告有销售的功能,但还有在许多形式上取代传统艺术并创造内容结构的功能。当广告向我们推销时,也要求我们以意识形态的方式去观察自己和这个世界。鲍德里亚认为,广告伪造了一种"消费总体性","让一个符号参照另一个符号、一件物品参照另一件物品、一个消费者参照另一个消费者"。索绪尔认为,"语言符号所联合的不是一个事物和一个名称,而是一个概念和一个声音形象。符号由两部分组成:所指,一个概念或一个观念,在一个能指中被实体化;所能,一个像广告招贴板,或一个报纸文本一样的声音,即形象"。由此,符号的内涵意义常常试图通过文化的方式建构社会权力关系。消费活动是由消费者积极参与完成的。消费者借此来说明社会地位、生活品位。在广告中,Jeep车被赋予符号象征。其广告刻画出的是人们消费的"一种被消费的意象"。那是广告所制造出来的符号价值的幻境,也是每个人"深层动机"中的欲望。而广告则是对这种欲望的深层情境控制。

## (二)中国比较

近年来,汽车工业作为我国经济的重点产业,取得了高速发展。在汽车营销中,广告作为重要的品牌塑造和产品促销手段,发挥了重要作用。通常,国内自主品牌汽车广告创意会结合民族文化、风俗习惯等本土化特色,增加消费者的亲切感,使其在心理上产生认同。尤其是"入世"以后,在大量国外品牌进入国内的情况下,就更能激发国内消费者的民族情结。例如红旗轿车,作为国产轿车的一面旗帜,在国内有着很长的发展历史,是地道的民族品牌。虽然在竞争中很难与奔驰、宝马等世界品牌抗衡,但其在广告创意上却有着得天独厚的本土化优势。然而,与国外一些优秀的广告创作相比,在主题选择、画面创意、媒体组合上,显得太年轻,国内汽车广告还有待于进一步提升。当然,年轻意味着需要成长,所以应经受更多的磨炼。相信未来，国内汽车广告能走出一条具有中国特色的道路。

1. 主题同质化

广告主题的同质化，主要表现在广告语的撰写上。在我国本土化创意的汽车广告中，很难看到像"驾驶的乐趣"等经典的广告语，而"领导""超越""时尚""成功"等成为使用最频繁的词汇。类似于"超越未来"的广告语，既不能反映出产品特点，又不能命中目标消费者的心理。当然，由于我国广告制作的整体水平在不断提升，近两年也不乏有新意且能打动顾客的汽车广告语。例如，新BMW5系LI上市的广告语"有容，乃悦"。不但反映出此款车后排空间加大带来的舒适感，而且具有极强的本土文化特征。长安铃木雨燕，针对"80后"消费者，提出"就是玩得转"，也极强地体现出这些消费者张扬的个性和生活态度。但是，大多广告主题并不突出，许多汽车广告希望在十几秒时间内宣传多个卖点，不仅不切实际，而且没有重点及特色。

2. 设计无创意

首先，汽车印刷媒体广告在突出广告主题和广告中心上，重点在插图设计，以此吸引消费者的注意。广告插图的创作可以使用多种形式，如摄影、绘画和立体图等。但是，我国本土化创意的汽车广告插图多为摄影插图，较少使用其他形式，拍摄角度单一，后期制作相似。由于同类型轿车外观大多相同，所以汽车广告使用的摄影插图一般很难吸引消费者的注意。其次，汽车电视广告拍摄的场景也雷同。不是高楼大厦，就是山川平地。电视广告的主角形象相似，商务车多为成功人士，中低端车多为家庭，还偶尔使用产品作为主角，但却没有很好地体现出拟人化的感觉。同时，广告情节相同，家用车多为郊游，商用车多为谈判。此外，拍摄手法雷同，总是试图在广告中营造远离生活的虚幻美感。再次，汽车户外媒体广告创意不够新颖，汽车制造商常选用单立柱式户外媒体，没有开发新的形式。其画面多为印刷媒体广告的翻版。虽然简洁，但不具有冲击力。由于没有与户外环境形成对比，以至于受众甚至无法辨识出看到的是什么品牌。最后，汽车网络媒体广告则表现得更为传统。与传统媒体相比，网络媒体能提供更好的创新平台，但是，我国汽车网络广告缺乏创新，多采用门户网站来提供传统的电视广告，很少使用新媒体平台，如博客上发布广告等。

### 3. 活动无规划

首先，媒体投放缺乏组织策划。作为重要的促销手段，广告向来被汽车制造商看重。广告费用也成为汽车制造商的重要支出。媒体购买费用占广告费的大头。因此，优化媒体组合策略，成为一个重要课题。综观我国汽车广告的发布情况，用于媒体的巨额花费没有带来相应的回报。我国汽车广告主要投放于传统媒体，如电视和报纸，其受众极为广泛，有利于迅速建立知名度。但由于汽车销售的目标消费者只在该类媒体受众中占很小比例，所以这种广告投放显得力不从心，无法使投放费用的边际效应最大化。媒体规划应做好长远打算，并对到达率、接触频率、知名度、好感度、记忆率等也做好通盘考虑。其次，对产品经销商的广告没有做整体管理。在报纸上出现的汽车广告中，经销商发布的广告占有一定比例。目前，汽车生产商对其各地经销商发布广告，多采用费用分担的管理方法，但缺乏监管力度。经销商没有好的广告创意，经常采用整车照片作为广告插图，并配合简单的促销文字。有时在同一媒体上会同时出现同一个汽车品牌广告，各经销商间形成竞争，造成资源浪费，也会给消费者留下不良印象。因此，汽车生产商要协调各地区经销商之间的竞合关系。

## 四、媒体组合

新的媒体形式不断出现，广告获得越来越多的创新空间。这些固然令人欣喜，但不同的媒体都有其自身的优势和不可避免的缺陷：在汽车杂志或报纸上，就是直接针对车迷的广告；电视广告直接传达汽车厂商想要传达的目的，消费者更易接受，受关注率很高；户外广告是一道美丽的风景线，有树立高端品牌形象的作用，但价格不菲，很少有人会停下车，欣赏某则广告，只能是其他广告的一种补充方式，而无法成为主流媒体。汽车厂商在发布新广告时，对于投放媒体的选择，要根据自身实力，以及对消费市场的具体调查来进行。同时，一定要注意组合的策略。无论是理性、感性，还是互动沟通、定位准确性，都难以做到完美，可能需要有选择地取舍。当然，更多的是需要扬长避短。通过合理的媒体组合来弥补各自的不足，最大限度地把广告都植入消费者的心中，而不是"不知道浪费掉的是哪一块儿的广告费"。

### （一）四大传统媒体

#### 1. 报纸

在媒体计划中，报纸和杂志主要为读者提供详细的广告主信息。印刷媒体不像电视媒体有强制性，通常需要读者付出努力，才能传递广告信息的影响力。因此，报纸和杂志被认为是高涉入媒体。通常，汽车广告，特别是针对社会中阶的目标消费者而言，会选择报纸作为投放媒体。相对于其他媒体，报纸的投放价格更为便宜。当然，高档汽车也会选择报纸作为广告投放媒体，因其具有很高的市场覆盖率或渗透能力。由于大多报纸都为一日一份，汽车厂商可以获得接触消费的高频率。一款新车上市，总希望能借广告吸引消费者的目光。例如，丰田凯美瑞就选择了一种创新的报纸广告，即打破对开4个版的传统格局，取而代之为正反8个版连在一起，使原来一个印张的报纸加宽了一倍。只有将头版和最后一版向里折叠，才会出现凯美瑞的完整正脸。只有8个版全部打开，方是其修长的侧身全貌，展开的长报让人耳目一新。

#### 2. 杂志

在所有的广告媒体中，杂志的专业化程度最强。尽管有些杂志是面向大众的，但大部分都是有特定受众的。在非专业性杂志上，经常可以看到高档汽车广告，如凯迪拉克CTS、丰田皇冠等。在汽车类杂志上，刊登的大部分广告都是最新量产的汽车，以期引起消费者注意。大多数汽车爱好者都会选择阅读专业的汽车杂志。即便是最近才有购车意愿的消费者，也会选择在汽车杂志上搜寻自己喜欢的汽车。例如奔驰汽车，为发展卡车业务，曾成功地运用杂志广告达到传播目的。其在工业、建筑、消防、航空等有行业特色的杂志上，刊登有各类不同的卡车广告，并详细说明其功能。这样，对与卡车有业务关系的消费者而言，就非常有针对性。再如别克轿车，就是靠"平面"树立其形象的。其杂志广告发布形式以系列为主，每个系列都针对不同车型，分别展示不同诉求和各种创意。其成功之处在于，较好地把握功能与形象的和谐统一，做到了彼此巧妙、自然融合。即使是报纸广告，也体现出一种优雅尊贵的气质，与别克轿车应有的品牌形象相得益彰。

3. 电视

汽车电视广告的投放，不受任何拘束。各类汽车厂商都有理由去选择电视作为投放媒体。电视常被认为是最理想的广告媒介，其将图像、声音、动作和颜色融为一体，为广告主提供了最具创造力和想象力的制作平台。电视广告能为一个品牌传达一种基调与形象，并形成充满情趣的吸引力，使无活力的产品变得更有趣。电视也是展示产品和服务的优质媒体。

4. 广播

在广播中，很少能接触到汽车广告。当然，并不代表就没有汽车厂商会选择广播作为投放媒体。例如荣威就有一则广播广告，以其独特的广告语言和和谐的背景音乐来打造整体品牌形象。广播可使广告主将广告集中在特定听众群中，如某类听众和某种生活方式。但是，汽车广告更需要直接的感官刺激，来吸引消费者的注意力。所以，汽车广告在广播中投放，应慎重选择。最好能将广播作为媒体组合之一，以凸显其配合其他媒体的奇效。

### （二）其他传播渠道

在广告活动中，单使用一种媒介的情况比较少。在大多数情况下，需要调动多种媒介，来共同发布广告。每种媒介都有各自的受众，利用其他媒介就可进一步扩大原有受众面的传播效果。例如福特汽车，在整合传播中，有很成功的案例。其广告方式，除了考虑传统营销外，更从消费者出发，将汽车使用上的种种问题，以咨询类新闻报道的手法呈现在广告中。同时，在电台播出路况时，逐渐在消费者心中建立起"接受咨询的福特"形象。其销量上升，自然是顺理成章的。大部分汽车厂商都选择媒体组合来推广产品，特别是豪华车，或是有某种特性的汽车，会运用各种媒体并进行有机结合，发挥出"1+1>2"的综合效果。例如宝马、通用、奔驰等为大众所知的大型汽车厂商，更适合于媒体组合。以某种媒体为主，其他多种媒体为辅，涉猎各领域，以取得更广的影响范围和更深的影响力。整合媒体的兴起，反映出汽车厂商对环境变化的适应。尤其以尊重消费者、科技和媒体为前提。社会大众的生活方式、媒体的使用习惯和消费者的购买形式，都发生了重大变化。媒体组合的主导思想就是，重新制定广告游戏规则，将宣传战略由原本的四大媒体中心朝全方位展开，特别以互联网为新的广告媒介，同时运用多重媒体组合，偏重多点诉求，注重各个不同种族、地区、类型、层次消费者的需求。这样，消费者可在经常关注的媒体上，看到汽车厂商投放的广告，达到更好的销售目的。

1. 户外设施

户外广告涵盖了多种形式，如广告牌与广告招贴、交通广告、空中广告等。现在，户外广告已成了一种广泛使用的传播方式，可以说是随处可见。对那些居住在城市的人来讲，尤其如此。在广告费用总体支出中，户外广告占比很小。但一直以来，都在稳步增长。许多汽车厂商，如通用、日产等，每年都在增加户外广告的费用。

2. 互联网平台

在购买汽车前，消费者能对想买的车提出要求，让汽车厂商按自己的需要生产。这种想法，由于互联网的出现，而成为可能。很多商业网站都提供了搭载产品和服务信息的录入端口，可以进行良好的互动。例如大众汽车，曾在网上以"大众爱心助熊猫"为主题，进行了一次成功的广告营销活动，即大众汽车要为北京动物园大熊猫研究中心捐款25万元。所以，其特意在网页上设立"捐款箱"。只要有人在网页上点击一次,大众汽车就会替他捐款 1 元。该广告真正投放的时间不长,但取得的效果是空前的,其点击数超过 10 万次。显然,能有这么高的点击率,与其广告活动的出发点有关,即做公益。所以,采取公益广告的手法,在传统广告行业有着广泛的应用,可在宣传公益内容的同时,美化公司的品牌形象。

## 五、创意启示

要想使广告能够产生更大的吸引力,就要在广告设计时增加个性化的创意,而且不能忽视消费者的需求与喜好。以此,才能吸引消费者的眼球,最终达到促销的目的。新媒体的不断出现和蓬勃发展,使广告竞争愈演愈烈,也对广告创意提出了更高的要求,使其在"乱花渐欲迷人眼"中脱颖而出。

### (一)广告创意方法

目前,广告创意的方法有很多,而且随着科技进步、时代发展,还在不断地变化。下面将介绍一些主要的广告创意方法。

#### 1. 富于幽默法

幽默法是在广告作品中巧妙地展现出喜剧的特性、搞笑的画面,以抓住消费者的个性特点。通过利用一些有趣的生活瞬间,或运用各种风趣的故事,以及设计巧妙的视角与情节安排,把对产品的诉求延伸到广告创意中,让观众在娱乐幽默的同时,还可以很清晰地理解其目的。以这种独特的风格进行广告宣传,就可以发挥一定的感染作用,并吸引顾客。

#### 2. 对比衬托法

这是一种相对来说比较能突出个性的广告创意方式。在同类产品的特点与性质上,通过与另外品牌形象做对比,来凸显其广告的主题与力度。于是,就能有层次地表达广告主题,扩大了广告作品的感染力与吸引力。

#### 3. 合理夸张法

借助一定程度上的想象设计与夸张手法,对广告主题进行适当的外力调整，或进行某方面特征的描述以增强画面感，便于扩大消费者对这些特性的认识与了解。将产品或服务的功能进行夸大，赋予其一种新的含义，就能增强产品设计的艺术感，并增强品牌形象自带的感情色彩。

4. 连续系列法

通过连续的故事情节或人物画面，对广告主题进行描述与介绍，使广告信息中的情感传达得更为清晰、更有条理，对消费者有一定的吸引力。而且，通过连续播出的系列广告，更会加深消费者对产品或服务的情感印象，并扩大销售范围，以产生品牌效应。在一定程度上，会刺激消费者的购买欲望。

### （二）媒体竞争作用

从第一个汽车广告的推广开始，汽车的销售宣传就离不开广告了，尤其是有创意的汽车广告。现在，大多数汽车品牌都会设计与宣传富有创新性的广告，来突出其汽车的各项优点，达到刺激消费者购买的目的。现代媒体的竞争，促进广告设计宣传向创新性改革，进一步在消费者的观念、审美及现有消费水平等方面来改善，以促进广告创意的多面性发展，增强了创意性广告的竞争力。

1. 增强广告宣传效果

广告本身就可以传递产品信息。在现有媒体竞争力的影响下，更大程度地宣传产品，使消费者更好地了解其功能特性。通过互联网、电视、报纸等媒介，进行创意广告的宣传，不仅能增强其可信度，也能进一步刺激消费者的购买欲望，从而增加产品的销售量，尤其是汽车产品。在目前的调查研究中，很多消费者购买汽车时，都通过各类媒体的汽车创意广告，来了解各种产品，进而才会进行购买。在影响购买的因素中，占有重要比例的就是产品广告的创意宣传。因此，广告创意设计与宣传，对汽车销售有很重要的作用。

2. 提高消费者沟通质量

在消费者购买汽车时，不仅要关注其销量的好坏，还要考虑消费者心理的满足感，以及受到尊重的感受，这才是成功的销售。在市场营销中，最重要的还是广告创意，因为广告不仅有宣传的效果，还能与消费者交流沟通。一个创意广告就可以很好地提升汽车产品在消费者心中的形象地位，从而在一定程度上促进汽车的销量。例如宝马、奥迪，在消费者心中，就是社会地位高的象征。设计汽车创意广告之初，先要对汽车进行市场定位，然后进行媒体的广告宣传，才会更加深入并触动到消费者的内心。

### （三）媒体广告策略建议

在新时代，媒体的发展远超过人们的想象。汽车行业可以借助于电视的动态性、网络的实时性，以及其他媒体的多样性，共同表现出汽车广告立体的视觉效果与情感冲击。从广告的创新性入手，对传统广告进行改革，以抓住消费者的心理。针对其消费观念，进行视觉上、心理上的转变，来促进消费者对汽车的了解，以此树立良好的品牌概念。从广告的视觉上进行改变，可以突出地展现汽车广告的优越性。视觉上的冲击，会刺激消费者的购买冲动。例如，展示大条幅的广告，或利用高科技，如3D、VR等，从而吸引消费者的目光。

科技进步引起了新媒体的发展，在一定程度上促进了广告宣传的进步。多类新媒体时代的到来，对广告创意的影响十分巨大，以促进消费者与汽车产品的互动，进一步加强其娱乐效果，并改善其视觉感受。在新媒体时代，创意广告不再局限于狭义的传统广告理解上，而是发展到汽车广告活动的设计上。媒体广告与互动设计进行适当的融合。通过对消费者的心理状态、个性观念进行客观的分析，才能设计出与消费者心灵产生共鸣、冲击和震撼的创意广告，来吸引消费者购买汽车。相信在未来的发展中，新媒体广告与推广活动设计的融合，将会更加促进汽车广告的发展，进而提高汽车的知名度与销售量。

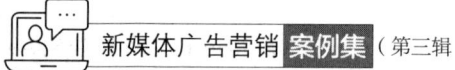

 思考题

1. Jeep 的营销关键点是什么？
2. Jeep 的品牌形象定位是什么？
3. 从品牌文化价值视角分析，Jeep 营销策略的优缺点是什么？

[1] 让·鲍德里亚. 消费社会 [M]. 南京：南京大学出版社，2001.

[2] 张信和，谢荣华. 汽车广告 [M]. 广州：广东经济出版社，2002.

[3] 保罗·梅萨里. 视觉说服——形象在广告中的作用 [M]. 北京：新华出版社，2003.

[4] 罗兰·巴尔特，让·鲍德里亚，等. 形象的修辞 [M]. 北京：中国人民大学出版社，2005.

[5] 张殿元. 广告视觉文化批判 [M]. 上海：复旦大学出版社，2007.

[6] 蔡娴雅，严晶. 钥匙齿处创造经典——以吉普车钥匙篇广告为例浅谈创意广告 [J]. 中国科技博览，2013(30):561.

[7] 张伟强. 基于新媒体环境下的微电影创新性品牌塑造与传播方式 [J]. 大众文艺，2012(20):171.

[8] 苟增强，李媛媛. 汽车平面广告中商标位置的眼动研究 [J]. 沧州师范学院学报，2020(2):84-87,109.

[9] 陈杰. 在生日爬梯上爬梯 Jeep 品牌 75 周年庆典 [J]. 轿车情报，2016(6):94-101.

[10] 黄浩. 效应 N 次方：大银幕 120's "传奇" ——克莱斯勒 Jeep 广告双版本震撼叠加 [J]. 广告大观（综合版），2011(6):81-82.

[11] 杨一顺. 全新 JEEP 指南者：日语广告隐含小心机 [J]. 销售与市场，2017(3):79.

## 第十三章

# 361度：多一度的热爱

说起国内运动品牌，大众脑海中会先反映出李宁、特步、361度等。但是，要大家说出这些国产运动品牌中印象最深的广告词时，能脱口而出的就是361度的"多一度热爱"。361集团是一家集品牌、研发、设计、生产、经销为一体的综合性体育用品公司。其产品主要包括运动鞋、运动服饰及配饰、时尚休闲设备等，集团成立于2003年。本章将对361度进行广告内容分析，并说明其通过多种新媒体展示形式，在多渠道推广、消费者心理把控及设计公益活动等方面，试图阐释361度怎样创新体育营销模式，以及建立深具沟通力的品牌传播方式，在激烈的体育用品行业竞争中脱颖而出。

## 一、企业介绍

独有的企业文化，是企业得以飞速发展的原动力。361度一直秉承"忠诚、务实、协作、高效"的核心价值观，以及"执行力即行动力、学习力即竞争力"的生产意识，才不断写就其优质产品质量的传奇故事。对内，361度致力于企业管理的全面升级，在北京、广州等国际都市，都设有研发中心、物流中心，如北京公关公司、广州亚运项目执行中心等，以建立研发、物流和信息一体化畅通的管理体系。对外，361度一直都不遗余力地履行企业社会责任，积极参加助学、扶贫、救灾等一系列的社会公益活动。2008年"5·12汶川地震"发生的第二天，361度就迅速做出决定，先后向灾区送出款物超千万元，以实际行动回馈社会。如表13-1

所示，一直以来，361度人怀揣着对运动、社会"多一度热爱"的品牌信念，在"共享共赢"的核心理念指引下，为推动中国体育事业发展而不懈努力，并致力于成为全球令人尊敬的体育用品品牌。

表13-1 企业沿革

| | |
|---|---|
| 1994年 | 丁建通成立别克鞋业有限公司 |
| 1997年 | 成为国家羽毛球队赞助商，借助其国际赛场的辉煌战绩，别克品牌知名度也随之声名鹊起 |
| 2001年 | 以"大胆做自己"为品牌内涵，经过努力，别克休闲鞋畅销国内95%的城市，深得消费者的信赖 |
| 2003—2004年 | 由于别克鞋与别克汽车的重名，工商局要求其更换品牌，变为361度，全名为361度体育用品有限公司，此后其销售点发展为3000多个专卖网络，2004年6—7月的区域营销峰会，实施终端运营管理整改，许多加盟店由此产生，极大地提升了整体形象，传播品牌文化 |
| 2006年 | 361度斥巨资击败国际品牌，成为央视2007—2008年体育赛事直播合作伙伴，还赞助了其他体育赛事，如厦门国际马拉松赛、中国大学生篮球超级联赛、娱乐篮球赛等，在北京、上海等11个大中城市开展成人礼活动，通过赞助青年活动，缩短与年轻人的距离，使"用心做自己"的核心价值观深入人心 |
| 2007年 | 除赞助体育赛事外，361度还借助网络力量提高传播效果，如与腾讯网战略合作，进行中国网络体育营销 |
| 2008年 | 361度成为广州2010年亚运会高级合作伙伴，以及亚奥理事会全球官方赞助商，获得高曝光率，提高知名度，对品牌进行全方位塑造，品牌战略再度升级，将品牌定位为"以运动的名义卖时尚"，核心价值是"勇敢做自己"，以整合营销市场资源，细分市场定位 |
| 2009年 | 361度开启童装品牌，迈出多品牌战略经营的第一步 |
| 2012年 | 361度借助新媒体营销推动品牌升级，引领童装网络创新营销的新浪潮 |

从2004年的"勇敢做自己"、2006年的"有勇气就可以挑战每一度"，到2008奥运年的"中国，勇敢做自己"等品牌战略，361度的知名度与影响力与日俱增，品牌形象也更深植根于消费者心中。361度品牌成长的每次蜕变都糅合了力量与梦想。在此过程中，361度都力求将自己的声音连通到消费者的心灵深处，迸发出惊人的品牌力量。361度在快速成长的同时，始终在深入探寻自身品牌的特质，挖掘"这一度"的独特内涵，进

而将自身品牌与体育精神紧密联结。2009年，361度立足品牌国际化，联手4A、奥美等国际公司，在举行一系列调研、品牌论坛的基础上，从更高的起点去提炼361度独有的品牌内涵，来诠释其与众不同的"一度"，并制定了全新而又清晰的"多一度热爱"品牌战略。

## 二、广告展示

作为民族体育用品行业领先品牌，361度一直以全面助力中国体育事业的发展为己任，相继赞助了中国乒乓球超级联赛、郑开国际马拉松赛、金门马拉松赛、全国跳水锦标赛暨奥运选拔赛、中国大学生篮球超级联赛（CUBS）等一系列体育赛事。2008年，361度签约广州2010年亚运会体育服装高级合作伙伴，成为中国首个赞助洲际运动会的体育用品，也成就了民族体育品牌。2009年，361度签约亚奥理事会（OCA），荣膺亚奥理事会全球官方赞助商，是体育用品领域唯一获此殊荣的企业。多年来，凭借全球性视野与前瞻性思维，361度不断驱动企业跳跃式发展，2006年11月，在"中央电视台2007—2008体育赛事直播合作伙伴"招标中斥巨资击败国际品牌垄断顶级赛事的局面，实现了一次民族品牌对抗国际品牌的里程碑意义的巨大突破；2008年，361度签约成为CCTV5主持人及出镜记者服装指定供应商，借助其对外交流的重要窗口，全面展示品牌国际化及产品专业化的形象，标志着一种高度整合的体育营销模式创立。

### （一）电视广告

"多一度热爱"将361度品牌摸索体会运动精神的尝试表现得淋漓尽致。该广告以发出誓言的形式，通过不同的人（如老人、青年、小孩、运动员等），在不同的生活场景下表达对运动的热爱（如图13-1所示）。其中，流露出的真情，完美地诠释了"多一度热爱"的精髓，是一次直击消费者内心的沟通与交流。下面为其中的广告台词。

（1）我将视你如我生命中的伴侣和挚爱，我会珍惜我们之间的情感全身心地爱着你，无论是现在、将来还是永远。我会信任你，尊重你，和你一起欢笑，一起哭泣，无论顺境、逆境，无论健康伤病，我都会无视其他,无条件地去爱和付出,我都会将我的生命交付于你,视你如我的信仰,不离不弃。和你永不分离,从这一刻开始直到永远!我愿意!

(2)不屈服天生的高度,不满足昨天的难度,不重复自己的角度,不追随别人的速度,不甘于平凡的态度,有勇气就可以挑战每"一度",361度勇敢做自己。

(3)"这一度"是远,让我不停追寻;"这一度"是近,让我咫尺相随;"这一度"是神,让我膜拜信仰;"这一度"是魔,让我痴狂永生;"这一度"是盲,让我无谓得失;"这一度"是明,让我决不迟疑;"这一度"是夜,让我无视其他;"这一度"是光,让我瞬间璀璨;"这一度",是我的热爱! 361度,"多一度热爱"!

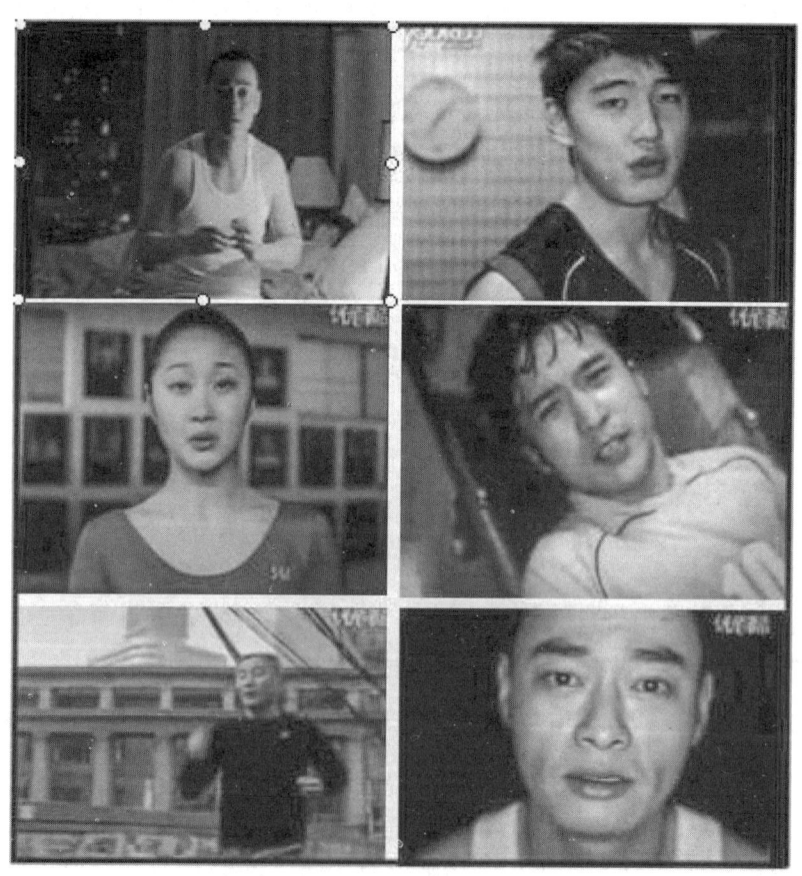

图 13-1 誓言

资料来源:http://v.youku.com/v_show/id_XNjEwMzk4Njc2.html。

# 第十三章 361度：多一度的热爱

361度电视广告的主题是其运动系列产品有超强环境适应性能。在不同环境下，运动都能给你多"一度"的关爱（其范围远比运动要广）。大多运动产品广告会邀请大牌体育明星做广告，从而凸显其目标消费群体是有活力、热爱运动的年轻人。而361度没有直接从运动入手，而是从运动对人的关爱入手，因而包含更广阔的目标消费群体，如喜欢运动的青年人，户外运动的中年人和乐于锻炼的老年人。该广告有静有动、动静结合，给观众以真实、自然的感觉。虽是情感诉求的广告方式，但从中亦可给人理性选择的感觉。

如图13-2所示，361度市场定位十分明确，即突出其运动系列产品的与众不同。既满足消费者运动需要，又能带来对身体的关爱。"不管怎样，我的关爱总比你的运动多一度"。以此，突出对运动人群的关爱，以及以人为本的理念。同时，该平面广告给人以积极向上、奋力拼搏的感觉。以普通社会阶层的老百姓作为形象代言人，会更具影响力和说服力。更重要的一点，中国举办奥运会的这一年，即2008年负载了大量的重要事件（如奥运圣火传递受阻、国外媒体无礼非难、5.12汶川大地震等），361度的广告语"多一度热爱"，道出了全国人民团结救灾、保卫家园的心声，迎合了社会大众的心理，十分具有亲和力，极大地提高了361度在中国人民心中的品牌形象。

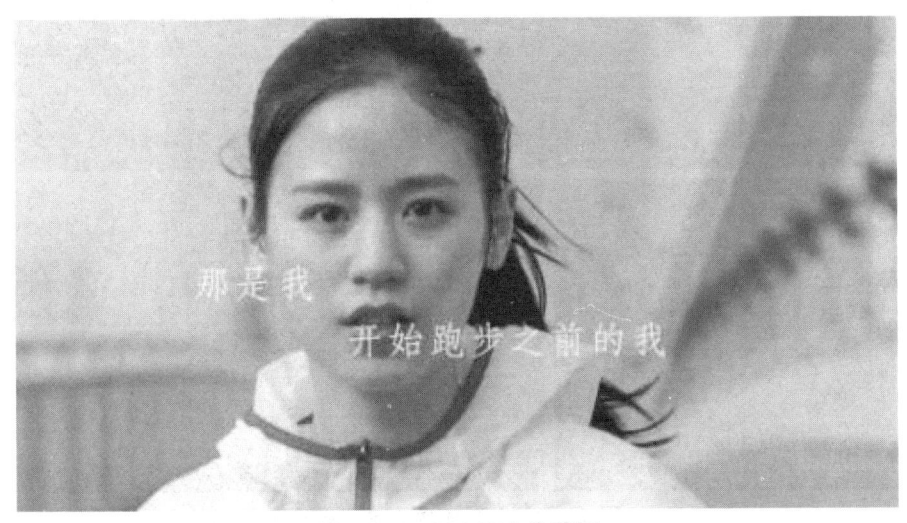

图13-2　361度广告截图

## （二）网络传播

"361个爱的故事，秀出你的热爱"。为与年轻的目标消费者保持相同的话语体系，361度在网络营销上也做了很多努力。在361度官方网站上，建立了"361度热爱吧"运动社区。通过大量的推广活动，其积聚了网络力量，并拉近与消费者互动的距离，极大地培养和提升了其对361度品牌的忠诚度。为让"多一度热爱"得到更广泛、更深入的传播，其利用强大的网络资源。除与腾讯结成战略合作伙伴关系外，还与校内网等高人气的年轻族群网络媒体开展深度合作。同时，联合优酷网、酷六网等视频媒体，运用大型视频互动参与的形式，打造出"361个爱的故事"。即每天更新一个发生在消费者身边的故事，鼓励更多的人说出心中对运动的爱。记录下普通人的关爱故事，与大家分享运动体验。以此，引发品牌联想，强化"361度多一度热爱"的品牌形象。

2009年，361度以全新的品牌形象出现在大众面前。为配合"多一度热爱"的品牌理念，其建设了"361度爱"的网站，号召广大网友上传自己热爱运动的视频，全面演绎对运动的不离不弃、全身心投入。而且，每天更新一个新视频，直到361个，以全面展现361度爱的活动，如图13-3

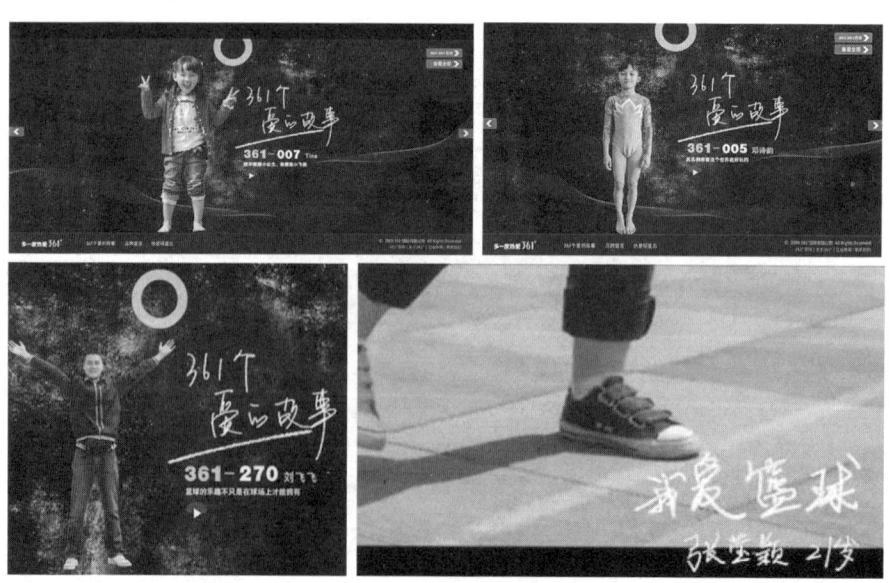

图13-3　361度爱的故事截图

所示。该活动在网站推出后，受到众多网友的追捧。同时，这些视频也引来了无数网友的关注。线上线下的参与互动，令"多一度热爱"的理念打动了无数人，也使361度品牌深深地植入消费者的心中。

### （三）户外投放

如图13-4所示，在户外媒体（如公路牌、车站牌、公交车体等常规设施）的投放基础上，增加一些创意性的户外设备，如包楼广告、地铁站中墙贴和挂壁灯箱等，以及校园球场栏杆、体育场馆座椅等，大大提高了361度的曝光率。

图13-4　361度地铁投放广告

如图13-5所示，这些户外媒体投放的361度广告，多选用跑步、羽毛球、篮球三大核心品类，再加上年轻人中广为流传的滑板运动，配以誓言文案，展现不同人群对运动的热爱。

图13-5　361度户外投放广告

如图 13-6 所示，此系列平面广告拍摄特邀国际知名摄影团队，主要刻画出人物坚毅的神态，以及充满力量与张力的动作，并在平面表现中融入 361 度独特的视觉符号，以形成鲜明的识别度，传递出年轻族群内心对运动的"多一度热爱"。

图 13-6　361 度在楼盘、学校等投放广告

### （四）终端传播

消费终端是品牌的传播窗口，也是向消费者贴身传递产品形象的平台。例如，用一套标准统一的流行海报，对店头、橱窗、收银台、展示区等进行包装，强化提示产品特色信息，吸引并促进消费者购买。361 度通过整合传播对其"多一度热爱"的品牌口号进行精彩的诠释和演绎，开启其后奥运时代品牌传播的新篇章。361 度广告画面每一次的华丽转身，都让消费者看到民族品牌的崛起。在飞速发展的过程中，其品牌定位始终没有偏离原有轨道。361 度并没有简单复制国际品牌，采用单纯励志式的品牌口号，而是努力寻求品牌上的情感差异，即用"多一度热爱"的理念，使人们对体育有了重新的认识。坚持品牌的运动精神，在不断地取舍中坚

第十三章　361度：多一度的热爱

定品牌理念，并积累品牌价值，形成热爱运动的品牌精神。

品牌塑造是一个不断积累的过程，高素质的内涵是品牌的灵魂。针对广泛受众，361度借力赛事、公益活动等，着力提升品牌的知名度及影响力。如图13-7所示，而针对目标群体，其又举办社区活动（各项体育赛事、大型体育活动及发布会现场），培养品牌忠诚度。正是有了这样的双重路径，361度的品牌竞争力才得以不断提升。支持品牌还要有好的产品，研发新产品是品牌竞争最重要的一环。361度通过加强研发高技术含量的创新产品，保证优质的产品质量、良好的信誉和较高的品牌价值之间的平衡关系。在品牌建设和管理过程中，361度还提升自己的文化素质，完善品牌形象，打造成国际领先的运动品牌。

图13-7　361度终端传播

## 三、特点分析

### (一)内容独特

361度广告内容宣扬的是人们对运动的单纯热爱。其方案借用庄重誓言的形式,通过不同的人群郑重地许下对运动"爱的承诺",展现热爱不同运动的人对运动的宣言。该广告选取各个年龄段、各个社会阶层的老百姓,突出运动是无差异的,即不分年龄、不分等级、处处存在。品牌气质也从"勇敢"向"热爱"提升,在竞争激烈的体育用品行业中,其对提高品牌号召力有重大意义。361度的广告,始终都在向社会大众传达一个正面积极向上的态度,并在央视及各大卫视高频次播出。例如在2008年之前,361度的品牌口号是"勇敢做自己",突出一个"敢"字,强调张扬个性,迎合了青少年的心理需求,赢得了广大年轻人的心;2008年北京奥运会,361度的品牌口号变成了"中国,勇敢做自己",喊出了中国人的心声,喊出了中国人的自豪;2009年,361度成为2010年广州亚运会高级合作伙伴后,推出了"多一度热爱"的品牌新口号,又给大家留下了深刻的印象。

#### 1."多一度热爱"的起源

361度的品牌名代表着什么样的内涵?对消费者来说,多出的"一度"究竟意味着什么?又该如何传达出这一度的内涵?于是,"一度"应该有着深远而又与众不同的含义。其既属于361度品牌所有,又能与运动完美地结合。不仅是胜败输赢的竞争,也不单是伤痛失败中的坚持,绝不单纯是为了好玩,更不是漫无目的地盲从。那它到底是什么?又如何可以为361度找到关于"这一度"的非凡意义?其实,那就是每个人心中对运动的热爱。

因为有了这份爱,一切才变得不一样。而一旦失去它,任何运动仿佛都失去了魅力,变得平淡无奇而可有可无。这一份爱的真理,形成了361度独特的品牌内涵,让其有机会从其他运动品牌中脱颖而出。一直以来,大多数运动品牌都把运动塑造为一副强悍的斗士状态,即一定要赢得胜利,拥有胜利的结果比享受运动的过程更重要;一定要发愤图强,流血流汗也绝对不流眼泪。"一度"的定位则完全不同,其来自运动与人之间最直接的一份感情,真诚朴实而又发自内心,即每个人心中对运动的"多一度热爱"。

2. "多一度热爱"的宣言

有了"多一度热爱"这个品牌战略,接下来就是赋予其一个鲜明且具体的创新概念——"这一度"。既能生动地表现出品牌特有的气质,又能够更好地把"多一度热爱"的内涵展现给消费者,让"一度"直接和消费者产生共鸣,使其成为361度核心的视觉元素,形成独特的品牌DNA,成为361度永久的品牌资产。为了让消费者更加全面清晰地了解这"一度"是什么,"多一度热爱"的品牌宣言,即这"一度"就应运而生了。如图13-8所示,361度广告赋予运动新的概念及想要传递给消费者的新的运动含义,即激情、根本、单纯和亲近。

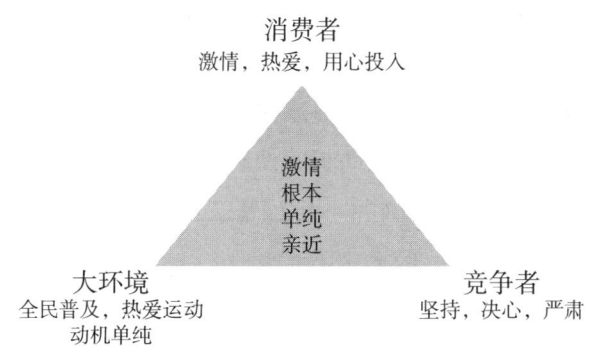

图13-8 361度广告分析

不同于以往运动被赋予的内涵,如比赛要争第一、付出许多汗水、十分辛苦的训练等,361度广告想要将运动赋予一种积极、享受、快乐的形象,让消费者以热情、激情的态度,用心投入运动中,纯粹地享受运动,爱上运动。其他体育用品对运动的定位多为:坚持、决心、严肃,其广告也还是将运动赋予传统形象、理念,与361度广告传播出享受、快乐、单纯、亲近的形象大相径庭。361度因这个新的运动概念,引起消费者的注意，并得到关注度。当观众欣赏完361度广告时，会被新的运动理念吸引而产生共鸣，并对运动产生感情。就如同361度期待"多一度热爱"的传播理念一样，即"爱上运动、目的单纯地享受运动，并且乐在其中"。

### （二）多种渠道推广广告

在"多一度热爱"的品牌传播过程中，361度用爱人之间表达爱的方式——誓言，来开启人们与运动间的情感关系。同时，其又全面整合电视、平面、网络、户外等一系列优质资源，以及全面更新终端营销网络。通过高密度、多频次的传播，形成361度前所未有的强大传播攻势，让"多一度热爱"不仅是一个品牌口号，更是一种影响大众的生活态度和精神。除传统电视媒体外，361度还将视野扩展到新媒体领域。361度冠名了腾讯网的体育频道，并达成战略合作伙伴协议，提出"赛事共建、会员共享"的理念。361度参与北京奥运会，也是与腾讯体育联合打的最大一仗。此后，腾讯体育也与国家羽毛球队签约，推出了"361度——羽毛球队独家专题"，其流量超过800万次。林丹、张宁等体育名将，都开通了腾讯博客，吸引了大量粉丝关注。仅林丹的个人博客，在奥运期间就有接近700人的访问量。而且，各运动员的博客，也都会有361度的品牌标识。借助奥运会的影响力和腾讯网的平台优势，361度品牌总曝光220亿次，总点击量超过645万人次，收到显著的成效。

为能更有效地执行"多一度热爱"的品牌整合传播，361度在2009年召集全国31个区域的主要负责人，在广州召开了"多一度热爱"品牌传播及新VI执行规范，并组织与会人员到北京路、上下九等商业街的终端店面进行现场观摩。通过这次集中交流，为各分区在以后的营销中能更好地实施新的品牌执行标准树立典范。当今，品牌传播要保持足够的张力和持久性，仅靠单一媒体的传播是无法实现的。电视是品牌传播的平台，网络是互动营销的平台，终端是直面传播的平台，推广是聚焦传播的平台，而361度的品牌传播就是整合了上述各类有效媒体的全媒介传播，甚至包括户外、交通、地铁等广告媒体。由此，为品牌提供了全方位的曝光度，进而为361度带来了广泛的品牌认知度，最终使其成为全国著名的运动服装品牌，为企业发展带来了巨大的支撑力。

### （三）准确捕捉消费心理

361度"多一度热爱"的广告，不同于以往，总用当红明星或体育健将做代言人，这会使观众产生"参与运动的人群都是自己遥不可及的或有运动天赋的职业运动员"的错觉。而该广告选取了不同年龄、不同身份的老百姓为自己代言、为运动代言，有学生、有运动员、有老人、有上班族，覆盖了社会各个阶层。由此，让大家知道，只要对运动保持单纯热爱的动机，每个人都可以享受运动、爱上运动，并在运动中发现自我、释放压力，变成更优秀的自己。这让消费者在观看广告时产生一种亲切感和一份感动，甚至从广告中看到自己的生活，从而对361度品牌产生感情，品牌好感度油然而生。由此，361度就与消费者产生了良好的感情交流。消费者在心理上也产生了对361度的依赖性。除此之外，361度利用赞助各种赛事，以及传播各种比赛信息，让品牌深入各类体育爱好者的内心。特别是广大的青少年，361度将其列为重要的目标客户，努力将其产品设计得更适合青少年，并立志做到舒适、耐用，以更好地满足学生体育运动的要求，提高目标客户的忠诚度。

### （四）广告中富含公益性

相较于安踏、李宁，361度要摆脱缺乏竞争优势、前狼后虎的困境，只有通过情感突围，才能引起消费者对品牌的共鸣，才会破除难关。例如，补缺式的品牌突围，即通过填补老年人群这一目前运动品牌的真空地带，来推广品牌。国内运动品牌瞄准的都是14~29岁的消费群体。实际上，在我国，真正热衷于锻炼的并不是青少年群体，而是老年人群。他们有更多的时间投身于体育锻炼，并且比起青少年来更渴望健康长寿。随着科学知识的普及，老年人群把保持锻炼和合理饮食视为踏上健康之路的良方。因此，会更积极地锻炼。不过，想让他们买运动鞋有些困难，价格便宜、透气性好的布鞋才是首选。但是，让老年群体买运动鞋并非不可行。由于其骨骼更为脆弱，常伴有骨质疏松等病况。如果鞋子防滑性不好，易导致摔跤；如果鞋子减震性能不好，也会对长时间锻炼的老年人脚部骨骼造成影响。所以，361度开发出减震、防滑、性能良好、适合老年群体的运动鞋，并聘请有影响力的健康专家，如洪少光等，为之代言。

另外，361度站在关注消费者健康、推广锻炼方式的立场上，打出"关爱老年人"的口号，为老年群体提供安全健康的运动鞋。同时，本着"百善孝为先"的精神，也呼吁所有儿女们为老人购置这种"孝心鞋"。在宣传推广中，重点披露劣质鞋对老年人的身体危害。这样，361度不仅能成功突围，还能在消费者心中树立起真正关爱人们身体的正面形象，对品牌建设极有好处。当然，这种方式实行起来一定要慎重。361度开展"买一孝一"的活动，即消费者购买一双运动鞋赠送一双"孝心鞋"，首先让消费者的父母体验到鞋子的好处，再通过赞助或青年志愿者的方式，向敬老院老人发放这种"孝心鞋"，等条件成熟后再推出"孝"系列护脚鞋。所以，无论针对哪个年龄段的消费者，要想真正做好品牌核心价值，都与消费者情感沟通脱不开关系。361度"买一孝一"活动引起了不错的社会反响，而捐助山区也引发了许多消费者的共鸣。要保持消费者对自己品牌的认同，就要做到一丝不苟，不能使捐助等公益活动出现重大纰漏。同时，361度建立起了各项长效机制，使其持续性地提升企业品牌的公益价值。

## 四、传播效果

### （一）提高知名度

"多一度热爱"，是361度在2008年北京奥运会之后打出的宣传标语，旨在倡导人们全情投入、不计得失地热爱运动。361度仅用了六年多的时间，就成为中国屈指可数的成功品牌，并敢于抗衡国际知名品牌。其中，涉及市场营销与品牌定位的广告传播，可谓是火力全开、打得火热。不仅其市场分析明确、受众定位精准，而且与广告运营商密切合作。在

## 第十三章 361度：多一度的热爱

与腾讯签下长期合作协议后，361度华丽转身逆袭，一跃成名，即成为集"中国驰名商标""中国名牌"两大国家级荣誉于一身的运动行业领跑企业。而腾讯也从中获益匪浅，其活跃用户为361度产生多次美妙的品牌"共振"。

在现代生活中，无孔不入的广告每天都充斥着人们的生活。与其说消费者是决定广告效果的直接反馈者，倒不如说是广告铺天盖地的承受者。而广告的定义是一种由广告主付出某种代价的，通过传播媒介将经过科学提炼和艺术加工的特定信息传达给目标受众，以达到改变或强化人们观念和行为的目的的、公开的、非面对面的信息传播活动。自361度在2009年启用"多一度热爱"的广告语后，经其行之有效的传播，使得品牌的声音迅速到达目标群体。361度"多一度热爱"的广告传播，很好地整合了各方面媒体资源，用不一样的广告形式，但却一样的核心内容，向目标受众全面地传播了其品牌精神的内核，从而使目标受众与361度产生了强烈的情感共鸣。其最直接的表现形式就是，在2009年及其之后，361度的门店数量逐年增加，而且各类产品的毛利润呈现上升趋势。

如图13-9所示，361度在其推出"多一度热爱"主题广告后，无论是门店数量、销售额、产品毛利率，都比2008年广告改革之前增加了很多，而且，还是逐年增加，各类产品的毛利率上升趋势尤为明显。不但各产品更受欢迎，而且新开发的361度童装一经推出就以高毛利率保持盈利状态，并且从未下降。由此可见，361度不论是涉及成人、青少年的运动市场，还是涉及儿童的运动市场，都一样广受欢迎。

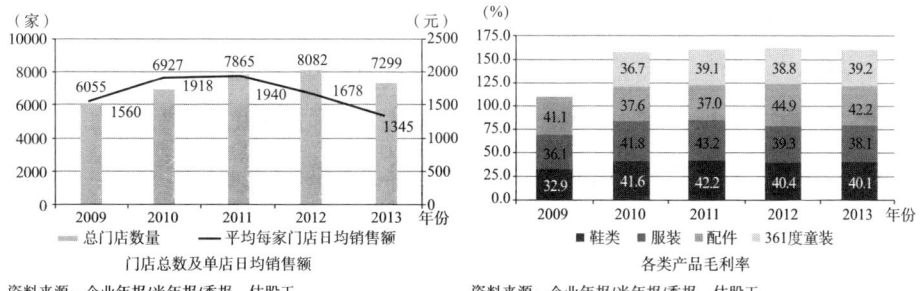

图13-9　361度销售额

## （二）竞争力提升

经过数十年的发展，中国体育用品市场已从发育期进入增长期。加之广阔的市场前景，已引起国内外企业的关注，而纷纷抢滩市场。尤其是在2008年北京奥运会的推动下，耐克、阿迪达斯等国际著名体育用品都加快了市场拓展步伐，即加快从北京、上海向二三线城市的扩张进度。而中国本土的成功品牌，如361度、李宁、安踏、特步、康威、德尔惠、金莱克、鸿星尔克等，则在巩固二三线城市占有率的同时，也努力扩大在一线城市的市场份额。在这种状况下，各体育品牌依托自身优势战略，根据市场需求的多样性、速变性和购买者行为的差异性，来实施市场细分。并且，对产品实施档次分化，将功能、时尚、环保、科技等理念融入产品设计、开发和营销中，以发现新的市场机会，扩大市场份额。尤其是运动服装市场，该趋势已非常明显。各品牌也为抓住中国市场发展机遇，进行产品线的调整，加大技术研发，以获得决胜市场的新利器，并打造企业发展新的核心竞争力。

在体育运动行业中，国外竞争者有美国的耐克（NIKE），英国的锐步（Reebok）、茵宝（UMBRO），德国的阿迪达斯（adidas）、彪马（PUMA），意大利的斐乐（FILA）、卡帕（Kappa）、迪亚多纳（DIADORA）、乐途（lotto），日本的美津侬（Mizuno）等；国内竞争者有李宁、安踏、匹克、特步、鸿星尔克、双星、乔丹、康威、德尔惠等。在阿迪达斯、耐克等一线体育品牌占据大部分市场份额的大背景下，二线体育品牌只能冀望于细分市场领域。如图13-10所示，通过中国2008年运动市场各品牌占有率可以看出，361度在"多一度热爱"广告推出前，市场占有率仅为2%。就算抛开阿迪达斯、耐克、李宁这些原本就拥有较高市场占有率的国际一线品牌而言，361度在2008年也不敌与自己相似水平的安踏、特步等国内品牌。

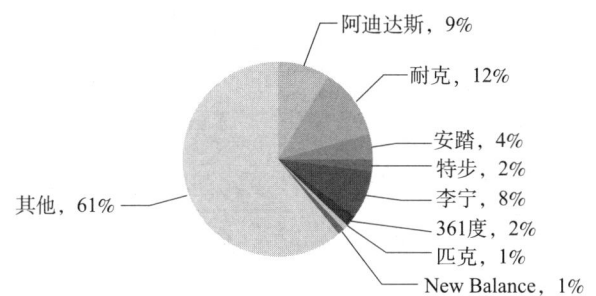

图 13-10 2008 年运动品牌市场占有率

如图 13-11 所示,根据 2015 年中国运动市场品牌综合排名可以看出,在推出"多一度热爱"主题广告语后,361 度仅用了 6 年时间就在中国运动品牌市场占领了优先位置。虽然还是不敌阿迪达斯、耐克、李宁等一线品牌,但在 2015 年,361 度已一跃到市场排名第四、国产品牌类第一的好成绩,超越了同期的安踏、特步等国内竞争对手。由此相信,361 度有朝一日也会挤进国际一线运动品牌。

|  |  |
|---|---|
| 耐克 | 第1名 |
| 李宁 | 第2名 |
| 阿迪达斯 | 第3名 |
| 361度 | 第4名 |
| 背靠背 | 第5名 |
| 乔丹 | 第6名 |
| 安踏 | 第7名 |
| 特步 | 第8名 |
| 鸿星尔克 | 第9名 |
| 三叶草 | 第10名 |

图 13-11 2015 年中国运动市场品牌综合排名

如图 13-12 所示,通过 2015 年中国市场运动品牌 C-BPI 指数(中国品牌影响力指数)排名可以看出,在中国消费者最满意的运动品牌中,前三依然是国际一线品牌,即耐克、李宁、阿迪达斯,但紧随其后的就是361度。作为国产运动品牌,到目前为止,虽然361度还没有实力挤进国际一线运动品牌行列,但与安踏、特步、鸿星尔克相比,已遥遥领先,排名全国第四位。361度已可以媲美,甚至超越一些国际运动品牌,如三叶草、背靠背等。中国消费者也一改原先以国际品牌作为首选的消费习惯,更多地选择国产品牌(如361度)。除国产运动产品质量提高外,其品牌广告的传播也是影响销售量的重要因素。361度的"多一度热爱",不论从广告技术、广告创意、广告内涵,还是广告传播表现、多渠道营销,都是可圈可点的。因此,361度获得了如今的美誉及销量。

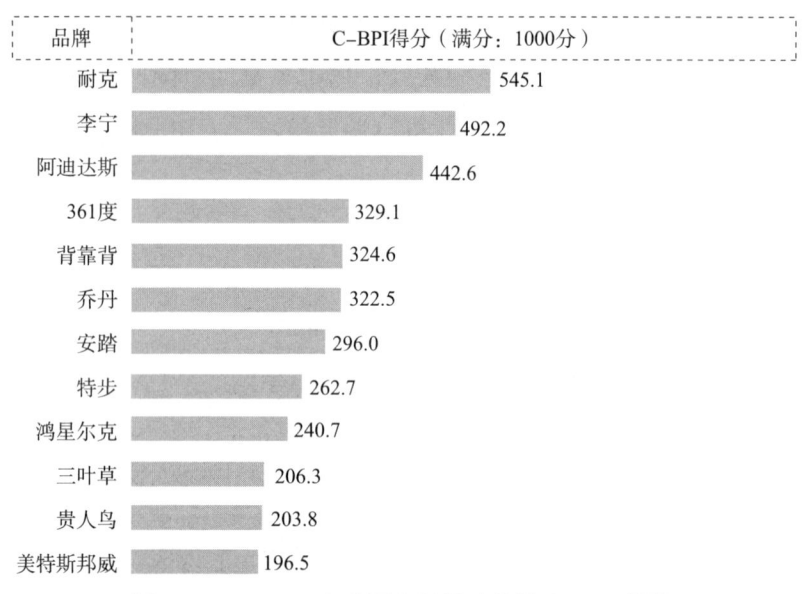

图13-12　2015年中国市场运动品牌C-BPI指数

## 五、营销启示

作为国内体育用品行业的标杆之一,361度自建立至今,取得了非凡的发展成绩,以与时俱进的理念、不息的创业精神及对市场的准确把握,创造了企业发展的奇迹。而且,作为2010年亚运会高级合作伙伴和亚奥理事会全球合作伙伴,361度又凭借缜密的战略部署和灵活的战术实施,得以快速发展。在成为国内著名品牌的基础上,跻身国际体育用品行列。

而后在奥运的特殊阶段和全球经济衰退的大背景下，361度仍然以睿智的头脑和果敢的行动推进实施国际战略。借体博会、亚运会等一系列世界体育运动产业盛事，361度构建展示出自身恢宏气势的舞台，推动世界级民族体育产品的品牌发展。

### （一）广告内容赋予运动新的定义

回顾361度以往的广告，发现其中有很多都非常优秀，其广告词从最初的"敢于做自己"到"多一度热爱"，可以看出该品牌的准确定位。从消费者的角度来看，361度广告大多体现出体育精神。而伴随这种精神，361度给消费者带来的是一种感动，即容易与其产生共鸣，从而对该品牌产生认同感。其中，广告发挥了最大的作用。361度的品牌名称也蕴含了很多内容，其希望新品牌能迅速打开市场，并走国际化发展道路，就必须起一个让全世界都能理解、认同，并牢牢记住的名字。所以，采用阿拉伯数字，即世界上每个民族共同的语言。通俗易懂，容易被人记住。最后，新公司及新品牌的名字定为361度。其中，"360度"代表了一个圆，一个句号，把过去的成就都归结为这个圆；"1度"象征着新品牌重新从"1"出发，去创造新的辉煌。361度的标识颜色定为明快的橙色，也希望这个代表青春年少、欢愉雀跃的色彩能快速地被青少年认同。

361度不断适应市场需求，结合本身的资源配置，灵活变换营销策略。并且，依托热情和梦想，围绕铸造民族体育用品国际化的使命快步前行。不仅同步建立研发中心，构建世界级研发平台，还打造全球独创性、可比肩世界品质的高质量产品，而且坚持品牌国际化定位战略，开发多元化配套产品，构建包括篮球、跑步、羽毛球、赛车、足球等运动系列的强势产品线。要想渡过红海到达蓝海，产品质量是船。通过加强研发，保证产品特色来加固船身，361度更要加强品牌投入。在发挥本身优势的同时，适时加入顶级赛事，进行品牌突围。经过2005年市场突围和渠道重构、2006年品牌战略推行、2007年企业流程再造，从而实现2008年市场、品牌、运营的全面飞跃。在2009年香港主板IPO后，又继续深化资本运作，将产品线拓展至童装等领域。不难看出，作为中国民企代表，361度灵活的经营风格和与时俱进的理念，保证了其强大的执行力。

经历奥运的洗礼后，趁着满足体育用品行业迅速缩短与世界品牌差距拉大的趋势，361度在理念和策略上实现了巨大突破。其直面金融危机对中国体育用品行业的不利影响，利用后奥运阶段国内大多数企业，以及国内外奥运赞助商，有意削弱市场宣传力度的契机，审时度势，不退反进。361度携手广州2010年亚运会、中央电视台体育频道、中国乒超联赛、郑开国际马拉松等重磅资源，全力加速其品牌的国际化进程。并且，借助2010年广州亚运会的良机，成为亚奥理事会的官方合作伙伴，赞助"亚洲之路"活动。不仅彰显了361度作为行业领袖之气势与实力，而且树立了品牌营销新的里程碑。

### （二）多渠道传播广告内容及创意

361度"多一度热爱"广告传播是广泛、高效的。从2009年推出"多一度热爱"之后，361度在中国运动品牌市场上得到属于自己的一片天地。其发展之迅速，已成功超越国内同等地位的运动品牌。除自身技术开发、产品创新、质量提高外，还需迎合市场需求，而没有好的传播途径，就会事倍功半。361度借助"多一度热爱"，在市场上迅速得到广泛关注，知名度日益提高，让消费者发现除耐克、阿迪达斯、李宁等一线国际运动品牌外，原来还有这么优秀的国内品牌。在我国体育用品中低端市场这片竞争激烈的红海，361度通过坚持品牌的专业化，利用网络平台、赛事传播、情感营销与社会营销，以及草根营销等手段，取得了更加优异的业绩。

#### 1. 整合营销资源，细分市场定位

从携手厦门国际马拉松、助力金门马拉松，再到成为郑州国际马拉松的全球顶级伙伴，361度一直不遗余力地整合自身优势资源，使赛事成为品牌推广的良好平台。其来源于361度运作大型赛事的核心原则，即要与赛事品牌共成长，求双赢。通过冠名马拉松赛事，361度不仅知名度得到了提升，更获得了广大消费者的认可。人们除感受到赛事的热度外，更能感受到361度传递的体育文化。通过产品创新，361度成功开发出了磁悬浮跑鞋，应用于马拉松赛，并获得了专业运动员的一致好评。此外，361

度更积极与其他类别赛事携手,完善品牌建设。例如,与全国跳水冠军赛暨全运会预选赛的合作、牵手乒超联赛、携手亚奥理事会、成为广州亚运会高级合作伙伴等。与一系列知名赛事的合作,极大地提高了361度的品牌形象和海外影响力,为其国际化品牌战略奠定了坚实的基础。

当然,仅依靠论坛造势还远远不够,必须借助销售终端、地面活动、新媒体等优质资源进行组合。为保证促销活动的执行,由公司负责营销工作的副总经理牵头,成立促销活动项目小组,副总经理担任组长,销售部经理担任副组长。根据公司确定的促销策略,并会同销售部、行政部、财务部、储运部的负责人,以及全国的分公司、近5000个专卖网点,开始以电视、网络高空轰炸、地面活动路演、终端作为促销阵地的立体宣传。即通过制订科学密集的硬广投放计划,优化组合电视、平面、广播、网络等媒体,有的放矢,覆盖整个活动中、后期,进行立体交叉的活动宣传告知。同时,361度将媒体资源有效覆盖到核心、重点区域、终端,通过大密度、高频率宣传,进行造势,真正做到有效直达目标消费群。例如,与年轻人热衷观看的热门网站,如腾讯视频等,进行深度合作,在全国开始大面积的宣传。另外,各分公司也充分利用各媒体资源,在各地电视台纷纷投放广告,引起社会极大反响。例如,361度在官网专门开发了赛车竞技游戏,与网络联盟店形成良好的互动。

此外,2007年,361度全面导入企业发展战略,推动研发系统化和三大事业中心的成立。以此,加强区域市场整合,进一步强化全国市场快速、均衡发展,持续塑造专业的品牌形象。目前,这场开体育用品行业先河的自主变革已在全国上下逐步展开。例如,2007年361度以1.25亿元的巨资,签下央视"2007—2008年体育直播节目合作伙伴"协议。而且,与腾讯合作实现突破性升级,每年拥有腾讯1.2亿元广告资源,并独家拥有腾讯体育频道及QQ游戏内容的战略合作权限。在赛事资源上,整合361度娱乐篮球、中国羽毛球天王挑战赛及厦门国际马拉松等资源,再次掀起国内运动鞋企业的奥运营销热潮。

2. 借助网络力量,提高传播效果

361度的目标客户为12~35岁的年轻人。2006年底,361度在北京、上海等 11 个大中城市开展了"361 度成人礼"活动。其"勇于做自己"的核心价值观在网络上引起了青少年的热议。同时，与最受年轻人喜爱的网站——猫扑网，联合举办了视频大赛、"我的成年礼"征文等活动，让年轻人讲述自己成年的故事，引起青年网友的共鸣。由此，征集到许多精彩个性的运动视频。通过天涯、新浪、搜狐、网易等青年人高度集中、影响力最大的论坛发起"成年礼"宣誓活动。活动一开始便激起网民的参与热情，已成年的、即将成年的、未成年的纷纷发表自己对成年的看法，参与人数一度突破了千人次，迅速引起社会的关注，相关文章在网络已铺天盖地。在网络高度关注活动的同时，361 度以社会舆论的形式趁势发起一系列活动，发布在新年之际向部分青少年送出成年后特别"贺礼"，吊足消费者的胃口。由此，引起新浪网、千龙网、21CN、腾讯网、中青网各大网站竞相报道，网民及广大消费者纷纷来电询问礼品内容。

一系列规模空前、席卷网络的青少年"成年礼"宣言已酝酿形成。在启动不久，全国分公司及有关负责人马不停蹄地与各大高等院校接洽，成都、杭州等全国各地学校积极响应开展成功的成人宣誓仪式。为增强活动效果，对获得大奖的消费者，要求其必须做一件公益事，才能拿到梦想中的 QQ 车。361 度又以"做件公益事，得份成年礼"为主题，在北京、上海等 11 个大中城市联合举办活动，立刻就吸引了大批即将伴随新年钟声跨入成年门槛的青年人参与。361 度发起了"做公益事"的倡议，号召青年人踊跃参与社会公益活动，勇于承担社会责任，让回报社会成为自己的"成年宣言"。一时间，各区域新闻媒体报道了许多公益事迹，如青年上街清理违法小广告、在闹市区维护交通秩序、为残疾儿童献爱心、擦洗公交车亭及广告亭等，得到社会的广泛认可。青年人也普遍认为，用参与公益活动的方式来庆贺自己的成年礼非常有意义。不仅可以培养自己的社会责任感，还可以向父母展现自己独立创新的能力。同样，家长们也觉得这项活动提高了子女的学习工作能力，此后应加强与子女的沟通，给他们更多参与社会实践的机会。

为了让活动更火爆，361 度在全国举办了数百场活动路演，结合现场舞台表演秀与游戏互动，增加与消费者一对一的沟通机会，聚集路演现场的人气,为店铺创造更多机会,有效拉动单店销售。同时,在路演现场进行QQ车陈列展示及颁奖活动,吸引更多的人参加"QQ车贺成年"的抽奖活动。"361度High翻天,QQ送你贺成年!"大型公益活动的开展,通过传播、公关、终端、路演四位一体的传播策略,不仅促进361度终端产品销量的大幅度提升,还实现了从部分媒介传播到立体整合传播、从区域性到全国一致性、从产品倾销到品牌促销,以及与消费者间从单向沟通到深度沟通。

**思考题**

1. 根据上述案例,阐述成功新媒体广告营销的关键点是什么?
2. 微信广告的推广过程中,应如何实现企业与公众的互动?
3. 结合上述案例,分析新媒体广告传播不同渠道的优劣势以及适用范围。

## 参 考 文 献

[1] 张殿元. 广告视觉文化批判[M]. 上海:复旦大学出版社,2007.
[2] 马歇尔·麦克卢汉. 理解媒介——论人的延伸[M]. 北京:商务印书馆,2000.
[3] 约翰·菲克斯,等. 关键概念——传播与文化研究辞典[M]. 北京:新华出版社,2003.
[4] 斯图尔特·霍尔. 表征:文化表现与意指实践[M]. 北京:商务印书馆,2003.
[5] 夏凡. 361° 体育地图,热爱从这里开始[J]. 现代广告,2011(18):56-57.
[6] 朱月昌. 361° 的品牌之路[J]. 声屏世界:广告人,2007(7):31.
[7] 尚薇薇. 361度的品牌营销圣经[J]. 广告主,2013(9):56-57.
[8] 戎子江. 361度创意,超越的原动力[J]. 中国广告,2010(1):41.
[9] 饶志强,高宏森. 361° 想玩更要敢玩[J]. 国际广告,2007(1):31-32.
[10] 《广告大观》记者. 361° 借道腾讯发力奥运营销[J]. 广告大观,2007(4S):125.
[11] 田申. 多一度热爱[J]. 关爱明天,2016(3).
[12] 郑子文. 361° 童装"多一度热爱,多一份未来"[J]. 广告大观(综合版),2011(8):119.

# 第十四章

# 资生堂：女高中生的化妆秘密

2013年，资生堂推出了"一美之美，一瞬之美"的新宗旨，即旨在发掘新的更深层次的价值，帮助人们缔造更美好的生活。针对该宗旨，资生堂认为不能单纯地把目标定位在人们对企业理念的认识上，而要让顾客切身感受到其产品变化，来达到宣传效果。因此，资生堂通过推出有关企业活动内容的营销广告，并在电视节目中播放，让顾客在接触产品的过程中，体验到资生堂的潜在改变。其不仅包含资生堂的产品转型及改进，还包括其目标市场的进一步扩大。2016年1月，资生堂推出名为 Beauty VS World 的全新宣传广告，并聘请两位欧美超模及一位华裔名媛进行代言。东西方文化相结合的宣传海报，使其立足于竞争激烈的护肤品市场，成为一个知名国际品牌。本章简要介绍资生堂2015年于 YouTube 上发布的广告片《女高中生的化妆秘密》。通过对广告的剧情、配乐、拍摄手法及角色等方面的思考分析，结合其传播效果及受众反馈，探究资生堂企业宣传片的商业价值。

## 一、企业分析

### （一）企业简介

资生堂（Shiseido）为日本著名化妆品集团，其最初并非专业的化妆品公司，而是创始人福原有信在东京银座开设的药房。经过140多年的发展，如今的资生堂，旗下涵盖了CPB肌肤之钥、IPSA、欧珀莱、Za等著名护肤彩妆品牌。从奢侈品到大众护肤品，都有涉及，如图14-1所示。

第十四章　资生堂：女高中生的化妆秘密

图 14-1　从奢侈品到大众护肤品

资料来源：资生堂官网。

## （二）企业宗旨

"资生堂"一词源自中文《易经》中的"至哉坤元，万物资生"，其含义为"赞美大地的美德，她哺育了新的生命，创造了新的价值"。资生堂是做药房起家的，其主张将自然与科技相互结合，从大自然中选取原料。利用各种科技手段，不断创新产品种类，如图14-2所示。

275

图 14-2　知名国际品牌

资料来源：资生堂中国官网截图。

## 二、广告推广

### （一）平面宣传

1. 照片素材

早期资生堂以平面广告的宣传形式为主。其中，首推设计师中村诚的平面海报。其主张传统的插图风格，引入以照片为素材的广告，擅长于通过大特写来展示东方女性的柔美，如图 14-3 所示。

图 14-3　东方女性的柔美

资料来源：百度中村诚词条。

### 2. 山茶花

如图14-4所示，资生堂的企业标志为山茶花，是初期平面广告的主要元素，以不同的表现手法出现在人们的视野中。其兼容并蓄的文化内涵，逐渐深入人心。作为广告符号，资生堂的山茶花无时无刻、无孔不入地向消费者传递其内在的文化价值。通过消费行为，该符号渐渐由消费品的使用价值转变为消费者的情感价值，并在情感文化中找到与其价值相似的"共性"，从而形成品牌认同感。资生堂广告在该过程中起到搭建认知的桥梁作用。由此可知，通过早期广告，消费者对资生堂已形成了大致的品牌印象，即优雅而前卫，或是西方的外表下藏着东方女子的典雅韵味。

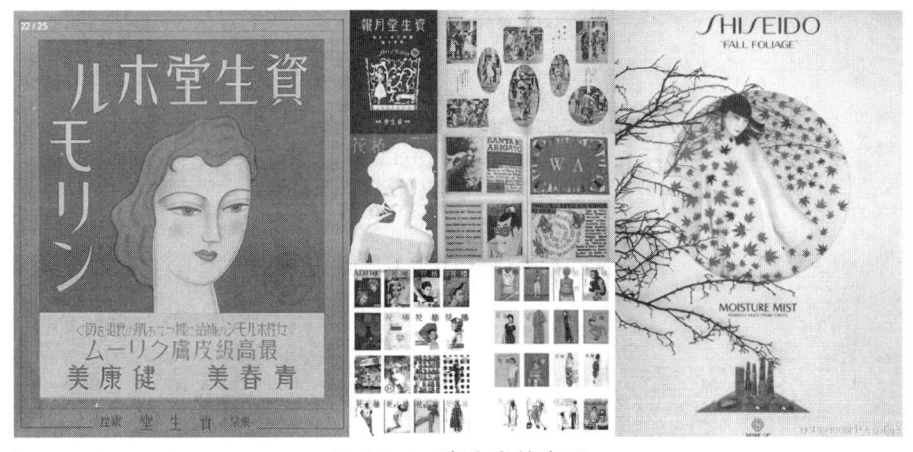

图14-4 资生堂的变迁

资料来源：早期画报系列，http://www.iqiyi.com/ad/20130703/ccca39378e702053.html.

### 3. 季节元素

资生堂也意识到社会媒体作为一种投资回报率更高的传播方式，是一种能给品牌带来无穷财富的手段。即便是线上推广使用的平面广告，资生堂也仍将"分享美"的理念贯穿其作品中。每到中国农历传统时令日，资生堂就推出相应的季节海报，其设计在整体上简约唯美。除配合特有的季节元素外，还以当下季节适宜使用的护肤产品来提醒消费者，注意根据季节的特性，选择适合皮肤状态的护肤品。该广告融合了中国传统文化，在不知不觉中拉近了资生堂与中国消费者的距离,增强了两者间的互动,如图 14-5 所示。

图 14-5　中国农历传统的时令日

### (二) CM/CF 模式

CM 全称为 Commercial Message,意为"商业讯息"。在日本的广告领域,被当作广告简称,而在其国内广泛应用。CM 原本没有特别限定是在电视上播出的广告,但随着电视和广播的逐渐普及,CM 渐渐成为电视广告的专用名词。之后,由于互联网的不断发展,很多企业广告由电视转投向互联网。在 CM 中,就逐渐演变出一类分支,即 CF(Commercial Film),其具有商业电影的特质,即时间长、剧情性强,以及极力淡化的商业气息。CF 形式的广告宣传,在各大视频门户网站,以及社交网站上,进行传播。其主要用电影的叙事情节和小清新的拍摄手法,获取网络上众多切屏侠的驻足观看。基于该现实状况,资生堂也由原先的平面广告过渡到了视频广告。从中川大志和广濑铃出演的 *Sea Breeze* 爽身水校园纯爱宣传短片不难看出,资生堂近些年在宣传片的推广上下了很大功夫。针对中国市场,资生堂邀请了中国著名男星黄轩进行代言,并授权时尚 COSMO 杂志社在瑞士进行拍摄,如图 14-6 所示。选择合适的明星进行地区性的宣传,为资生堂的中国本土化营销构筑了坚实基础。

图 14-6　黄轩 COSMO 宣传片

资料来源:https://m.v.qq.com/page/g/p/b/g0316mrwrpb.html?ptag=v_qq_com%23v.play.adaptor%233.

### (三)新媒体创意

在快速发展的时代下,广告形式也在发生巨变。在广告手段上,传统画报逐渐被视频广告取代。广告投放也不再局限于主流的电视、纸媒等渠道。随着社交媒体移动化的不断发展,其市场也在快速发展。根据 Facebook 的报告,其 2014 年第四季度广告营业收入高达 35.8 亿美元。其中,移动端竟然占了 69%。从中可以看到,社交媒体带动广告传播的移动化,已悄然在进行了。在移动网络发展的大趋势下,消费者的注意力被进一步分散,他们喜欢在不同的社交媒体上穿梭。因此,企业必须把握这种趋势,提升消费者的体验。在移动社交媒体时代,品牌营销要加强跨屏互动,加强大数据分析,这样才能做到对不同的消费者实现精准营销。

由此可见,广告传播移动化的产生,并不仅是终端在改变,而是消费者整体态度和行为的转变。所以，必将重构消费者与企业品牌之间的关系。跨平台、跨终端，就要求企业品牌要从电视、PC等传统广告投放中走出来，适时配合微信、微博等移动社交媒体，实现更大深度的传播价值。同时，可以让电视、PC的品牌营销与手机、平板等移动终端互动。近年来，资生堂的广告宣传一方面采取保守策略，在原有基础上进一步巩固其"西方外表下又具有东方魅力"的品牌形象；另一方面为了扩大传播，让喜新厌旧的消费者对品牌保持新鲜感，采用前卫创新的策略，不时出现在消费者视野中。

## 三、案例广告

近年来，资生堂的视频广告制作更是大胆采用了新颖的方案，将热点话题与其紧密联合。2015年底，其推出的《女高中生的化妆秘密》广告，就受到了社会的广泛关注。在YouTube上发布仅一周，就获得了200多万次的点击量。在这则广告制作中，资生堂仍然秉持以往的品牌思想，即相信"美的力量"，并以男扮女装的形式告诉观众，"连男生都可以变得这么可爱，你为什么不能呢？"对女生们使用化妆品也进行了鼓励。资生堂的品牌，经过20世纪广告的奠基，想要在新时代下继续保持原有形象，并符合不同消费者的价值取向，的确需要源源不断的广告创意。推出此类让人大跌眼镜的创意型广告，广获好评。2016年初，资生堂又运用类似的手法进行彩妆广告拍摄。在视频刚开始，八位风格不尽相同的女孩整齐地出现在镜头前，有日常看到的OL、有造型夸张的少女、有酷酷的hip hop女孩儿、有画着晒伤妆的文艺萝莉，甚至还有日本传统的艺伎等。不一会儿，画面开始加速倒放，进入卸妆环节。八位女生一起卸妆，短短8秒钟，八位女生齐齐卸好妆以素颜示人。这时，广告才开始进入重点。原来，这八位女孩竟然是同一个人。资生堂这支广告的意义在于告诉消费者："你可以根据你的心情和想法自由自在地成为你想成为的人，享受每天化妆的过程。"与上一支广告《女高中生的化妆秘密》的理念起到承前启后、相互呼应的作用，以鼓励消费者勇敢追求美，不需要太拘泥于形式。

第十四章 资生堂：女高中生的化妆秘密

### （一）主要内容介绍

在广告中，首先出现于画面中央的是一位打扮知性的女教师，由于采取近距离特写拍摄的方式，观众可以很清楚地观察到她脸上的淡妆，显得非常端庄典雅，如图14-7所示。

图14-7 《女高中生的化妆秘密》镜头之一

资料来源：http://v.qq.com/x/page/c0169bxswa9.html?ptag=s_weibo_com.

紧接着这位女教师推开教室门，观众可以看见教室内坐着的女高中生们。在悠扬的音乐声中，镜头慢慢拉近，带领着观众的视线在女高中生们之间游走，她们姿态各异，但一动不动，镜头不时地停顿下来，给这些女高中生们以面部的特写："她们画着透明自然的妆容，表情可爱，透露着青春的气息。"如图14-8所示。

图14-8 《女高中生的化妆秘密》镜头之二

资料来源：http://v.qq.com/x/page/c0169bxswa9.html?ptag=s_weibo_com.

紧接着画面停留在靠在窗边的一位女学生身上,如图14-9所示。画面在此刻逐渐地拉近,停留在女学生手中拿着的书上。我们可以看到她手中的书上写了这么几个字:"这间教室里有男人哦,注意到了吗?"如图14-10所示。

图14-9 《女高中生的化妆秘密》镜头之三

资料来源:http://v.qq.com/x/page/c0169bxswa9.html?ptag=s_weibo_com.

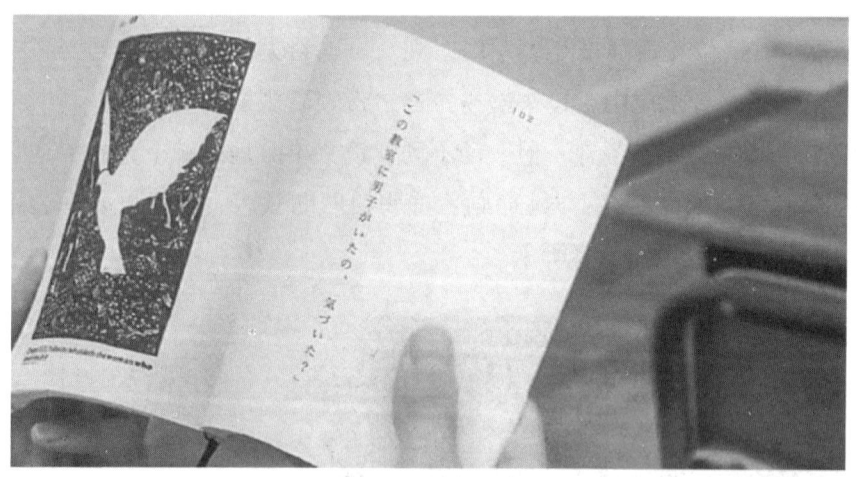

图14-10 《女高中生的化妆秘密》镜头之四

资料来源:http://v.qq.com/x/page/c0169bxswa9.html?ptag=s_weibo_com.

此时,画风突变,快速回放。在一段轻快有力的rap音乐中,每位女孩子在化妆师手中,又被还原成男生形象。这时,才发现真相,即原来教室里的女孩子都是男生化妆表演出来的,如图14-11所示。

第十四章 资生堂：女高中生的化妆秘密

图 14-11 《女高中生的化妆秘密》镜头之五

资料来源：http://v.qq.com/x/page/c0169bxswa9.html?ptag=s_weibo_com.

最令人惊叹的是，门外看似端庄的女老师经过卸妆之后，完完全全地变成了一个严厉的男老师，如图 14-12 所示。最后，音乐结束。画面定格在资生堂的化妆品上，在其围成的小圈里还放着一张纸，写着"每个人都可以变得可爱"。在这样 2 分 37 秒的广告中，处处都体现着创作者的用心。一开始，镜头首先对准老师，交代故事大致背景。随后，选取老师的视角，突出第一人称视角，不知不觉中将观众代入故事。视角的转换，在短短一秒钟内拉近了与观众的距离，亲切感油然而生。在整个广告的细节处理上，对主观视角镜头的使用也十分到位。通过镜头切换、镜头高度的设定，来增强真实感，加强了观众与广告人物的互动性。

图 14-12 《女高中生的化妆秘密》镜头之六

资料来源：http://v.qq.com/x/page/c0169bxswa9.html?ptag=s_weibo_com。

除此之外，长远镜头的交替使用，更好地突出了广告重点。门打开后，采用远镜头大致交代教室中的人物动态。随后，一步步走近学生，镜头变为特写，女孩子脸上的妆容得到更细致的展现。观众此时看到的是一个个造型可爱的女生。而后剪辑师以快速回放的手法，呈现整个化妆过程。此时，时间仿佛也倒退到之前，真相缓缓揭开。最后，镜头一扫，切换到最初的女教师。在整个广告中，学生的姿势，甚至是表情都没有变换。唯一不同的是他们的着装和妆容，一切就像是错觉。在氤氲的灯光下，又好像只是一场梦。然而，当观众回想起之前看到的演员特写时，再去细细品味整个过程，不由得感慨资生堂化妆师如魔术般神奇的化妆技巧。另外，在配乐的选择上，资生堂特地邀请泉枕为该广告创作了歌曲。背景音乐在故事引导和氛围渲染上，发挥至关重要的作用。起初，对女生妆容进行描绘时，背景音乐是轻柔的女生吟唱。随着故事情节的发展，当镜头缓缓停在小人书上时，以间奏进行过渡。随后，耳边传来的是男歌手轻快的说唱。男女声音的转换也暗含着人物身份的变化，可以说创作者力求在每一细节都切合故事情节和主题。在广告氛围的营造上，大体比较柔美，符合大众审美的标准。前后的反差使广告重点不言而喻。除结尾对产品的强调突出外，所有画面都没有专门的产品特写，或者品牌 Logo。但无声胜有声，观众自然而然地从故事中明白一切都是化妆品的神奇力量，从而达到了传播品牌的效果。

### (二)广告目标市场

资生堂一向注重老年消费者,并强调在老龄化状况加剧的当今社会,应该不断改善女性的肌肤,延缓衰老。1937年,就建立了以"资生堂"为标识的"山茶花俱乐部"。与众多消费者,就年龄增长引起越来越明显的皱纹、色斑、脱发等皮肤及毛发老化问题进行讨论,给予解决方案。一直以来,资生堂的销售渠道主要集中在大城市高档百货店专柜,占其销售额的90%。同时,为了维护其高端品牌形象,其也很少参与商场的各类促销活动。再加上资生堂的产品价格相对比较高,基本是中上层消费者才能消费得起。这些措施将资生堂与一般的平价化妆品进行了有效的区别。然而,根据上文资生堂旗下的品牌分类可知,近年来其致力于推出平价化妆品,进行从轻奢到平价的品牌转型。

由于人们对化妆品的忠诚度很强。如果使用一个化妆品感觉还不错,一般不会轻易改变。资生堂的产品再好,也很难打破消费者原有的习惯。尤其是对消费水平不高的年轻顾客,资生堂主推的护肤品,不在青年人的考虑范围内。而对年轻人经常使用的化妆品,资生堂的价格又过于高昂。但是,其又不愿意放弃年轻的消费群体。高中时代是人一生当中最青春、最有活力的一段时期。同时,也是大多数女性皮肤状况最佳的年龄阶段。所以,该则名为《女高中生的化妆秘密》的广告,主要针对的广告目标,就是年龄处于16~22岁的学生消费群体。

由于是针对年轻消费者的广告,与资生堂以往走的轻奢路线有所不同的是,这次产品定位都是一些平价的彩妆,即学生或年轻工作者可以消费得起的化妆品。在资生堂旗下,有专业级的护肤品,且针对不同年龄阶段有着各种系列的产品。同时,还有大量的彩妆品牌。譬如恋爱魔镜、心机彩妆等,如图14-13所示。值得一提的是,在该则广告中,并没有出现具体的化妆品。而是在后续的一个花絮简介中,被一一放出。对此可以理解为,资生堂的广告意图,不再是推广某一系列的产品,而是对其旗下所有平价彩妆做出的一个推广方案。

图14-13　资生堂旗下彩妆品牌：恋爱魔镜

### (三)适应宣传环境

整支广告没有特别明显的剧情,主要是通过拍摄来带给观众一种感官上的冲击。3分钟左右的时长也大大限制了广告的内容,使得其没有办法像资生堂 *Sea Breeze* 系列广告一样做成CF模式,用自身转折的剧情来吸引观众。在这支广告当中,亮点之一就是装扮成女高中生的男性演员们。为了更大程度上激发女性消费者的购买欲望,纷繁复杂的化妆品广告层出不穷,且主角大都为漂亮的女性。这些过于漂亮的主角,会让消费者产生过多的距离感,变得过于关注演员自身的美,而淡化了化妆用品所带来的功效。所以,日本广告在选角上显得格外慎重。为了不让消费者产生太多的距离感,很多化妆品的广告主角长得并不漂亮,都是一些较为普通的人。这点从日本的许多平面广告中就可以看出,后期的处理并不对演员本身做过多的美化,而是刻意地留下一些瑕疵,让他们显得更平易近人。

关于平面海报模特的挑选,可以小松菜奈为资生堂代言的INTEGRATE的秋冬新品为例,其具有非常浓厚的日本海报特色。日本模特的写真都有一种纯素颜的感觉,眉毛尤其明显。相比之下,韩国平面海报中的模特妆容就非常整齐,但妆感很重。后期修图力求无暇零毛孔。而反观日本的平面模特,有雀斑和瑕疵,眉毛样式也较杂,甚至不去除脸部的一些痣。两国之间的审美有着巨大的差别。在日本常规的审美中,追求一种比较接近自然的美感,认为脸部的一些瑕疵其实是这个模特的一种代表,不会刻意地将这些瑕疵进行淡化和消除,如图14-14所示。

第十四章　资生堂：女高中生的化妆秘密

图 14-14　资生堂日本常规的审美

资料来源：百度词条。

以韩国少女时代组合成员林允儿代言韩国本土化妆品牌悦诗风吟的海报为例，无论是从海报的亮度、色调，还是从模特本身皮肤的修饰都与日本截然不同，如图 14-15 所示。从以上分析可以看出，日本平面设计对模特的挑选有着独特的视角。同时，对于成片的要求也不同，即保留属于模特的特色美，不过分掩盖其瑕疵，使得广告更加平易近人。因而，不会使消费者产生过多的距离感。同时，还能够很好地激发消费者的购买欲望。

图 14-15　韩国少女时代组合成员林允儿

资料来源：百度词条。

## （四）突出文化特质

资生堂作为一个土生土长的日本化妆品品牌，深受日本文化熏染。"美少年"一词在当下并不罕见，而日本文化中更是有其特有的"美少年情结"。从字面上来看，其指的就是年轻美貌的少年。这种角色无论是在电影电视，还是小说诗歌中都很常见。相比于日本，中国人比较喜欢武侠小说中的男主角，其往往是"面如冠玉，目若朗星"，或是"鼻若悬胆，眉如墨画"，这样公认的美男子比比皆是。然而，他们仍然是无可置疑的男子。而这里要讨论的日本式的"美少年"，可以说是日本特有的文化之一，即"少女似的美男子"，或是可以理解为一种跨越性别的美。

在日本巨作《源氏物语》当中，光华源氏公子就被认为是最早且最有名的美少年之一。在书中，对光源氏"无与伦比"的美貌描写可谓是随处可见。其孩童时"风韵娴雅、妩媚含羞、娇艳可爱"，50岁"云隐"之时仍"风华绝代、无人能及"。而许多著名的日本作家也在书中提到过对美少年的憧憬。例如，在三岛由纪夫的许多小说中，很多都体现出一种对美少年美感的追求。其在《叶隐》中写道："美少年体现了一个理想的形象——他实现了一种未吐露的爱情的理想。"所以在日本文化中，"美少年"这种模糊性别概念的美，是一种特殊的美，被认为是一种美学理想的存在状态。所以，不难想象这个广告创意的来源，正是来自这种日本式"美少年情结"。

其实，品牌主旨在广告中有着非常明显的体现。在片尾妆品成列出现时，中间的白纸上用日语写了一句话："谁都可以变得很可爱。"如图14-16所示。在花絮中，同样也反复出现了这句话。不难想象，资生堂就是想通过这则广告传达给人们这样的意识，即"追求美是人类的天性，而通过资生堂，能够帮助你跨越甚至是性别的障碍，来达到你所追求的美丽"。这则广告传达了化妆品具有的强大功能，使得资生堂妆品在消费者内心深处留下烙印。

图 14-16　广告花絮镜头之一

资料来源：http://v.qq.com/x/page/c0169bxswa9.html?ptag=s_weibo_com。

## 四、拍摄手法

### （一）整体色调带入感

谈起"日系""校园"两个话题，很容易联想到"小清新"。所以，广告拍摄取景一般采用浅景深的效果，有意识地让光线稍微地过曝，使观众感觉到镜头中带有的"小情结""小情绪"等生活气息。整个画面给人一种温情柔和的感觉。在日系影片中，一般不会有明显的颜色跳跃，画面显得和谐质朴。阳光的角度和看似杂乱的背景，其实都是前景布局好的，其目的就是为了让观众能体会到校园氛围。由此，日系风格的特点可被归纳为：适当的过度曝光、保持画面简洁、物件间稍微拉开距离。同时，统一物品风格和色调，放置多一点物品，而不会觉得太杂乱。另外，为营造出和谐感，物件色调不应太强烈。

如图 14-17 所示，镜头前淡淡的光晕使得光线充满了青春的活力。背景的黑板上看似贴着密密麻麻的纸张，下方的鞋柜还放着许多鞋子，这些看似杂乱的背景可以让观看者感受到影片中的生活气息。画面从左到右颜色逐渐过渡，由深至浅，但观众关注的重心却不会发生偏移。由于左右黑白对比度不高，不会出现撞色吸引人眼球的问题。所以，整个画面都处在一个非常和谐的色彩平衡关系中，这也是日系拍摄的一个重要特点。

图 14-17　广告花絮镜头之二

资料来源：http://v.qq.com/x/page/c0169bxswa9.html?ptag=s_weibo_com.

图 14-18 是广告结尾处的化妆品陈列展示，其看似非常随意的摆放，却不显得凌乱。物品的色调和风格也处在一个统一的状态下，背景的棕色属于部分点缀的色彩，白色系的摆设配上棕色的背景，画面就不会显得过于苍白。

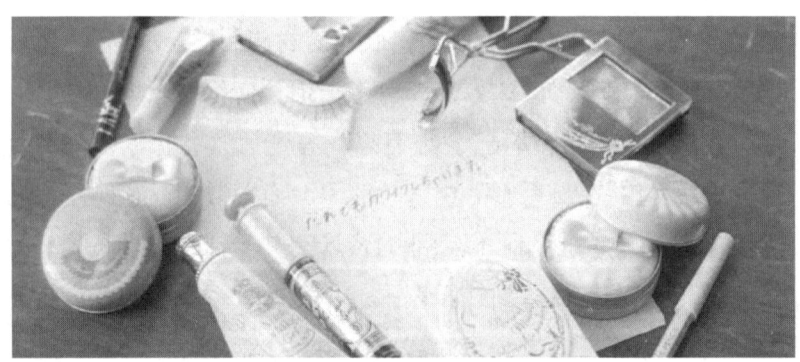

图 14-18　广告花絮镜头之三

资料来源：http://v.qq.com/x/page/c0169bxswa9.html?ptag=s_weibo_com.

## （二）第一人称镜头感

在本则广告中，几乎没有出现镜头的切换。摄影师有意地使镜头处于一个非常流畅的自然过渡中，这也与广告的取景范围有关。因为拍摄的场景仅局限于一间小小的教室，所以比起频繁的场景切换，拍摄者更倾向于选择富有镜头感的拍摄方式。最值得注意的是，整个广告带给观众第一人称的视角。即观众不是一个旁观者，而是身临其境随着镜头前进。也就是说，整个广告镜头的转移趋势，符合观众视线的走向。而且，略带些许摇晃的拍摄角度，由上到下，由左到右，都是拍摄者精心设计好的。一旦镜头的走向与我们平时视线有较大出入，那么在观看广告的过程中，就一定会觉得不舒服。

在整则广告中，镜头的递进一般都是先在演员身上的某个部位取景，然后再对演员的脸部进行大特写。例如在广告第三秒的取景处，镜头由下至上，逐渐地过渡到演员脸上，如图14-19所示。

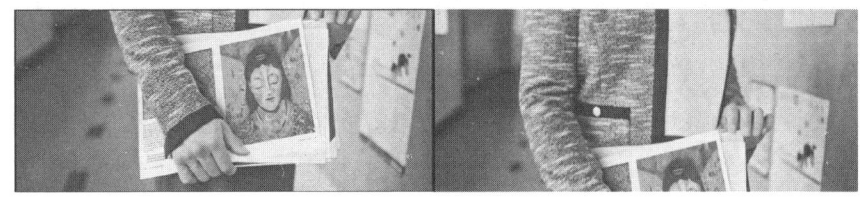

图14-19　广告花絮镜头之四

资料来源：http://v.qq.com/x/page/c0169bxswa9.html?ptag=s_weibo_com。

这些部分都能够体现出角色的个性特征：比如吉他的一角，可能代表着一个文艺的女高中生；再如矿泉水和耳机，可能又是一个比较高冷的角色；又如球鞋和踩在椅子上的脚，可能是一个有活力的运动型女学生，如图14-20所示。或者说，这种先露出冰山一角的拍摄手法，更能激发

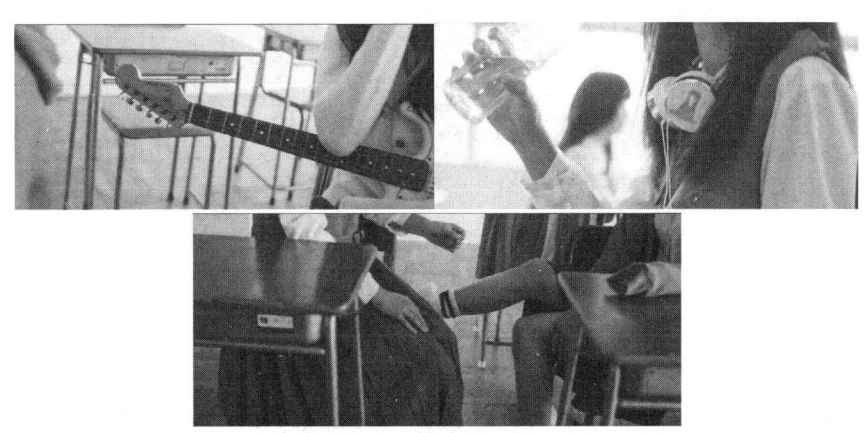

图14-20　广告花絮镜头之五

资料来源：http://v.qq.com/x/page/c0169bxswa9.html?ptag=s_weibo_com。

观众的好奇心与兴趣，他们心里可能会想："这该是个怎样长相的女孩子呢？"等到角色的脸部大特写出来之后，可能与观众心里期待值趋同，也有可能大相径庭。由此，观众的情绪就随着镜头的前进而被带动起来。

当拍摄完所有主角特写后，镜头又沿着之前的拍摄轨迹返回，对每一位主角的卸妆、蜕变过程进行特写。在这里，镜头切换显得非常不连贯，甚至略微有些卡顿。观众在看到最后一位女生手上的书时，应该恍然大悟，即明白教室里的女高中生实际上都是男生装扮的。这时，观众心里就会产生一些说不清、道不明的违和感。其仔细想来，仿佛刚刚的某个角色身上确实有一些男性特征。在还原的过程中，所有角色动作的位置都没有改变过。并且，背景还加入了许多工作人员的身影。镜头不仅给了脸部特写，同时也向观众展示了卸妆，如图14-21所示。为什么一定要向观众展示呢？因为这样才能产生比较明显的前后对比，由此达到该则广告的营销目的，形成视觉冲击。

图 14-21　广告花絮镜头之六

资料来源：http://v.qq.com/x/page/c0169bxswa9.html?ptag=s_weibo_com.

但是，一旦将卸妆也展示出来，摄影师就会面临以下问题：一是拍摄时间过长，一个演员的卸妆时间就已经足够长了，而所有演员加起来会超出一般广告的时长；二是卸妆步骤烦琐，很容易让观众感到疲惫。针对以上两个问题，摄影师采取了倍速方式，不仅能带来前后妆容的对比，还能将广告限制在一定时间范围内。该则广告想让我们关注的是化妆能够将一个血气方刚的男生变成一个漂亮美丽的女生，所以要将卸妆的过程完整地展示出来。如果拍摄的取景只达到演员的脸部，那么化妆改变带来的冲击就显得不那么大了。还有，让倍速有可实施性的关键点在于，该则广告没有剧情可言。如果是一般叙事性广告，很难达到倍速的要求。一旦加速事件叙述，观众就会觉得无所适从。最后，再看一下教室内镜头的退出。随着镜头的退出，教室的门关上了，预示着整个教室的取景结束了。

### （三）拍摄细节时间线

关于拍摄的细节，可再看一下对比图。除演员的装扮有差异外，最明显的一点不同就在于教室的背景，以及书桌上的陈设。高质量的画面，体现在细节上。女生带给人的印象一般都是井井有条，而男生带给人的感觉一般是不拘小节。背景对于人设的契合度，使观众的感受在两种性别间有了更好的转换。上图背景为纯白色，每张桌子都一尘不染，整体环境就带给观众一种干净、有序的感觉；而下图的背景则比较无序杂乱，桌面上看似随意摊开的书本，都带给观众一种不拘小节、随性的感觉，如图14-22所示。随着人物的变化，背景细节的变化也非常必要，这是该则广告的成功之处。

此外，整则广告的时间线其实是原路返回式的。先是镜头带着观众推开门，走进教室，再逐渐向里，然后原路折回，最后关上了教室的门。在这里，采用原路返回拍摄模式，其原因就是为了让镜头能够更契合观众的心理波动。比如刚进入教室的时候，观众带着好奇、探索的心理，这时镜头需要逐渐地推进向前。而在第一位演员卸妆后，观众会产生一种惊奇的心理反应，就像平时受到惊吓一样，可能会不自觉地后退一步。这时，就需要镜头的回退。

图 14-22 广告花絮镜头之七

资料来源：http://v.qq.com/x/page/c0169bxswa9.html?ptag=s_weibo_com。

## 五、内容分析

### （一）演员的挑选

在整则广告中，最主要的演员就是打扮成女高中生的男演员们了。在挑选演员的时候，可以看出拍摄者尽量选择一些五官比较精致、符合美少年审美的演员来出演。因为化妆能够改变的程度有限，还要考虑到演员自身的容貌问题，所以在选角上尽量地挑选一些清秀、扮相上佳的演员。

在广告片的花絮中，还可以看到工作人员在帮助演员做着准备工作。为了遮盖演员的某些男性特征，部分演员必须刮胡须、褪体毛等，这些都是非常细枝末节的关注点，如图 14-23 所示。

第十四章 资生堂：女高中生的化妆秘密

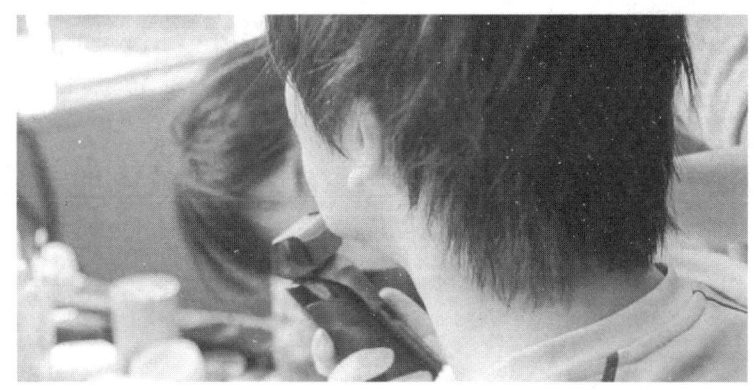

图 14-23　广告花絮镜头之八

资料来源：http://v.qq.com/x/page/c0169bxswa9.html?ptag=s_weibo_com.

在一些观众不太注意得到的地方，摄影师也力求完美，这才是该则广告能成功的重要原因。当然，为达到拍摄的高要求，演员自身的职业素养也需达到一个比较高的水平，如图 14-24 所示。

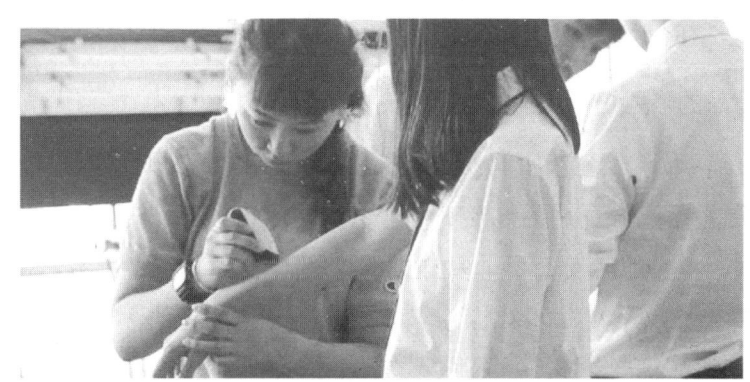

图 14-24　广告花絮镜头之九

资料来源：http://v.qq.com/x/page/c0169bxswa9.html?ptag=s_weibo_com.

还有另外一个重要的演员就是老师。同时，其也是广告中反差最大的一个亮点。在开头和结尾处，都有对老师比较长时间的特写。在广告开始时，其是一位知性又美丽的中年女教师。而在结尾，当摘下假发的"女老师"再次出现时，较为强烈的反差给观众带来强烈的印象，也无形地强调了资生堂化妆品的奇妙之处，即化妆能使一个人变得美丽，甚至可以跨越性别，如图 14-25 所示。

295

图14-25　广告花絮镜头之十

资料来源：http://v.qq.com/x/page/c0169bxswa9.html?ptag=s_weibo_com.

## （二）正片与花絮

花絮是许多影视作品必不可少的部分。有些花絮虽然只有一分钟或者短短几十秒钟，但有可能会比整部电影还要精彩。同理，花絮也同样适用于广告。尤其是广告逐渐向电影过渡的当下，花絮在很多时候起到娱乐的作用，也会让观众觉得演员其实不是那么遥不可及。在该则广告中，花絮主要起两个作用：一是所用化妆品的一一陈列；二是给了演员化妆前后的镜头比较，使得观众有更加直观的感觉。

### 1. 妆品的陈列

也许有观众在看完正片之后，会忍不住想去搜索里面用到的化妆品。前文提到，在广告正片的结尾，有一个简单的化妆品陈列，而在花絮当中，则对每一款妆品都有了非常详细的介绍，如图14-26所示。在很大程度上，免去了观众搜索化妆品的时间。同时，还能起到一定的商品推广作用。部分观众可能为了得知化妆品的详细信息而专门在网上搜索该花絮进行观看。由此，就大大地增加了花絮的观看人数。

图14-26　广告花絮镜头之十一

资料来源：http://v.qq.com/x/page/c0169bxswa9.html?ptag=s_weibo_com.

## 2. 强烈的对比

该则广告的最大亮点就是这些男扮女装的演员,是广告的吸睛点,所以在花絮中,自然也要予以突出。在广告中,演员化妆前和化妆后的样子由于拍摄等原因无法同框。然而,花絮能很好地弥补上述不足,即将每一位演员的妆前与妆后一同呈现在观众面前,如图 14-27 所示。这样的冲击力度,显然要比广告正片更大。

图 14-27　广告花絮镜头之十二

资料来源:http://v.qq.com/x/page/c0169bxswa9.html?ptag=s_weibo_com。

### (三)音乐的分析

如图 14-28 所示,该则广告的背景音乐为日本女歌手泉枕的原创单曲

图 14-28　单曲的发售

wanna。她的嗓音空灵、迷幻，再恰如其分地搭配上微微摇晃的镜头，以及日系小清新的朦胧色调，更体现出属于女高中生的那一份朦胧的美感。泉枕在中国是非常小众的日本女歌手。并且，这首歌目前还没有进行单曲的发售，所以想在网络上搜到相关的资源非常困难，wanna 只能在电台节目当中被听众搜寻到，无法进行下载。

### （四）媒介的选择

广告加上花絮的总时长将近 6 分钟，因而无法在电视上进行播放，只能选择网络媒介来投放。在搜索网易云歌曲的过程中，不难发现在评论里面很多听众都提及去 B 站观看。通过该渠道上搜索可以看到，该广告视频已共计播放量 5000 余次，总评论数接近 100，如图 14-29 所示。所以，B 站成为观众接触到该则广告的主要途径。出乎意料的是，原先预想新浪微博的传播力度应该是最大的，但根据相关数据发现，该则广告在微博上的转发度并不高，很多都是 B 站的二次转载。由此说明，该则广告在微博上几乎没有什么宣传力度，错失了微博新媒体传播渠道。

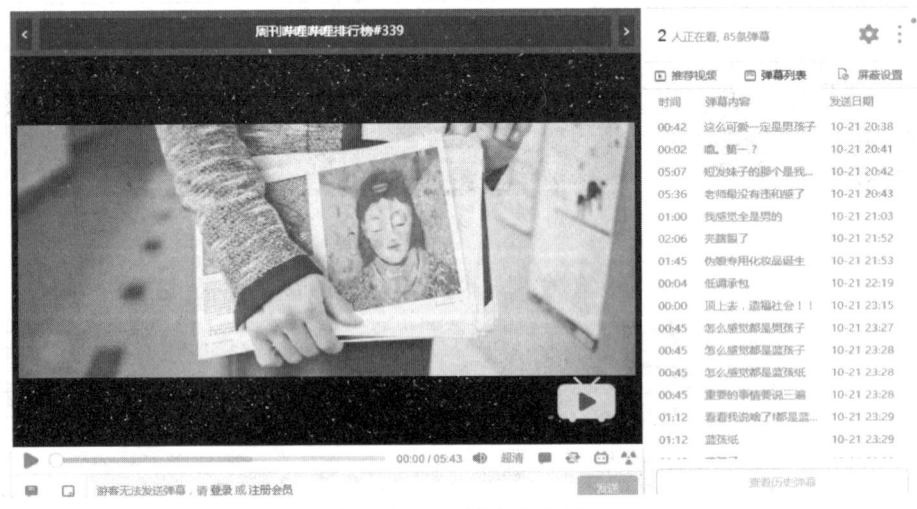

图 14-29　媒介点击量

在国外，广告投放的主要途径为"脸书"（Facebook）和"油管"（YouTube）两个平台。至 2010 年 4 月，根据 comScore 的数据，脸书访问量在美国网站总访问量中占比 7.07%，位居美国第一，其次为谷歌，访问量占比 7.03%。作为一个国际化的社交共享平台，脸书是广告投放不可错失的一个渠道。就像国际化的微博一样，能起到迅速传播的作用。而油管则是世界上最大的视频网站，主要是供用户下载、观看及分享影片或短片。提及此两大互联网社交分享平台，就不得不提到病毒营销的概念。其策划的最终目的是宣传，为了让更多的观众知道这个产品的存在。所以，网络平台上的转发量和点击量是判定一个病毒营销策划是否成功的重要标志。针对油管类型的网络视频平台，相对于一般的电视广告，时长要求低，控制也不是特别严苛。资生堂广告采用的就是计划式病毒营销的策略。在广告中，独特的创意使得转发量激增。其让更多的观众在享受广告内容的同时，也在更大程度上推广了自身品牌形象。该则广告的内容并不局限于向观众推荐某几款商品，其市场效益也不能用单纯的商品销售量或利润来进行比对与衡量。

## 六、广告价值

### （一）广告优势

1. 关注度高

资生堂广告《女高中生的化妆秘密》的传播效果非常成功。该则广告在 YouTube 上发布一周就获得了 200 多万次的点击量。在国际社交论坛引起热议后，国内微博大 V 们先后转发。微信公众号、主流娱乐媒体等，也纷纷跟风出稿。在文案配字上，甚至打出"亚洲四大邪术之一的日本化妆术"来吸引眼球。粉丝都竞相转发评论。根据微指数统计，2015 年 10 月 20 日，搜索"资生堂"等关键词，排名第一的热议微博为《女高中生的化妆秘密》，热议指数达 18113 次。该话题在一天之内迅速达到高潮。两天后，仍保持 7694 次的关注度。"日本零君""精彩电影""DaL Style"等知名博主，也参与到转发中。仅在腾讯视频网站上，《女高中生的化妆秘密》点击观看量就达到 18.7 万次。

2. 成本较低

微博是以社交为基础的平台，用户凭借个人兴趣决定是否以转发、评论的形式参与互动。在互动中，不自觉地提高关注度。因此，不需要投放太多的人力、物力，而节省成本。企业需承担的仅为支付给知名博主的广告费用，该形式的广告费与投放在电视等传统媒体的广告费相比，价格大大降低，且不受广告时间的约束。资生堂的聪明之处在于，及时发布广告幕后花絮，重现换妆全过程。并且，对其中用到的产品进行——展示，再加上产品的字幕描述，以及购买产品的直达链接。整个传播过程形如流水，没有一丝多余。资生堂本就是集多品牌为一身的强大化妆品集团，借《女高中生的化妆秘密》这则广告的创意，一次性将该品牌的上架化妆品一并推广。既节约了成本，又达到宣传效果。

3. 专业认可

《女高中生的化妆秘密》的拍摄创意在博人眼球的同时，其表现手法也受到专业人士的认可，还一举斩获了欧洲 EPICA 广告节的影视类全场大奖，以及纽约广告节最佳广告大奖。除极具创意外，广告的拍摄手法也极具美感，符合资生堂广告制作一贯的唯美主义。在新媒体时代下，资生堂依旧坚持与人分享美的理念，呼吁女性更关怀自身。即使岁月流逝，也要"优雅地老去"。并且，将"每个人都可以变得可爱"的理念，通过其富有创新性和唯美性的广告表达出来，如图 14-30 所示。资生堂相信广告不仅是宣传手段，更多的是展现品牌及公司的内在文化信念。在新环境中，资生堂不仅营销手段顺应时代，而且其深刻的品牌理念也始终坚定。

4. 定位准确

与传统的广告手段不同，《女高中生的化妆秘密》主要借助微博平台为传播平台进行营销。以大数据为依托，可以做到消费者定位准确、信息传递到位。用户通过微博发表日常生活状态，不仅积累了性别、地域、教育、职业等基本信息，甚至收集到了喜爱偏好、性格偏向等隐性数据。再经过合理的集合、归纳、分析、管理后，能就勾勒出用户形象，来对用户

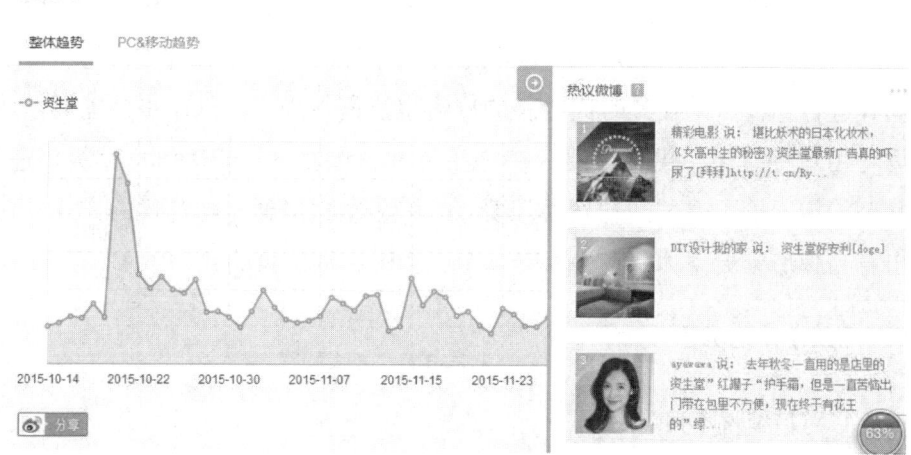

图 14-30　热词趋势

进行标签化设定。在移动互联网发展的当下，大数据成为企业发展过程中的重要手段。对企业而言，如何从众多数据中筛选出有用的信息并与产品结合，是新时代下的能力挑战。利用微博的数据分析，资生堂可依据目标人群，有目的地选择其推送载体，即知名博主的粉丝效应迅速炒热话题。由此，保证产品信息能及时、准确地传递给目标客户。

5. 博主给力

《女高中生的化妆秘密》并非直接由资生堂官方微博投送，而是借助知名博主，以幽默打趣的文案，推送到用户视野中。一方面，能削弱广告的商业目的，诱导用户点击；另一方面，在知名博主的选取上保证产品信息能及时、准确地传递给目标受众，效率更高。微博的曝光建立在原创、转发、回复、阅读、关注、@等方式上。通过以上互动方式，资生堂能短时间进行舆情分析，根据用户态度，做出下一步营销决策。与传统广告投放相比，不再拘泥于单向沟通。移动端营销能使企业快速得到反馈报告。知名博主根据自身的粉丝数收取传播溢价。拥有百万粉丝的网红博主，传播溢价为3万~5万元，且内容不受限制。而发表在央视晚间黄金时段仅15秒的广告，要价却达13.2万元。相比之下，新媒体广告表现手段受限小，而且传播效果不逊于传统广告模式，性价比较高。

### 6. 形式新颖

《女高中生的化妆秘密》本身就是极具创意的广告，加上采取非传统模式进行宣传，即使是时间较长的广告也能留住用户。微博平台能通过数据将用户标签化，更具个性。在粉丝自身的转发下，能使信息逐级传递，甚至能传递给不受关注的隐性消费者。资生堂也能通过标签化的方式，使自身品牌形象更立体。在潜移默化中，构建到消费者的认知中。

## （二）广告劣势

### 1. 可持续性不强

热议的微博话题往往是群众性、短时间内发起的。热议程度到达峰值后，会迅速下降。每天都有各种新鲜话题，不断涌现到人们的视野中。因此，热门话题的出现，常常是瞬时性的，很快就会被用户遗忘。资生堂在2016年2月推出的，与《女高中生的化妆秘密》同类型拍摄手法的广告，即《这一次，资生堂请了八个女孩》，与上一期相比，其关注度大幅下降。在百度视频的播放量，累计仅达2.3万人次。当然，也不排除与投放平台有关。虽仍采用新媒体形式，但《这一次，资生堂请了八个女孩》主要依靠搜狐娱乐、理想生活实验室等传统娱乐网站进行投放，而非微博微信平台等社群式平台。最大的缺陷就是，传播的力度还不够广泛，或者说在国内市场上的宣传力度不够大。通过搜索引擎不难发现，视频点击量最多的A站、B站国内两大弹幕网站，其许多浏览者选择观看是因为该则广告的内容有趣、题材新颖，更多的是抱着一种欣赏的态度。

### 2. 粉丝效应不强

与同样是校园类广告的 Sea Breeze 爽身水纯爱宣传短片相比，《女高中生的化妆秘密》系列则显得比较苍白，前者在油管上的播放量一天就达到了100多万次，如图14-31所示。部分可能是由于演员的因素，会吸引一部分粉丝前去搜索进行观看。而《女高中生的秘密》中全部采用的是新生代演员，其粉丝效应自然比不过 Sea Breeze 的演员。如果该则广告能够在播放渠道的选择上更加多样化，就能够引起更多人的关注。当然，拍出了好的广告，却没有一个良好的展示平台，那么终将只能埋没在浩浩荡荡的广告大军中，不被世人所知晓。

图 14-31　*SeaBreeze* 爽身水校园纯爱宣传短片

思考题

1. 资生堂广告是怎样体现公司产品价值的？
2. 资生堂如何在广告中营造顾客体验氛围？

[1] 冯中强. 资生堂插画历史变革对当代广告设计的启示[J]. 魅力中国，2013(32):316.
[2] 周密. 美之灵韵——日本资生堂[J]. 中外企业文化，2003(9):20-21.
[3] 张智琪. 从消费社会中看广告符号的价值——以日系彩妆资生堂为例[J]. 新闻研究导刊，2016, 7(10):298-299.
[4] 冯建军. 资生堂的《花椿》情结[J]. 中国市场，2007(24):60-61.
[5] 潘蓉. 资生堂：缔造世界级品牌[J]. 经营与管理，2012(2):36-38.
[6] 杨建中. 资生堂品牌背后的研发与创新[J]. 中国化妆品：行业，2010(5):38-39.

[7] 朱莎. 浅谈日本资生堂营销策略[J]. 黑龙江科技信息, 2012(31):150.
[8] 苏永利. 浅析资生堂的经营模式及在中国的品牌文化战略[J]. 商场现代化, 2015(15):22-23.
[9] 艾庆梅. 资生堂：传承美丽文化[J]. 国际公关, 2011(6):62-63.
[10] 邹震. 资生堂的品牌蝶变[J]. 经贸实践, 2016(11):61-62.

## 第十五章

# Contrex：让女人尖叫

新媒体广告，即指在互联网和移动终端的各类广告，如基于微信平台、朋友圈、微博等社交媒体、移动网站上的网络广告等，正是因其碎片化、可互动性，以及定位精准、创新性强等特点，而被大众所熟知。同时，新媒体广告自身也在不断地进行变革。所以，其在现代的广告传播营销中，起着不可或缺的作用。新媒体广告更需强调沟通性、体验性、创造性及差异性等特点。因此，新媒体广告的策划者会始终以广告受众为出发点，更关注广告为其受众所带来的反馈及效果，更看中广告为受众带来的影响力，以及受众的认可度。"如何把握好新媒体广告，关键在于掌握现在大数据时代下的新媒体传播规律"。也许不久之后，将会有更多的新媒体广告形式兴起。本章以法国"瘦身之水"Contrex（内地：康婷，台湾：矿翠）矿泉水为例，探讨其面临更多行业内竞争者时，如何通过户外互动体验新媒体广告异军突起，揭示其具体的表现形式、营销策略、传播策略及影响启示。

## 一、表现形式

### （一）设计理念

Contrex（中文名称：康婷）是雀巢旗下的法国知名矿泉水品牌，被称为"Slimming water"（瘦身之水），也是主要针对各年龄段女性群体的高端矿泉水品牌。由于其矿泉水中的硫酸盐、钙和镁含量较高，所以经常饮用有助于缓解消化道疾病，并有效帮助瘦身、美容，而被广大女性喜爱。

  Contrex 矿泉水先从产品设计入手，重新设计了其矿泉水瓶形状，以女人瘦身体型为灵感，来整装换面，使人一目了然。同时，也与产品卖点相融合。如图 15-1 所示，平面广告创意也从女人美丽的躯体线条出发，来表现其产品的天然性。右侧将矿泉水瓶形的形状夸张化，以此来呈现出女人美丽的腰间线条。同时，在色彩上，大部分运用了蓝色，符合产品水质纯净、天然、甜美的特质，就像温柔的女人，又不失她的高贵美丽。这些巧妙的设计使消费者能很好地记住产品，同时又对其包装形态留下深刻印象，一举两得。此外，Contrex 矿泉水明确说明其产品，最适合夏日运动过后，补充水分能量。所以，平面广告左边的小字对产品的性能做了简单说明，使顾客更好地了解产品。运动过后，来一瓶 Contrex 矿泉水，让人倍感清凉。所以，文字与设计相呼应，即女人的躯体是最天然的，Contrex 矿泉水的确也是最天然的。

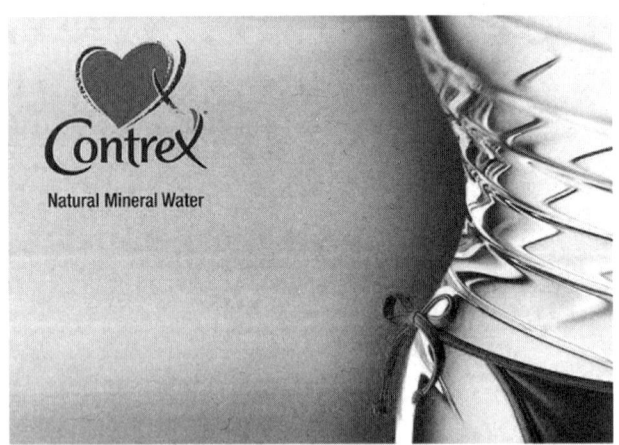

图 15-1 针对各个年龄段女性群体的高端矿泉水品牌

  2013 年，Contrex 启用了全新的 Logo 和包装，由法国 Dragon Rouge 设计公司设计。虽然保留了原来的两种颜色，但字体做了微弱改动，并在标志字体下面加了一行小字"我的减肥伙伴"以重申 Contrex 品牌的市场定位，如图 15-2 所示。

图 15-2　品牌设计新旧对比

## （二）内容编排

在法国，许多女人都依赖长期饮用 Contrex 矿泉水来控制体重，这是因为该矿泉水可以帮助身体排出囤积的废水。同时，又注入清新的水分，让身体里的水分能顺畅地代谢流动。该则广告的情节安排十分特别，其一开始，展现的是在巨型的人民广场前，排满了十几台粉红色的健身运动自行车。忽而音乐响起，周围开始不断涌过来围观的人群。当一些女士好奇地骑上自行车后发现，只要不断蹬踩自行车，就会有电力从车轮传送到正面人民广场的巨大墙面上。而这些电力逐渐形成一个由霓虹灯光线闪烁描绘出的肌肉帅哥形象！之后，随着这些女人继续奋力地蹬踩着自行车，霓虹灯也开始形成动态的影像。只见霓虹灯形成的肌肉帅哥形象，正在有节奏地将身上的衣服一件一件退去。自行车踩蹬地越久，肌肉帅哥脱得越多、越快。之后，骑自行车的女士们就开始不断加速，围观群众也不断地高声呐喊为她们加油。

最后，当男士还剩下最后一件时，忽然俏皮地躲到幕后。整个霓虹灯人形重新着装又出现在墙面上，脸上勾着迷人的微笑，围观的群众霎时一齐欢呼、击掌，上面写着："你已经消耗了 2000 卡路里！Contrex！"在巨大的人民广场上，围观此情景的人群顿时哈哈大笑。与此同时，骑自行车的人们也注意到自行车旁有一瓶 Contrex 矿泉水，于是，刚才骑车的女士们顺手拿起矿泉水，一边饮水，一边与身边的同伴讨论着刚才的健身肌肉帅哥。当这段视频首发到网络上时，立即引发了大家的评论、分享与转发。每位有瘦身需求的女生，几乎都成了 Contrex 此条互动体验式广告的媒体，免费地为其分享并转发这则大受欢迎、线下转线上、病毒式传播的视频广告。那么，究竟是什么使该则广告在新媒体环境下如此成功呢？

如图 15-3 所示，该则广告场景的选择及相关设备的安排富有创意。在符合情境设置且又不失稳重庄严的墙面前，以及离此不远的人民广场空地上，安排放置了约十几台健身运动自行车。每台自行车旁都有一瓶 Contrex 矿泉水。这些设备的摆放很大程度上引发了周围群众的好奇心。于是，人民广场周围的人都纷纷走上前来探个究竟。

图 15-3　广告镜头之一

资料来源：http://www.iqiyi.com/v_19rrhec2p4.html.

如图 15-4 所示，在围观群众逐渐多起来的时候，有几位女士就尝试着骑上了粉红色的自行车。随着女士们不断地踩蹬脚下的自行车，忽然有粉色的霓虹灯光线从脚下蔓延至人群面前的巨大屏幕上。

如图 15-5 所示，越来越多的人开始尝试上前踩蹬自行车。然后，许多霓虹灯光线开始从每辆自行车轮底部向前延伸，一直到正前方的巨大墙面上，逐渐形成了一个完整的、表演的健身肌肉帅哥画面。运动着的人群踩蹬自行车持续得越久，肌肉男的衣服脱得越多。

第十五章 Contrex：让女人尖叫

图 15-4　广告镜头之二

资料来源：http://www.iqiyi.com/v_19rrhec2p4.html.

图 15-5　广告镜头之三

资料来源：http://www.iqiyi.com/v_19rrhec2p4.html.

如图 15-6 所示，当肌肉男的身上只剩下唯一一件衣服的时候，他躲进了巨大的屏幕后。

图 15-6　广告镜头之四

资料来源：http://www.iqiyi.com/v_19rrhec2p4.html.

如图 15-7 所示，周围年轻的人群愉悦地欣赏着健身男士这段极具诱惑的肌肉表演，随后看到其手上牌子的标语写着"你已经消耗了 2000 卡路里！Contrex！"。围观群众及刚才奋力蹬踩自行车的女士们不禁笑开了怀，与周边人讨论着该有趣的话题。"瘦身"成为周围人交流沟通的话题，使得每位向往瘦身的人士得到了鼓舞。

图 15-7　广告镜头之五

资料来源：http://www.iqiyi.com/v_19rrhec2p4.html.

此外，该则广告将传统自行车骑行运动与霓虹灯投影技术相结合，形成肌肉舞男来吸引人眼球。当然，他动感十足的舞姿，以及诙谐可爱的表情，同样愉悦了广场上其他群众的心情，如图 15-8 所示。

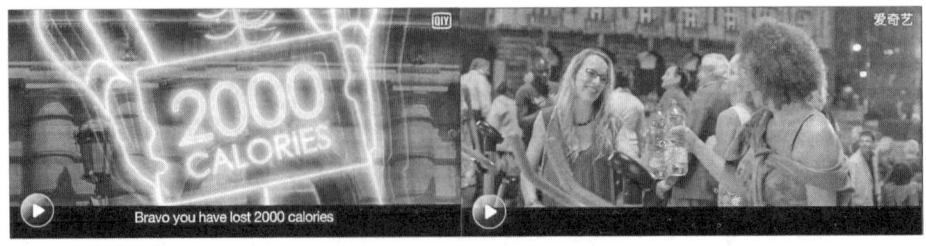

图 15-8　广告镜头之六

资料来源：http://www.iqiyi.com/v_19rrhec2p4.html.

如图 15-9 所示，广告最后一小部分，展现了沉浸在运动场景中的女性，由于激烈的运动而口渴，自然而然无意识地拿起手边的 Contrex 矿泉水饮用。由此，将其"保持苗条，运动起来！""女人动力的源泉"等品牌理念，深入渗透到广告中。

图 15-9　广告镜头之七

资料来源：http://www.iqiyi.com/v_19rrhec2p4.html.

## （三）创意设计

该则广告将传统自行车运动与媒体时尚特效相结合，打破了人们习以为常的视觉传达方式。同时，将 Contrex 矿泉水的品牌理念融合在了特定的情境中。赏心悦目的装置艺术在无形中融入了广大消费者的生活中，并在此过程中采取了与周围群众互动的方式，鼓励和引导消费者别再犹豫应上前亲身体验、运动起来。在该情境中，群众不再只是以往传统广告形式中的"被接受者"（只被动接收每条广告传达的信息），而是成了广告的参与者。也正因如此，无论是镜头前亲身体验的消费者，抑或是看到该则广告的群体，都会觉得其更新鲜、有趣。既给观众带来了新奇的体验，又进一步引发了大家的共鸣，使其记住了该则广告的内容。

此外，贯穿整条广告的、由霓虹灯光线汇聚而成的健身肌肉帅哥才是整条广告的核心和线索。在当今信息化时代，各式各样的媒体传播方式早已使人们眼花缭乱。在一系列花样纷杂的色彩广告中，形象越复杂，给观众的感觉越纷乱。而由霓虹灯光线形成的个性化线条成像，十分简约、单纯，自然给消费者一种眼前一亮的新鲜感。这样的视觉传达使观众产生了兴趣，从而使该则广告获得了更高的关注度，并取得了消费者相对应的情感效应（喜爱之情）。

如图 15-10 所示，在广告的最后，健身肌肉舞男再次优雅地出场，并告知大家"你已经消耗了 2000 卡路里！"在此，成了该则广告的最大亮点。之前，聚集在一起运动的人群、自行车运动、肌肉帅哥跳舞、人群互动等，都在意料之中，但 Contrex 矿泉水广告想传递的却恰恰是最后的亮点，即"坚持将收获更多！只要坚持下去，你也可以做到！"让女士们去运动，并给以希望，"瘦身其实很简单，也很有乐趣"。从而，一场博人眼球的新媒体视觉化户外互动营销，成就了 Contrex 矿泉水有瘦身减肥作用的产品理念。所以，一则成功的新媒体广告，一定要有其特色。其中，互动体验式的设计、与众不同的个性化视觉传达、信息化时代的支撑，以及多元化的表现形式等，都是决定新媒体广告是否成功的关键所在。

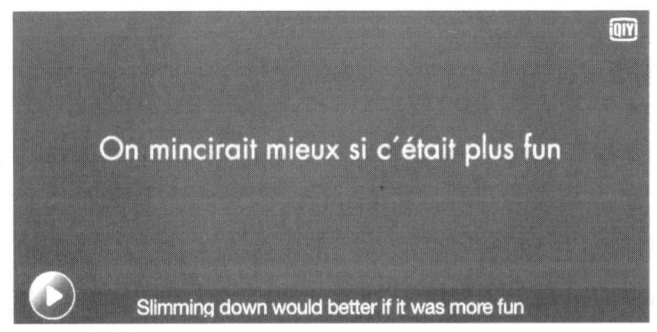

图 15-10　广告镜头之八

资料来源：http://www.iqiyi.com/v_19rrhec2p4.html.

## 二、传播营销

### （一）广告传播

Contrex 矿泉水广告属于新媒体户外互动体验式广告，其主要表现为：

在公共场合，通过广告表现形式，向众多消费者进行情感输送，并与其互动交流，最终达到推销产品的目的。其大致可以分为：平面和立体两大类。Contrex 矿泉水广告主要通过霓虹灯、户外屏幕等进行设置，即属于立体类。作为视觉媒体，其霓虹灯光线形成的色彩及动态健身肌肉舞男的一举一动等，都具有承载信息的突出价值。图文并茂、简单明了，与四周环境保持着必要的和谐。但又形成了一定的反差，以吸引消费者，起到了提示性的作用，使其一见钟情，并开始关注。

1. 现代装置艺术

Contrex 矿泉水广告巧妙地利用了视觉艺术效果的冲击性，使观看者有身临其境的感觉，并产生较强的视觉震撼与冲击，激活消费者的兴奋点和创意灵感。同时，该广告通过"装置艺术"（场地+设备和材料+情感）的综合展示艺术，如设置好的健身和荧幕场景等，将消费者日常生活中的环境进行艺术性的选择、利用、改造和组合，使其演绎出新的意义，以丰富文化艺术形态。该广告在户外完整地展示出来，是具有行为色彩的创作设计，有着较强的艺术冲击力，且完全融入了周边环境，因而也具有一定的影响力。Contrex 新媒体互动体验式广告的场景，设定在巨型的人民广场前。在广场上，所有经过的人群都是本条广告的直接受众和传达者。随着大部分群体逐渐增加的好奇心，越来越多的人走向自行车运动设备，并很快参与到其中。当亲眼所见霓虹灯光线所形成的健身肌肉帅哥后，人民广场上的人群沸腾了，越来越多的人选择参与到运动中来。如此，本广告的营销传播目的就达到了。消费者与健身肌肉帅哥有着完美的互动。随着广场上消费者脸上不断增多的笑容，Contrex 广告的营销效果就会不断体现出来。

2. 嵌入户外环境

户外互动体验式广告又称为"环境嵌入式户外广告"，是巧借嵌入自然环境特性作为传播媒体的创意广告。Contrex 矿泉水广告则通过户外的大型面积、明亮的色彩，以及相关设备等，和周围环境的和谐搭配，制造出一种艺术美感，并达到了相对人性化的广告效果，使消费者有兴趣参与。其优势就是可以使大部分单纯、简单的户外广告，更能融入消费者所在的环境，使其从以往视觉上的被动接受变为主动吸收，并形成与周围自然环境相融合的深刻印记，从而使消费者产生愉悦的感受，自愿主动亲近并认同 Contrex 矿泉水的广告内容。与传统的广告植入手法相比，该则广告更具隐秘性和持久性。在自然的环境中，广告信息既生动形象，又含蓄委婉，与自然合为一体，完美地实现了商业与艺术的结合。Contrex 矿泉水广告的核心就是突破常规，将人们平常所见的平面广告、电视里的广告，进行立体化、形象化。通过设计出令人耳目一新的造型，如周围设备的摆放、年轻的霓虹灯健身肌肉帅哥形象等，使整个广告生动起来。这种创作的新奇性，无疑会引发消费者的特别关注，既兼顾到了目前自然环境的需求，又制造出其不意的植入式广告效果。

### 3. 反常规反传统

矿泉水是消费者日常生活中常见的产品，但 Contrex 广告却恰以一种反常态的形式出现，为消费群体展示最熟悉的产品。因此，会引发人们的好奇心。进而，人们便会主动进一步了解此产品，尽快明白其中的原因或真相。而 Contrex 新媒体户外互动体验式广告视频在上传至互联网后，不仅在爱奇艺、优酷、腾讯视频等平台网站上备受关注，获得了大量的播放量、转发量、评论量和点赞量，还在 Contrex 官方网站、百度贴吧、新浪微博、知乎等论坛平台，被粉丝们传播讨论，不断获得大量的好评和点赞。这些都是 Contrex 广告扩大其影响力的主要途径，即正如病毒扩散般快速地传播着。对比报道、印发等传统媒体，新媒体广告产生的传播量则是横向的、无限的。其方式包括互联网、移动设备等新媒体。除传统大众媒体广告外，其他能打动人心的做法，就是举办大型的户外活动，即运用其现场活动的实录视频，再上传至互联网，进而引发传播。其传播量则主要是通过在互联网上播放广告后，来不断增加关注量、转载量、评论量、互动量和点赞量（好评量）等，这些系数维度都是评估 Contrex 广告的主要因素。由此，Contrex 新媒体户外互动体验式广告视频的传播，可以说是获得了真正的成功。

#### 4. 友好型互动式

除拥有四大传统媒体广告的基本价值外，户外互动体验式广告还拥有与消费者进行友好的互动，并提供真实的品牌体验。Contrex 矿泉水广告在短时间内创造出与消费者最短距离的想象空间和沟通机会，并使消费者通过亲身体验，如骑自行车运动、了解 Contrex 矿泉水并饮用等。以此相信真实的故事竟真实地发生在人们的日常生活中。Contrex 矿泉水广告在有趣、亲近的互动中为消费者传递产品信息，提醒大家"瘦身并非想象的那么困难，坚持即可有效果"，并融入消费者中，获取其信任及喜爱。Contrex 广告并不仅只是推销产品，更多的是传达一种坚持健身、运动的理念。当然，为让群众感兴趣，Contrex 在设置情境的前提下，不惜下重本让消费者先有兴趣，再参与进来。什么能引起女士们的注意和兴趣呢？就是通过明亮的色彩与舞动的健身男士让女士们去运动，并且让她们知道瘦身其实很简单，也很有乐趣。Contrex 在广场安置了若干自行车，让路过的人们跃跃欲试。随着劲爆音乐的响起，当女人们骑上自行车的时候，就会看到从脚下延伸至前方巨大墙面的、由霓虹灯光线组成的健身肌肉男士。显然，正是"性感男神"卖力的表演，让现场长时间陷入一片狂热的尖叫声中。这种互动式营销推广方式，不只是女士们为其叫好，想必连男士们看了也会说好。

### （二）销售效果

在法国、美国等国家有很多与运动、瘦身相关的矿泉水品牌，但在中国的瓶装矿泉水大多不具有此类功效。因此，Contrex 矿泉水在我国具有独特的产品地位。在广告播出后的短时间内，其销售额有了较明显的提升，广告参与、关注、讨论人数也在提升，说明其确实带来了巨大的商业价值。

#### 1. 产品销量

在某种程度上，明确预测本条广告的传播和营销效果，并给出某项具体的数值，是不太可能的。那么，是否能仅通过新媒体广告的传播量来判断其传播效果呢？就像传统媒体广告那样，如电视、广播、报纸等，仅通过收视率、收听率、购买量等，直接判断广告效果呢？这似乎也不太现实。或许，判断并验证某新媒体广告的传播效果，很大一部分要看其广告对应的产品，在相应时间内所获得的实际销售额。实际上，各企业长久以来品牌存在的潜在价值，是无法定量计算出来的。就如同Contrex长期拥有的品牌效应和影响力，之前也一直有长期消费群体，所以无法断言正是因为新媒体户外互动体验式广告的出现而造成其产品销量的巨大增长。Contrex被称为"Slimming water——瘦身之水"，在市场中作为具有"瘦身"功能性的饮用水而存在，大多是在运动场合被消费者购买。

### 2. 传播效果

前面已提到，由于新媒体广告涉及的因素较多，所以无法明确地用数值确定其广告效果。但实际上，新媒体户外互动体验式广告的传播效果，可以定位具体的目标消费者群体，层层递进，即此条广告"为多少人所熟知→有多少人参与传播→被多少人所关注、讨论和转发→带来多少关注的粉丝（含实际参与和网上互动的）→有多少人在了解后继续保持品牌沟通→广告上传后有多少人真正去消费→消费后有多少人持续关注品牌→广告上传后获得多少好评或差评→广告结束后脱离多少粉丝不再关注品牌"。只有掌握了以上具体数据，并进一步通过对比分析后，才可大致得出此次Contrex新媒体户外互动体验式广告所带来的活动效果、品牌影响力等。

## 三、启示建议

Contrex矿泉水新媒体互动体验式广告，要想取得更好的传播效果，必须在内容形式、表现手法，以及媒体运用上再进一步创新。"如何把握好新媒体广告，关键在于掌握现在大数据时代下的新媒体的规律"。也许不久之后，将会有更多的新媒体广告在媒体界兴起。那么，Contrex矿泉水将面临的就是更多的行业内竞争者。显然，Contrex要在竞争日益激烈的新媒体广告战中获胜，还有很长的一段路要走。以下从Contrex广告的SWOT分析角度，提出更合理化的建议。

## （一）优势（Strength）

Contrex矿泉水新媒体互动体验式广告投放场地精准（选用了人流量大、场地合适、设备可控的巨型人民广场前），受众群体目标准确。同时，广告品牌负面干扰极小，具有针对性和趣味性，创意极佳、关注度高，与消费者具有高互动性，可以很好地吸引消费者，并在网络上有大量的转发营销。这些都是传统广告所无法做到的。在人民广场前，每天都会聚集很多有购买力的城市人群，其特点是高收入、渴望高品质生活、有好奇心等。那么，面对Contrex互动广告时，在人群中超过半数或更高比例的女性会对该广告创意持肯定态度。同时，在广告中，Contrex矿泉水的出现，符合情理，而非大多数广告带来强加的感受。因此，消费者自然而然会被此情此景吸引，并很好地接受。Contrex广告锁定了消费人群，直接、快速、准确和高效地向人群传递了想表达的信息。同时，地点在人民广场，采用与人群亲近互动、让消费者亲自感受的体验式广告，也是其他户外媒体难以替代的。

## （二）劣势（Weakness）

Contrex矿泉水本条新媒体互动体验式广告面临诸多问题。一是受投放场地和目标受众数量的限制，宣传区域小、覆盖率低、目标人群集中，在理想的范围内接触到的人群层面单一，只能依靠后期在互联网上的宣传来扩大影响力。二是单一媒体分散，整合传播效果不明显。在人民广场的特定环境中，广告的形式及内容比较简单，传达的信息量有限，但胜在十分新颖的创意上。三是时间较短，不适合承载复杂信息。在人民广场上，大部分消费者在一开始不会很快被吸引。随着屏幕前人数的增多，才逐渐涌上前来。因此可以看出，这样的互动体验式广告具有一定的不可控性。四是网上用户关注、转发和点赞量都影响着Contrex矿泉水新媒体互动体验式广告的传播效果。如果新媒体广告的粉丝关注数量多，其被转发的数量就越多，关注度也就越高，广告传播效果就更好。因此，新媒体广告发展的前提，是建立在广泛关注的基础上。所以，Contrex矿泉水应继续增加其广告创新性,以吸引其他更多互联网人群的关注,才能够保证有更多的消费者被吸引,并随后购买。

### (三) 机会 (Opportunities)

Contrex 矿泉水新媒体互动体验式广告有针对性强的特征。与消费者直接面对面地接触,避免了传统广告转播中经常存在的媒介到达率、有效率、用户选读率等各种量化数据。同时,也避免了其他户外媒体易发生品牌相互干扰的现象,成为最佳的、强力渗透的新媒体。Contrex 矿泉水新媒体互动体验式广告属于半强制性媒体广告。"强制营销"媒体可以起到强制性的作用。当受众处于比看广告更无聊的时候,如在人民广场附近漫无目的地散步等,该广告就会成为消费者很好的选择。在光线相对较暗、信息资源匮乏的人民广场,"发光、发亮"并承载着某种信息的霓虹灯光线,将成为强制信息源,吸引着来往的人群。同时,人民广场具有户外媒体长期有效传播、群体流量大等特点,可在一定时间内"强制"消费者接收广告传达的信息,拥有其他户外广告无法达到的宣传效果。而且,其前期投入小,后期除广告制作费、宣传费用外,无其他费用。目前,与其他形式户外广告审批非常难的现状相比,Contrex 矿泉水新媒体互动体验式广告审批流程相对简化,既可美化地点环境,占地费用也更为低廉。

### (四) 威胁 (Threats)

经济危机对传媒业的冲击已日渐明显,新媒体必然会受到影响。虽然其发展迅速,但张力过大。而且,客户认可程度并不高。因此,新媒体最大的威胁来自客户是否接受。如何制定良好的广告策略、价格策略、品牌传播策略,是新媒体广告面临的首要问题。从目标受众来看,Contrex 矿泉水互动体验式广告,作为新媒体广告出现在消费者的视野里。虽然其被认可的程度很高,但实际上真正的有效接收者却不是很多。根据实际数据,有 52% 的消费者认为该广告与自己没关系,只是被吸引过来而已,只有 2% 的消费者在后续继续关注 Contrex 品牌。目前,我们看到的 Contrex 广告表现形式,其实只是户外广告媒体的一种延伸,并没有完全做到数字化、互动性。其原因在于，广告投放成本的考虑。Contrex 不会花大量时间和金钱成本在众多人民广场上都设立广告，而普通广告又难以达到短时间内吸引消费者的目的。因此，进一步创作低成本、有亮点的广告内容，是 Contrex 需要继续考虑的问题。

思考题

1. 根据上述案例，分析康婷是如何利用现代视觉艺术与装置艺术制作广告的？
2. 试说明康婷广告营销是如何与现代新媒体相结合的？
3. 你认为康婷广告营销在中国遇到的最大障碍在哪里？为什么？

参 考 文 献

[1] 钱晓梅. 分析矿泉水广告海报的制作过程[J]. 照相机，2010(5):47-48.
[2] 张信和. 网络广告的互动体验与品牌形象塑造传播[J]. 广州广播电视大学学报，2007(4):48-51.
[3] 谭亮. 从传达走向体验——论广告中的互动设计创新[J]. 美术学报，2011(6):28-32.
[4] 杨思杰. 体验创造价值——互动广告应用形式与效果解析[J]. 淮北师范大学学报（哲学社会科学版），2013(5):134-136.
[5] 王微. 户外创意广告的互动体验式营销[J]. 商，2014(23):116.
[6] 常言平. 户外广告设计的互动体验性探索[J]. 艺术科技，2014(4):272.
[7] 夏屹. 关于互动体验型户外广告的研究及运用[J]. 戏剧之家，2016(22):291.
[8] 赖雪玲. 浅谈情感化理论视角下的户外创意广告互动体验的研究[J]. 艺术科技，2016(12).
[9] 樊丁宜. 新媒体户外广告的互动性创意研究[J]. 包装世界，2014(1):20-21.
[10] 顾明毅，应涔. 户外互动广告对消费者品牌涉入的影响机制[J]. 管理现代化，2017(3):104-107.

## 第十六章

# 戴尔 XPS13：无边忌

说起戴尔，人人都不陌生。它是一家于 1984 年诞生在美国得克萨斯州朗德罗克的世界 500 强企业，以生产、设计、销售家用以及办公室电脑而闻名。不过，同时也涉足高端电脑市场，生产与销售服务器、数据储存设备、网络设备等。当然，戴尔的名气不仅体现在连年上涨的财报数字，以及技术的广泛应用上，更以其别具一格的直销模式，走进了各大营销课堂。戴尔模式习惯上被称为直销，在美国一般称为"直接商业模式"。所谓戴尔直销，就是由其公司建立一套与客户联系的渠道。由客户直接向戴尔发订单，订单中可以详细列出所需的配置。然后，由戴尔"按单生产"。戴尔所称的"直销模式"，实质上就是简化、消灭中间商。这样的销售模式，使戴尔在营销过程中大大减小了成本消耗，使利润最大化。本章以戴尔 XPS13 广告为例，发现其从 2015 年问世以来，就成功吸引了一大批新用户。其广告本身也屡获大奖，成为业界许多广告策划所借鉴的对象。无论是公司营销部门对产品的定位，还是代理公司的广告制作，都有很多的优点值得研究与学习。

## 一、XPS 简介

如此过硬的技术加上卓越的营销模式，戴尔本应该稳居在 IT 界的第一位。但是，从 2012 年第一季度开始，戴尔的净利润开始出现大幅度的下滑。其中，有很多不可抗拒的客观因素。例如，自 2008 年金融风暴后，全球市场都处于低迷状态，而戴尔总部则正好处于风暴中心——美国。如图 16-1 所示，2013 年，经戴尔全球董事会一致决定，戴尔以 250 亿美元的价格完成私有化，使得公司开支大大增加。但是真正说明问题的还是下面的数据：企业解决方案营收 31 亿美元，同比增长 10%；运营利润 1.36 亿美元，同比增长 71%；服务营收 21 亿美元，同比增长 2%；运营利润 3.7 亿美元，同比增长 10%；终端用户计算营收 89 亿美元，同比下滑 9%；运营利润 2.24 亿美元，同比下滑 65%。由此可以看出，戴尔营收、净利润出现双重下滑，其根本原因在于传统 PC 销量的萎靡。

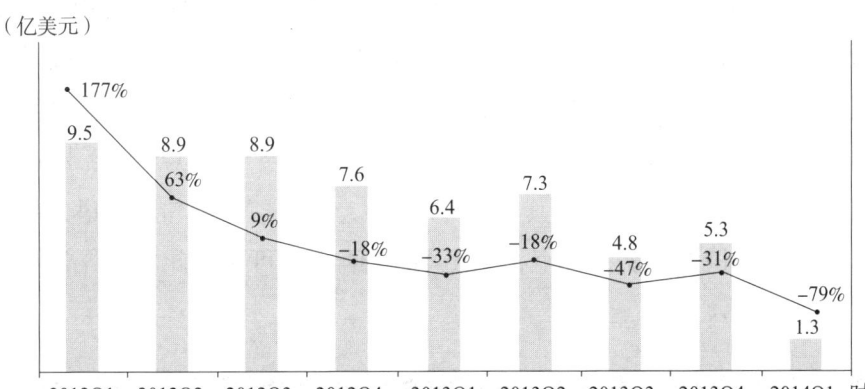

图 16-1　戴尔 2012 财年第一季度到 2014 财年第一季度净利润走势及同比增长

全球 PC 市场的低迷，一方面使硬件厂商将传统业务更多地转向企业级市场，如戴尔公司在 2015 年以 670 亿美元完成对数据储存公司易安信（EMC）的收购。另一方面也开始了探索专业级平板电脑和 PC 平板混合等市场，如微软 Surface 系列、苹果 iPad Pro 等。传统笔记本电脑市场正在萎缩，但并不是没有利润。戴尔作为此领域的"老大哥"，仍在持续发力，已在 IT 市场上征战多年，并没有因 PC 市场低迷而后退。在不断探索新型平板电脑的基础上，戴尔依旧坚守传统笔记本市场，反而为其重新刷出了存在感。虽然不一定能够从中获得丰厚的回报，但却可以占据较大的市场份额和品牌曝光度。当整个行业全面更新迭代之时，戴尔也保持着一定的优势。值得一提的是，当一个品类开始缺乏市场竞争力的时候，公司决策层便更加看中广告营销手段。

戴尔 XPS 系列是近年来品牌主打的高端机系列，也就是"超极本"。其外形新颖，颇具时尚感。同时，还配有高性能的内置系统，是市场上最为畅销的一款大众机型。戴尔 XPS 的出名，不止于其品质和性价比。与此同时，营销广告也层出不穷，其邀请的代言人就跟走马灯似的，从蔡康永、陈冠希、周鸿祎，到郑钧、吴秀波等。其中，既有品牌代言人，又有推广大使，还推出联名合作定制款产品。为宣传新款旗舰机型 XPS13，戴尔不久前又请来吴亦凡代言。其首支电视广告在"白色情人节"当天上线，着重展示了 XPS13 的外观设计。戴尔 XPS13 区别于以往的 XPS 系列产品，在续航时间上进行了大幅延长。另外，还装有戴尔最新的处理器，使电脑运行更加顺畅。在外观设计上，XPS13 突破以往规矩的边屏比例，采用了极窄边框，使屏幕变得更大，画面内容更具立体质感。其营销广告迅速在同期上市的同配置机型（如联想小新 Air13、ThinkPad 等）中脱颖而出。其中，"顶天地、无边忌"这句广告语，更是成了时下口口相传的流行词汇，如图 16-2 所示。可见，此次的广告投放颇有成效。

图 16-2　吴亦凡代言戴尔 XPS13 官方宣传

## 二、"无边忌"

戴尔旗下的 XPS 机型，定位于高端娱乐机型，有 XPS12~XPS15，共计 4 个系列的产品。其中，XPS13 的特点就是世界上最小的微边框笔记本。自 2014 年上市以来，就凭借着外形小巧精致和强大的功能，成了市面上的畅销王，也时常被代理厂家称为断货王。与此同时，还荣获年度最佳 Windows 笔记本。戴尔 XPS13 在 2014 年刚上市时，其广告比较中规中矩，没有代言人，也不添加故事场景。主要是对产品的外观及性能做出介绍，向消费者凸显"微边框"的概念。紧接着就是戴尔最惯用的，也是最为成功的广告策略，即场景营销。例如，在看美国大选演讲时，出现一台戴尔 XPS 笔记本，来吸引所有人的目光。虽然能让潜在消费者身临其境地感受到产品魅力，并深深记住广告内容，但是真正好的广告不仅要吸引消费者去购买，更重要的是能够传播凝结在这款产品中的品牌内涵。

XPS13 的"无边忌"系列广告，就很好地做到了这一点。"无边忌"谐音"无边际"，凸显了 XPS13 的无边框设计，这是对于产品特性最直接、最贴切的表述。"无边忌"更象征着自由，敢于打破常规，探索新的发展之路，其恰恰很好地反映出戴尔品牌内涵的创新和勇敢。同时，也可以说是对戴尔率先研发出微边框电脑的一种赞扬。因为戴尔总是敢做行业中第一个尝试的人，也具备领先者的专业实力。综上，"无边忌"主题不仅朗朗上口、传播度高，而且一语双关，极为贴合产品特质与品牌内涵，着实为戴尔树立了更好的品牌形象。在信息时代，再好的产品也需要广告宣传与推广。想要为这款高能产品拍出一款新颖且有强大消费号召力的广告，也确实不是一件容易的事。但是，戴尔 XPS13 的"无边忌"系列广告，不仅克服了这些困难，还向广告行业交出了一份满意的答卷。目前，整个"无边忌"系列广告包含《敢冒犯　无边忌》《有棱角　无边忌》《顶天地　无边忌》。一时间，在广告界刮起了一阵"边忌风"。

### (一)《敢冒犯　无边忌》

2015年初，XPS13"无边忌"系列首支态度广告《敢冒犯　无边忌》问世。顿时，好评如潮。无论是从代言人选择，还是广告情感，抑或是内容手法上，都做到了极致。XPS13，这款全球首款拥有极窄边框设计的笔记本电脑，不仅是对完美视觉的向往，更表明了其不愿被边框束缚的鲜明立场。这样一款打破边际、突破传统的产品，戴尔自然也选择了"无边忌"的人物来代言。所以，作为打头阵的第一支态度大片，戴尔便请来了裘继戎做代言人。其并不如传统意义上的明星而家喻户晓，但他的经历及气场确实满足戴尔的"无边忌"的理念。裘继戎是京剧大师裘盛戎的孙子，裘派嫡系第四代传人。从小就被爷爷培养京剧的唱念做打，但到最后却爱上了hippop和现代舞。他将西洋舞融合进戏曲，打开京剧新语境，却气得爷爷要跟他断绝关系。就是这样一个年轻人，在广告视频里穿着戏袍，化着浓妆，融合京剧与hippop。他说"人生要是不走歧途，怎么能有奇遇呢"。作为不肯按部就班的梨园叛逆少年，裘继戎不断地在极限与边框游走，找寻向外延伸的无限可能，恰是XPS13传达的产品精髓。

广告文案表达，同样是个非常大的亮点。广告整体采用自述方式，讲出裘先生将传统艺术与现代舞蹈结合起来的心路历程。"什么是我该活出的样子，接受一段被赋予使命的人生？活出你们所期待的模样？还是无所顾忌地走出去？四代嫡传，家族使命。人生不是一场按部就班的延续。荒腔走板、挑战经典。冒犯，才是对经典最好的致敬。风格交融，另辟蹊径。只有走歧路，才会有奇遇。我是裘继戎，一次次的无边之举，让我总是下一个裘继戎——敢冒犯，无边忌"，如图16-3所示。这样一段长达150字的自述，贯穿在1分34秒的广告中，铿锵有力的语气让人不能心生一丝怀疑。很多观众会质疑其广告语是不是太长了，不方便传播与记忆。但是，这则广告的文案结构安排合理。在一段时间刚刚好的内心独白之后，观众已被深深地吸引住，并迫不及待地想要知道后面的故事。此时，出现一句"敢冒犯，无边忌，戴尔XPS13"是最恰当且传播效果最好的时候。

第十六章 戴尔 XPS13：无边忌

图 16-3 裘继戎代言贴片广告

如图 16-4 所示，这则广告还有一个很大的亮点，就是画面的拍摄手法与精美程度。广告由金牌广告导演王朔指导，整个画面颇有《夜宴》的风格。采用大量的整场大远景，还有人物正面特写，很好地表现出京剧与现代街舞融合的恢宏场面。在灯光的使用上，更是完美。例如，灯光只打半边脸，映衬了两种风格的完美交融，凸显裘继戎将京剧与现代舞融合的大胆之举，也说明了戴尔在微边框的崭新尝试，必将完美符合市场预期。另外，这则广告在内容演绎上不仅是运用人物来表现，同时还借助一些意向，来丰富画面，从而使广告主题的表现力更强。钉子穿破木头的场景，就很好地表现了一种冲破边框的力量，十分映衬主题，如图 16-5 所示。

图 16-4 广告镜头之一

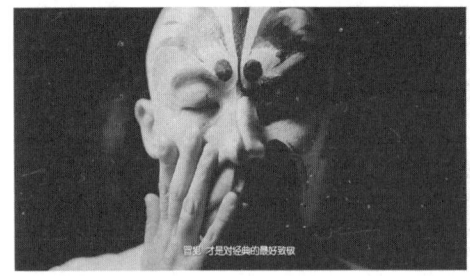

图 16-5　广告镜头之二

这样独具一格的广告,不仅为企业宣传添上了浓墨重彩的一笔,更吸引了众多广告业同行的目光。戴尔的 XPS 窄边框系列笔记本自 2014 年推出,其全新的概念、优秀的设计与强大的性能就火遍了全球,获得了市场口碑。而且,XPS 窄边框系列不仅凭借着优质的产品表现得到了大家的好评,同时其外观设计也获得了红点、IF 等国际设计大奖的青睐,成为笔记本优秀设计的标杆。此外,XPS 系列宣传片获得最具含金量与权威性的中国 4A 金印奖(由中国 4A 创意金印奖、中国 4A 媒体金印奖构成),其旨在树立中国广告创意的最高标准,褒奖出色的广告创意,以此树立中国广告业的创意风向标。

自 2006 年第一届中国 4A 创意金印奖启动以来,历经六年的发展,金印奖已经成为中国广告业内每年一度的盛典,评选出了许多优秀的作品,成为中国广告人展示创意的舞台。如图 16-6 所示,戴尔 XPS 系列能够凭

图 16-6　Dell XPS 系列广告获 4A 金印奖

借与裘继戎合作的无边忌系列,获得 2016 年的中国 4A 金印奖,不仅是戴尔 XPS 系列设计美感的又一次证明,同时也说明戴尔对产品的极致追求。既要拥有完美的产品性能,更要在产品颜值、设计乃至宣传广告上,都做到尽善尽美。

### (二)《有棱角　无边忌》

作为"无边忌"系列的第二支广告大片,《有棱角　无边忌》几乎是与《敢冒犯　无边忌》在同一时间上映的,两者相互呼应。其一上映就达到了十分轰动的效果。一位冒犯者,一位棱角者;一个不按部就班地肩负使命,一个反抗主流世俗的审美定义。两者都是不断地在极限与边框上找到向外延伸的无限可能,这正是戴尔 XPS13 的品牌内涵。

《有棱角　无边忌》广告代言人为张蓝心,其曾效力中国国家跆拳道队,获得过跆拳道全国冠军。随后,她参演成龙电影《十二生肖》。相比于娱乐圈其他"打女",拥有一身真功夫的她,显得如此不同。2015 年,她再次被成龙钦点,出演新片《绝地逃亡》,如图 16-7 所示。这是一个用伤痕与汗水装扮自己的女人、一个有"棱角"的女人,拥有像男人一样打出一片天、不断颠覆与再定义女性之美的内涵。这样集男性勇敢和女性性感于一身的女人,自然是"无边忌"系列代言人的首选。她有棱角的气质与戴尔的 XPS13 的外观表达十分吻合。更重要的是,其与戴尔品牌内涵相契合。作为一个 PC 品牌,戴尔能做到不随波逐流,坚持做好笔记本电脑一项产品,并且在产品上不断创新,引领行业的发展趋势,这正是"有棱角"最好的体现。

图 16-7　广告镜头之一

在广告画面与拍摄手法上，几乎与《敢冒犯　无边忌》一样，同样是大远景加人物特写的排列组合，十分大气。影片同样选用了实物意象来丰富画面、调整节奏，同时凸显了主题。即选择了一面墙作为参照意象，画面中张蓝心破墙而出，墙体的砖头碎裂飞溅，并采用慢镜头的方式来呈现这段画面。这样的细节处理，很好地放缓了前面自述的紧张节奏，同时也再次突出了"无边忌"的主题，如图16-8所示。

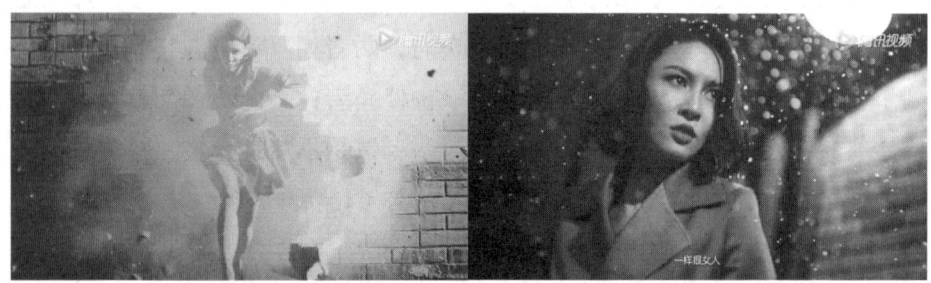

图16-8　广告镜头之二

这则广告的最大亮点也在文案上。"什么是女人该活出的样子。按照上帝的设定，世俗的界定，还是无所顾忌的自我决定？淡妆轻抹的年纪，用汗水伤痕装扮自己。或许曲线操控了时代的审美，但我的棱角不愿就此妥协。像男人一样，去拼、去输再去赢，一样很女人。我是张蓝心，一次次的无边之举，让我总是下一个张蓝心"。《有棱角　无边忌》是一段很有态度的大女人感自述，说出了其无边之举，也让很多视频前的女性观众产生共鸣。通常意义上来说，笔记本电脑的购买主力军都是男性消费者，而这次戴尔成功地引起了女性消费者的注意。同时，也吸引了一些女性用户，从一些外观花哨的笔记本电脑上，开始转向了这种实用大气的机型。不得不说，这是一支一举多得的广告，如图16-9所示。

第十六章　戴尔 XPS13：无边忌

图 16-9　广告镜头之三

### (三)《顶天地　无边忌》

2016 年 3 月 14 日白色情人节，戴尔宣布与小鲜肉吴亦凡携手共同打造"无边忌"系列第三支态度大片——《顶天地　无边忌》。这次，戴尔很好地运用了粉丝经济的原理，请来了当红小鲜肉——吴亦凡。"横有锋，竖无界；多几度曲折，才见开阔；做最好绝不止刚好，凡与不凡用身手定义"。这是一段由吴亦凡说出的独白，更是他本人的写照，也是戴尔选择吴亦凡的原因。为了做到最好，吴亦凡不断寻求突破和多元化的尝试。即如果他没有勇闯 METBALL，就不会收到 Burberry 的邀请；如果他没有在《美人鱼》中客串，他得不到星爷的赏识，更不可能参演《西游降魔 2》，也不可能在《老炮儿》的合作中，连冯小刚都对他的演技和人品赞赏有加；如果没有曾经职业篮球选手的训练，他也不可能出现在 NBA 全明星赛上。高情商加努力，这才是吴亦凡看似不费吹灰之力走红的原因，而不仅凭他的超高颜值，如图 16-10 所示。

图 16-10　广告镜头之一

而广告内容和拍摄，一改往日的自述风格，将 30% 的时间用来给机身特写。另外的时间，全都是这位代言人的 360 度远景、近景和特写镜头。很多观众直呼："这次戴尔变酷了。"当然，吴亦凡也没有辜负广告的大篇幅，用舞姿和帅气的武术动作，来呈现 XPS 的"无界"特点。戴尔在广告风格上的转变，使其改变之前的高端商务风格，更加符合年轻人的审美。这一次大胆的尝试改变，再加上吴亦凡的加持，使戴尔成为 PC 广告领域最大的赢家。

如图 16-11 所示，2016 年 9 月，戴尔再度携手吴亦凡为新款可折叠电脑拍摄了微电影广告《双雄阵》。"灵活多变，方能见招拆招"，作为产品的宣传语，凸显了产品屏幕和键盘可以拆分的特性。也在代言人历经绯闻后给予其有力的支持。到目前为止，"无边忌"系列共有 4 支态度广告片。每支广告风格各不相同，自成体系，却又表达着同一个主题，即无边忌。从中可以看出，戴尔探索创新、勇于打破条框的魄力，也看到了其不骄不躁，追寻平常心、平等心的心境，更看到了迎合时代潮流、不断突破自我的豪气之举。这是一个成功企业应该且必须具备的素养，是值得行业中所有企业去效仿的。

图 16-11　广告镜头之二

## 三、传播效果

### (一)受众反应

戴尔"无边忌"系列的第一支广告片,即裘继戎主演的《敢冒犯　无边忌》,于 2015 年 2 月一经投放到市场,就引起热议,一时好评如潮。这点从视频播放量就能看出,如在爱奇艺上,15 秒广告累计播放量能达到千万次以上的级别。同时,广告内容的高质性,使观众的驻足率大大提升。在官方宣传两个月后,戴尔此次的团队制作方 IM 广告和德融在同一时间发布了拍摄花絮。对裘继戎的深度访谈,也引发了观众对于 XPS13 的热度,又形成二次传播。在宣传期过后,腾讯视频第一时间发布了正版长达 1 分 30 秒的概念大片,没想到后续阅读量也达到 4.7 万次。无边忌系列第二支广告片《有棱角　无边忌》,由功夫女星张蓝心主演,因为其发布时间与《敢冒犯　无边忌》相同,所以在传播方式与效果上基本相同。两者互相辅助,着实为戴尔打了一场漂亮的营销战。

最值得一提的是,第三支广告片《顶天地　无边忌》。虽然在拍摄手法和画面上,都不及以上两支广告那样精美,但戴尔紧跟潮流,采用了互联网营销模式。不仅在微博、微信上进行营销推广,更配合各大电商平台,在白色情人节做起了大型营销活动。加之,有高人气偶像吴亦凡的加持,巨大的粉丝经济能量,使得戴尔 2016 年新版 XPS13 一度脱销。

### (二)传播模式

整体来说,戴尔广告传播的是一套比较固定的模式,也可以说是其在营销战中取胜的关键,即心灵鸡汤。完整的广告需要文案、画面、后期、演员的相互配合。戴尔广告最出彩的就是其直击心灵的文案。尽管很多观众嘲讽"鸡汤",觉得这无非就是一种矫情的人在玩无病呻吟。但是,心灵鸡汤很好地说明了现代人多少都需要鼓舞人心的话语来激励自己,戴尔很好地抓住了这一点,又很巧妙地转变了语锋。其没有采用告知性的激励话语，而是采用第一人称的叙事语气，向观众很好地传达了一种人生态度，刚好与戴尔XPS13相得益彰。例如，《敢冒犯　无边忌》是向消费者传达出一种"不断地在极限与边框上游走，找寻向外延伸的无限可能"的态度。这正与戴尔当时新推出的XPS13窄边设计如出一辙。戴尔用这种无边框的电脑设计给所有电脑企业提供了一种新概念产品。在此之后，其他电脑企业也都纷纷效仿戴尔的产品设计理念，使电脑跨入了窄边时代。

此外，《有棱角　无边忌》顾名思义是在传递一种有棱角的态度。人生不可能处处圆滑，有时也该"显露锋芒"。为什么一定要按部就班，非主流也是一种生活态度。这也是戴尔研发XPS13窄边系列的初衷，即不安于现有的市场状态和产品设计，而勇于创新。哪怕是产品设计不太被业界看好，也要大胆尝试。事实证明，其产品不仅备受好评，而且这两支广告也被众多广告公司作为参考范例。而《顶天地　无边忌》没有采用心灵鸡汤的宣传文案，但愿意放弃"沉稳气质"而追逐潮流。该广告营销之举也体现出了一个大企业敢于创新，将自己年轻化的态度。

### （三）明星效应

在广告制作上，戴尔另一个亮点就是，适时地起用适合的明星来做代言人。明星效应与随互联网蓬勃发展出现的粉丝经济一同为戴尔品牌起到了很好的传播效应。从将传统与现代舞完美结合的京剧大师继承人裘继戎，到像男人一样打出一片天并突破传统世俗审美的张蓝心，再到勇于突破、寻求自我的不凡偶像吴亦凡，这三位代言人看似不搭边，但聚集在一起刚好印证了戴尔"勇于创新、寻找自我"的企业发展诉求。

其中，最值得一提的就是偶像吴亦凡身上的粉丝经济。如图16-12所示，根据专业媒体的市场调查结论，虽然现在这种有粉丝经济力量的偶像层出不穷，但真正能把粉丝经济转化为代言企业销售数据增长的偶像却只有三位，吴亦凡恰好就是其中之一。他代言的smart汽车刚发售25秒，所有限量特别款就已售完。可见，这位代言人所带来的强大购买力。同时，这次与吴亦凡的合作更多地采取了互联网营销的方式。戴尔官宣代言人的日期正是 2017 年 2 月 14 日，恰逢情人节，引来了粉丝圈的不小轰动。当然，这只是活动的一次预热，戴尔产品的真正发售期是在一个月后的白色情人节。当天，戴尔与京东一起合作了"白色情人节"营销活动。无论是微博评论，还是实际销售额，都突破了原有的数量。这种"优质偶像+互联网营销"的模式，应该是戴尔以后经常会用到的传播手段。

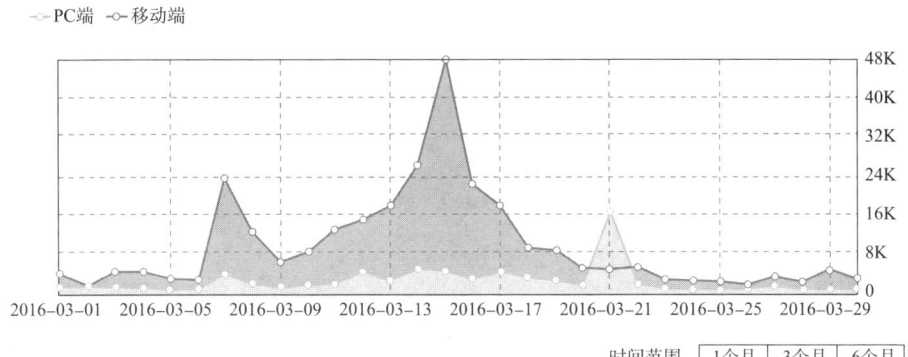

图 16-12　白色情人节期间 Dell 实时热度搜索

## （四）全面宣传

在互联网未能高速发展的时代，广告公司主要靠城市楼宇、街景平面、电视广播等媒体，向消费者传递企业的产品信息。在互联网时代，网络广告在所有广告投放中的占比已达 60%。戴尔紧紧抓住了互联网的时代潮流，借助其传播优势，有效地扩大了自己的用户群。如图 16-13 所示，在微信刚刚推出朋友圈广告功能时，戴尔就率先推出 XPS13《敢冒犯　无边忌》广告概念片。加之，裘继戎等明星的影响力，该系列广告很快就在朋友圈被疯转。互联网营销最大的优势就是，可以迅速形成二次传播。通过激发浏览者的兴趣，使其将广告转发到朋友圈，以引来更多的阅读和关注量，并形成影响力不小的二次传播。后来，吴亦凡主演的《顶天地　无边忌》，亦是如此。

图 16-13　代言人与品牌之间的互动

如图 16-14 所示，微博比微信起步早一些，所以，戴尔在微博上的营销力度很大。在微博上注册官方认证企业账号，即"戴尔中国"，然后，将该账号人性化，不仅发布一些企业产品信息，还会关注粉丝的日常生活。例如，在降温时，提醒粉丝要多穿衣服；在节假日，准时给予粉丝问候。另外，戴尔也会时常在微博上和他的代言人进行互动，不仅可以和明星共享搜索热度，还能引起粉丝的互动。其营销好处是让戴尔更加注重在微博上的宣传。每当宣布明星代言和新品发布的时候，戴尔的代理广告公司都会在微博上开始一波强力宣传，使其登上热搜榜。与此同时，由于明星代言人与其形成良好的互动，戴尔的热词微指数会随之出现爆炸式的增长。其平均搜索指数也要远高于微博热词的平均水平。另外，粉丝用户也会在微博上评论并转发其产品信息或广告链接，产生覆盖范围更广的二次营销。由此可见，"传统媒体+互联网"的多方位传播方式，能有效地为产品提供一个切实可行的传播网络，使其尽可能地挖掘潜在用户，以拓宽客户群。

第十六章　戴尔 XPS13：无边忌

图 16-14　品牌官方微博节日互动

## 四、广告启示

系列广告是在同一媒体或不同的媒体上，轮番传播的一组广告。而且，该组广告是基于同一主题或同一风格，并发展出超过一种以上的创意表现。系列广告的制作包含有多种策略。其中，戴尔采用了主题系列策略，即企业在发布广告时，依据每一时期目标市场的特点和市场营销策略的需要，不断变更广告主题，以适应不同广告对象的心理需求。像电脑等电子产品，具有固定消费群体的特点，其大体设计在上市后基本不会有很大变动。但是，在系统和一些内置设计上，会变动得比较快。所以，电子产品企业如果要拍摄系列广告，最好采取主题系列策略。

### （一）做好产品定位

在产品定位方面，XPS13 无疑是做得极好的。在其尚未问世之前，虽然有能满足用户大屏需求的笔记本电脑，但与之相伴的却是笨重的外观，极其不方便携带。戴尔的设计师很好地抓住了这个痛点。于是，在不改变屏幕大小的情况下，缩小了边框。由此，第一台窄边框电脑就问世了，成为 XPS13 产品定位的亮点。在目标用户的选择上，其产品外观设计大方，不仅适合商务用，也能满足学生需求。之前，男性购买者的数量远高于女性，但窄边电脑的设计也赚足了女性用户的眼光。

好的产品，更要配合好的营销。在互联网信息迅速传播的时代，一句好的 Slogan，是企业宣传品牌和产品的关键。其不只是一句口号，有时会直接包含产品特性和品牌内涵。戴尔制定的 Slogan，相比于其他固守传统模式的电脑品牌来说，就好得多，即采用了"无边忌"这个词，并在不同的系列里搭配不同的前缀词语。"无边忌"是"无边际"的谐音，使消费者能清楚地了解 XPS13 的无边框设计。

另外，广告"主题"要富有创意。一个好的创意主题，可以诞生许多风格一致的广告系列。虽然无法掌握其会变成什么样子，但会留给人们更多的想象空间。在戴尔系列广告中，"无边忌"是永恒的主题。但是在不同的时段，其又根据大主题延伸出了很多的小主题。通过"敢冒犯，有棱角，心无界，顶天地"等小主题，来丰富"无边忌"的大主题。赋予整个品牌人格化的设计，让他们觉得戴尔 XPS13 不只是一台电脑，更是一个游走在边界、不断寻求突破的创新者。由此，直接体现出戴尔敢于创新的内涵。此外，通过统一的主题、相似的风格，从不同的角度，以不同的表现方法、不同的媒体，传达给品牌所定位的不同消费人群。

### （二）强化拍摄形象

大卫·奥格威认为，任何产品的品牌形象都可以依靠广告建立起来。广告创意的好坏，直接决定了品牌形象的优劣。单一的广告要成功地树立品牌形象，需要有良好的创意、设计和制作，还需要有相当时间的培养。由此，提高广告的出现频率，似乎是唯一的办法。但是，消费者很容易就丧失新鲜感，再看就会生厌，那么再好的广告创意也会变得一文不值。于是，广告主常常很轻易地就变换广告形象、广告风格和广告主题。例如，常常用新的广告形象来代替已经成功了的形象，且还不断有使用价值的形象，但结果是半途而废、前功尽弃，更重要的是浪费了大量的人力和物力。而系列广告就不同，其独特的创意主题和表现的多样化、多量化，往往能达到事半功倍的效果。

## 第十六章 戴尔 XPS13：无边忌

通过不断接触广告和不断灌输品牌理念，使受众更容易理解和接受广告信息，从而使品牌形象得到不断提升。在 XPS13 的系列广告中，首先是国学大师继承人裘继戎将传统与现代结合的破格之举及内心独白，其次是新生代女演员张蓝心反抗主流世俗审美的大胆尝试，最后是实力偶像吴亦凡不甘平凡的大胆发声。该系列广告出于同一个主题，通过不同的故事主角，来传达出戴尔敢于创新的理念。不仅有一个核心创意做坚强的后盾，还不断变换表现方法和形式，经常给消费者以新鲜感，同时又保持了以往广告的风格，为树立品牌形象起到了重要的作用。

思考题

1. 结合案例，分析戴尔本土化、时代性的广告营销环境及营销机会。
2. 戴尔广告的新媒体传播方式与传统媒体传播方式间的差别有哪些？
3. 戴尔新媒体广告是如何突出品牌价值内涵的，其传播效果如何？

### 参考文献

[1] 陆旻轩. 戴尔 打造"无边忌"场景式营销[J]. 成功营销，2016(Z1):60.
[2] 张焱. 戴尔式营销：敢冒犯，无边忌[J]. 商学院，2015(10):39-41.
[3] 佚名. 戴尔全线 PC 新品降临抢占开学季[J]. 个人电脑，2015(9):60-61.
[4] 肖三乐. 戴尔：在年轻人心中"燃"起来[J]. 成功营销，2017(1):28.
[5] 沈鑫. 戴尔+吴亦凡：如何"见招拆招"撩粉丝？[J]. 成功营销，2016(9):64-65.
[6] 韩溢. 戴尔：品牌数字营销之路[J]. 成功营销，2015(6):76-77.
[7] 刘康，万小燕. 基于社交媒体的企业网络营销模式变革[J]. 商业时代，2016(8):62-64.
[8] 高超. 戴尔：品牌面临全新的沟通方式[J]. 中国广告，2014(1):24-26.
[9] 刘红强. 戴尔营销[M]. 北京：经济科学出版社，2003.
[10] 王冠宁. DELL 营销模式分析及其未来发展方向[J]. 西安欧亚学院学报，2008(4):51-53.

# 第十七章

# 奥利奥：大薛礼盒连续剧

作为推出这次奥利奥大薛礼盒产品营销广告的公司，亿滋是全球领先的巧克力、饼干、口香糖、糖果、咖啡及固体饮料制造商。其前身是美国第一、全球第二大食品公司——卡夫食品。2012年10月，卡夫食品拆分为两家独立上市公司。面向北美的杂货业务沿用卡夫食品的名字，而面向全球市场的零食业务则有了新名字——亿滋国际（Mondelēz International）。后者在纳斯达克上市，股票代码为"MDLZ"，是标准普尔500指数、纳斯达克100指数、道琼斯可持续发展指数及Ethibel可持续发展指数中的主要成员。2013年7月1日，卡夫食品中国完成相关法律手续，正式更名为亿滋中国，继续为中国消费者奉上"亿万好滋味"。亿滋中国旗下拥有奥利奥、趣多多、优冠、闲趣、王子、太平、乐之、怡口莲、荷氏、炫迈、麦斯威尔咖啡和菓珍等多个为中国消费者所熟知且喜爱的品牌。本章以奥利奥为例，分析其大薛礼盒的宣传模式，即采用了新媒体广告的方法，其主要包括微博宣传、直播，以及网络短片的形式。以此，来进一步总结其在一定程度上可供借鉴的有益经验。

## 一、企业介绍

奥利奥诞生于美国，是亿滋中国的超级明星饼干，也是全球巧克力味夹心饼干的代名词。1996年，奥利奥来到中国。其两片饰有浮雕花纹的黑巧克力口味饼干，中间是一层白色奶油夹心。简单又好味道的奥利奥，迅速成为最强势的饼干领导品牌，以更好地迎合中国消费者，特别是年轻人与小朋友们的口味，使其只要记得奥利奥这个神奇的名字，就足够了。"扭一扭，舔一舔，泡一泡"。这种经典吃法，一传十，十传百。从爸爸妈妈传授给了孩子，也从小朋友传达给了他们的家人和朋友。分享奥利奥的时刻，就是家人、朋友之间的温馨时刻。没有一种饼干能够像奥利奥一样，把欢乐传遍全世界的家庭。在中国，奥利奥不断推出和引入新口味及新产品。例如，其品牌家族又添巧克力夹心和美味双心两名新成员。此外，于2005年底上市的新产品奥利奥威化，也迅速赢得了中国消费者的青睐。时至今日，中国已成为其全球第二大市场，仅次于发源地美国。

奥利奥大薛礼盒是其在2016年为在中国推广旗下双味夹心系列饼干而推出的礼盒装，主要推广新产品黑白巧克力的双味夹心饼干，如图17-1所示。该产品的营销推广，主要利用了大张伟和薛之谦在2016年的超高人气。奥利奥的双味夹心饼干，正如"南薛北张"一样，虽然风味各异，但搭在一起却非常完美。由此，凸显出双味系列的独到之处。此次通过与两位话题明星在社交媒体、直播互动、定制包装以及定制短片上的深度内容合作，吸睛无数，创造出高话题、高热度。以此，也强化了奥利奥双味夹心饼干在粉丝心中有趣ICON（图标）。此外，在大薛礼盒中，还放入了印有两人照片和签名的笔记本，也受到双方粉丝及CP粉的追捧。最终，大薛礼盒确实获得了不错的销量。

图17-1 品牌产品

## 二、广告介绍

相对于传统媒体而言,新媒体是一个不断变化的概念。只要媒体构成的基本要素有别于传统媒体,就能称得上是新媒体。否则,最多也就是在原来基础上的变形、改进或提高。新媒体广告专指在互联网媒体上投放的可互动性广告。目前,各广告主在新媒体进行广告投放的比例一般在20%左右。新媒体广告主要在微博、微信等社交网站上投放,以及运用当前相对流行的新颖形式,如直播等,进行广告宣传。

以微博营销广告为例,由于2016年大张伟、薛之谦的人气极速攀升,两人微博粉丝数量都十分多。截至2016年10月30日,大张伟微博粉丝数为571万人,薛之谦的粉丝数为2539万人,如图17-2、图17-3所示。所以,两人微博都会引起社会的广泛关注,其用于宣传奥利奥大薛礼盒的微博广告也都获得了大量的转发、点赞和评论。截至2016年10月30日,大张伟的该条微博广告获得了4569条转发、9363条评论,以及92155条点赞,薛之谦该条微博获得了26734条转发、67279条评论,以及769209条点赞,如图17-4和图17-5所示。由此足以见证两人的高人气,以及其对奥利奥大薛礼盒广告传播的积极影响。奥利奥微博营销战役打响还不到5天时间,其传播规模已达到在新浪微博上#大薛配配配#的话题阅读量超3.7亿次。

图17-2 大张伟微博粉丝数目

第十七章　奥利奥：大薛礼盒连续剧

图 17-3　薛之谦微博粉丝数目

大张伟
8-3 19:24 来自 iPhone 6s

#大薛配配#这个点儿大家吃好喝好啊，今儿22:30@薛之谦
要来找我玩儿直播。无敌配，大薛配配配！妖精放开我的奥利奥！@达伯星球
球长
🔗 网页链接

⤴ 4569　　　　💬 9363　　　　👍 92155

转发 4569　　评论 9363　　　　　　　　　　赞 92155

图 17-4　大张伟微博奥利奥大薛礼盒的转发、评论、点赞数目

薛之谦
8-3 20:02

导演：薛之谦啊..这场戏你要演出自己在那扭一扭的感觉...
我：.....
导演：大张伟啊...你过去舔一舔...
大张伟：......
我和大张伟：我们两再一起泡一泡好不好啊
导演：好啊好啊～ 扭一扭舔一舔再泡一泡就是奥利奥哦～ #奥利奥双味 美味成
双# @达伯星球球长 #大薛配配# 🔗 网页链接

⤴ 26734　　　　💬 67279　　　　👍 769209

转发 26734　　评论 67279　　　　　　　　　赞 769209

图 17-5　薛之谦微博奥利奥大薛礼盒的转发、评论、点赞数目

再如直播宣传。2016年8月3日22:30，为推广奥利奥旗下的双味系列夹心饼干，其携手薛之谦和大张伟，在天猫、淘宝、来疯、优酷四大直播平台，展开了一场真"薛"话"大"冒险的直播活动。奥利奥采取"最好的饼干品牌+最火的直播互动+最具人气的两位明星搭档"营销模式，强强联手，搭配出一场超美味的视听直播秀，如图17-6所示。在现场直播期间，四个平台同时在线人数超450万人，互动人数约200万人。其中，仅在天猫平台的播放次数就超2600万次，破天猫直播平台单次直播的播放纪录。最后，在直播过程中，奥利奥产品的销售额已达200万元（数据来源于天猫商城）。

图17-6　直播中的截图

资料来源：http://t.cn/Rt6SNxi.

这种当下十分流行的直播形式，可以让观众在与明星接触的同时了解产品，并产生购买欲望。直播形式主要是采用两位明星通过网上征集网友想法，结合奥利奥双味夹心饼干做游戏。即在直播过程中，大张伟和薛之谦利用奥利奥双味夹心饼干来完成一系列互动活动，以满足粉丝要求。一方面，使产品得到了宣传，两位明星的形象与奥利奥双味夹心饼的理念十分吻合，即看似风格迥异，但搭配在一起却十分相配。另一方面，两位明星在直播时会配合着其各自的歌曲来活跃气氛,再加上两人都是段子手能人,使整个直播都欢乐有趣。

最后,就是用于宣传产品的网络短片——《大薛配配配》。作为一档科幻情景的综艺喜剧,其也属于《达伯星球》系列剧的第一部。在短剧中,大张伟和薛之谦将被穿越到新奇的"达伯星球"游戏中去,在游戏主 Billbillion 的威逼利诱下,需要完成八个爆笑的配对任务。两位明星通过风趣幽默的语言和爆笑的段子,使观众忍俊不禁。该组短片一共制作了四集,每一集都用两位明星无厘头的话语风格,以及爆笑的故事情节,来宣传奥利奥双味夹心饼干系列当中的每一种。而且,每集都有超高的点击率。

如图17-7所示,第一集讲的是两个"狗血"的故事情节:一是一对相亲认识的男女在坠入爱河之后却发现对方是自己的亲生兄妹;二是一对打破次元壁的母子被带到另外一个星球上。两组人物通过让大张伟和薛之谦两位明星在解决问题、缓和关系后,必须吃过蓝莓、树莓两种口味的奥利奥双味夹心饼干才能回到原来生活的地方。其故事虽然无厘头,但是宣传效果却很好。当期,第一集的点击量就有1645.2万次。

图17-7 《大薛配配配》第一集

资料来源:http://v.youku.com/v_show/id_XMTY3NTM1NjQ2OA==.html?from=y1.6-85.3.1.2d855aa3524911e6ae6f.

如图 17-8 所示，第二集是一对互撕闺蜜，以及中二病大叔与杀马特少年的故事。同样，他们也被带到了外星球。通过大张伟和薛之谦两位明星的帮助和调解，分别吃下了芒果、甜橙口味的奥利奥双味夹心饼干，才回到了原来生活的地方。第二集的点击量也高达 1554.8 万次。

图 17-8 《大薛配配配》第二集

资料来源：http://v.youku.com/v_show/id_XMTY4NDM4Njg1Mg==.html?from=y1.6-85.3.1.2d855aa3524911e6ae6f.

如图 17-9 所示，第三集是富商与独立女性相恋和青年男女的故事，这集两组人物通过吃水晶葡萄、水蜜桃口味的奥利奥双味夹心饼干回到了原来生活过的地方。该集点击量为 1564.8 万次。

图 17-9 《大薛配配配》第三集

资料来源：http://v.youku.com/v_show/id_XMTY5MzMyOTMxMg==.html?from=y1.6-85.3.1.2d855aa3524911e6ae6f.

如图 17-10 所示,第四集讲的是两位玩网游的朋友相亲相爱和大张伟与薛之谦两人相爱相杀的故事,两组人物通过吃黑白巧克力口味的奥利奥双味夹心饼干回到了原来生活过的地方。第四集的点击量为 1629.9 万次。

图 17-10 《大薛配配配》第四集

资料来源:http://v.youku.com/v_show/id_XMTcwMzQzNTE1Ng==.html? from=y1.6-85.3.1.2d855aa3524911e6ae6f.

这四个故事虽然都很无厘头,甚至有点儿雷人,但选用的人物关系都很符合奥利奥双味夹心饼干的设定,即看似风格迥异,但是搭配起来却有极佳的效果。而且,每期都指定主要宣传一种口味的奥利奥双味夹心饼干,使每种口味都被人们熟知,并根据自己的喜好选择自己喜欢的口味。通过网络短片进行宣传也有极佳的效果,为奥利奥双味夹心饼干的销售,做出了很大的贡献。

## 三、营销传播

由此可知,微博、直播、网络短片这三种形式都是时下比较流行的新媒体广告方式,比较受年轻人的追捧和喜爱。正如上文所提及,奥利奥大薛礼盒主要采用了三种营销方式。其中,微博的操作简单,信息发布便捷,互动性强,能与粉丝即时沟通,及时获得用户反馈。而且,做微博营销成本,比做博客营销或是做论坛营销的成本低很多。微博营销的针对性强,关注企业或产品的粉丝都是忠实或潜在的消费者。因而,企业可以进行精准销售。此外,微博营销的信息量大,消费者可在购买前通过网友评论,来做出购买某产品的决定,或查找出该产品的有关信息。微博涵盖了各行业内专业人士的看法,便于网友相互交流。如图 17-11 所示,微博 # 奥利奥大薛礼盒 #

的阅读量达到 2 万次，#大薛配配配#的微博阅读量也高达 4.6 亿次。此方式传播，在为大家带来段子的同时也宣传了产品，尤其是薛之谦的微博内容不仅保持了他自己的语言风格，而且结合了广大消费者对于奥利奥的第一印象"扭一扭，舔一舔，泡一泡"，让大家更容易记住，从而起到宣传产品的作用。

图 17-11　微博 #奥利奥大薛礼盒# 的阅读量

而直播营销的主要优点就是可以增加互动性，让消费者更加近距离地了解商品，并产生购买商品的欲望。直播展现的信息真实及时，容易取得顾客的信任。消费者可以一边观看直播，一边下单，提高销售转化率。除此之外，直播还可以大幅度减少重复工作，快速提高工作效率。在四个平台直播时在线人数超 450 万人，互动人数约 200 万人！仅在天猫平台的播放次数就超 2600 万次，破天猫直播平台单次直播的播放纪录，而相关的网络短片点击量累计超过 6000 万次。这些都足以见证大张伟和薛之谦两人为奥利奥大薛礼盒贡献的超高人气以及关注度，这些都对产品的销售起着积极的作用。直播营销的时长接近 1 小时。在节目中，两人主要是通过使用奥利奥黑白夹心巧克力饼干做一些游戏。不仅有娱乐的作用，而且加深了消费者对产品的印象，使两人的粉丝争相购买。

另外，网络短片的宣传优点是可观看性强，让消费者的印象更加深刻，得到更大范围的宣传。奥利奥大薛礼盒产品的网络短片一共四集，每集都有两个小故事并且通过与奥利奥双味夹心产品产生联系，短片不仅诙谐、无厘头、搞笑，而且起到了宣传产品的作用，让人们在轻松娱乐的同时，也记住了奥利奥的双味夹心饼干，可谓是一箭双雕。三种新媒体广告形式相结合，可以说是"三管齐下"，但在使用的过程中也需要重点考虑以下几个方面问题。

## (一) 市场方面

### 1. 要考虑消费属性

消费者总会依据其个人品位来选择适合的信息媒体。不同受教育程度或职业的消费者，对媒体的接触习惯都不相同。一般而言，受教育程度较高者，偏重于印刷媒体；受教育程度较低者，偏重于电波媒体。因此，要配合消费者的性别、年龄、受教育程度、职业及地域性等因素，来决定应用何种媒体。那么，针对奥利奥大薛礼盒来说，其目标消费者大多为大张伟、薛之谦的粉丝类年轻用户。所以，选择采用让两位明星都能参与到微博营销及直播营销的方式，再利用网络短片来制造舆论话题。由此，大张伟、薛之谦的粉丝就能在观看明星互动的同时，充分了解产品，并产生购买的冲动。

### 2. 要考虑商品特性

由于各种商品的特性不一样，所以应按其不同差异来考虑媒体选择。例如，生活用品和工业品的广告媒体策略是完全不同的，前者是全体消费大众，后者是特定工厂主管。针对奥利奥大薛礼盒来说，其商品定位为零食，主要突出其好吃、有趣味的产品特点。这样，就需要通过当下最流行的新媒体，如微博营销、直播营销及网络短片宣传等，才能更快更好地触及年轻消费人群，凸显其产品的趣味性特点。

### 3. 要考虑销售范围

商品市场究竟是全国性的销售，还是限于地方区域性市场的销售，这关系到广告接触者的范围大小，由此才可决定选择何种较经济有效的媒体，以免使用不适当的广告媒体而毫无传播效果。针对奥利奥大薛礼盒来说，它是全国性营销的，其广告接触者的范围遍布全国，让全国各地的消费者都能够购买。同时，它主要采用的是线上销售的方式，这也极大地方便了广大消费者的购买，节约了消费者的时间。

## （二）媒体方面

### 1. 要考虑媒体价值

广告主需要考虑媒体的接触层次，应先仔细分析其产品种类，以期与消费者的类型符合。同时，需考虑媒体特性优点、节目或编辑内容等，是否能达到广告传播的预期效果。针对奥利奥大薛礼盒来说，微博营销、直播营销及网络短片营销，其媒体接触层次主要是大张伟和薛之谦的粉丝群体，与产品的目标消费者相符合。三种营销方式的载体，即微博、直播及网络平台，都具有很强的参与互动性，这也让目标消费者能在追星的同时了解商品，从而产生购买需求。而且，三种宣传方式不仅满足了大张伟、薛之谦粉丝们想更多接触到明星的愿望，同时还附赠有两人签名的笔记本，这也是构成目标消费者购买商品的原因。

### 2. 要考虑经济价值

奥利奥大薛礼盒选择的三种媒体都有很大的阅读量、点击量以及参与度。其传播范围很广，且很受当今年轻人的喜欢与追捧。所以，这三种营销方式媒体的经济收益会很好。但毋庸置疑，要慎重考虑各媒体的成本费用。不仅要考虑其"绝对成本"，即媒体的实际支付费用，同时也应考虑"相对成本"，如印刷媒体的每天读者数，或电波媒体的每分钟每千人视听成本等。针对奥利奥大薛礼盒来说，三种宣传方式的成本很少，但所创造的利润却很大，即在短时间内创造出很大的销售量，仅在其直播期间所构成的销售量就达到了 200 万盒之多。

## （三）广告主方面

### 1. 要考虑销售方法

广告之所以存在，是有其特殊意义的，即可以传达出品牌的形象内涵，从而吸引消费者。针对奥利奥大薛礼盒来说，其主要采用的是线上销售，该方式更为现在的年轻人所接受，且更为方便。而采用微博营销、直播营销与网络短片营销的方式，与线上销售相辅相成，即线上了解产品、互动交流、购买商品，从而构成一条龙的销售服务。

**2. 要考虑促销战略**

对于奥利奥大薛礼盒来说，广告主活动的基本目的就是销售产品。其中，广告预算的分配额，主要是直播所需要的场地费、工具费用，以及拍摄网络短片所需要的费用，再有就是两位代言人的代言费。由于奥利奥大薛礼盒的目标消费者是大张伟和薛之谦两位明星的粉丝，所以在其礼盒中加入了印有两人签名的笔记本，以满足目标消费者追星的要求，并促成其购买商品。

### （四）广告信息

广告设计是一门实用性很强的学科，有明确的目的性。准确传达广告信息，是广告设计的首要任务。在现代商业社会中，商品和服务信息绝大多数都是通过广告传递的。平面广告通过文字、色彩、图形等，将信息准确地表达出来。而新媒体广告则通过声音、动态效果等，来表达品牌、商品等信息。通过以上各种方式，商品和服务才能被消费者接受和认识。

**1. 准确表达信息**

由于文化水平、个人经历、受教育程度、理解能力的不同，消费者对信息的感受和反应也会不一样，所以，设计时需仔细把握。针对奥利奥大薛礼盒来说，其通过新媒体广告来表达信息。对目标消费者，即大张伟和薛之谦的粉丝而言，需要设计出能吸引年轻粉丝群体争相购买产品的新型广告，于是，在直播营销和网络广播中，就大量安排了两位明星互动的情景。一方面满足粉丝们的需求，另一方面宣传产品。

**2. 树立品牌形象**

企业的形象和品牌，决定了其产品在消费者心中的地位。同时，其市场占有率，也通常靠企业的经营实力和广告战略维护和提升。在平面广告中，如报纸广告、杂志广告等，由于受众广、发行量大，可信度高，而具有很强的品牌塑造能力。结合新媒体广告，可使塑造力大大增强。奥利奥大薛礼盒是奥利奥旗下的产品，拥有良好的群众基础，且其结合当下十分流行的宣传方式，使得消费者能乐在其中。

3. 引导消费趋势

一般而言，平面广告可直接触及消费者，且其信息详细而具体。因此，如购物指南、房产广告、商品信息等，都可以引导消费者去购买产品。新媒体广告则可通过动态效果，促使消费者购买产品。奥利奥大薛礼盒，就是通过动态效果的影响，来达到提高销量的目的。即通过微博、直播、网络短片的方式，来吸引广大消费者。但其很少使用平面广告的方式，没有直接且详细地将产品的相关信息传递给消费者，而是通过大张伟和薛之谦两人的微博影响力，以及直播互动引起的话题，来引导消费者购买产品。

4. 满足顾客诉求

一幅色彩绚丽、形象生动的广告作品，能以其非同凡响的美感，增强广告的感染力，使消费者沉浸在商品性能和服务质量给予的愉悦中，使其自觉接受广告的信息引导。因此，在广告设计时，再创造物质文化和生活方式的审美形式，通过夸张、联想、象征、比喻、诙谐、幽默等手法，对广告拍摄画面进行美化处理，使之符合社会大众及消费群体的心理预期，不断激发消费者的审美情趣，就可有效地引导其在企业倡导的物质文化生活方式上产生消费观念的转变。奥利奥大薛礼盒，就通过大张伟和薛之谦两位明星搞怪和无厘头的人物特性，使消费者沉浸在商品和服务带来的心理愉悦中，使产品在消费者心中留下了深刻的印象，从而有冲动去购买产品。

（五）广告媒体

奥利奥大薛礼盒主要采用的是新媒体广告营销方式，并取得了巨大的商业利益，其具备以下几个方面的特点。

1. 价值

就媒体自身意义而言，其是具备商业价值的信息载体。那么，就有一定受众，以及信息传递时长、传播空间和刺激受众心理反应的条件。这些因素综合起来，共同形成了广告媒体的基本价值。所以，这个载体本身就具备价值。加之其所传递商品的信息价值，就共同完成媒体的存在价值。即便面对新形势下的理念转变，以及新科技带来传播方式的进步，也依然具备一定数量的受众。但当媒体成本远高于其受众带来的商业效益时，就不会形成媒体的有效价值了。奥利奥大薛礼盒的新媒体宣传方法，采用新媒体的方式，在很大程度上节省了宣传费用，且还带来巨大的经济效益。其受众就是广大网友，再具体一些就是大张伟和薛之谦的粉丝。而且传递时间为2016年8月3日，其条件是网络、微博、直播软件等，这些都满足了新媒体营销的价值要求。

2. 原创性

新媒体之所以称为新，其就应该具备基本的原创性。此处指的原创性区别于一般意义上个人与团体单独具有的原创性，是一段特定时间内，时代所赋予新内容创造的属性，是一种基于前一个时代在内容、形式、理念上所具备的革新，即在更具备社会广泛意义载体上的广告创新。奥利奥大薛礼盒采用的微博营销、直播以及网络短片传播，都是时下流行的广告营销模式。而且，其还在不同节目中，采用多种与粉丝互动的形式，其原创性是毋庸置疑的。

3. 效应

广告媒体效应是在一定环境下，各类因素和最终结果合并形成的一种因果现象。新媒体必须具备形成特定的属性，或者说形成一种更新的效应。新媒体要影响特定时间内、特定地区内的目标群体，即其视觉或听觉的刺激反应，从而产生相应的应激效果。互联网在1995年进入我国，仍然还算一种新型的信息载体，目前已形成巨大的群众效应，几乎彻底改变了人们的生活方式。由于该影响变化得非常迅速，不排除新媒体将来会发展成为主流，也就是在一定时期可以脱离媒体概念的限制。正如奥利奥大薛礼盒的宣传方式，在短时间内取得了很大的经济效应，使得产品的销量达到了前所未有的高度。

### 4. 生命力

作为一种媒体形式而存在，新媒体必须有一定的生命力，或长或短。其存在期间的价值体现，就是其生命周期。由于近年来我国新媒体发展日新月异，各类细分媒体又受诸多创新思维影响，进而各形式的创意也层出不穷。但就其形式而言，新技术并不能决定其存在价值。在无情的市场面前，折戟沉沙的数不胜数。其原因在于，没有把握住新媒体的核心价值，而盲目生搬硬套，导致媒体失去了生命力，更不能称其为新媒体。奥利奥大薛礼盒的生命力主要体现在，其能在短时间内起到宣传产品的作用。并且，不断制造出"南薛北张"的微博话题，使人们再提起该微博就会联想到奥利奥大薛礼盒，从而达到一个长久宣传的效果。由上可知，奥利奥大薛礼盒的新媒体宣传是十分成功的。

## 四、启发经验

相信未来也会有更多的新媒体形式出现。利用新媒体做广告，一定要注意创新性与实用性相结合。广告的作用就是要让消费者了解商品、产生购买欲望，并消费商品。所以，在利用新媒体广告时，要避免形式大于内容。哪怕形式简单，也要让消费者充分了解产品，切记不可本末倒置。并且，要用一颗真诚的心去对待新媒体广告，不能因为其成本低就不给予重视；要让消费者感受到商家对产品的用心，让消费者对产品放心。通过奥利奥大薛礼盒的新媒体广告宣传，我们可以从中受到启发。相信商家在注意以下几点之后，取得消费者的信任，获得较为不错的收益。如果广告做得用心，则会被广为流传。

### （一）选择流行的新媒体

奥利奥大薛礼盒采用了三种时下最流行的新媒体广告形式，第一种是通过微博做广告，其为时下年轻人都用的社交App。奥利奥大薛礼盒的目标消费者是大张伟和薛之谦的粉丝，他们都会通过微博来关注两位明星的动态。所以，凭借着明星的超高人气，会引发大量的转发。由此，除粉丝外，也会有更多的人看到该微博广告，奥利奥大薛礼盒就会被其他人知晓。于是，购买的群体基数就随之增大。第二种是通过直播做广告，也是时下粉丝与明星近距离沟通的主要途径。粉丝们在观看偶像的同时，也就了解了产品，产生想要购买奥利奥的欲望，这不仅可以使粉丝与偶像的距离更近，同时也是吸引新粉丝的有效途径。随着粉丝数量的增长，购买其产品的数量也就随之增加。第三种是通过网络短片宣传，该方式不仅可以使粉丝观看偶像的表演，同时也赋予了产品一定的故事性。在之后消费产品的时候，都会想起相关的小故事，为产品增加一份乐趣。由上可以看出，在做新媒体广告时，选对形式是十分重要的，其关系到产品宣传的范围与效果。

### （二）采取多种宣传方式

目前，新媒体广告的形式多种多样，而商家也应该选择多种广告方式。奥利奥大薛礼盒选用微博、直播和网络短片三种宣传，让更多人看到了广告，其传播范围比单一媒体宣传更广。而且会让消费者觉得更有诚意。如果只用微博或其他形式进行广告宣传，能关注到其的消费者就会大幅下降，产品销量也不会很高。此外，现如今的新媒体广告，相较于传统广告，所花费的时间、精力和资金都相对较少。如果只选用一种新媒体就会给人诚意不够的感觉，即代言人或商家随便在微博上进行宣传，消费者或许会想，仅通过微博一句话，凭什么要买该产品呢？所以，进行多渠道、全方位的宣传是非常有必要的。最后，选择多渠道进行宣传，可以在很长时间内继续拥有可观看的价值。如果仅通过一种新媒体形式进行宣传，那么其热度过后，该产品也会很容易被消费者淡化。如果选择多种新媒体宣传，消费者再次回想的时候还可以继续翻看之前的广告。

### （三）多种媒体间不同时

要用一种方式为另一种方式进行服务、宣传。就以奥利奥大薛礼盒为例，先是 2016 年 8 月 3 日上午 8：00 进行微博宣传并指出晚上 10：30 会有直播，接着晚上 10：30 进行直播宣传，在这两种的热度高居不下的时候，在 8 月 8 日又放出了两人拍摄的网络短片《大薛配配配》进行第三波宣传，同时在微博上也有了《大薛配配配》的相关话题，进一步加深消费者的记忆，且让热度持续不下。所以，新媒体广告不仅要选择多种且当下流行的方式进行广告宣传，也要注意时间的把控与几种宣传方式之间的相互联系，能够做到在进行一种广告宣传的时候为其他形式也进行宣传，这样能够在一定时间内使消费者的记忆一遍遍地加深，从而使广告达到最优的效果。

### （四）内容创意结合生活

以奥利奥大薛礼盒选用的直播宣传和网络短片为例，或许该两种形式并不新颖，但其内容却足够新颖，以引起消费者的关注。在直播中，利用两位明星的CP关系，从粉丝希望其做的事情中选取一项并予以完成。一方面，使两位明星的粉丝得到心理满足；另一方面，由于游戏都是围绕着产品来玩的，所以也使其得到有效宣传。再如网络短片的宣传方式，这些小故事和人物关系看似无厘头，但却都经过精挑细选。不论是母子、闺蜜，还是中二病大叔与杀马特少年等，都与奥利奥双味夹心饼干的理念相符合，即看似风格迥异，但是搭配起来却有极佳的效果。通过这些故事让消费者记住广告，从而去购买产品。所以，新媒体广告不仅要选时下流行的形式，还要进行多种选择。在其内容上，也要创新。并且，时刻与产品产生关联，全方位地进行产品宣传，才能取得更好的效果。

### （五）符合理念的代言人

奥利奥大薛礼盒的代言人是大张伟和薛之谦，两位明星除具有超高人气外，也非常符合奥利奥双味夹心饼干的特质，即看似风格迥异，但是搭配起来却有极佳的效果。新媒体广告选符合产品理念的代言人，会让消费者更信服。同时，也会引起更多的关注，对产品宣传有积极作用。另外，产品的代言人不一定要选当下最热的明星，而一定要选符合产品理念的明星，不能仅凭借代言人的人气来进行产品销售，这不是长久之计。要让消费者觉得产品选该代言人很合适，会产生想购买的欲望，才能促进产品的销售。

## 第十七章 奥利奥：大薛礼盒连续剧

**思考题**

1. 根据上述案例，分析奥利奥是怎样利用明星效应开展新媒体营销的？
2. 试说明大薛礼盒连续剧广告营销是如何与现代新媒体相结合的？
3. 你认为大薛礼盒连续剧广告营销遇到的最大障碍是什么？为什么？

## 参考文献

[1] 杨松明."戏剧性"创意手法在奥利奥电视广告中的应用[J].中国商界,2010(9):207.
[2] 梅云云,宋莲子,沈肖,等."5W"模式下三维动画广告传播方式研究——以"奥利奥"广告为例[J].文艺生活·文艺理论,2016(6).
[3] 肖玉琴.只有奥利奥[J].销售与市场（评论版）,2011(5):81-84.
[4] 陈静.奥利奥情感纽带绑上社交营销[J].成功营销,2014(11).
[5] 谭爽.奥利奥之后,亿滋的下一个10亿美元品牌[J].成功营销,2016(1):46-47.
[6] 陈莉."黑白传奇"奥利奥[J].知识窗,2017(13):47.
[7] 胡瑾.奥利奥饼干:3D打印自动售货机[J].国际品牌观察,2014(4):62.
[8] 杨慧芝,夏晓龙.移动互联网时代的品牌策略（三）——奥利奥:开启内容营销新玩法,专访CEO符玉清、亿滋集团数字营销负责人Kelly Xing[J].中国广告,2017(4):74-77.
[9] 赵莹.奥利奥品牌在国际营销中的跨文化策略[J].企业改革与管理,2014(10).

# 第十八章

# 伟嘉猫粮：给猫看的广告

广告无处不在，无时无刻不在使用，但很多人却不认为那是广告，这就是信息时代的写照。在新媒体时代下，广告会有所不同，其形态伴随着消费者"互动交流""主导设计""自主传播"等特点而全新呈现。因此，新媒体广告即以数字传输、网络在线为基础，可实现信息及时互动、终端显现为网络链接的多媒体视频传播形式。本章以伟嘉猫粮为例，首先介绍广告产品的所属公司，其次对广告的故事内容进行概要性叙述，再次从此则广告的营销与传播角度分析其广告的感性营销手段与新媒体传播策略，最后总结出在日本上映的伟嘉猫粮广告所带来的经验与启示，并提出部分可借鉴的建议。

## 一、公司简介

### （一）产品简介

伟嘉品牌于 1958 年诞生于英国。经过几十年的努力，现在已成为全世界养猫、爱猫人士熟悉的国际品牌。在世界各地，伟嘉在猫主人心目中是给猫咪营养美味食物的代名词，如图 18-1 所示。伟嘉英文为"Whiskas"，在英语俚语里指猫的胡子，表明其对猫咪而言，不仅能帮其保持平衡、测量宽度，还能表达情绪。由此，象征伟嘉服务于猫咪，能完全周到地满足其一生的饮食需求，这也正是伟嘉多年来坚持不懈努力的动力。伟嘉品牌所有的技术研发团队，就其设计的产品一直能发挥出小猫胡子一样的作用，而引以为傲。1993年，随着玛氏进入中国市场的战略，伟嘉也最早成为进入中国的猫粮品牌。伟嘉依靠全球统一的产品配方、专业的研发队伍、严格的原料控制体系、先进的进口生产设备，占据了全国市场份额第一，并受到消费者的普遍欢迎，其产品包括干粮、罐头、妙鲜包、护理用品等。

图 18-1　伟嘉是猫主人心目中的营养美味

## （二）品牌愿望

伟嘉品牌的背后研发力量，是由世界动物营养学界公认的权威机构，即"威豪"宠物护理及营养研究院来支撑。其专门研究动物营养、口味喜好及其行为变化，并应用于满足猫咪的各种特殊需求。伟嘉在1998年播放的世界上第一支给猫看的广告就是由威豪监制拍摄的，并轰动一时。至今，仍让许多爱猫人士记忆犹新。有全球资源最庞大、科技最先进、最具影响力的机构做后盾，再加上高端设备和高素质团队，伟嘉产品无论包含各种配料的妙鲜包，还是有大块肉的罐头，或健康营养的猫干粮，都足以满足猫咪的饮食偏好。进入中国十余年来，伟嘉始终致力于针对中国猫咪健康，根据其不同口味，来设计及研发全系列产品，并不断升级产品来给猫咪带来最好的呵护，为中国猫主人与猫咪带来更多的亲密时光。目前，该品牌已入驻当当网，因其"甄选美味鲜鱼、富含优质蛋白、不添加防腐剂"等三大特点，而深受消费者的热捧。

### （三）公司简介

玛氏公司是由私人家族弗兰克·马斯（弗瑞斯特·玛氏）创立于1911年的大型跨国公司，如图18-2所示。其主要业务涉及零食类（糖果、巧克力）、各类主食，以及宠物类食品和电子产品的制造与营销。玛氏公司年收入逾300亿美元，全球员工总数65000名，370个分支工作站，分布在全球的68个国家。其中，主要包括135家工厂，产品行销100多个国家。玛氏公司名列全球财富排名第21位，企业资产净值高达100亿美元，是全美第三大私人企业。糖果、巧克力类和宠物类产品的销量都位居全球同类产品首位。全球有1/3的宠物猫狗，每天都在食用玛氏公司的宝路狗粮和伟嘉猫粮。玛氏公司是全球最大的食品生产商之一，拥有众多世界知名的品牌，如图18-3所示。其中，价值超过10亿美元的就包括德芙、玛氏、M&M'S、士力架、UNCLE BEN'S、傲白、宝路、皇家、伟嘉和特趣等。

图18-2 玛氏公司品牌设计

图18-3 玛氏公司产品

## 第十八章 伟嘉猫粮：给猫看的广告

玛氏公司的成功发展有两大因素：一是创新；二是将成功的创新经验推广到世界各地。由此，确立了该公司的经营本质，一直到今天。弗瑞斯特·玛氏的管理风格是该公司的根基，也已正式成为公司的管理哲学，被称为玛氏公司的五大原则，即品质（Quality）、责任（Responsibility）、互利（Mutuality）、效率（Efficiency）和自由（Freedom）。并且玛氏公司将其写成一本手册，在公司所有的办公室都会看到。此外，其也被译成多种不同的语言，以供海外的办公室与工厂使用。

## 二、广告介绍

### （一）广告的内容

如图18-4所示，在广告开始时，一位年轻的女士边倒白开水边关切地询问道："感觉怎么样啊？"镜头转向一位白发苍苍的老爷爷，其背坐在日式家居庭院的台阶上，并回答道："还行吧！"正说着，这位女士走向老人，手中端着刚刚倒好的水，并带有一丝担忧地说："每次你都这样说。"老人面露笑容，很随意地回答："都这把年纪了，也说不上具体哪儿不好了。"在二人谈话间，就透露出彼此之间的亲密关系，女主人公面容温和、善意满面，老爷爷又和蔼可亲且没有丝毫长辈架势。由此，不禁让观众猜测二者的关系。

图18-4　广告镜头之一

资料来源：http://v.qq.com/x/page/w032996b1eb.html?start=80。

紧接着，年轻的女主人公抬起头望向蔚蓝的天空，回忆起18年前，两人第一次相遇在那个下着倾盆大雨的夜晚，女主人公在便利店旁边的废旧停车场内发现了满目惊异的老者，女主人公看到老者求救的眼神，于是在四周荒凉冰冷的大雨之夜，将老者带回家。但老者坚持说，他当时只是饿了，如图18-5所示。

图18-5　广告镜头之二

资料来源：http://v.qq.com/x/page/w032996b1eb.html?start=80.

二者继续回忆往昔时光的点点滴滴，女主人公开心地调侃老者，说他以前经常打架。看到这里，观众开始有些困惑，老年人还会经常打架。在女主人公的清晰回忆里，其看到老者衣衫被挠破，第一反应就是冲出来，检查他是否受伤，满目皆是担忧。老者认为自己这18年来给女主人公增添了不少麻烦，总是自说自话，还很任性。只有在心情好的时候，才会找女主人公撒娇，似乎是内心有着些许的愧疚。但女主人公满脸幸福地回答道，自己从来不认为是麻烦，如图18-6所示。老者感慨道自己年纪大了，身体也不行了。女主人公却坚持说道："你一定要长命百岁啊，请你长命百岁。"此时，画面悄然出现一只灰色的可爱小猫，代替此前头发花白的老者出现，并貌似回答"我知道了"。到此，观众才明白过来，原来白发苍苍的老者便是对年迈猫咪形象化的比喻。如此新颖奇特，使观众影响深刻，如图18-7所示。

第十八章 伟嘉猫粮：给猫看的广告

图 18-6 广告镜头之三

资料来源：http://v.qq.com/x/page/w032996b1eb.html?start=80.

图 18-7 广告镜头之四

资料来源：http://v.qq.com/x/page/w032996b1eb.html?start=80.

女主人公感谢这 18 年猫咪的陪伴，并请猫咪以后也多多关照。相伴许久的猫咪也貌似回答，"彼此彼此"。由此，让观众不禁憧憬着在未来的时光里女主人公与猫咪仍会快乐幸福相伴，猫咪也会健康长寿。广告快结束时，介绍了日本是猫咪长寿的国家之一，"永远最懂猫的伟嘉"。以此来向观众展示伟嘉品牌对于猫咪的细心呵护，选择伟嘉就是表达对猫咪最好的爱意，如图 18-8 所示。

图 18-8 选择伟嘉是对猫咪最好的爱意

资料来源：http://v.qq.com/x/page/w032996b1eb.html?start=80.

## （二）广告的主题

作为日本猫粮品牌，伟嘉于 2016 年 9 月 19 日播出此与众不同长达 1 分 24 秒的广告。伟嘉以敬老日为噱头，而转为敬猫日。不仅抓住消费者在敬老日当天对于老年人的关心，而且映射到上了年纪的猫咪身上。利用消费者对于宠物无法割舍的疼爱，甚至是将宠物当作家庭成员的独特情感，推出此广告，来宣传伟嘉在关注猫咪日常膳食的同时，也在关心猫咪老年之后的身体状况。

### 1. 设计背景

猫咪的平均寿命只有 18~20 年。在广告宣传中，猫咪已陪伴女主人公走过了至少 18 年，正处于老年衰退阶段，得到了女主人公格外的关心与照料。虽然不能详尽了解一只猫咪年老时的需求及身体健康状况，但能感知正常人类步入晚年，或身体不适，或有某些特殊诉求。这也是在广告设计中，以一位白发苍苍的老者来代替年迈猫咪的真实意图。在敬老节的大背景下，伟嘉抓住当代人们对于老者的敬重爱戴之情，以及爱猫人士对猫咪强烈的喜爱、无法割舍的感情、愿意尽可能付出一切去爱护照顾猫咪的决心，才特意设计此宣传广告。伟嘉宣传敬老美德的同时，加深了消费者对其猫粮产品的好感度。

### 2. 主题选择

在广告中，女主人公多次强调，"请你长命百岁，一定要长命百岁"。此句话不仅表达了爱猫人士对猫咪的特殊感情，希望能够与其相伴一生、不愿过早别离的美好祈愿，同时也是强调伟嘉品牌优异的产品质量。伟嘉猫粮不仅能给猫咪细致入微的照顾，即对猫粮口味进行认真研究、考虑猫咪的营养膳食均衡，以及向宠物主人提供合理科学的投喂方案等，还考量到了猫咪一生的成长，即从幼猫的出生发育到衰老，皆能为其提供必要的营养。从侧面说明伟嘉产品为猫咪量身定做、考虑周全的独特追求。

## （三）广告设计技巧

虽然广告是一种经济活动，但从美学角度，其实质是用一定的艺术形

## 第十八章 伟嘉猫粮：给猫看的广告

式，如文字、图像、声音等，引起受众注意，进而影响其情感行为。同时，也是一种审美活动。广告怎样在狭小空间中同时体现产品特点与消费者审美心理呢？这个问题构成了广告创作与传播的第一条基本原则，即先寻找广告宣传对象与受众审美心理的相同点，并把这种相同点作为其努力的核心和着力点。

### 1. 背景音乐

在广告中，恰当地使用背景音乐，不仅能够娱乐观众，还能达到锦上添花的效果。虽然背景音乐本身并不具有实际意义，但其艺术性表现却非常强，能配合一切艺术形式而不喧宾夺主。背景音乐的存在，也能唤起人们的情感共鸣。优秀的广告作品，配以合适的背景音乐，其画面与音乐相辅相成，给予观众视觉与听觉上的双重体验。让音乐烘托意境，让画面更生动地传达音乐所包含的情绪，使观众牢记于心。此外，音乐具有独特的识别功能，强化观众对广告内容的记忆。原本枯燥乏味的广告信息，因为有音乐的调和而引起观众的兴趣，从而使其对所宣传的产品有了深刻的认知。作为一种边缘线索，广告背景音乐具有边缘说服作用。即消费者可能因对广告音乐的好感，而将其好感迁移到广告或产品上，从而对广告产品产生好感或购买欲。

整支广告出现两小段背景音乐，即广告开场及其中后段。以小鸟清脆的鸣叫声开场，并伴随着女主人公为老者倒白开水的声音，拉开了整个剧情的序幕，简单而又干净。让观众不禁想象故事将会如何发展。既可能是静谧田园，也可能是古朴的乡村，使得观众身心宁静，有种归于自然之感。这种声音带来的宁静，又被倾倒开水的声音打破，将观众瞬间拉回现实。在整支广告宣传的中后部分，女主人公说"你可要长命百岁呀，请你长命百岁"时，舒缓的音乐声悄然响起，带有温情与祝愿，使受众感到一种从内心深处迸发的柔情。与猫咪相伴18年的女主人公，有着难以言说而又无法割舍的情感。此时，年迈的猫咪身体状况越来越差，女主人公的担心与爱护开始环绕在猫咪身边。女主和猫咪彼此答应，在以后的日子里也要多多关照。此时响起的一小段音乐，辅以广告标语的画面，让观众将这种情感烙印于心。

### 2. 场景美学

美学的研究成果表明，审美是人类的一种基本能力、基本需求与基本活动方式，是一种普遍存在的基本现象。人的审美活动是有规律的。美的事物与丑的事物何以会引起人不同的情感？其产生的原因各异。不同的情感反应会导致不同的行为反应。或爱、或憎、或追求、或躲避，也有其必然的规律。俗话说："种瓜得瓜，种豆得豆。"当我们给予事物以丑的态度，就不能企盼得到美的回报；当我们给予美的态度，也必然不会得到丑的回报。

因此，在此广告中，整体色调偏素，以灰、白、棕、亚麻色为主，干净、沉着，但又不压抑。女主人公衣着朴素，有毛衣、线衣，只穿袜子，不穿鞋子，显示出居家环境的舒适感，给观众平静中透露温馨的感觉。淡雅素净的穿着，符合日式的穿衣风格。同时，也与现代人的审美标准相契合。整个故事的场地坐落于日本的一个普通家庭，即日本人家和式风格的庭院，有木质地板、白色的纱帘。在庭院中，充满绿色的植物。再伴随着小鸟清脆动人的鸣叫，呈现出富有生机而又持续生长的意境。广告整体效果平和，没有艳丽刺激性的色彩，没有任何突兀的表现，给予观看广告宣传的消费人群安静平和的心态。

### 3. 观众心理

百度百科对于广告学与心理学之间关系的描述如下：广告作为说服社会公众的艺术，它与心理学有着密切的关系。心理学提供了人的心理构成的机理和心理活动的特点和性质，广告借助于心理学的理论和规律才能达到说服的目的。一则广告从确立主题、构思内容到选择媒介，无不体现广告学与心理学的结合。甚至一则广告的版面设计、文字语言多少、词义准确度、刊播媒体、背景材料等，都要求心理学理论体现于其中。

此则伟嘉猫粮日本广告，恰到好处地利用了消费者的心理。无论养猫或养狗的人群，内心皆有着对宠物不可言说的情感。既可能是庆幸宠物来到了自己生活的世界，也可能是对能够相互陪伴的感谢，抑或是对寿命比人类相对短的宠物终有一天会先其而去，乃至未来的日子里缺少宠物相伴的孤独与无尽的思念。如图18-9所示，伟嘉广告正抓住了广大爱宠人士

第十八章 伟嘉猫粮：给猫看的广告

的心，捕获到其通常情况下愿意付出更多来爱护自己的猫咪们，以此宣传玛氏公司旗下的猫粮产品。伟嘉并非直接告诉消费者其猫粮有多优质，而是通过对年迈猫咪的拟人化，来宣传其产品。

图 18-9　选择伟嘉是对猫咪最好的爱意

资料来源：http://v.qq.com/x/page/w032996b1eb.html?start=80.

## （四）巧妙的故事设计

在广告宣传的开篇，出现的是一位年迈的老人与年轻温和的少女。随后，广告台词有很大部分的内容让观众心中疑惑。既想不透彻为何二者会在废弃停车场相遇，更不理解为何年迈的老人会经常打架，总一身狼狈、遍体鳞伤地回家。观众完全无法推测故事接下来的发展方向，或许还会产生不解。既不明白二者是什么关系，也不知道和伟嘉宣传其猫粮产品有何必然的联系或直接的关系。随着镜头沿着故事脉络推进及时间的转移，观众才会逐渐明白，老者是年迈猫咪的化身。广告设计者希望借此形象予以比喻，来让观众更简单、深刻地了解其真正用意。这种充满悬疑色彩的广告设计，从一开始就抓住了广告观看者的内心，迅速提高伟嘉猫粮广告的宣传效果。在看完这支广告后，观众还会感受到沉静的叙事风格，光线明亮的画面、清新自然的居家布置，即典型的日本清新风格，总是在点滴处显露出动人的细节，在不知不觉中就被感动到了。

## 三、营销传播

### （一）营销

一直以来，伟嘉的营销策略都是基于受众的感性认知，即"当伟嘉向消费者宣传自己的产品时，其希望传播的理念是：我并非要驯服一只宠物，或仅仅是一只动物，也不是要去泯灭其天性与灵动，而是和伟嘉这个号称最了解猫咪的产品一起，精心、用心呵护自己的小伙伴"。所以，伟嘉于 1998 年设计策划了一款"世界上第一个给猫看的广告"的品牌推广活动。在活动中，伟嘉尤其加大了塑造品牌感性形象的力度，并联系实际生活中可能发生的情感诉求，使伟嘉在中国的猫粮市场占有了一席之位。

1. 体现感性的品牌名称

根据"想要与消费者建立起情感共鸣诉求"的理念，来设计品牌的名字，才能使品牌形象初步塑造成功。伟嘉原名 Kal Kan，于 1988 年改名为 Whiskas，而日本还沿用之前的名称。Whiskas 是伟嘉品牌的英文写法，其意思为"猫的胡子"，可以帮助猫咪表现情感，维持平衡。伟嘉广告语从之前的"伟嘉呵护猫咪的天性"到"伟嘉比你更了解你的猫咪"，都将伟嘉与呵护猫咪连接到了一起。以此，在消费者心中建立起伟嘉关爱猫咪的品牌联想。

2. 感性标识提高知名度

在日常生活中，我们能够快速地识别出一个品牌，并非通过读取其名字的方式，而是根据品牌独一无二的标识。品牌标志能唤起消费者关于一个品牌最清楚的感觉与记忆。为产品设计独有的、具有美好象征含义的标志，不但能够更好地代表产品、提升顾客对于产品的认知度，而且传递着企业的形象价值，甚至是文化与愿景。伟嘉的标志是一个猫咪的头像，颜色采用紫红色，非常抢眼温暖。暖色调和猫咪的头像，很好地表达了伟嘉与猫咪之间的温暖互动，使得伟嘉关爱猫咪的形象跃然纸上。

3. 带有情感的广告宣传

情感广告主要是通过消费者对品牌传达的情绪体验产生共鸣，利用情感诉求来满足消费者内心深处所渴望的心理需求，即亲情、爱情、友情、快乐、关爱、健康、美丽、成功等，来帮助消费者建立起对广告及品牌的好感。在此，伟嘉无疑做得非常成功，其广告系列一直是"伟嘉呵护猫咪天性""伟嘉关爱猫咪""猫咪选择伟嘉"和"Kiss Whiskas"等具有强烈感性色彩的广告语。而且，广告选角也大多是普通大众，其所展现的情景也是生活中经常发生的故事。如此贴近社会大众的生活，无疑给消费者留下了非常深刻的印象。该广告使许多猫咪主人相信：一家如此了解猫咪宠物本性的公司，生产的产品一定是最适合猫咪的。这支独树一帜的伟嘉广告，在市场上开辟了新的天地。

4. 拟人形式的宣传手法

伟嘉敬老日推出的最新广告，将不会说话、无法用语言表达内心的 18 岁猫咪用年迈老人来替代，赋予宠物展现自我的能力，也是伟嘉近些年宣传所推崇的广告模式。除此之外，该则广告创意的代理商为 BBDO 东京。不过，这已经不是伟嘉第一次在广告中将猫咪拟人化了。如图 18-10、图 18-11 所示，2016 年 3 月，伟嘉还举办了一所猫咪大学（Kitten Kollege）。入学的小猫咪，都要学会一系列专业技能之后，才能顺利毕业。时至今日，伟嘉还在坚持制作做给猫咪看的广告，从最简单的第一人称视角，来让主人公倾诉自己的想法。

图 18-10　猫咪大学教授

图 18-11　猫咪大学课堂

5. 唤起情感共鸣的故事

在伟嘉的感性营销策略中，最出彩的当属感性故事。其成功之处在于让每个消费者有故事可说。最重要的是，伟嘉产品始终贯穿于这些故事之中。与许多宠物用品的品牌相同，伟嘉与许多宠物杂志有密切的合作。但不同的是，伟嘉并没有试图在这些杂志上告诉消费者其配方的优越性，而是让其忠诚用户和读者来分享他们和宠物之间的故事。例如，寻找吃伟嘉 5 年猫的征文活动、猫粮美味大测试之伟嘉猫粮到底有多好吃等。这些普通消费者的故事，相比展示猫粮配方，更容易引起潜在顾客的共鸣，打造伟嘉关爱猫咪的品牌形象。

6. 与消费者的情感沟通

人是有情感的生物，感情是人类行为强大的动力。感人心者莫过于情。影响一个人的行为，改变一个人的行为，最有效的方法莫过于打动他的情感。以情动人，是艺术创作的根本法则，也是影响人行为的普遍法则。子曰："兴于诗，立于礼，成于乐。"之所以把"乐"作为道德修养的最高阶段，就在于可以打动人，使人的情感道德化。之后，人的行为就变成发自内心的要求。这种作用是一切外部的因素，如道德、法律等约束都无法比拟的。情感沟通法，就是利用人的情感活动规律，通过沟通交流，引发消费者对产品或企业的亲近感，从而达到宣传营销的目的。伟嘉正是利用了普通民众对小动物的关心爱护，以及部分爱猫人士对于猫咪的宠爱，才推出与其情感相契合的猫粮宣传广告。并且，告诉广大消费者，自己是真切浓烈地爱护着猫咪，与广告受众感同身受，从而引发消费者对伟嘉猫粮乃至玛氏公司的好感。

### （二）传播

**1. 新媒体广告传播的特点**

（1）网络在线的链接性

就新媒体广告而言，目标受众更多的是有目的、有意识地检索获得消费市场信息，所以会直接导向提供品牌、商品、服务等信息的广告。一般来说，消费者搜索获取需求信息，是在某个具体契机，通过某个端口来进行，而后再沿着该信息端口，依次进行信息的深度搜索与获取。为目标受众能够深度搜索与获取信息成为可能，新媒体广告就要先具备网络在线的链接性。

（2）受众导向的互动性

在审视新媒体广告的本质内涵时，其实并没有简单地迎合传统广告单向度"广而告之"的意蕴，而是强调了其双向传播与互动交流的属性。"传播"的英文为Communication，其含义有通信、通讯、传达、传递、相连等多种含义。而且，这些语义的共同特点就是双向传播。正因为此，传播的本质是回归于双向交互运动，以及围绕并利用受众自发性交流。由此，区别于传统广告，新媒体广告因其快速传播的本质，也就必然显示出"受众导向的互动性"。

（3）信息管理的即时性

在认识新媒体广告之时，就应该做好颠覆传统广告的心理准备。即在新媒体时代，广告已不再仅是静态地或单向地展示一种品牌或商品信息的艺术作品或宣传方式，而是互动的、由消费者主动掌握的品牌或商品的信息获得路径。如此，根据具体受众，而不是泛泛大众具体需要，进行相应的信息供给。此举需要进行即时性的信息沟通管理，其主要体现为：个性咨询答疑、受众投诉处理、受众发帖管理，以及品牌危机公关。

### （4）品牌信息的聚合性

对应于消费者有关品牌信息的深度需求，新媒体广告主体，即广告主或品牌主，则自然地进行品牌信息的聚合性传播供给。如果说在广告主的整合营销传播中，是根据消费者的需求，通过广告、公关、新闻、营销等渠道，统一地发出一个声音，那么新媒体广告由于本身就具有多重品牌信息服务的在线链接性，导致其一方面有着丰富的品牌信息，且呈现为多形态、多页面的碎片化特征，另一方面又通过链接路径，形成品牌信息的统一聚合。

### 2. 广告传播分析

为宣传敬老日为营销噱头，伟嘉猫粮广告于 2016 年 9 月 19 日在日本当地推出之后，即便无法查及日本当地的广告宣传策略，以及传播方式效果，但是可以专注分析该广告在中国市场上的传播与宣传情况。在中国大陆，伟嘉广告传播大多集中在腾讯视频、优酷视频、爱奇艺等较为流行的 App 平台网站上。此外，微信各大公众号也会发出相应的推送文章及短视频。同时，有不少微信使用者、公众号浏览者，都在评论栏中可以讨论，形成热议话题。

### （1）主流的视频传播网站

如图 18-12 所示，长达 1 分 24 秒的广告，在腾讯视频官方网页上的浏览播放量为 3.7 万次。由此可见，该广告在中国大陆的宣传力度并不大，知晓的人群并不广泛，仅是一则针对日本销售地区的敬老节广告。但页面下

图 18-12 腾讯视频官方网页上的浏览播放量

有评论表示,"此则温馨、走感情路线的伟嘉猫粮广告,看哭了"。所以,在一定程度上,伟嘉猫粮广告的营销初衷得到了实现。

如图18-13所示,在顶尖文案TOPYS的专栏下,该广告播放量达到683.7万次。

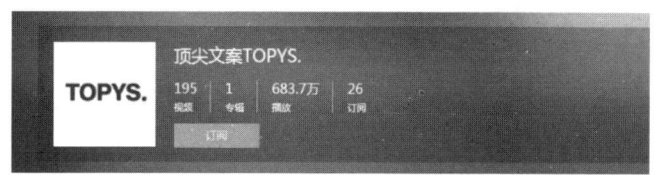

图18-13 顶尖文案TOPYS专栏下的播放量

(2)微信公众号订阅推广

如图18-14所示,在黑马营销微信公众号上,于2016年10月8日推出名为"日本猫粮广告,铲屎官竟把爷爷当作了猫咪!"的文章。其发出时间,与最新广告推出的9月19日,仅相隔19天。但此后的推送阅读量,却迅速破万。

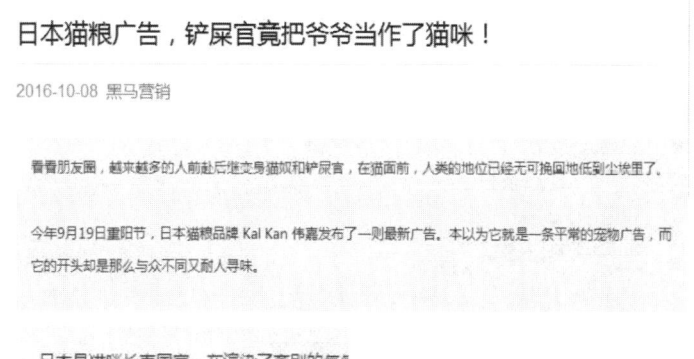

图18-14 黑马营销微信公众号

如图18-15所示,另有一名为"广告圈"的微信公众号,相较黑马营销,更早4天推出的推文,其阅读量为2.98万人次,点赞人数就达到174人。

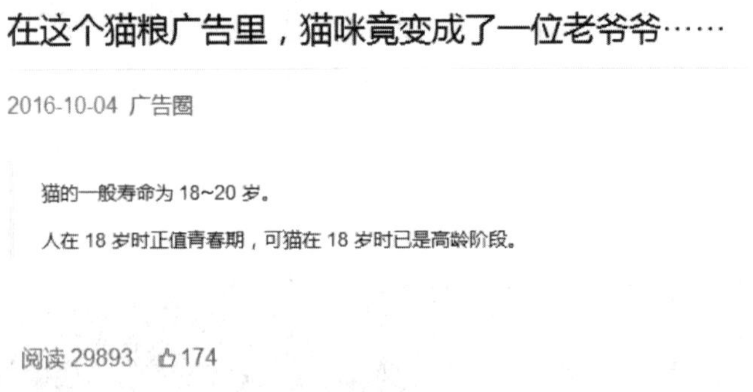

在这个猫粮广告里，猫咪竟变成了一位老爷爷……

2016-10-04 广告圈

猫的一般寿命为 18~20 岁。

人在 18 岁时正值青春期，可猫在 18 岁时已是高龄阶段。

阅读 29893 174

图 18-15 “广告圈”的微信公众号

该文章的引述，同样采取煽情叙述的模式，即“猫的一般寿命为 18~20 岁。人在 18 岁时正值青春期，可猫在 18 岁时已是高龄阶段”。文章开篇中的一段文字，就很容易引起读者阅读的兴趣，以达到该广告的传播效果。

如图 18-16 所示，在微信推送的文章下面，有不少网友进行了积极的评论，并发表了自己的感想与看法。其中，有不少网友表示，此支广告让

冯琦仪 78
对于人来说猫只是一段岁月，对于猫来说人就是他的人生全部。
10月5日

薛珊 64
被细节感动到了
10月5日

一只猫的灯火辉煌 62
吃完狗粮又吃了猫粮
10月5日

朱盛震 55
既然时光不够多，那就给它最好的食物，很棒的洞察
10月5日

柳豪行 46
温暖又温馨的感觉
10月5日

潘素 46
想起了我家的猫咪，泪目
10月5日

昌婵 40
沉静的叙事风格，my love

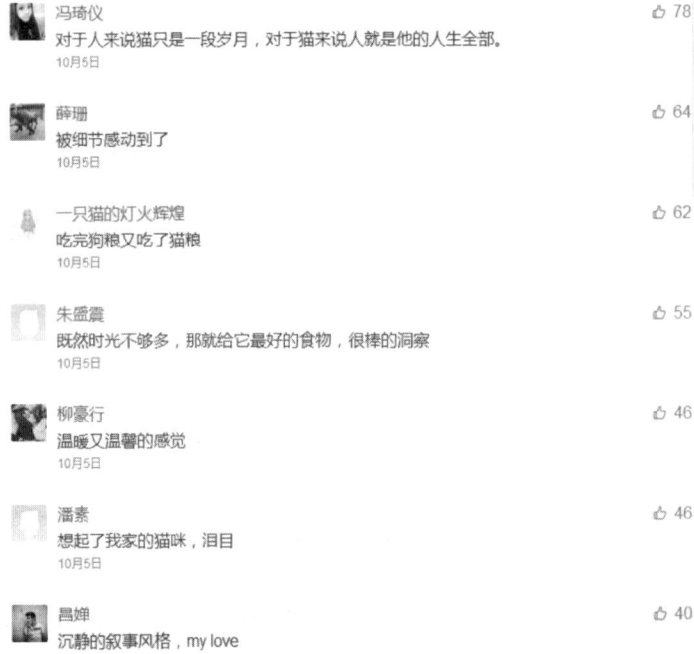

图 18-16 微信推送的文章下面有不少网友进行积极的评论

自己体会到温馨又温暖的感觉，甚至有些网友想起自己家的猫咪，不觉落泪，还有不少网友认为，广告很注重细节，很受感动。猫咪陪主人走过其生命的一段旅程，而这段路却是猫咪的一生。

如图18-17所示，在微信公众订阅号上，诸如此类的推送文章有很多。但广告本身在中国大陆地区的传播效果及推广力度都并不算大。有少数关注猫粮的爱猫人士，或是关注广告的营销人士，才会对此则在日本上映的伟嘉广告有所了解，其余普通中国受众知道的并不多。

图 18-17　微信公众订阅号上的推送

（3）与广告相关的网站传播

如图18-18所示，中国广告网新闻中心于2016年10月8日发布一则新闻，题目为"本周Top8营销案例"。在众多强劲对手的竞争下，伟嘉猫粮的此支在日本上映的广告，仍被入选在列。其中，同样入选的还包括Airbnb、杜蕾斯、百威等品牌。

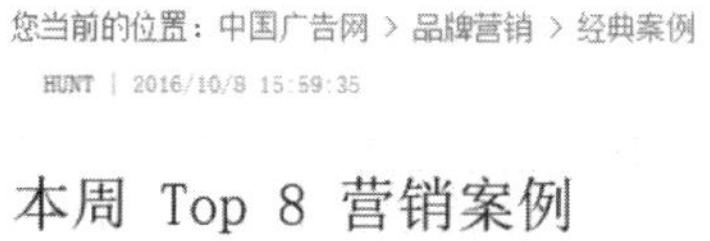

图 18-18　本周 Top8 营销案例

如图18-19、图18-20所示，该则在日本敬老日当天推出的广告表达出"十几年的时光，我们成长为了大人，但它们却耗尽了一生，离别的情节一开始就注定了。也许我们从来没想过，当一只年迈的猫步伐越来越缓慢，行为越来越懒散时，面对即将走到尽头的生命，它会回忆起什么"。以相伴多年即将永别的悲痛与不舍，来与消费者产生情感上的共鸣。

在这个猫粮广告里,猫咪竟变成了一位老爷爷……

品牌:伟嘉

代理商:BBDO东京

投放市场:日本

有关宠物的陪伴,我们可以列出很多催泪的故事。十几年的时光,我们成长为了大人,但它们却耗尽了一生,离别的情节是一开始就注定的。也许你从来没想过,当一只年迈的猫步伐越来越缓慢,行为越来越懒散时,面对即将走到尽头的生命,它会回忆起什么——

图 18-19　伟嘉猫粮日本上映的广告之一

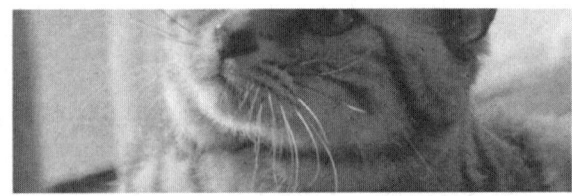

看完视频你也许才看出来这是一支伟嘉猫粮的广告,而最值得一提的还是短片一开头的那位爷爷,竟是一只已满18岁的猫咪。这支广告是在9月19日日本敬老节当天发布的,虽然前半段有些奇怪,但是广告整体还是给人带来了温馨的感觉。广告本身想要传递的就是——为了你的宠物能够长寿,多给它们吃些伟嘉的猫粮吧。

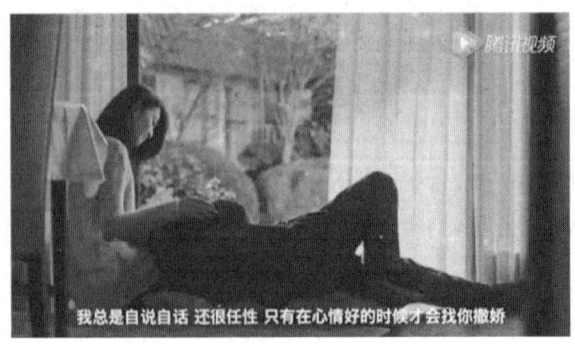

图 18-20　伟嘉猫粮日本上映的广告之二

## 四、经验启示

广告的种类甚多，且表达的主题乃至广告策划人的思路各不相同。有些广告侧重名人效应，也有些以民众的声音来赢取消费者的青睐，还有些广告主题是在打感情牌，虽各不相同，但都以与消费者感同身受换得顾客的亲近度。此支日本上映的敬老节主题广告，既宣传爱老敬老的人文主题，同时又向爱猫人士展示伟嘉是一心只为照顾呵护猫咪的品牌，其产品也是适合猫咪一生的优质猫粮。此外，整支广告不在于气势有多么恢宏壮阔，以及主演有多么美丽优雅，甚至不是其动人的情感表达，而是这支广告能直击受众的内心，在观众心里留下深刻且不可磨灭的印象，并被受众记住，以至于还能成为其饭后的谈资。

**思考题**

1. 根据上述案例，分析伟嘉如何从猫的视角展开广告营销的？
2. 试说明伟嘉广告视频是如何与现代传播媒体相结合的？
3. 伟嘉猫粮广告受众是怎样定位的，在中国营销遇到的最大障碍是什么？

### 参考文献

[1] 冯江平. 广告心理学[M]. 上海：华东师范大学出版社，2003.

[2] 李建立. 现代广告文化学[M]. 北京：中国传媒大学出版社，2007.

[3] 舒咏平. 新媒体广告传播[M]. 上海：上海交通大学出版社，2015.

[4] 赵惠霞. 广告美学[M]. 北京：人民出版社，2007.

[5] 侠子. 广告给谁看——猫？人？[J]. 企业文化，1999(5):30.

[6] 蔡京. 感性营销成就伟嘉[J]. 企业管理，2013(11):66-67.

[7] 佚名. 猫粮美味大测试 伟嘉猫粮到底有多好吃？[J]. 宠物世界：猫迷，2006(6).

[8] 佚名. 伟嘉——猫粮5年忠"食"猫咪闪亮登场[J]. 宠物世界：猫迷，2006(7).

[9] 李艳容. 王者之师缔造的品牌魅力——伟嘉创建十年巡礼[J]. 现代畜牧兽医，2005(6):55-56.

# 第十九章

# 剑侠情缘：天策正太，少年无缰

数字技术的快速进步，带动了新媒体的高速发展，也促进了信息传播效率的提高，以及人们筛选信息范围与自由度的扩大。由此，引发广告行业进入了新媒体时代。《剑侠情缘网络版（叁）》（简称：剑网3）是由金山软件旗下的游戏子公司，即西山居开发运营的3D武侠角色扮演电脑客户端游戏。剑网3凭借其地形植被渲染技术、场景光影特效和Speed Tree等引擎视觉效果，来展现中国传统的武侠世界。并且，将诗词、歌舞、丝绸、古琴、饮酒文化、茶艺、音乐等多种具有中国传统文化特色的元素融入游戏中，给玩家展示了一个气势恢宏、壮丽华美的大唐世界。同时，剑网3通过计算机引擎技术打造的ACT新轻功玩法，为玩家带来新的游戏体验。玩家在游戏里可以自由选择门派。随着其运行资料的更新，游戏的故事情节也在不断地发展。例如，门派数量逐渐增多，各门派人物和技能也在不断补全。目前，总共有13个门派（天策、藏剑、万花、纯阳、七秀、少林、明教、丐帮、长歌、苍云、五毒、唐门、霸刀），每个门派都具有其独特的标志。由于"天策正太"推出时引起了较大的反响，非常受玩家欢迎，所以本章以剑网3天策正太宣传视频《少年无缰》为例，分析在新媒体环境下其广告的具体内容及核心竞争力，对推进新媒体广告行业未来发展阐发了可供借鉴的建议。

## 一、游戏背景

2015年4月20日，"侠义乾坤"广告资料片正式公测。从此，天策正太进入了玩家的视野。在游戏中，常用"东都之狼"来形容天策。在天策正太推出后，玩家都亲切地称呼其为"小狼崽"。与一般游戏的宣传方式不同，针对天策正太，最亮眼的莫过于其广告视频《少年无缰》。由于该视频引发了广大玩家对天策正太的喜爱，使得其角色的玩家数量急剧上升，所以被玩家戏称为"天策府招生办的阴谋"。

### （一）渊源

游戏的时代背景设立于唐朝历史，即公元745年，也就是大唐天宝四年。这一年的八月，杨玉环被正式册封为杨贵妃，开始了她长达十年的受宠生涯。也就在这一年，安禄山奉诏入朝见圣，长安的繁华再次挑动起他的野心。但是，天策府却带给他无尽的震撼，他从未想过大唐还有如此强劲的部队。为了达成自己的目的，安禄山一方面劝说杨国忠扶植神策军来打压天策，另一方面开始暗暗筹办自己的军队——狼牙军。同时，震慑安禄山的还有整个中原武林的气势。见识过藏剑山庄名剑大会的安禄山，知道如果想真正入主中原，那么势必要解决中原武林势力这一心腹大患。就在此时，一个神秘人走进了安禄山的阵营之中。而剑网3的故事，也正是从这一年开始。

天策坐落在洛阳的天策府，是李世民还在做秦王时就设立的组织，后随李世民称帝成为秘密机关，负责江湖事宜。虽然经过武周一代的极力打压，天策府还是成为大唐王朝在江湖上的一支秘密代表。例如，明教势力的日益扩张早就被朝廷发觉。玄宗上台之后立刻颁布了"破立令"，宣布明教为非法，造成了明教与天策的冲突。后者在光明寺事件爆发后迅速突击了前者的高层聚集地。明教四大法王被击杀，教内损失惨重，仅以教主一人幸免，而不得已西迁。自此之后，天策府"东都之狼"的外号不胫而走。

### （二）天策

天策建于太宗李世民之手，人数不多，但个个都是精兵。在这些男儿好汉眼里，大丈夫就该精忠报国，"苟利国家，不求富贵"。他们不愿过多地浪费时间，总要在自己有限的时间里做更多的事。他们行色匆匆似乎总有忙不完的事，接到任务后，就骑上枣红马奔驰而去。在院后，教头带着弟子习武。他们偶尔喝酒，却不会喧哗。站岗的时候一丝不苟，待人处事刚正不阿，仁慈善良。他们身着厚甲重铠，是大唐帝国的最后一道防线。虽然加入江湖多年，但是内部还保持早期天策府的军队编制。在军师、教头的管理级别以下，各类军士一应俱全。他们心中并没有真正意义上的正邪善恶，没什么宗教信仰，他们坚持自己的信念，那就是一切以李唐王朝为本。

天策府是大唐统管江湖事务的部队。为了维护大唐的安定，他们遇神杀神，遇佛杀佛。即使身陷入万劫不复，也在所不惜。天策门派不同于其他门派，从不强调招式或原则。天策武功往往是直接从战斗搏击演化而来，实用性极强，招招致命，再配合天策府独有的兵书阵法，进退自如，威力惊人，霸道无比。作为唯一的迅速作战门派，天策招式勇猛、激烈，就如同小说中英勇的护国将军。但在此之前，天策并没有正太的身影。

## 二、广告内容

广告视频的编辑采用剑网3的内容，完美还原了游戏画面。换句话说，就是"实装"。通过视频，就可以知道天策正太在游戏中具体是什么样子，而不是以一种虚拟的形式存在，以供观看者"画饼充饥"。正是因为这种真实的感觉，让众多观众在弹幕中就已经表示想要玩这个角色了。广告视频可简单分为两个部分：第一部分是剧情，辅以不同的背景音乐，讲述了"小狼崽"顾小骏在军中通过自己的不断努力，逐渐强大起来，最终成为将军的故事；第二部分是在视频最后展示视频制作人名单时，播放一段由玩家制作的天策正太和天策萝莉的MMD（全称为Miku Miku Dance，是一个免费的动画程序，让用户动画和制作3D动画电影，最初是为Vocaloid角色Hatsune Miku制作的），其一改先前剧情中热血的形象，灵活展现出两个活泼的"熊孩子"，萌趣十足。

# 第十九章　剑侠情缘：天策正太，少年无缰

## （一）故事剧情

### 1. 故事内容

如图 19-1 所示，曹雪阳将军在巡夜的路上偶遇一个哭泣的小男孩，一问得知他是新兵顾小骏。由此，将军便问及其哭泣的缘由。顾小骏哽咽着说，"我们教官令我返家"。

图 19-1　《少年无缰》广告镜头之一

资料来源：http://www.bilibili.com/video/av2239922/.

如图 19-2 所示，教官说："在我天策府，须知晓两点：第一，任何原因都不会成为对你特殊优待的借口；第二，天策军中全军精锐，决不允许拖后腿的人存在。一个真正的战士，必须拥有一匹属于自己的战马。在战场上，它会与你起居为伴，它就是你的第二条性命，是你兄弟一般的伴侣。"然而，顾小骏的年龄太小、经验也不足，其拉弓也拉不动，连小马都不听他使唤。

"所以，你想放弃吗？"曹雪阳将军问道。"我也不知道，可大家似乎都不喜欢我，连那匹小马都不愿意接受我"，顾小骏回答道。"我听说，你将来想成为李承恩统领那样伟大的将军？"曹雪阳将军又问道。"可如今看来，我根本做不到，我太没用"，顾小骏沮丧地摇了摇头。"你知道天策府最让人着迷的地方是哪里吗？"曹雪阳将军继续问道。

图 19-2 《少年无缰》广告镜头之二

资料来源：http://www.bilibili.com/video/av2239922/.

于是，曹雪阳将军就给他讲述了自己来到天策府的经历。原来，将军是关西镖局老镖师的女儿。关西镖局经常在关外押镖，每天过的是刀口舔血的日子。曹雪阳打小就没了母亲，自幼就随着曹老镖师行走江湖，十八般武艺样样精通。曹老镖师有一次押镖经过龙门荒漠，遭遇了一伙石驼帮马贼。虽然曹镖师武艺高强，但无奈寡不敌众，镖师们一个个倒下。那个时候，曹雪阳还是小丫头。依仗着家传的轻功，与马贼游斗，但却体力不支，眼看着曹雪阳就要命丧马贼刀下，曹老镖师扑了上来，用自己的身躯护住了女儿。曹雪阳看到自己的父亲倒在血泊中，但面目狰狞的马贼又围了上来，便举起了手里的刀，想横刀自刎，以免受这帮禽兽的侮辱，如图 19-3 所示。

正当她绝望地闭上眼睛时，却听到了一阵急促的马蹄声，踏破了滚滚黄沙。一支精悍的骑兵从黄沙中冲了出来，将马贼们杀得七零八落。为首的将军头戴金冠，一双雪亮的眼睛，不怒自威。他扫视着地上镖师们的尸体，皱了皱眉，一抖猩红的披风并说道，"一个不留，杀！"。骑兵们面无表情，举起长刀，策马奔突，将一个个逃跑的马贼屠戮殆尽。曹姑娘抬起头来，透过迷乱的风沙，她看到一面血红的大旗，上面有三个字迎风招展，即天策府。而率领这队大唐铁骑的将军，正是天策府的统领——李承恩。"当我第一眼看到那面旗帜和那些身影的时候，我看到了我的宿命。那时，我是一个小女孩儿，所有人都反对我从军。李承恩将军说过，你是谁不重要，重要的是你想成为什么。在天策府，你就要成为狼。你无须在意别人的看法。即便你只是个狼崽,也要是个能把敌人撕碎的狼崽",如图 19-4 所示。

图 19-3 《少年无缰》广告镜头之三

资料来源:http://www.bilibili.com/video/av2239922/.

图 19-4 《少年无缰》广告镜头之四

资料来源:http://www.bilibili.com/video/av2239922/.

从那一刻起,曹雪阳心中就认定了李大将军是她的救命恩人。她拒绝了李将军将她带往长安妥善安置的建议,执意要追随他返回洛阳,李大将军奈何不得,只能将她带回天策府,命她暂时女扮男装,权且作为自己帐下的一名小兵。殊不知这名小兵，却在后来出征西域的战斗中屡立奇功。凭借着出神入化的身手，曹雪阳乔装数次进入敌营。于睡梦中，取敌酋首级，令敌军闻风丧胆，都知道唐军中有一名善于潜伏的女杀手，不禁人人自危，军心涣散。曹雪阳的扰敌行动，有力地配合着天策军的正面进攻，使得唐军很快地平定了西域的叛乱。

李将军班师回朝，向皇帝如实禀报曹雪阳的经历。皇帝勤政开明，非但没有因曹雪阳是女子而动怒，反而龙心大悦，于金殿前，亲自召见曹雪阳，当面奖赏于她，称其为"奇女子"。以一介女子取敌酋首级，扬我大唐天威于异域，特命册封曹雪阳为"宣威将军"。

"顾小骏，每个人的宿命都是自己的选择，只需听从自身心底那个最真实的声音便可"。在曹雪阳将军的激励下，顾小骏开始勤加练习。跑步追不上别人，他就刻苦训练。无论黑夜，还是雨天，他从不懈怠，最终渐渐赶超了队友。马匹不听使唤，他一次次尝试。从马身上摔下无数次后，最终驯服了自己的马。无论枪法、剑术，他都不断突破自己。最后，得到了教官，甚至李承恩将军的认可。这一天，天策将士迎来了一次实战演习。出于安全考虑，顾小骏被教官安排留守驻地。顾小骏不满，便偷偷溜去前线。在路上，却遇到了山贼。顾小骏以一敌多，情况非常危急。在危险时刻，顾小骏一手养大的马（狗蛋）挺身而出，为他挡下了致命的一箭，缓解了危机。终于，等来了听到动静前来援助的天策府其他将士。这时，画面转换，顾小骏已经长大成为一名英勇的天策将军。"顾将军，然后呢？你被打了吗？你被处罚了吗？那狗蛋死了吗？"天策府的小兵们叽叽喳喳地问着，如图19-5所示。

顾小骏摇了摇头说："这些都不是重点，你们这帮小鬼给我记住了，到了战场上，你们的一举一动，关系到的不只是自己的性命，更是整个队伍的成败。尤其是在遭遇强敌之时，你们必须……"话没说完，顾小骏听到身后传来很大的动静，转头一看，不知道什么时候出现的一帮山贼竟已被几个小鬼轻松搞定。顾小骏无奈地叹了口气，身边的狗蛋上前用鼻子碰了碰他。一人一马，慢慢地走回了营地，如图19-6所示。

第十九章　剑侠情缘：天策正太，少年无缰

图19-5　《少年无缰》广告镜头之五

资料来源：http://www.bilibili.com/video/av2239922/.

图19-6　《少年无缰》广告镜头之六

资料来源：http://www.bilibili.com/video/av2239922/.

从该广告宣传视频可以看出，剑网3的策划团队对于游戏角色有着精准的定位。正如最初设定的天策门派，在玩家心中就是英勇无畏的大将军形象，即壮志、热血和忠诚，但从来没有人想过将军小时候的样子。顾小

383

骏形象符合大多数孩子的相貌,却也有着天策特有的韧劲、不服输等精神,可谓既符合角色设定,又迎合玩家喜好。既有熊孩子的形象,又能满足大多数网游玩家的热血中二心理,一举四得。玩家们对该形象的反响非常好。后来,天策的玩家都将天策正太亲热地称呼为"儿子"。其他门派的玩家也纷纷称呼其为"狼崽子"。

2. 插曲赏析

如图19-7所示,《勇者无疆》,原曲:*Immortals*,填词:喵草鞋,演唱:NL不分,海报:大梦不醒空一筋。这首歌的原曲是当时热播的动画电影《超能陆战队》的主题曲*Immortals*。在选曲方面,制作方可以说是在蹭《超能陆战队》的热度,用大家耳熟能详、朗朗上口的旋律,引起大家的认同感,提高受众的接受度。在填词方面,歌词的风格依然保持了天策门派在玩家心中英姿飒爽的形象。同时,也符合剧情中"小狼崽",通过自己的不懈努力,最终成为一名优秀将军的情节。正是顾小骏"相信军魂不朽",才能"炼就勇者无疆"。互联网资讯的发展,使各种新媒体广告的数量不断增长。

图19-7 《勇者无疆》歌曲

## 第十九章　剑侠情缘：天策正太，少年无缰

"谁说弱者无英雄，戎装在身是我，长枪指向的前方，追寻强者之光；热血燃烧我，炼就勇者无疆，与你并肩沙场，共享无上荣光。天戴其苍地履其黄，纵有千古横有八荒，谁说弱者无英雄！少年自当强。我相信军魂不朽！不朽！谁说弱者无英雄，一身是胆好儿郎，东都之狼战八方，炼就我勇者无疆。我坚信军魂不朽！军魂不朽！军魂不朽！少年英雄，龙啸青阳裂苍穹。宣威天下封侯，匹马一麾心无缰，并肩战尽狂沙，驱羊战狼又何妨。傲骨啸如虎，炼就勇者无疆，奔雷枪闯天下。天戴其苍地履其黄，纵有千古横有八荒，勇者无疆踏北邙！少年自当强。我相信军魂不朽！不朽！谁说弱者无英雄，一身是胆好儿郎，东都之狼战八方，炼就我勇者无疆。我坚信军魂不朽！军魂不朽！不朽！一身是胆好儿郎，东都之狼战八方，我坚信军魂不朽！不朽！炼就我勇者无疆，我坚信军魂不朽！军魂不朽！军魂不朽！少年英雄，不朽！"。

想要脱颖而出，明星广告策略是一种立竿见影的选择。消费者能凭借自身对明星的好感，去主动理解产品信息，并做出快速的市场反应。目标消费群体很容易在崇拜的明星暗示或说服下去尝试产品。歌曲的演唱者是 NL 不分。由于剑网 3 的主要受众是爱动漫同人文化的"90 后"大学生。在这个圈子里，NL 不分可以说是明星。他演唱过很多类似歌曲，并受到了广泛的好评，很受玩家们熟知和喜爱。很多人可能并不知道天策正太，甚至不知道剑网 3，但这首歌引起了人家对该两者的兴趣，这也是吸引玩家的重要途径。

### 3. 片尾歌曲

在歌词及海报中，萝莉和正太交替出现，可以说是直接把剑网 3 和"萌宅基腐"文化，在血缘上建立了联系。大部分的传统网游玩家都不是宅圈人士。虽然屌丝土豪、三线城市网吧青年、杀马特乡非的需求天天被提起，但从来没有一款游戏真正地去和宅腐人士对接。因此，剑网 3 的广告视频，直接吸引了宅腐人士，并激活了玩家中潜在的宅腐创作欲望，而其才是同人创作的主力军。这是很多网游都不屑于做的事情。也可以说，国内大部分网游团队，都没考虑过宅腐玩家的需求，剑网 3 却成了满足该

需求的不二产品,如图19-8所示。

图19-8 《小孩儿难当》歌曲

[萝莉]:"快点!你跑快点啊!"[正太]:"等等我!我裤子还没穿呢!"[正太]:"翻过高山,越过崇岭,走过了洛阳,为了能够拜入天策,成为东都狼(嗷呜~)",[萝莉]:"笨蛋!是儿郎的郎!挥拳踢腿后空翻,练字读书忙",[萝莉]:"你这算好,师父给我脏衣服一缸,唉~、(╯▽╰)╭,他叉腰大声笑,粗活有人干",[正太]:"以后家务归你,不怕衣服脏"。[萝莉]:"一个饭碗,两个饭碗,一叠饭碗,何时洗完?"[正太]:"一匹大马,两匹大马,刷完马场,全都跑光,师父交代,马匹饿了,要我挖马草。"[萝莉]:"偷偷地溜进马厩,他去拔马毛",[正太]:"教官胡子气没了,贴马尾刚好",[粗汉教官]:"去那边罚站"。[正太]:"说破师兄心事,就被马鞭敲",[萝莉]:"谎话有错,实话不说,憋在心底,只能傻笑",[正太]:"不许大喊,不准大叫,学那雕像,脸都僵掉",[萝莉]:"我很努力了!"[正太]:"现在虽然,还没枪高,可我还会长",[萝莉]:"其实我是好心,不是要捣乱"。[正太]:"不要一看见我,就头痛心烦",[萝莉]:"师父是忙,还是不管,我的努力,想要你看",[成

男师父]:"为师知道,徒儿别慌,你很上进,没帮倒忙"。[正太]:"没师姐高,没师兄壮,不会讨好,该怎么办?"[成女师父]:"为师抱抱,再举高高,你最贴心,奖一颗糖"。[小孩儿齐]:"啦啦啦~,小孩难当,啦啦啦~,师父你看,啦啦啦~,我会很棒,啦啦啦~,长大不难"。

### (二)MMD 制作

值得一提的是,这首歌的制作成员并不是来自官方制作团队,而是剑网3玩家。从歌曲制作、角色配音、MMD制作,所有人员都是玩家圈子里所熟悉和喜爱的人。这就是关乎剑网3整个游戏成功的关键,即同人文化。如图19-9所示,虽然不知道剑网3官方对这种同人创作的风潮是有意设计,还是无意收获,反正当发现这种效应的威力时,剑网3官方就进行了十分恰当的利用。其中之一就是,有爱同人秀的微博账号。

图 19-9　收集和转发在微博上粉丝创作的作品

该账号就是负责收集和转发在微博粉丝创作的作品。借官方广告宣传的影响力，粉丝自己的作品会很容易扩散到整个该文化圈里。因此，就会收获成就感，并大大激励了粉丝创作的热情。而官方也借此收获了数不尽的、免费的转发量。何乐而不为呢？另外，剑网3官方也举办了不少COS角色扮演、原创歌曲的征集活动，还有签约优秀同人画手，让他们设计周边产品等。这些都带动了玩家的创作热情。如图19-10所示，从图中可以明显看出剑网3的微博影响力。

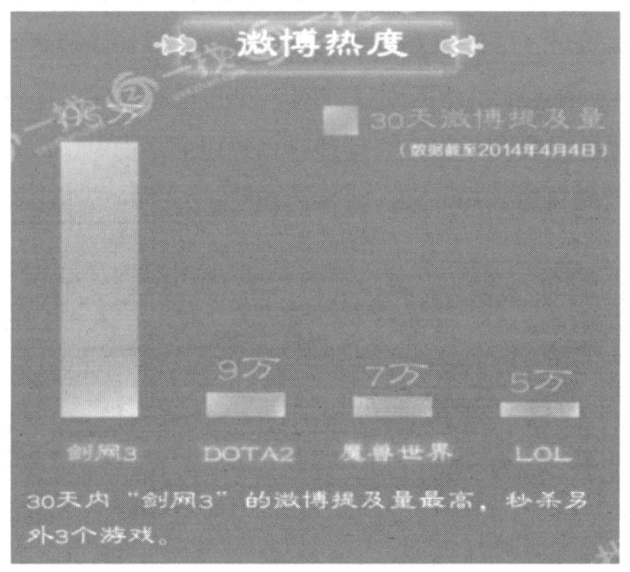

图19-10　剑网3的微博影响力

有网友评论道，"我明明不玩剑网3，但其每个新版本我都知道。每次出新装备我也都知道，有什么动静我全知道，喵了个咪呀！"如图19-11所示，宅腐人士是剑网3玩家群体中不可忽视的网络力量。

由此可知，该广告视频先是由高品质的制作质量来吸引高素质的玩家，然后对流行元素的精准把握，引爆了同人作者的创作热情，最后是剑网3官方及时合理的引导，造就了其粉丝同人生态圈。其最重要的不是网络游戏本身的沉浸式体验或媒介功能，而是网络游戏玩家们最终创造了一个与日常生活紧密相伴的空间。这个空间看似虚拟，却又紧密嵌入在日常生活之中，与玩家个体真实的日常生活紧密依存，互为镜像，甚至无法区分现实与虚拟的截然界限,而且都是广告对象群体生活中不可剥离的部分。该系列的界面符号,既是真实的代码序列,又有无穷的虚拟意义。从这个意义上讲,其构建的是当代青年群体的全球化数字生活场景。

图 19-11　剑网 3 的微博回复

## 三、广告营销

在很多情况下,消费者购买和使用商品,是为了追求一种情感上的满足,或自我形象的展现。当某种商品能够满足消费者的某些心理需要或能充分表现其自我形象时,那么在消费者心目中的价值会远远超出商品本身的使用价值。也正因为这样,情感诉求广告在现代社会得以诞生。在今天,更是得以蓬勃发展。因此,情感广告是诉诸消费者的情绪或情感反应,传达商品带给他们的附加值或情绪上的满足,使消费者形成积极的品牌态度。情感广告的说服作用具体就体现在,积极性的情感反应会导致对广告中特定商标(产品)的积极态度。也就是说,一则令人兴奋或充满亲切感的广告会使受众对该广告的产品产生好感。

如图 19-12 所示，情感的作用可以转化到使用的体验上。具体来说，人们感受到广告中主人公使用特定商标所产生的积极情感，并通过该广告所产生的同感就有可能变为实际的体验。这还可以做以下解释：该广告可能促进有关过去经验的回忆和引起有关该情感新的想象。实际上，这种想象又给该广告中的景象添加了新的细节。

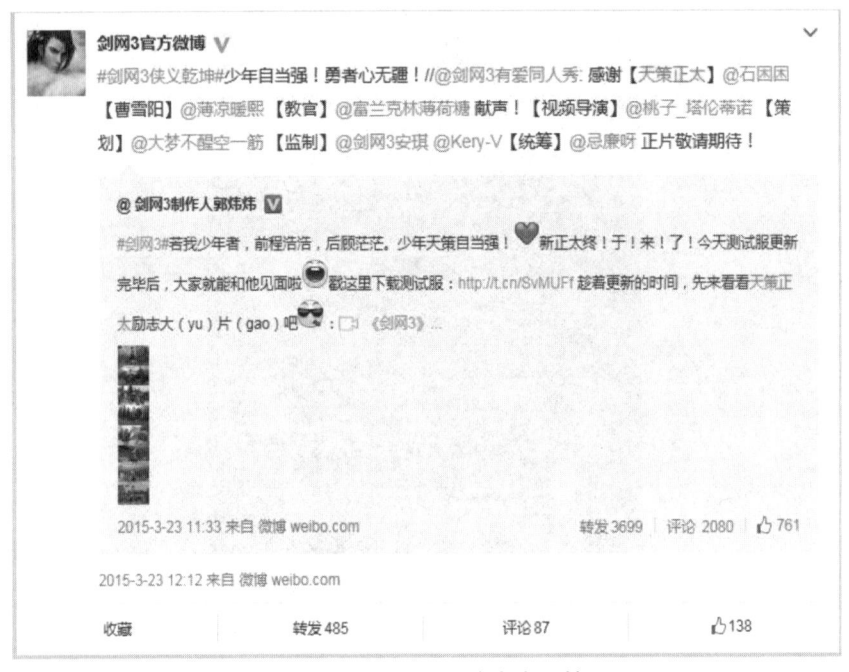

图 19-12　剑网 3 的官方微博

在网游虚拟世界中，虚拟亚文化族群的创造力，突破了主流意识形态的束缚，并得到了暂时的解放。一切传统的、合乎社会规范的行为话语，随时面临着颠覆与解构。虚拟亚文化族群娱乐化的表达方式，将传统亚文化所具有的抵抗色彩弱化。这种"为娱乐而娱乐"的颠覆与狂欢，成为虚拟世界中亚文化发展的新特点。同时，网游玩家的文化表达，与大众狂欢在很多时候都只发生于网游世界，即相对封闭的虚拟空间之内。他们内向的群体文化表达，缺少了反叛性与抵抗性，甚至成为一种"身份政治的自恋式表演"。如图 19-13 所示，剑网 3 具有很好的微博热度。所以，其微博都对此展开了宣传，并获得了不错的反响。

图 19-13　剑网 3 官方的微博回复

## 四、传播效果

随着数字技术的快速进步，因特网、移动电视、移动通信等产业蓬勃发展，使得信息传播方式也发生了革命性的变化。由此，引发了广告业运营也快速进入了一个新时代。从美国等发达国家的广告产业发展历程来看，新媒体时代的到来是一种历史必然。该趋势在我国已初见端倪。其主要表现是广告投于新媒体中的份额迅速增长。我国很多企业和广告公司虽已对此高度关注，也在精心谋略，但新媒体毕竟是全新事物，人们对其认识和运用尚处于从"必然王国"走向"自由王国"的起始阶段。广告创作表现手段的新变化，包括制作手段采用数字技术等，给广告创作带来极大影响。传统广告形式都会产生新的变化，如植入式广告、影视角色嫁接广告等诸多新型的表现形式。

新媒体是一个宽泛的概念,即是利用数字技术、网络技术,通过互联网、宽带局域网、无线通信网、卫星等渠道,以及电脑、手机、数字电视机等终端,向用户提供信息和娱乐服务的传播形态。严格地说,新媒体应称为数字化媒体。还有学者把其定义为"互动式数字化复合媒体",或形象地称其为"第五媒体"。该广告视频是由"剑网3官方视频"首发在哔哩哔哩弹幕网上的。

如图19-14所示,截至目前,带有《少年无缰》剧情的广告视频获得了15.9万的播放量、4729条弹幕、硬币702个和6065个收藏量(数据仍在不断上涨中)。

图19-14　剑网3《少年无缰》歌曲播放量

如图19-15所示,在《少年无缰》中,改编自 Immortals 的歌曲《勇者无疆》,也被剑网3官方人员上传至网络,获得了高于剧情版的27.3万的播放量、3973条弹幕、1717个硬币和9098的收藏量,甚至其在最高时达到了全站日排名的第23位。而且,该名次还在不断上涨。但对于一个网络游戏新角色的广告宣传视频而言,已是很不错的成绩了。

图19-15　剑网3《勇者无疆》歌曲播放量

玩家喜欢的同人文化形式主要是歌曲和视频。在《少年无缰》宣传片中,都统统包括了(如图19-16所示)。天策正太推出时间是在2015年4月20日。2015年,金山年度财报显示,来自网络游戏业务的收入为13.688亿元,较2014年同期增长9%。其主要由于推出系列资料片,以及用户基础扩充,令剑网3实现增长。而且,剑网3已连续6年创造佳绩,临近4年的复合增长率超过55%,即远超中国MMORPG(大型多人在线角色扮演游戏)市场的平均增速。

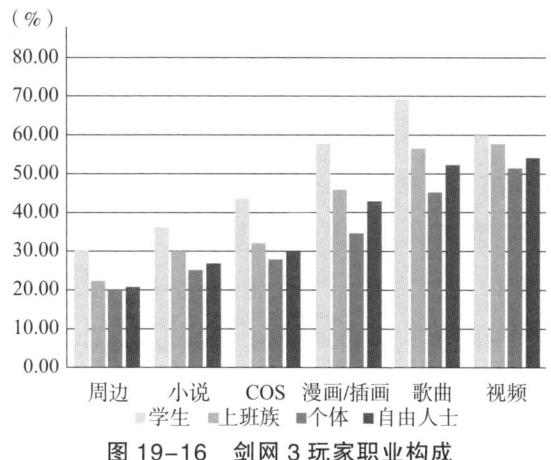

图 19-16　剑网 3 玩家职业构成

金山软件 CEO 张宏江表示，2015 年第二季度收益创历史新高。具体来说，在网游业务方面，2015 年上半年，收益为 6.23 亿元，同比增长 3%。其主要受益于剑网 3 的收益稳定增长和手游收入的突破。剑网 3 通过每年提供数款创新数据片，继续扩张游戏玩家人数。

从玩家进入原因的层面来分析，同人、画面和社交是玩家选择该款游戏的主要原因。并且，在女性玩家中，同人文化越来越有吸引力。2015 年第二季度，金山软件收益创新高，与剑网 3 推出新的资料片，包括天策正太在内，都是密不可分的。天策正太广告视频的推出，扩张了游戏玩家数量，带动了金山软件中网络游戏业务的盈利，如图 19-17 所示。

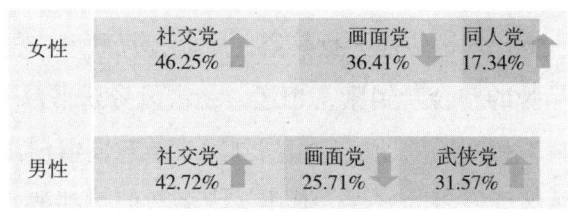

图 19-17　剑网 3 玩家结构

## 五、环境分析

根据中国广告协会互动网络分会的统计数据，2010 年中国互联网广告经营额达到 183 亿元。根据互联网数据中心（DCC）发布的《中国互联网市场数据报告》，2011年互联网广告市场规模为331亿元，2012年为462亿元。根据艾瑞咨询统计，2013年中国互联网广告市场规模达1100亿元，同比增长46.1%。2014年，中国经济进入结构调整阶段，但是互联网广告发展仍然势头强劲，市场规模达1540亿元，同比增长40.0%。其与"互联网+"的大环境有很大关系。

截至2015年12月，中国网站总数为423万个，年增长率达到26.3%。同时，中国网页数量首次突破2000亿次（中国互联网络信息中心《第37次中国互联网络发展状况统计报告》）。普华永道于香港发布《2016—2020年全球娱乐及传媒展望》，随着网络覆盖率的提高，以及付费搜寻广告的持续增长，全球互联网广告收入2015年首次超越电视广告收入，而中国互联网广告收入排名全球第二，达232亿美元，仅次于美国成为世界第二大互联网广告市场。

### （一）大环境分析

移动互联缩短了信息传播路径，媒体边际越来越模糊，自媒体商业价值显现，广告受众越来越小众，数据洞察、数据智能等成为互联网广告精准营销的驱动力。互联网广告必须更加追求目标营销，注重品牌宣传，并力求信息可以完全针对目标受众的特定需要和愿望来设计。

#### 1. 整合营销普遍化

时至今日，整合营销传播大行其道。所以，互联网广告已不单纯是广告宣传，更与品牌的整合营销紧密相连。在古风音乐平台5sing上，有很多和《勇者无疆》相同的歌曲，是根据剑网3游戏剧情创作的。许多一经推出，就受到古风爱好者的好评。其中，大多数曲目都被多次翻唱。这些歌曲采用了笛子、琵琶、古筝、二胡等传统乐器，配合典雅的古典风格填词，讲述了江湖儿女的侠骨丹心、爱恨情仇，深受玩家喜爱。剑网3官方微博经常会举办周边音乐比赛，鼓励古风音乐高手积极创作与游戏有关的歌曲。由此，在歌曲的发布、点评、下载过程中，又对西山居游戏的情节、人物和理念起到很好的广告宣传作用。

互联网广告不仅可以促进销售，塑造品牌形象，还可以进行信息修整。其双向互动性更大大提高了消费者的参与度。正因如此，在广告作品同质化程度高的今天，充分了解消费者的个性化精神需求和审美习惯，通过对游戏情节的微表达，不仅可以实现对互联网广告的深耕细作，收到良好的广告效果，还可以引发观众对游戏文化的认同感，取得意想不到的社会效益。由此，很多人开始了解该款游戏，也使很多老玩家开始玩这个新推出的角色，提升了玩家对游戏的热情，使一些开始厌倦该游戏的老玩家又对其重新产生兴趣。

### 2. 泛娱乐与碎片化

随着数字信息技术的进步，互联网的普及和高速发展，以及"泛娱乐"概念的提出和被业界认可、重视，以动漫文化、电子游戏等领域为代表的相关产业成为"朝阳产业"，并展现出了其蓬勃的生命力和巨大的商业价值。由于动漫、电游等作品并不具备严格意义上的"实体"价值，仅通过互联网来快速传播。而用户则通过消耗自己的时间，从作品中获得精神层面的愉悦体验。因此，动漫、电游等作品间也存在竞争关系。本质上来讲，可以理解为是对"用户的时间"的竞争。而用户的时间，又是一种有限的资源。因此，对于动漫、电游等作品来说，其"质量"的重要性远大于"数量"。如此一来，提高作品质量就显得非常重要了。

近年来，人们用来休闲娱乐的时间，在整体上呈现越来越碎片化的趋势。在此前提下，"接受、了解并喜欢一个新题材和新设定"，对于动漫游戏爱好者们来说，会渐渐变得困难起来。在他们看来，新的故事发生在自己所熟悉的时空中。自己所喜爱的人物角色，也会参与到新的故事中来。这样，似乎比开启一个崭新的，包括并不熟悉的时空架构，或完全陌生的人物角色，或玄幻未知的故事篇章等，更乐于接受。当然，如果作品的人物设定、时空概念、价值取向等方面都比较平庸，必然会更难以持续地吸引用户。那么，自然也就难以维持作品的热度和活力。因此，长时间维持一部作品的热度和活力，即增加作品的寿命和保质期，也算是品鉴作品质量的一项重要标准。

### 3. 新媒体的优劣势

近些年，以数字技术和双向互动为特征的新媒体，已深入社会生活的各方面。新媒体广告也以火爆之势迅猛发展。其占有的广告份额逐年递增，正蚕食着原先由电视、报刊、广播等传统媒体把持的广告阵地。尽管其占广告投入额的比重还远低于传统媒体广告，但增速惊人，以至有人为此惊呼"新媒体广告时代已到来"。互联网媒体高速发展，广告产品快速升级，销售模式不断创新。作为新媒体中的龙头老大，互联网已连续8年保持高速增长。根据中国传媒大学广告主研究所统计，中国网络营销市场规模自2001年开始，便呈现高速增长态势，其年增长率最高超过100%，速度远快于传统媒体，而其市场规模在整个广告市场的比重也逐年上升。根据艾瑞市场咨询的数据，2010年，中国互联网广告占整体广告市场的比重不断接近美国，达到10.5%。

（1）新媒体广告优势

与传统媒体相比，新媒体的突出优势是：可以承载传统的各种信息形式，同时与受众具有互动性。面对新媒体，受众的选择性也大大增加。此外，新媒体广告的优势体现在它的参与性，尤其是在网络电视和手机电视媒体上，各类广告视频可以充分调动受众的积极性，实现了一对一的传播模式，让受众在这种互动体验中获得更深刻的品牌认知。

（2）新媒体广告劣势

目前，传统媒体几乎都受政府部门运营限制，其对传统广告时长也有严格的管理与监督，具有强制性的特点。而新媒体的投资与经营单位五花八门，而且以民营居多。其属于新生事物，尚未形成行业垄断，而且政府管理也相对薄弱，行业自律缺失。所以，若任由其高速发展，必然也会出现各种问题。

### （二）竞争优势

#### 1. 故事性

在游戏中，玩家处于什么样的故事背景下，对于一款MMORPG游戏来说，比较重要。就算自由度如EVE般的游戏，也需要一个翔实的游戏背景来支撑。剑网 3 在这方面其实有着先天的优势，即剑侠情缘系列从 1990 年开始就在中国发行。整个故事背景横跨了唐宋两个朝代，在人物塑造上也非常成熟。玩家在有丰富情感的故事背景下成长，是一个非常好的体验。在小说剧情中，联系游戏角色，更加让玩家对整个剑网 3 的世界充满好感，有着强烈的代入感。王遗风、慕容追风等传奇性的人物，就像武侠小说中的主角一样，在玩家中有着很高的被选率。由此，剑网 3 充分利用了该点。在塑造世界观上，剑网 3 成功地将一个江湖放到了玩家面前。《少年无缰》就是一个剧情性很强的广告视频，而且其与整个游戏故事没有发生冲突，并完美地融合在了一起。

### 2. 真实性

剑网 3 对于人物和场景的细节刻画做得非常到位。物理引擎的加入，令细节上的处理更加真实。人物头发和衣服随风摆动，都是细节上下的功夫。轻功系统在剑网 3 运营的前三年有很多大的改动。现在的轻功系统是最接近玩家想要的那种"飞檐走壁，登萍渡水"的感觉。这也与物理引擎有关。因为在场景中，有了重力的概念。还有生活技能、驯养等玩法，就不一一列举。总的来说，在真实性上，剑网 3 做得令人称赞。如图 19-18 所示，《少年无缰》广告视频的画面，完全来自游戏。由此，可以切实地感受到其精致的、真实的画面，对观众的吸引力很强。

**图 19-18　《少年无缰》完全来自游戏画面**

3. 互动性

剑网 3 从角色成长开始就提醒玩家，结交江湖上的友人对角色非常重要，这也是该游戏的核心价值。玩家能在各种任务、比赛等活动中认识许多其他玩家，这也让玩家彼此之间有了继续玩下去的理由，也是游戏生命力强的体现。而且，剑侠情缘中的主题就是情缘。另外，剑网 3 是按时间收费的游戏，其好处就是所有玩家的起点都一样。各门派之间的区别主要是轻功等技能的特殊，没有哪个门派是不重要的。

## 六、经验启示

### （一）行业刺激广告策划

近年来，国内动漫、电游产业都处于高速发展阶段。由于都是新兴产业，并无太多有价值的、成功的先例可供参考。因此，在产业发展阶段，应通过其他有效的方式来规避风险，保障回报机制。例如，该则广告体现出的刺激同人圈进行二次创作。这种方式应是比较有效且无明显负面作用的模式。至少在现阶段，还可以在可控范围内灵活使用。到目前为止，在动漫、电游产业中，尚无非常成熟的理论体系支持，但也并不奇怪。因为其在本质上都是以创意为根基，就如同一棵不断生长的参天大树，旧叶落，新叶生，不断地创新和探索。新理论、新模式取代旧的，恰恰是行业快速发展的体现。

游戏原创的各种元素也十分精彩。例如，玩家可选择风格迥异的各门派，能全方位满足其不同的价值取向和审美需求。各门派的许多 NPC 角色，也都被塑造得鲜活丰满、富有魅力。众多角色之间的各种互动，更是为同人圈的二次创作提供了取之不尽的素材。此类情况，不胜枚举。由此可以说，《剑侠情缘网络版 3》游戏广告在策划初期就完全抛弃了为同人圈和爱好者们提供二次创作的机会，那么该款游戏也不会拥有现在的人气和忠实的玩家，以及无数的同人作品。

在该游戏的时间轴上，老人们见证并经历过前隋覆灭、玄武门之变、玄奘西行、贞观之治、武后当政等重大历史事件，而年轻人即将迎来安史之乱、元和中兴等动荡时局。该时代会聚着李白、杜甫、僧一行、孙思邈、颜真卿、王积薪、李隆基、杨玉环、杨国忠、安禄山、郭子仪等众多著名历史人物。同时，吕洞宾等虚构的神话人物也出现在剧情中。巧妙的故事编辑，使上述人物都或多或少地参与到了故事的主线或支线中来，并留下了大量可供想象填充的空间，来吸引玩家及中国历史迷、中国传统文化爱好者们的参与，再任由其进行二次创作。

## （二）新媒体广告的未来

新媒体广告在中国方兴未艾，其发展过程中鱼龙混杂、泥沙俱下也是在所难免。在应对全球性金融风暴、千方百计扩大内需、积极正确引导消费的时候，更应该做好各类媒体的广告宣传，要立足于"政府主导、立法先行、行业自律、统筹实施"的思路，加强对新媒体广告的引导、规范和监管。作为政府管理部门，应将新媒体广告纳入更为完善的法制与行政管理下，即确立相应法规，明确部门分工，确立各项职能，克服管理疏漏，使其成为有序运转的广告平台。对其他媒体平台，亦应如此。广告经营者也应认清新媒体发展趋势，抓住机遇，清醒应对，适应潮流，迎头赶上。

第一，新媒体广告应认清和明确自己的目标受众，根据其喜好完成广告制作，才更容易引起共鸣、获得认可，从而进一步成功宣传自己的产品，获得欢迎和收益；第二，新媒体广告需要创造话题来引起公众注意和兴趣，从而在信息高度膨胀的互联网时代中脱颖而出，得到较好的传播效果；第三，内容不能局限于受众圈子里，而将其他人拒之千里，在做广告时要对"圈外人"友好，用他们能看懂的方式引起其兴趣，不能自说自话；第四，广告内容要丰富多样化，单纯的故事或歌曲往往显得太过空洞，要将两者结合或加入其他元素，使其整个作品丰富起来，从视觉、听觉、剧情、价值等各方面满足受众需求，强化其对产品的认知；第五，要善于将时下热门内容与广告相结合，通过引入热门话题的方式提高广告被播放的次数，并被更多原来距产品较远的用户接触到，从而获得认可和收益。

**思考题**

1. 根据上述案例,分析剑网 3 是如何自设新媒体展开营销的?
2. 试说明剑网 3 新媒体广告营销策略有哪些?
3. 你认为剑网 3 的新媒体广告营销还需要在哪些方面进行完善?

## 参考文献

[1] 项曦,骆晓.看网络游戏中的中国文学元素——以《剑侠情缘3》为例[J].金田,2013(6).

[2] 王雁飞,朱瑜.广告与消费心理学[M].北京:清华大学出版社,2011.

[3] 刘沐.新媒体广告形态与发展[J].学术论坛,2010(19).

[4] 朱丽丽,徐靓.虚拟亚文化族群的界面文化展演——大型网络游戏玩家的文化消费活动探究[J].界面文化研究,2015(2).

[5] 李楚源,黄佩.特别策划实践推动转型示范引领融合[J].2016(16).

[6] 杨奕彤,陆虹.从剑网 3 解读网络游戏场景设计的中式传统元素[J].现代装饰:理论,2017(2):132-133.

[7] 陈旸英.网络游戏中御宅族的话语互动研究——以《剑侠情缘三》为例[D].南京:南京师范大学,2016.

[8] 西山居剑网 3 项目组.剑网 3 设定集之巴蜀风云[M].北京:人民邮电出版社,2016.

[9] 谢晴.砺剑 6 年 金山游戏发布《剑网 3》[J].新电脑,2009(9):167.

[10] 王丽娟.浅谈网络游戏广告的形式与特点[J].艺术与设计(理论版),2008(2):74-75.

## 第二十章

# Tiffany：真爱永久

Tiffany（蒂芙尼）1838年由查尔斯·刘易斯·蒂芙尼（Charles Lewis Tiffany）在美国纽约第五大道与57街交叉口创办。自创立以来，其一直将设计富有惊世之美的原创作品视为宗旨。Tiffany珠宝能将恋人的心声娓娓道来，其独创的银器、文具和餐具更是令人心驰神往。经典设计让Tiffany的每件作品都可以世代相传，魅力永恒。在漫长的岁月里，Tiffany珠宝世家也成为地位与财富的象征。但是，路易斯·康福特·蒂芙尼有句话说得好：我们靠艺术赚钱，但艺术价值永存。提起Tiffany，人们自然而然地就会想到优雅的奥黛丽·赫本。她美丽的微笑与Tiffany品牌一起，成为人们心目中美丽与经典的象征。回顾Tiffany的历史，却是一个辉煌的美国梦诞生史。如今，Tiffany不仅是世界首屈一指的珠宝商，在纯银器皿、瓷器、水晶和手表等方面的工艺与设计也享誉国际。世界各国博物馆和收藏家，均把Tiffany的大师级作品视为珍藏。

## 一、公司介绍

1837年9月18日，查尔斯·刘易斯·蒂芙尼（Charles Lewis Tiffany）贷款1000美元作为资本，在位于纽约市的百老汇大街259号开设了一家名为Tiffany & Young的文具及日用精品店。开业当天，其营业额仅为4.98美元。至查尔斯·刘易斯·蒂芙尼（Charles Lewis Tiffany）在1902年逝世时，其仅遗留下3500万美元的财产。没有财富是从天而降的。从一个小小的文具精品店，发展到今天世界上最大的珠宝公司，"经典"已成为Tiffany的代名词。因为有太多的人以佩戴Tiffany的首饰为荣，而且其与世界历史共同沉淀而发展至今。1837年9月，"Tiffany"商店创建。其所有商品都用价签标价，不允许顾客讨要折扣。这在当时，算是最新的经销方式。

1851年，Tiffany推出设计精美的银器，而引起广泛关注。此后，其率先使用925银，并后来成为美国银制品的标准。1861年，Tiffany受邀为林肯总统就职典礼设计纪念水罐。当时，林肯送给妻子的一套珍珠首饰也是Tiffany的。此后，其他美国总统和外国元首都争相效仿。在美国内战期间，Tiffany为北方军队提供剑、旗帜和外科手术器械，再后来又为格兰特将军、谢尔曼将军制作过镶嵌宝石的佩剑。1877年，其在南非甘巴利矿石场获得Tiffany之钻，这是全世界最大也是最完美的黄钻石。1878年，查理斯·路易斯·蒂芙尼以18000美元购得这颗重287克拉的钻石。根据Tiffany的传统，在切割时必须借助灵巧的设计工艺，来展现钻石的光芒，而不是保持钻石的大小。所以，这颗黄钻最后被切割成90刻面钻石，重达128克拉，仿佛一团从内向外燃烧的火焰，璀璨夺目。同年，自由女神像运抵纽约，Tiffany特别为此设计了请柬，以纪念当时克里夫兰总统主持的揭幕盛事。

1878年巴黎世界博览会，查理斯·路易斯·蒂芙尼从名不见经传的珠宝商，一夜成名为举世瞩目的设计大师。并且，还出人意料地获得银器设计大奖、珠宝设计金奖等8个奖项。1886年，Tiffany发明了著名的六爪镶嵌法，使其立刻成为订婚钻戒镶嵌的国际标准。即将钻石镶在戒环之上，尽量将钻石承托起来，让光线全方位折射，使美钻尽显璀璨光华。到19世纪末，Tiffany的实力已经与欧洲珠宝商不相上下，它的顾客包括欧洲王室与富豪，创始人查尔斯则被美国媒体称为"钻石之王"。

20世纪初期，Tiffany已经吸引了23个皇族家庭光顾。其中，包括英国维多利亚女王、俄国沙皇、波斯国王、埃及总统、巴西国王，以及意大利、丹麦、比利时及希腊等国家的皇家成员。多年来，为世界所有国家元首设计不同的物品，也成为Tiffany最引以为荣的经历。"二战"期间，

Tiffany 总店搬到了名店云集的纽约第五大道。在战争结束后，该品牌又迎来了一个发展黄金期。1961年，根据楚门·卡波特小说改编，由奥黛丽·赫本主演的《Tiffany 的早餐》风靡全球，成为美国电影中的经典之作。而 Tiffany 在片中出现，令这家世界级珠宝名店的高贵气派传遍全球。1999年，Tiffany 推出了一款独家研发的全新钻石切割及镶嵌法，轰动一时，使其订婚钻戒再次光芒四射。

## 二、广告技巧

### （一）广告内容

#### 1. 真爱故事

如图 20-1 所示，让孩子们谈论爱情，是 Tiffany 真爱故事广告的起点。以小孩开篇，告诉观众其实在高速运转的城市里，可以慢下来仔细听孩子们天真搞怪的想法，内心就会被各种感动充盈和包围。在广告视频中，问什么是真爱，这些 6~7 岁的小孩子们回答道，"爱是亲吻、是内心特殊的感受、是高兴的一天、是比世界上任何人都要爱她、是认为她是世界上最好的人、是认真地看着她的双眼说，请你一定嫁给我"。这些可爱的孩子们，扑闪着纯真的大眼睛，都在认真地说着世界上最美的情感，坐在电脑、手机前的观众，一定会被他们的话语打动，这正是 Tiffany 的品牌理念，即真爱至上。

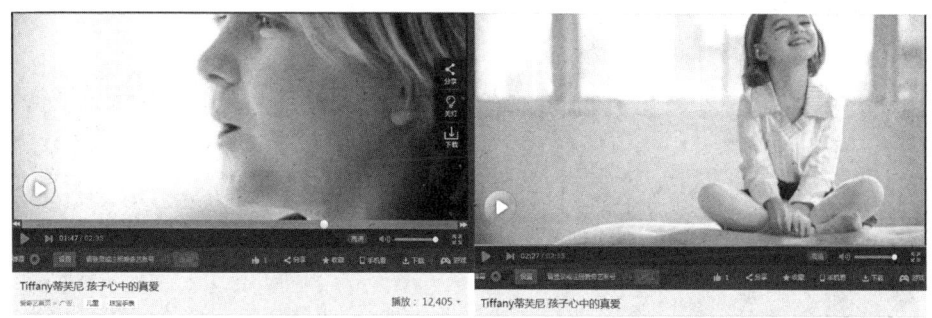

图 20-1　Tiffany 真爱故事广告镜头

资料来源：孩子心中的真爱，http://www.iqiyi.com/w_19rs1c1es9.html。

这段视频在 2013 年播放，仅爱奇艺的点击量就已过万次。这样的广告之所以能打动消费者，一方面，在于孩子们是美好与纯真的象征，其稚嫩可爱，最能触动喧嚣中奔波忙碌的大人，大人们总疲于工作，内心向往更优质、温暖、有品位的生活。另一方面，在商业广告数不胜数的当代，一则没有"广告味"的广告更能触动人心。尤其是 Tiffany，其从来就只做经典的戒指、项链，不随着时尚潮流的改变而转变，唯有触及人类灵魂的美好，才能超越潮流，成为经典，成为永恒。该理念从孩子们口中被还原，会给消费者带来纯真美好的体验。

2. 你愿意吗

如图 20-2、图 20-3 所示，这则广告选择了五对情侣，兼顾不同种族，不同性格，并全面涵盖了各种类型的消费群体。其旨在突出所有人都有爱与被爱的权利，爱应是世界上最纯洁、最珍贵的感情。每一段话都以求婚时的"你愿意吗？"即"Will you"开头，十分煽情，恰到好处，以表现出世界上最动人的情话莫过于此。

（1）你是否愿意知道和你在一起，我总是笑出声的原因不是因为你如此风趣，虽然你的确风趣，而是因为仅仅微笑已经无法表达我的欣喜，你是否愿意和我一起笑到永远，你愿意吗？

图 20-2　Tiffany"你愿意吗"广告镜头之不同性取向

资料来源：http://www.iqiyi.com/w_19rs1c1es9.html。

第二十章　Tiffany：真爱永久

图20-3　Tiffany"你愿意吗"广告镜头之不同种族

资料来源：http://www.iqiyi.com/w_19rs1c1es9.html。

（2）你是否愿意让我做那个和你一起喝波旁威士忌的人，让我和你一起举行美妙的派对，即使我们不邀请其他人，你愿意吗？

（3）你是否愿意知道即使如此完美的戒指，也只有在你的手上闪烁，在你啜饮着茶，拥抱着我们的孩子，打开门走向那个仅仅因为有了你才更加美好到不可思议的世界时，才真正美得让人心动，你愿意吗？

（4）你是否愿意知道即使是在糟糕的日子里，你带给我的快乐也要多过大多数人在美好的日子里带给我的快乐，而只要能和你在一起，我并不介意在此生余下的日子里天天下雨，你愿意吗？

（5）你是否愿意答应我会一直抢着帮我说我没有说完的话，会一直唱着跑调的歌，就像你现在总是做的那样，让今天成为一个永远不会终止的长长的故事的第一句？你愿意吗？

以上五段话，五对情侣，五段生活感悟，细致入微，却足以打动内心。把情感融入广告中，让消费者感受到品牌价值，即真爱至上，这才是该广告最出彩的地方。

3. T系列

如图20-4所示，"当你看向窗外时，你看到了什么？"镜头透过超模

Natalie 演绎的主角可以使观众看到更多美丽的、自由的人们。时尚的潮流会变化，喜欢的事物会变化，这是一个发现自我的旅程。

图 20-4　Tiffany 新秀超模广告镜头之一

资料来源：http://www.iqiyi.com/v_19rR9kbzs8.html#vfrm=2-3-0-1.

如图 20-5 所示，在广告视频中，Natalie 望向窗外的眼神，充满着对未来的迷茫与思考，让看广告的观众不禁跟着她的眼神思考着人生。谈到闪亮、有机会和自由的人时，Natalie 解开了 Tiffany 的绸带。其实，这正是 Tiffany 想要探索和需要的、代表更多机会的、能找到未来的方向，而不再迷茫。Natalie 是 2014 年在 T 台走秀后而名声大噪的，这位 17 岁红头发的女孩，当时惊艳了整个时装舞台。在两年的成长中，她也蜕变得更加成熟，而其模特事业也前途光明。与此同时，她不仅是一位 T 台模特，也是一位滑板高手。所以，吸引了年青一代的喜爱，也帮助 Tiffany 将努力、漂亮的女孩形象根植到潜在的青少年消费者心中。还应注意到的是，在广告中没有出现 Tiffany 标识，其画面以黑白的质感呈现，传达出要不断探索并克服路上的艰辛。当看着周围的大千世界之后，就会找到自我，柳暗花明。

第二十章　Tiffany：真爱永久

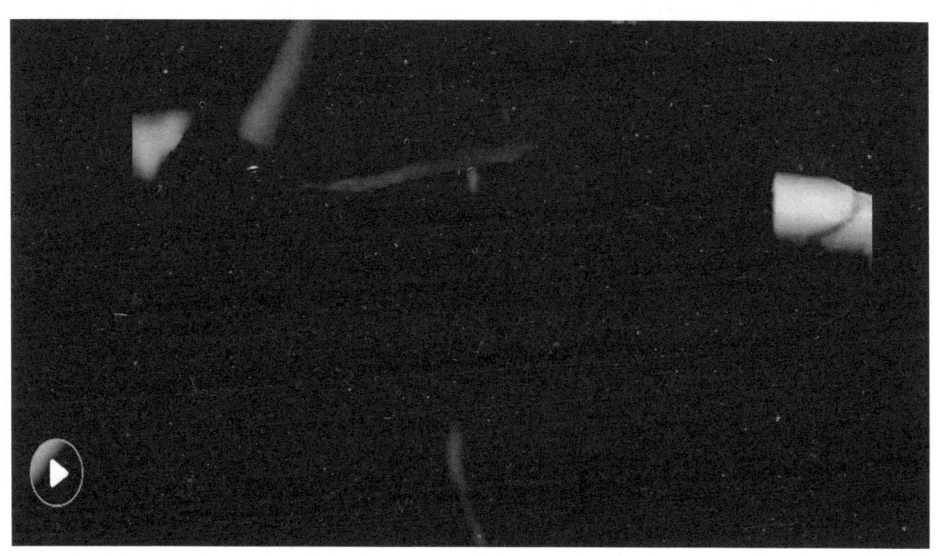

图 20-5　Tiffany 新秀超模广告镜头之二

资料来源：http://www.iqiyi.com/v_19rR9kbzs8.html#vfrm=2-3-0-1.

4. key 系列

如图 20-6、图 20-7 所示，通过广告词可知，其讲述的是超模刘雯怎样获得国际超模的身份与地位。"我是怎么一步步走到今天的？是因为我很少想明天会怎么样，只是把今天眼下的事情都做好。如果今天能做得更

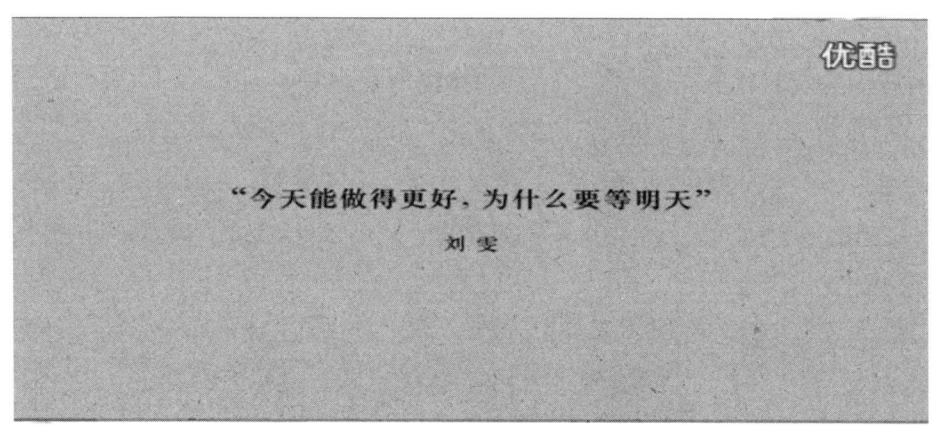

图 20-6　Tiffany 国际超模广告镜头之一

资料来源：http://v.youku.com/v_show/id_XMTYxNTkyODgwMA==.html.

图 20-7　Tiffany 国际超模广告镜头之二

资料来源：http://v.youku.com/v_show/id_XMTYxNTkyODgwMA==.html。

好，为什么要等明天呢？认定了一件事情，就用心去做。不分心，把事情做到最好。如果明天我能碰上运气，一定是因为我今天拼上了所有力气！"

作为"大表姐"，刘雯认定的事情，就不会分心、全力以赴地去做完，就像是 Tiffany 的 Key 系列所传递的精神一样，即开启人生无限的可能性。Tiffany 为 Key 系列赋予了勇敢去闯的意义。并且，与红遍全球的刘雯签订了两年广告代言人合约。其全篇用中文叙述，是一则很好的、针对中国消费者的广告。通过该广告，建立商家与消费者间的信任。进而，消费者才会愿意去深入了解更多的相关产品，产生购买意愿。Tiffany 的 Key 系列广告，成功俘获了广大中国消费者的心，是 Tiffany 产品理念和同族代言人的完美结合。

5. 禁忌之爱

禁忌之爱，既敏感，又脆弱。所以，若要借助该话题去宣传品牌，则需要更敏感、更温柔。Tiffany 推出一则让人倍感温暖的全新广告，旨在宣传一枚同性伴侣专用的订婚戒指，如图 20-8 所示。

第二十章　Tiffany：真爱永久

图 20-8　Tiffany 禁忌之爱广告镜头之一

资料来源：http://www.adquan.com/post-8-29716.html.

随着一位男士早上起床为求婚做准备的画面，背景配词也慢慢清晰开来。"爱是恒久忍耐又有恩慈；爱是不嫉妒，爱是不自夸，不张狂；爱对任何人都不会是种耻辱，爱不应只求自己的益处，爱不轻易发怒，不计较太多对与错。爱不喜欢不义，只喜欢真理；爱就是凡事包容，凡事相信，凡事盼望，凡事忍耐"，如图 20-9 所示。

图 20-9　Tiffany 禁忌之爱广告镜头之二

资料来源：http://www.adquan.com/post-8-29716.html.

该广告视频的独白部分多引自圣经。这种借用十分经典,除文字本身有深刻含义外,还更好地传递了 Tiffany 对同性爱情的支持态度。借此,言喻着他们之间的爱也是神圣的、真实的。这则广告有诚意地、巧妙地呼应了美国颁布的同性恋合法结婚政策。

6. 戒指揭秘

如图 20-10 所示,"它们是钻石,是 Tiffany 钻石,是一款罕见并且美丽的钻石。99.96% 的钻石都被拒绝。这是一款绝世美钻,无论它尺寸多少,都能看得到它的纹路。这款钻石,一旦你拥有了它,世界上其他东西就都不重要了。这款戒指从发现到出成品需要一年的时间。这款戒指不是机器制造的,是由更珍贵手工制造的。手工制作,手工切割,手工打磨,使得 Tiffany 钻戒辉煌了 130 年。这就是 Tiffany 钻戒,这就是 Tiffany 标准"。

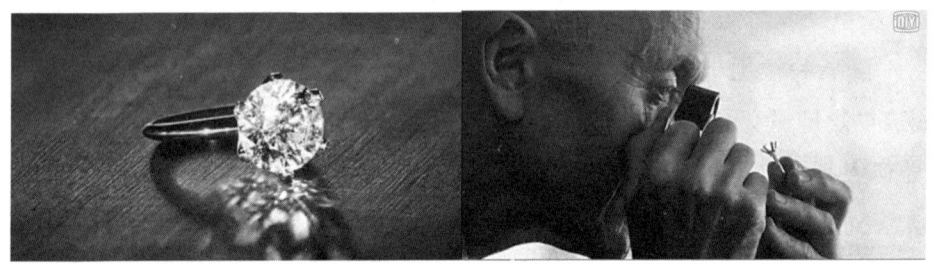

图 20-10　Tiffany 戒指制作大揭秘广告镜头

资料来源:http://www.iqiyi.com/v_19rrkvdzqc.html#vfrm=2-3-0-1。

这则广告展示了 Tiffany 纯手工制作工艺的全过程,黑白灰的画面体现出华丽优雅的感觉。通过广告独白的介绍与讲解,Tiffany 慢慢揭开神秘面纱,走向大众,让消费者熟知。从选原材料到手工,一步步地制作打磨,才有了珍贵的 Tiffany 成品。每一件产品,都独一无二。所以,才共同组成了 Tiffany 这个优雅而温暖的珠宝品牌。

## (二)广告设计

广告视频的画面语言构成元素为镜头、造型和剪辑。视频都是由一个个镜头串联而成。那么,镜头又分为景别、角度、构图和动拍。广告可以看作是小电影,即一门根据视觉暂留原理,用照相及录音等手段,将外界事物的影像及声音摄录进来,通过在荧幕上放映并配音,造成活动影像及声音,以表现一定内容的技术。除此之外,由于声画关系不同,广告呈现的形象也会不同。比如,同时同步表现被摄物体,是最常见的声画关系处理办法,既能增强画面的真实感,又有很强的叙事性;声画各自表现不同内容的基本特点,是声音(尤其是音乐)重复或加强画面的意境、倾向或含义,如渲染性的背景音乐;声画按各自规律彼此表达不同内容,又在独立的基础上有机结合,创造独特的视听感受。

1. 镜头元素

(1)景别

在以上六组广告中,根据不同内容需求会有不同的景别设置,其划分依据是被摄物或成年人在画面中所占的比例大小。景别可分为全景(远景)组、中景组和特写(近景)组。

① 全景(full shot)一般用于表现人物全身形象或某一场景的全貌。其作用是能完整地表现人物的形体动作。而且,画面具有动作张力,也可通过动作表现来反映人物内心的情感,或通过特定环境、场景来表现人物。全景中的环境,对人物有说明、解释、烘托和陪衬的作用。在Tiffany的广告中,人物刚出场时,通常是全景。之后,再慢慢拉近镜头,做进一步的独白或对话,如图20-11所示。

图 20-11 Tiffany 广告镜头全景(full shot)

② 中景（medium shot）拍摄位置在人体膝盖以上，其重视的是情节和人物动作。该广告是一个叙述性很强的景别，需要让观众清晰看到人物上半身交流的动作及情绪，也可大致看到人物所处环境，具有全景和特写之间的过渡作用。中近景（medium-close shot）又称为"人物半身镜头"，拍摄位置在腰部以上。其作用与中景相似，但凸显人物表情，如图 20-12 所示。近景（close shot）表现为物体局部或人物胸部以上的画面。其作用是在环境的影响已大为降低时，人物或物体占据了画面的大部分空间，其对观众造成一定的视觉指向影响。因此，是描写人物情感和细节的主要景别。在近景中，人物的面部特征、表情神态，都成为画面中最重要的内容。特别是眼睛，成为重要的形象元素，同时也是视觉语言的重心。其中，可以容纳不止一个人物，也常见于人物交流的段落。

图 20-12 Tiffany 广告镜头中景（medium shot）

③ 特写（close-up）是表现被摄物体细节和人物肩部以上的画面。其作用是将生活中事物不常见到的部分放大，充满整个屏幕，给人造成强烈的视觉冲击力。其排除一切多余形象，呈现出事物最有价值的细节，能够强化观众对所表现形象的认识。特写画面形象单一、鲜明，容易引起观众对人物形象的注意，具有强调作用。其表现的动作细节和人物面部情绪，能直接影响观众心理，有心理暗示的作用。在 Tiffany 真爱系列广告中，用人物面部特写突出流泪的画面，从而反映主角内心对爱情的感动与向往，如图 20-13 所示。

第二十章　Tiffany：真爱永久

图 20-13　Tiffany 广告镜头特写（close-up）

④ 大特写（big close-up）是以最近距离拍摄景物目标的镜头。其作用是只突出某一局部，如人脸，即眼睛、鼻子或嘴角等，能带来强烈的情绪感染力。其适合重点表现人物的细微表情和动作，是一组镜头的重点，能塑造独特而有冲击力的形象。大特写通常只有局部画面，重点突出局部。比如，在 Tiffany 的 T 系列广告中，镜头只集中在人物眼部，突出年青一代执着于追求美好的生活，如图 20-14 所示。

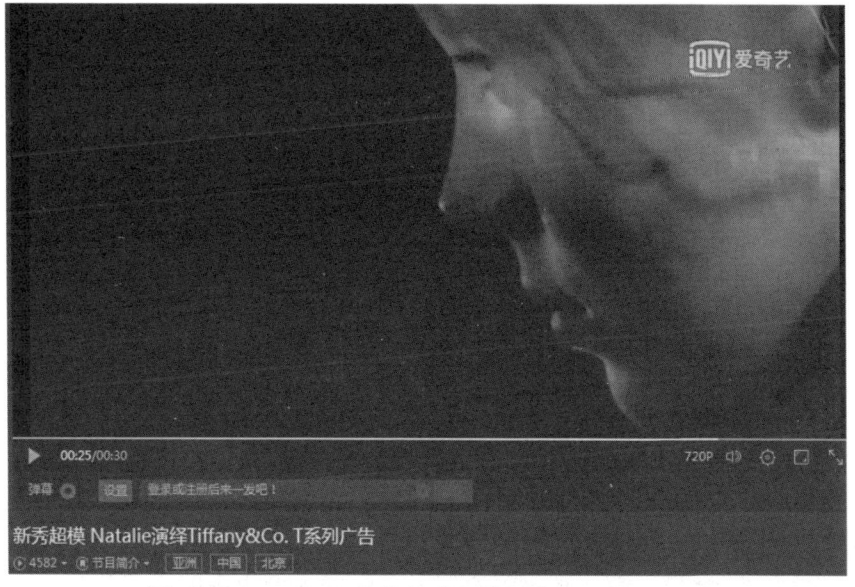

图 20-14　Tiffany 广告镜头大特写（big close-up）

413

（2）角度

镜头角度是摄影机相对于被摄物的位置。在垂直方向上可分为平拍、仰拍、俯拍，又称摄影高度。在水平方向上可分为正拍、反拍、侧拍，又称摄影方向，如图20-15所示。Tiffany以上六支广告多是正侧面拍摄，也有背面拍摄。多种拍摄方式组合，共同突出Tiffany品牌的真爱形象。

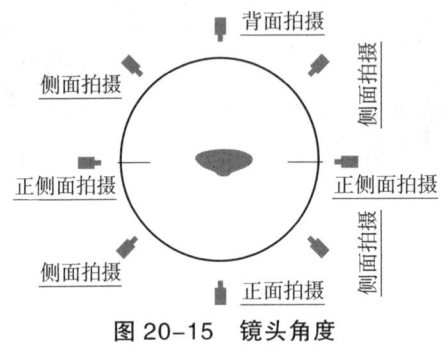

图20-15　镜头角度

（3）构图

构图是为表现作品的主题思想和美感效果，在一定的空间处理人或物的关系和位置，合理构思、组织和安排画面的各个组成。其基本原则为主题鲜明、主体突出、画面简洁和形象生动。

① 黄金分割构图（九宫布局）是将照片画面分成上、中、下三个部分和左、中、右三个部分，构成一个井字型，如图20-16所示。这四个交点就是视觉中心，也称为趣味中心，是最吸引人视线的地方，因而是布置主体的最佳位置。

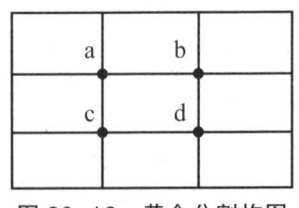

图20-16　黄金分割构图

图20-17，即为黄金分割构图法，人物在右下黄金位置的分割点，突出一份珍贵的感情，能让观众隔着屏幕感受到大城市中的温情。

图 20-17 广告镜头之一

② 对角线构图使用一条倾斜的线条，把画面的两个对角连接起来，以这条线为构图基准。对角线的构图组成的画面，能够引导读者视线沿着线条的指向运动，使画面增强运动感，使被摄景物产生活力。对角线构图可以加强画面由一角到另一角的纵深透视感，增强深远而开阔的感觉，使画面线条多变又富于动感。而且在视觉上，显得活泼、自然。

③ S形构图是指物体以"S"的形状，从前景通过中景和后景延伸。画面构成纵深方向的视觉关系，一般常见于河流、道路、铁轨等物体。该构图画面生动，富有空间感，比直线构图更富有节奏和韵律。

④ 三角形构图是以三个视觉中心为景物的主要位置，或以三角分割的几何构成来安排景物，形成一个稳定的三角形，即正三角、斜三角或倒三角。其中，斜三角较为常用，也较为灵活。三角形构图安定、均衡，但不失灵活。

⑤ 向心式构图是主体处于中心位置，而四周景物呈朝中心集中的构图形式。其能将人的视线强烈引导向主体中心，并起到聚焦的作用，具有突出主体的鲜明特点。但有时也可产生压迫中心，局促沉重的感觉。

⑥ 对称式构图具有平衡、稳定、相对的特点，但其缺点是呆板、缺少变化，常用于表现对称的物体、建筑、特殊风格的物体。

（4）动拍

运动摄影指在拍摄一个镜头时，摄影机持续性地运动，如移动摄像机机位、改变镜头光轴或变化镜头等。其主要包括推、拉、摇、移、跟、升降和移动的综合运动摄像。

① 推镜头是摄像机向被摄主体方向推进，视觉效果为前移，具有突出主体、强调主体的作用。

② 拉镜头是摄像机逐渐远离被摄主体，有营造悬念的功能，并经常用于影片的结束。

③ 摇镜头是类似"环顾"的视觉效果，能够展示空间、扩大视野。

④ 跟镜头是摄像机始终跟随运动的被摄主体一起运动而进行的拍摄，能够连续、详尽、真实地表现运动中的被摄主体。

⑤ 升降镜头是摄像机借助机械装置等一边升降，一边拍摄，能带来画面视域的扩展和收缩，形成多角度、多方位的构图效果。

⑥ 移动镜头是将摄像机架在活动物体上，随之运动而进行拍摄。

在以上系列广告中，多是推镜头，突出强调主人物，从而达到最大限度展示品牌形象的目的，因为代言人本身就代表了 Tiffany 的品牌形象。

2. 造型元素

（1）光线

光线是在画面语言中用来造型的重要元素。根据光源可分为自然光和人工光，根据性质可划分为散射光（软光）和直射光（硬光），根据效果可分为戏剧光效和自然光效。其中，自然光效是一种注重纪实美的用光方法，其实质是增强用光的真实感，即利用真实光线或经照明加工，如实地再现真实自然的光线效果。这是当前影视艺术中用光的主流。戏剧光效强调人物形象的塑造，以及环境气氛的渲染，注重用光揭示人物的内心情绪，或用光来抒发作者的情感。

根据光线角度可分为顺光、侧光、逆光、顶光和脚光。光源从拍摄方向正面射向被摄体，也叫正面光。在顺光的照明下，被摄体的正面均匀受光，投影落在背后。光源从拍摄方向侧面射向被摄体，可以有很多角度。侧光能产生很好的光影效果，也善于表现立体感和质感。逆光是被摄主体处于光源和照相机之间。一般摄影会避免在完全逆光的条件下拍摄物体，需要进行补光。但有时，也利用逆光产生特殊效果。顶光是光源位于被摄物顶部，由上至下呈渐变状。脚光是从主体下方向上照射的光，通常情况下很少用，会产生诡异阴险的气氛。光型是指各种光线在拍摄时的作用，如人物光、轮廓光、眼神光、背景光等，如图 20-18 所示。

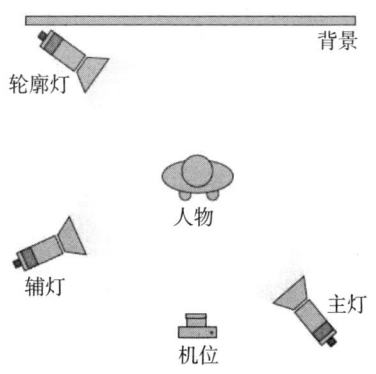

图 20-18　布光与光型

（2）色调

色调是一幅画中色彩的总体倾向，其大体可以分为冷色调和暖色调。如图 20-19 所示，在 Tiffany 的真爱系列广告中，孩子们的拍摄画面，整体采用暖色调，给观众一种温暖阳光的感觉，即符合 Tiffany 的品牌形象。

图 20-19　布暖色调画面

### 3. 剪辑元素

剪辑是将拍摄所得的大量素材，经过选择、取舍、分解与组接，最终制作成一个连贯流畅、含义明确、主题鲜明并有艺术感染力的段落或作品。剪辑的作用是借助观众的想象，表现出一种特殊的电影时空关系，即压缩或延伸时空，调整影片的节奏，以起到蒙太奇作用（源自法语 Montage，原本是建筑学术语，意为构成、装配，被延伸到电影领域后最初是指镜头的"剪接"，后来在俄国被发展成一种电影中镜头组合的理论，并逐渐被广为运用）。其理论基础是当不同的镜头组接在一起时，会产生各个镜头单独存在时所不具有的含义。现在所说的蒙太奇，是指根据影片所要表达的内容主题、制作者的意图和观众的心理顺序。所以，分别拍摄许多镜头，再按照一定的创作构思组接起来，即构成声画语言的"语法"。

如图 20-20 所示，Tiffany 系列广告采用叙事剪辑，每个广告都是一个故事。通过一个个故事，向观众讲述自己的品牌故事，塑造品牌形象。其最典型的即为《你愿意吗？》，通过不同肤色女孩们的演绎，娓娓道来一个个动人的爱情故事，达到广告营销的目的。除画面语言外，叙事方式也是广告需要探讨的一个方向。线性叙事是最为基本、最自然的叙事方式。其遵循因果关系，即一般按照起因—经过—高潮—结尾，这种事情的自然发展顺序进行讲述。故事侧重于对过程的描述，强调情节跌宕起伏，从而阐发道理或价值观。由此，增强了观众的代入感。但各个视点人物之间关系交错，很容易陷入叙事混乱。所以，对作者的编辑能力要求非常高。一般认为，影像语言更适合转达情绪而不是进行说理。但这并不代表影像语言不能阐释深刻的主题。最后是设置开放式结尾，即没有真正意义上的"结局"，交由观众自己去设想或理解。

第二十章　Tiffany：真爱永久

Tiffany蒂芙尼全新广告短片《你愿意吗?》(Will You?)

图 20-20　品牌故事

如图 20-21 所示，在 Tiffany 的广告故事中，不同肤色姑娘的爱情故事相互穿插，运用交叉蒙太奇的方法。在视频最后，一起道出答应求婚的美好时刻。

图 20-21　不同肤色姑娘的爱情故事

419

## 三、营销传播

### (一)微平台

如图 20-22 所示,Tiffany 从 2001 年注册微博账号以来,其基本保持每个月 20 条的更新速度。到 2016 年 11 月,已经发表过 1145 条微博。在微博上,其邀请与中国消费者更加贴合的明星来代言产品,比如刘雯、倪妮代言的 Tiffany 的 Key 系列,就受到广大中国年青一代白领阶层女性的喜爱。

图 20-22　微博平台

如图 20-23 所示,其微信公众号是 2013 年开通,第一篇推文仅有 2405 人的阅读量。

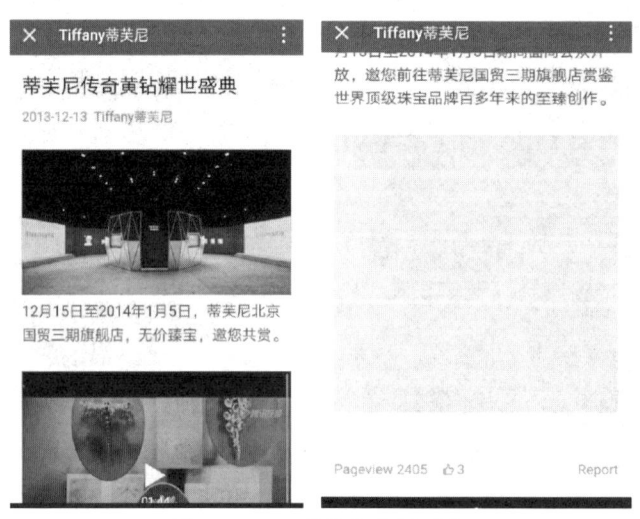

图 20-23　微信公众号平台

如图20-24所示，到2016年11月24日，其推文已达到24788人的阅读量。3年时间，将近10倍阅读量的增长，可见其品牌营销力量在不断加强。微博微信的推广，使Tiffany的品牌更年轻化、中国化，将其品牌理念和当代中国年轻人紧密地联系在了一起。

图20-24　微信推文

### （二）影视

#### 1. 蒂芙尼的早餐

在《蒂芙尼的早餐》中，奥黛丽·赫本拿着早餐袋在Tiffany门口的形象深入人心。该影片讲述了女孩霍利（赫本饰演）一心向往上流社会，经过一番波折后，和一位作家收获爱情和幸福的故事。在电影中，有一幕是主人公终于一起走进Tiffany，店员热情地上前问两人想买点什么。拮据的保罗有些尴尬，因为他全身上下只能掏出10美元，但店员却毫不在意，继续热情地表示，这个预算可以购买一个银质的电话拨号器，同时还可以给自己带来的戒指提供刻字服务。这样感人的服务，就是品牌文化的推广，即真爱至上。

另一幕是影片开头,女主霍利在 Tiffany 店门口吃早餐,这美好的早晨,让人不禁跟着她一起畅想有 Tiffany 的美好生活。由她佩戴演绎的 Tiffany 项链,也象征了优雅女性的饰品。同时,也反映出 Tiffany 象征的真爱故事。通过这部影片,Tiffany 很好地向大众传播了其品牌理念。而赫本的表演,将 Tiffany 和一位优雅女士联系在了一起。在当代广告满天飞的情况下,植入广告往往容易惹人诟病。但归结其原因大多是缘于品牌广告植入过于生硬。

2. 了不起的盖茨比

电影《了不起的盖茨比》与珠宝品牌 Tiffany 的合作颇为成功。该电影是根据 1925 年斯考特·菲茨杰拉德的同名小说改编。其与 Tiffany 合作的原因是,菲茨杰拉德曾为 Tiffany 的顾客。Tiffany 至今还留着其信件。如图 20-25 所示,在电影中,无论是男主盖茨比,还是女主黛西。第一次出场,均以戒指亮相。人未现身,珠宝先至。这部影片讲述的是 19 世纪 20 年代的爵士年代,纽约上流社会的奢华生活和爱情故事。在这种背景设置下,名利场中珠宝的出现必不可少。大量的广告植入,并不显得突兀,反而与情节相得益彰,甚至成为叙事载体。

图 20-25 电影《了不起的盖茨比》广告植入

如图 20-26 所示,Tiffany 与该电影的合作远不止在其中露个面那么简单,而是渗透到电影的整个制作过程中。例如,影片中盖茨比所佩戴的雏菊主题图案戒指、袖扣，以及女主的珍珠项链、手链、头饰等，全都是Tiffany为这部电影量身打造的。影片中的某些情节，也源自Tiffany首席设计的亲身经历。

图20-26　电影《了不起的盖茨比》剧照

同时，Tiffany还同步推出了The Great Gatsby系列的高级珠宝，并将广告投放场所选在了影迷们查询影讯，以及刷成就感的聚集地，即豆瓣电影。其条目页面设有"预告片和图片"板块，网友可以上传电影海报、剧照等。而在《了不起的盖茨比》的众多图片中，悄然出现一个名为《剧中人物佩戴珠宝——蒂芙尼》的相册。其依旧是电影截图，只不过每一张都有珠宝出镜。虽然看起来与其他相册无异，但一个隐蔽的区别是，这个相册不支持网友自由上传，每一张图片都是品牌商精心挑选出来的。除此之外，这个相册内的图片下方还有一个低调的Banner，即"探索更多珠宝背后的故事"。当点击Banner后，则链接到豆瓣自运营小站的Tiffany房间，有相关的视频、影评等。另外，影片的热映，也使品牌的关注度和美誉度迅速提升，如图20-27所示。

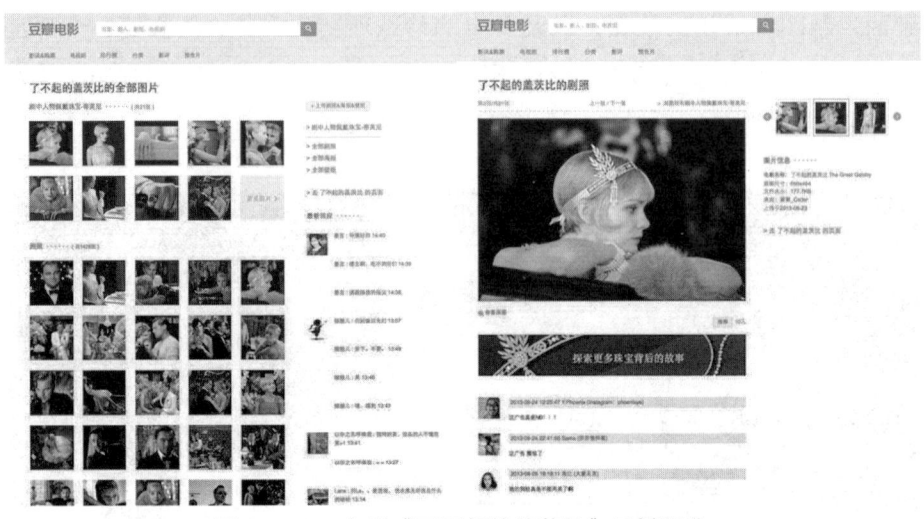

图 20-27　电影《了不起的盖茨比》豆瓣评论

### 3. 明星效应

在微博上 Tiffany 的 Key 系列邀请的明星代言人，如刘雯、倪妮等，都是贴近中国 25 岁左右的年轻白领消费群体。她们本身就是中国当代女性追求梦想和实现自我的榜样。由她们做代言，就会把其气质和梦想与 Tiffany 品牌相融合，让 Tiffany 在年轻消费者心中树立梦想。除此之外，Tiffany 在宣传中，着重传递亲情、爱情的理念，使得 Tiffany 系列产品很有"温情"。著名的《孩子之爱》和《圣诞祝福》，都是 Tiffany 系列的经典广告。Tiffany 作为一个奢侈品牌，从不打折促销，甚至在顾客进入门店选看时，店员要与顾客保持一米左右的距离。所以从产品到销售，优雅高贵贯穿了所有的 Tiffany 产品。

### （三）包装特色

Tiffany 蓝色是一种辨识度超高的品牌专属色。在市面上，不乏有 Tiffany 蓝色手镯、箱包等各种物件。这个颜色源自美国一种知更鸟蛋的颜色，即 Robin's egg blue。在西方传说中，知更鸟是浪漫与幸福的象征，代表着有情人终成眷属的含义。早在 19 世纪的维多利亚时代，这种蓝色就被视为优雅与高贵的象征。Tiffany 之所以选择这个颜色，是为了创造一种诠释爱的代表色。

1998年,出于知识产权的保护,Tiffany蓝被注册为国际通用标准色卡,其成为Tiffany的注册颜色商标。而由于众所周知的礼盒,即经典的Tiffany蓝加上白色缎带的Tiffany blue box也被注册为Tiffany的标志,这只小小的蓝盒子,从此成为包装史上最具辨识度的设计,如图20-28所示。查尔斯·刘易斯·蒂芙尼还亲自设定了一条规矩,即礼盒不能单独对外销售。正如1906年《纽约太阳报》形容的,"Tiffany有一样产品,无论花多少钱都买不到,因为它只送不卖,这就是Tiffany礼盒"。

图20-28　Tiffany礼盒

美国婚礼有一个传统,就是仪式上一定要有一点旧、一点新、一点借和一点蓝,即"something old, something new, something borrowed, something blue."于是,在他们心目中,蓝色代表了爱、祝福和忠诚,实在想不到有什么蓝色物件可用的时候,就会掏出一个蓝色的小盒子。这样,一切烦恼的问题就都被解决了。正是这个超高辨识度的小蓝盒,让Tiffany成为很多人婚戒的首选。

## 四、经验启示

### (一)品牌本土开店

在国际上,奢侈品被定义为"一种超出人们生存与需要发展范围的,以及具有独特、稀缺、珍奇等特点的消费品",又称为"非生活必需品"。

曾经在中国，奢侈品几乎等同于"贪婪、挥霍"，但现在这种观念正在改变。从经济意义上来说，奢侈品是一种高档消费行为，并无褒贬。从社会意义来看，是一种个人品位和生活品质的提升。中国已成为奢侈品的消费大国，贝恩数据显示，在2014年世界奢侈品的消费中，中国占比最大（达31%），美国（达24%）、欧洲（达18%）紧随其后，如图20-29所示。

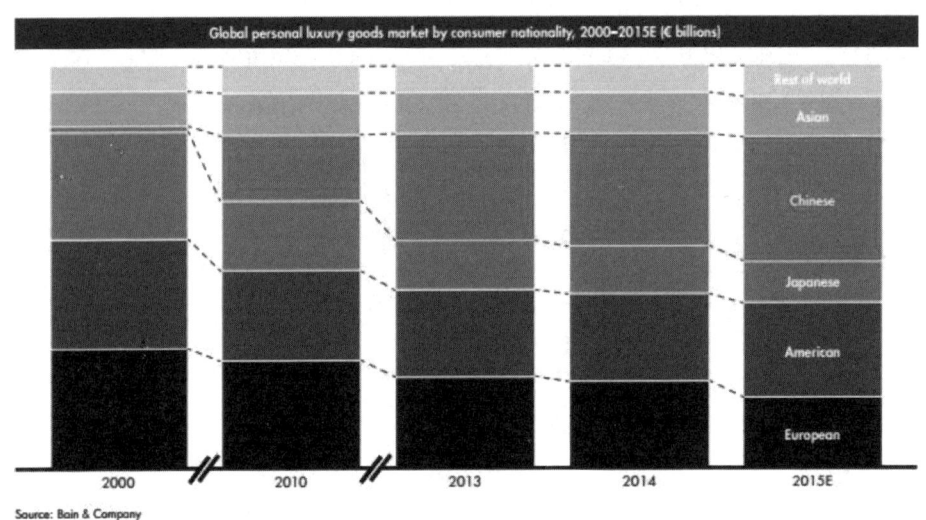

图20-29　世界奢侈品消费各国占比

在认识到中国有着巨大的消费市场时，Tiffany便选择在中国开设专卖店，如北京的国贸商城、半岛酒店、东方广场，以及上海的久光百货、恒隆广场、香港广场、国金中心，还有天津友谊商厦、沈阳卓展购物中心、成都美美百货、青岛海信广场、杭州杭州大厦、深圳华润中心万象城和昆明金格百货时光店等。在2015年，中国消费额已达到Tiffany海外市场的一半，几乎带起了整个亚太地区的总销量。Tiffany认为，中国还有着广阔的内地市场可以挖掘，如在上海、杭州等地开新店，以使中国的总门店数量达30个，大约为304个全球总门店数量的10%。

与此同时，Tiffany在中国开设专卖店的风格带有明显的门店Logo。与在美国时的低调截然不同，仅是为了迎合中国消费者的习惯而做出的适当性调整。除此之外，在中国区的销售人员需要普通话水平测试达标，以更好地服务于中国的消费者。但一贯保持的是，在 Tiffany 门店，不会有店员主动推销珠宝。即使有顾客询问，也要保持一米左右的友好距离。Tiffany 大中华集团总裁 Cathala 说道，"我们关注的是门店的质量，而不是数量，我不希望一年开几十家、几百家门店，这不是我们所关心的。不管我们开哪一家店，这家店不管是设施、地点、形象都必须要完美诠释 Tiffany 的精神与内涵"。由此，Tiffany 从外部装潢到店内营销，都会呈现出"美国梦"的精神，以及真爱至上的品牌形象。所以，在潜在消费者出现时，应根据当时外部市场和公司内部情况制定相应的战略，挖掘潜在消费者。同时，保持品牌的形象，达到进一步扩大市场、扩大知名度和美誉度、获得利润的目的。

### （二）老品牌年轻化

近年来，整个珠宝行业市场低迷。例如，作为其同行的香港周大福、六福，以及瑞士卡地亚（Cartier）、梵克雅宝（Van Cleef & Arpels）等珠宝商，均出现不同程度的业绩下滑。以周大福为例，该集团发布的财报显示，至 2015 年第三季度，其店面销售按年下跌 15%，港澳销售则更是下降了 23%。而 Tiffany 在 2016 年第一季度的财报里，净销售额同比下降 7.4%，至 8.91 亿美元，低于分析师预计的 9.15 亿美元。而净利润则同比下跌 16.6%，达 8750 万美元。"Tiffany 在绝大部分地区的客户占有率都出现了下降，即使是最富裕的地区也是如此"，研究公司 Conlumino 的 CEO Neil Saunders 表示，"在年轻用户群中尤其明显，他们认为 Tiffany 已经是过时的奢侈品了"。2015 年，路透社毫不客气地称 Tiffany 是"旧世界的奢侈品"，并认为该品牌过于传统和乏味，年轻消费者会把其看作一个专为老年人服务的地方。

根据贝恩数据，愿意尝试新设计、新款式的年轻人占到 70%。他们更多倾向于轻奢品牌，如丹麦的潘多拉（Pandora）及美国的 Alex and Ani。这两大创意珠宝是 Tiffany 近几年最大的竞争对手。千禧一代在尝试新品牌、新创意的同时，还要追求个性，而不再是社会地位的象征，这是区别于传统珠宝的重要心理导向。

为了应对目前的市场形势，Tiffany 推出了两个新的银质系列产品。而这些银饰的售价均低于 500 美元，可为其吸引来更多年轻消费者。同时，其设计总监 Francesca Amfitheatrof 在 2014 年发布她的首款设计，即 Tiffany 的 T 系列。这是 Tiffany 的首款字母 Logo 系列饰品，没有宝石元素，将品牌标识隐形化。该系列的目标客户是追求自由独立的都市女性，而不是那些为妻子或女朋友购买礼物的男士们。Tiffany 的 Key 系列邀请中国当红模特"大表姐"刘雯来演绎一种独立美丽的都市女性风范。Tiffany 的 T 系列由年轻模特 Natalie Westling 演绎年轻人的活力与美好。纽约 Cowen 的分析师 Oliver Chen 指出，"Tiffany 的 T 系列保持了强劲的增长势头"。除此之外，作为可能是唯一一家会往注册用户邮箱里发送"选购 300 美元以下节日礼物"邮件的奢侈品公司，Tiffany 看到了这种平易近人的销售方式所带来的好处，让无论是消费能力尚且有限的年轻人，还是忙于生活的中年人倍感亲切温暖，这和 Tiffany 一贯的温情路线非常吻合。所以，在面对全新的消费群体和市场竞争时，如何保持自己品牌定位的同时，更好地服务全新的消费群体，在新兴市场大潮中，找准自身的定位至关重要。

### （三）全球统一定价

美元走强、人民币贬值对奢侈品销量带来的直接影响就是价格变贵。2015 年以来，Chanel、Cartier、BVLGARI 等诸多奢侈品施行降价策略，以保证在汇率变化下维持中国的销售额。

由上可知，奢侈品已翻倍降价，尤其是美国的珠宝配饰行业。但和 Chanel、Cartier、BVLGARI 等欧洲奢侈品不同，主要经营珠宝的 Tiffany 未在中国施行的降低关税名单内。不过，Tiffany 由于一直实行的是全球透明的价格战略，并未在中国使用区域差异定价法，国内外价格差异只来源于关税。"没有任何一个客人问过我，Tiffany 会降价吗？没有人会这样想，因为他们心里清楚 Tiffany 价格的透明性"，Tiffany 大中华区集团总裁 Laurent Cathala 在接受新闻访问时说道。全球定价策略避免了消费者产生区域不平等的心理，也避免了在低价区更多投机倒卖行为的出现，可很好地服务于世界各地的消费者。所以，如果有品牌想走向世界、走国际化的路线，就需要有国际统一的价格标准、服务标准和商品标准，如此才能易于品牌的宣传推广。

### （四）新媒体数字化

面对互联网高速发展的世界，利用电脑、平板、手机等客户端消费的行为越来越多，这种形势正吸引一部分实体专卖店的顾客。贝恩数据调查显示，在网上购买奢侈品的行为在10年间增长了10倍，占到市场份额的7%。如图20-30所示，Tiffany不仅有官网介绍，还通过Instagram、Facebook、Tuitter等多渠道、全方位来刺激消费者。针对中国国情，在微博微信上的Tiffany广告文案和短片层出不穷。例如，多家媒体报道在国贸三期的Tiffany黄钻亮相，使其在中国的知名度一路上升。针对网购大潮，Tiffany官网也可以直接购买送货，也有如Net A Porter等可以全球网购的运营商，会服务于所有消费者的购买需求。

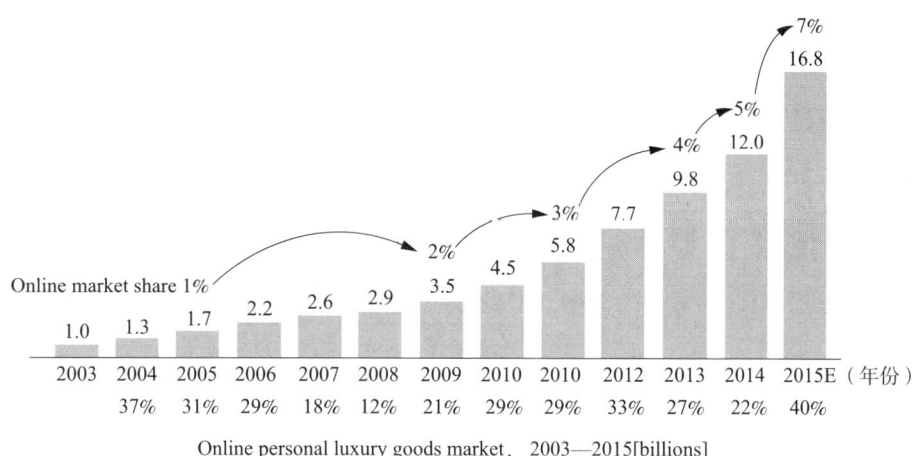

Online personal luxury goods market, 2003—2015[billions]

图20-30 多个渠道全方位刺激消费者

此外，Tiffany蓝已成为其文化象征。例如，Tiffany官网是这样介绍小蓝盒子的，即自问世之日起，Tiffany蓝色礼盒便以独一无二的魅力倾倒了整个世界。众所周知，只有购买Tiffany产品的顾客，才能获得这款令人一见倾心的礼盒。其含义为"知更鸟蛋蓝 = 幸福 =Tiffany"。其成功地用蓝色定义了幸福，而且还无处不在。无论是在广告宣传片中，还是专卖店的形象装饰，蓝色已是 Tiffany 的标志，顾客一看到就一定知道这就是 Tiffany。

要想使品牌更久远，就要有文化内容，即品牌故事的传承。与此同时，有具象化的商品才是更好的策略。比如，Tiffany 系列广告都走的是温情路线。在中国的广告内容，呈现的是一家四口，手提 Tiffany 袋子。小孩子在圣诞节找礼物时，发现了一个小蓝盒。而 Cartier 走的是奢华皇室风，其广告极尽奢华，并拍摄出"全球最贵广告"，即每一帧广告都由顶级插画师设计完成。Tiffany 邀请的明星都拥有很强的个人风格，广受观众的喜爱。从奥黛丽·赫本的优雅经典、刘嘉玲的大气华贵，到 Edie Campbell、刘雯的年轻潮流，在 Tiffany 广告宣传中，不仅有温情孩子们的画面，还有紧跟时代潮流的模特，以及当代都市摩登少女，都展示出女性的自立自强，美丽大方。由于明星本身就是个人品牌，所以要把她们的气质和 Tiffany 的品牌文化推广相结合，这也是其他品牌可以学习借鉴的地方。

**思考题**

1. 根据上述案例，分析 Tiffany 新媒体广告受众为什么会进行二次传播？
2. 试说明 Tiffany 新媒体广告是如何共同表达品牌内涵的？

**参考文献**

[1] 程诚. 蒂芙尼首发同性恋广告 [J]. 国际品牌观察, 2015(3):59.
[2] 中国珠宝行业网. 石上鸟的主人：珠宝设计大师——让·史隆伯杰 [EB/OL].http://luxury.pclady.com.cn/unit/jewellery/1211/905363_1.html, 2012-11-22.
[3] 杨井兰. 优雅知性的珠宝首饰之美 [J]. 艺术与设计 ( 理论 ), 2014(Z1).

[4] 蒂芙尼官网. PalomaPicasso（蒂芙尼品牌故事）Tiffany & Co [EB/OL].http://www.Tiffany.cn /WorldOfTiffany/TiffanyStory/Design/PalomaPicasso.aspx.

[5] 严心怡. 蒂芙尼火车有钱又任性的广告[J]. 国际品牌观察，2015(2):48-49.

[6] 金秋月. 蒂芙尼珠宝品牌的植入式广告策略[J]. 大众文艺，2014(9):171.

[7] 白晓晴. 微博互动营销的优势及策略分析[J]. 企业技术开发，2010, 29(10):20-21.

[8] 蒋子清. 蒂芙尼发布"让·史隆伯杰"传奇系列珠宝[J]. 中国黄金珠宝，2017(11):94.

[9] 杨静. 璀璨传承缔造非凡魅力 蒂芙尼"This is Tiffany"品牌盛典[J]. 优雅，2017(7).

[10] 童欣欣. 蒂芙尼一个急于寻找出路的百年品牌[J]. 中国新时代，2017(9).

# 后　记

本书由郭斌副教授任主编，商学院市场营销系本科生参与了部分章节的编写及资料收集工作，硕士研究生李诗婷、刘婧、薛萌、俞雅玲和刘子薇做了大量的撰写、编稿和统稿等重要工作。特别需要指出的是，在本书编写过程中大量参考和引用了他人的研究成果和重要观点，无法一一列出，在此向原作者致以诚挚的谢意。

本书写作得到了北京市自然科学基金面上项目"京津冀科技园区环链布局与演化机制研究：基于跨区模块化协同创新视角"（9192007）、市教委科研计划重点项目"非首都功能疏解下中关村科技跨区环链模块化创新布局与演化研究"（17GLB079）、市属高校青年拔尖人才支持计划项目的大力支持，以及北京第二外国语学院2018年校内实践教学基地建设项目"'互联网+'国际化双创实践基地"、本科教学团队建设项目"市场营销专业思政化教学团队"、北京国际交往中心智库建设促进项目、研究生"课程思政"改革课程项目"产业经济学"（2018GS13001）的联合资助。

在此，非常感谢北京第二外国语学院商学院王成慧教授、李凡教授、陈倩副教授、骆欣庆副教授、李博博士、喻崇武博士、张帅博士、高璆崚博士，以及其他领导、同事和好友的支持与帮助。特别是，感谢中国经济出版社雷生老师、叶亲忠老师等的辛勤工作。当然，还有许多关心、支持、帮助本书出版及我本人的朋友，在此一并感谢。

郭　斌<br>
2020年11月于北京第二外国语学院知行楼